國家圖書館出版品預行編目資料

經世思想與新興企業／劉廣京著．
--初版．--臺北市：聯經，1990年
面；　公分．
含索引
ISBN　957-08-0193-X(平裝)
〔1999年6月初版第二刷〕

Ⅰ．哲學-中國-晚清(1840-1911)　Ⅱ．經濟
-中國-晚清(1840-1911)

112.7　　82005835

經世思想與新興企業

1990年5月初版
1999年6月初版第二刷

Printed in Taiwan.

定價：新臺幣500元

著　者　劉廣京
發行人　劉國瑞
封面設計　康　華

出版者　聯經出版事業公司
臺北市忠孝東路四段555號
電　話：23620308・27627429
發行所：台北縣汐止鎮大同路一段367號
發行電話：2641866１
郵政劃撥帳戶第0100559-3號
郵撥電話：26418662
印刷者　世和印製企業有限公司

行政院新聞局出版事業登記證局版臺業字第0130號

本書如有缺頁，破損，倒裝請寄回發行所更換。

ISBN 957-08-0193-X(平裝)

中文索引

一　　劃

二　　劃

三　　劃

四　劃

五　　劃

六　劃

七　　劃

八　劃

九　　劃

十　劃

十一劃

十 二 劃

十 三 劃

十 四 劃

十五劃

十六劃

十七劃

十八劃

十九劃

二十劃

二十一劃

二十二劃

二十三劃

二十三劃

二十四劃

二十五劃

西文索引

K

L

M

N

O

P

R

S

T

U

W

Y

經世思想與新興企業

劉廣京・著

前記

這部文集裏的十二篇文字（包括「代序」與「代跋」），是我自六十年代以來以中文發表的論文。其中有兩篇先有英文短稿，後以中文改寫；另一篇乃就英文原本譯訂。十二篇文字原刊的學報、論文集等多數已絕版，彙為一集對讀者似較便利。十二篇中有一篇較原刊增補數節，其他各篇亦多略修改，且曾重校一遍。

十二篇中有三篇主要介紹史料，其他則屬專題研究。十二篇撰寫的時間不同，文體先後未盡一致。但就內容言則各篇之間仍有線索可尋，皆與晚清自強運動有關。一九八七年八月適有機緣作〈經世、自強、新興企業〉一文，即以之為文集之「代序」。

本書原擬名為《開端集》，有兩層命意。就個別論文而言，無論分析史料或研究專題，皆僅

為學術之初步，所提出之問題，似皆值得進一步研究。再就清季自強運動之歷史而言，則本書討論之中心問題，實卽中國現代化的開始。所以言開端，卽深信前途之無限量。

聯經公司編輯部徵求專家意見，認為為求題目與內容切合，本書書名似應改為《經世與自強》，卓見極佩。惟嗣檢閱舊稿，拙見書名若改為《經世思想與新興企業》，則自強運動之歷史背景與其創新之長遠意義，可較顯著；本書各篇間之線索，亦可較分明。所謂自強運動，大陸史家稱為洋務運動，目前海峽兩岸學者正開始深入研究。本書既不是自強運動之通史，亦非經世思想之綜論①。研究歷史須注重各方面事實間之錯綜關係。本書討論晚清經世思想與新興企業之背景與相互的關聯，似尚有所闡明，堪質之於世。魏源說：「天下事人情所不便者變可復，人情所羣便者，變則不可復。」②這可以說是中國近代史長遠的趨勢。

本書十二篇中有兩三篇涉及晚清地方紳商社會以及朝廷與省、府、州、縣各級權力之關係，似可視為十九世紀經世思想與新興企業之背景。一九八八年七月有機會就鄭觀應、經元善等人之著述，以〈商人與經世〉為題，發表短文。茲卽以此新稿為本書之「代跋」。

---

① 參閱 *The Cambridge History of China*, Vol. 10, *Late Ch'ing* Part 1 (Cambridge University Press, 1978), Chapters 3, 9, 10; Vol. 11, *Late Ch'ing* Part 2 (1980), chapters 3, 4, 8. 此兩册有中文譯本：《劍橋中國晚清史》，上下卷（北京：中國社會科學出版社，一九八五）；《劍橋中國史》，第十册，《晚清篇（上）》，第十一册，《晚清篇（下）》（臺北：南天書局，一九八七）。

② 魏源《古微堂內外集》（淮南書局版，一八七八年）。《內集》卷三，頁十六上至下。見本書第一章，頁六二。

本書第四、六、八諸篇，原刊《清華學報》，皆承楊聯陞先生之命，勉力寫成。茲編印文集，謹向楊先生致謝，並申慕念之忱。第五篇乃余英時先生囑撰，原載於余著《中國近世宗教倫理與商人精神》之篇首，茲敬向余先生道謝。第二篇乃與周啓榮先生合作，主要是周先生的創獲。第八篇由黎志剛先生續成；第九篇則由黎先生參考李榮昌先生先有之譯本而迻譯。程玉瑛女士幫同校閱全書及製索引，茲謹一併誌謝。聯經公司方清河先生熱心鼓勵，筆者尤為銘感。本書所有缺陷筆者本人負責。

劉廣京

一九八九年十月三日於加州戴維斯鎮

圖一　魏源

採自王家儉，《魏源年譜》（臺北：中央研究院近代史研究所，1967），插圖。

圖二 李鴻章

採自J. D. Frodsham, tr., *The First Chinese Embassy to the West: The Journals of Kuo Sung-t'ao, Liu Hsi-hung and Chang Te-yi* (Oxford: Clarendon Press, 1974), 插圖。

圖三 唐廷樞

採自Maggie Keswick, ed., *The Thistle and the Jade: A Celebration of 150 Years of Jardine, Matheson & Co.* (London: Octopus Books, Ltd., 1982), p. 105.

圖四 徐潤

採自Arnold Wright, ed., *Twentieth Century Impressions of Hongkong, Shanghai, and Other Treaty Ports of China: Their History, People, Commerce, Industries and Resources* (London: Lloyd's Greater Britain Publishing Co., 1908), p. 569.

圖五 鄭觀應

採自《盛世危言增訂新編》（1900重印本），插圖。

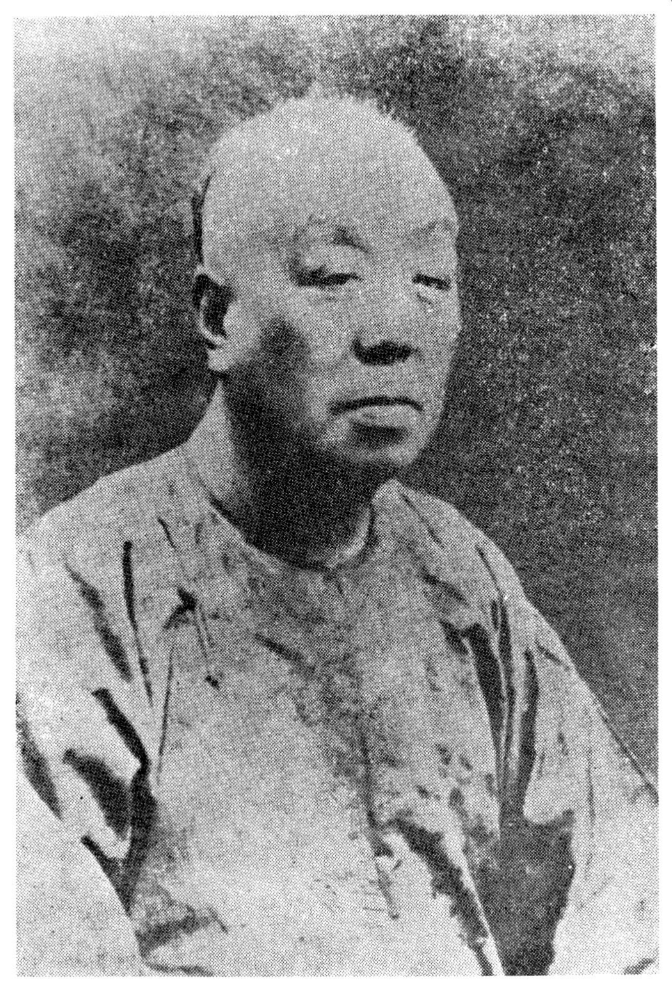

圖六 經元善

採自《經元善集》（武漢：華中師範大學出版社，1988），插圖。

圖七 盛宣懷

採自Wright, *Twentieth Century Impressions,* p. 525.

圖八　輪船招商局上海金方東碼頭棧房

採自《重訂江蘇海運全案續編》（1885年前後刊印），插圖。

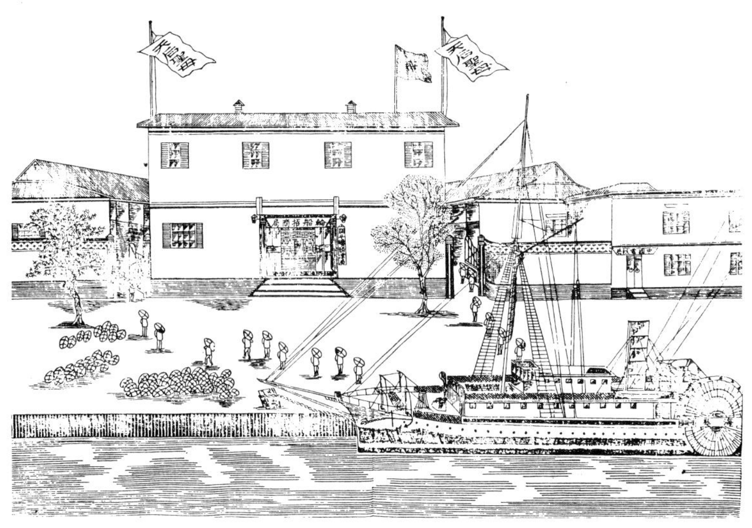

圖九　輪船招商局天津局址及碼頭，開平礦務局、中國電報局天津局址

採自《重訂江蘇海運全案續編》，插圖。

目次

代序：經世、自強、新興企業——中國現代化的開始

中國現代化在什麼時候開始？這當然要看現代化一詞應如何定義。社會科學的各部門（如政治學、經濟學等）對現代化的定義各不同。中央研究院近代史研究所出了區域現代化的一套書，一般對現代化就社會平等化，政治民主化，經濟自由化來看①，這種定義偏於理想，是很好的。但是這中間有一個環節，就是經濟生活從商業發展到工業，畢竟是現代化的一個特色。工業發展不成功，現代化勢必落後。本文先討論十九世紀中國史中「經世」與「自強」兩個概念。然後進

① 參看中央研究院近代史研究所已出版的《中國現代化的區域研究，一八六〇—一九一六》：蘇雲峯，湖北省（一九八一年出版）；張玉法，山東省（一九八二）；李國祁，閩浙臺地區（一九八二）；張朋園，湖南省（一九八二）；王樹槐，江蘇省（一九八四）。

一步討論十九世紀後期中國的新興企業。我想這樣地循序探討，可以有助於對自強運動的了解。

一、經世、自強、新興企業

「經世」一詞大家常常聽到，在十九世紀中國歷史上應如何解釋？經世有時可以說是做官。但中國傳統中的「經世」一詞，涵意的要點不是做官，而是做事，要眞正負責做有裨於國家人民的事。經世的概念含有理想主義的成分，要求知識分子對實際事務有貢獻。晚淸經世之學的一個特點是不避諱談富強。所講求的雖然偏重政府的富強，但認爲富強應與仁政同時實現。魏源等講經世之學的人非常重視富強，而且進一步要求實效，認爲做事不可光憑一己的動機，也不應墨守古代的事例②。經書雖然要讀也要使各種教訓能見證於當代。典章制度免不了要本於傳統，但是制度的實施是可以調整的。例如魏源（一七八四—一八五七）爲陶澍（一七七九—一八三九）籌劃海運（卽漕糧由海船運到北方）和票鹽（卽允許數目很多的商人運鹽銷售）③。這些因時因勢可以施行見效的改革，是經世學家圖富強政策的特色。與魏源並世的包世臣（一七七五—一八五

② 參看拙著，〈魏源之哲學與經世思想〉，中央研究院近代史研究所編，《近世中國經世思想研討會論文集》（臺北，一九八四），頁三五九—三九〇；本書第一章。

③ 魏秀梅，《陶澍在江南》（臺北：中央研究院近代史研究所，一九八五）。

五）不但對漕、鹽等問題極有興趣，而且是一個黃河水利的專家，考慮到許多關於濬河築堤的技術問題。包世臣關於農業的知識頗廣，所著《齊民四術》的第一部分卽討論農業技術④。魏源對工商業甚爲同情。《皇朝經世文編》中收有海商謝占壬論海運文。魏氏在他的哲學筆記《默觚》中說：「山林之人欲濟物必分己之財。鄉閭之子欲去弊必資官之勢。不必己財而可以惠物，不藉人勢而可以袪蠹者，其惟在位君子乎？」這樣地要以除弊興利爲目標的經世思想，是注重實際的。他說「自古有不王道之富強，無不富強之王道」；又說：「後儒特因孟子義利王伯（霸）之辯，遂以兵食歸之五伯，諱而不言，曾亦思足民治賦皆聖門之事，農桑樹畜卽孟子之言乎？」⑤

這一種注重實效的儒家思想對西洋技術不會看不起的。魏源既先主張用江蘇的沙船運漕米，對西洋輪船也就容易有興趣；既然主張施行票鹽法，對商辦企業也不會反對。鴉片戰爭起後，他發憤著書，於兩年內完成《聖武記》、《海國圖志》兩書。《聖武記》於討論清代的武功外，力言興利除弊之重要，於行海運與票鹽外，並主張採金銀礦及鑄銀錢。魏氏認爲應許民采礦。「但官不禁民之采，則荷鍤雲趨，裹糧鶩赴。官特置局稅其什之一二，而不立定額，將見銀之出不可思議；稅之入不可勝用。」《海國圖志》是一部世界人文地理，一部分根據林則徐搜集的資料。

④ 參看拙著，〈十九世紀初葉中國知識份子——包世臣與魏源〉，《中央研究院國際漢學會議論文集》（一九八一，歷史考古組），中冊，頁九九五—一〇〇七。

⑤ 〈魏源之哲學與經世思想〉，頁三七二—三七三；本書頁四八—四九。

書中的〈籌海篇〉，則建議興水師，製船礮，於「以夷欵夷」之外，「師夷長技以制夷」。魏源同時又注意到西洋生產技術，認爲中國可以迎頭趕上：「今西洋器械，借風力、水力、火力，奪造化，通神明，無非竭耳目心思之力，以前民用。因其所長而用之，卽因其所長而制之。風氣日開，知慧日出，方見東海之民猶西海之民。」⑥

魏源這種眼光，已經爲自強運動畫出一個輪廓。後來左宗棠爲重刊《海國圖志》作跋，說魏氏的「方略可行，而大端不能加也。」⑦這句話就表示十九世紀初葉的經世思想與自強運動間的關係。

何謂「自強」？自強的觀念是怎樣產生的？《易經》裏本來就有「天行健，君子以自強不息」的話。《禮記》裏說：「知困然後能自強也。」《宋史・董槐傳》說：「帝問邊事。對曰：外有敵國，其計先自強。自強者人畏我，我不畏人。」⑧這是就當時和北方夷人的關係而言的。乾隆皇帝《御批歷代通鑑輯覽》關於東漢「欵塞」的事，批語中云：「能自強者外侮不敢窺，不能自強者，雖謹守而外侮亦將伺其隙。」⑨後來英法聯軍打到北京。恭親王奕訢和滿族政治家文祥主持與各國訂約，於英法退兵之後，於一八六一年一月二十四日（西曆）奏請設立總理衙門，議定章程六條。奕訢等在一份奏摺說：「臣等酌議大局章程六條，其要在於審敵防邊以弭後患，

⑥ 本書頁四四。
⑦ 轉引自王家儉，《魏源年譜》（臺北，一九六七），頁九六。
⑧ 《中文大辭典》〈自強〉條。董槐爲嘉定六年（一二一三）進士，引句見《宋史》卷四百一十四。
⑨ 《御批歷代通鑑輯覽》（光緒甲辰〔一九〇四〕石印本），卷二十二，頁五四下。

然治其標而未探其源也。探源之策在於自強，自強之術必先練兵。」同年七月奕訢等的奏章裏說：「上年曾奏請飭下曾國藩等購買外國船礮，並請派大員訓練京兵，無非爲自強之計，不使受制於人。」⑩這種制人而不受制於人的觀念，和《宋史》及《御批歷代通鑑輯覽》裏說的大意相似。

對晚清而言，「自強」一詞又有比較特定的意義，就是爲了當時的國際競爭，中國必須採用西洋技術。李鴻章在一八六四年春致總理衙門的信裏說：「夫今之日本，卽明之倭寇也。距西國遠而距中國近。我有以自立則將附麗於我，窺伺西人之短長。我無以自強，則倂效尤於彼，分西人之利藪。」該年六月總理衙門把李鴻章這封信錄呈朝廷，並總結兩三年來和各省督撫的討論，奏稱：「查治國之道，在乎自強。而審時度勢，則自強以練兵爲要，練兵又以制器爲先。」⑪這便是當時的自強政策，而各省辦起「洋務」來，不但辦與洋人交涉的事，同時要辦兵工業和造船廠。這些與工業有關的事務，也算是「洋務」了。

但是「自強」或「洋務」的範圍並不限於製造船礮。有些開明的督撫看出西洋機器在經濟方面的價值。李鴻章一八六五年九月上奏請准設立江南製造局時說⑫：

---

⑩ 轉引自蔣廷黻，《中國外交史資料輯要》（上海：商務，一九三四。一九五九臺北重印），上册，頁三五一—三五三。

⑪ 轉引自同上，頁三六三—三六五。

⑫ 李鴻章，《李文忠公全書》（一九〇五年南京原版），〈奏稿〉，卷九，頁三四下。參看拙著，"The Confucian as Patriot and Pragmatist: Li Hung-chang's Formative Years, 1823-1866," *Harvard Journal of Asiatic Studies*, 30 (1970), pp. 5-45; 李國祁，〈同治年間李鴻章的應變圖新思想〉，中央研究院第二屆漢學會議（一九八六）提出之論文。

機器製造一事，為今日禦侮之資，自強之本，總理衙門原奏〔指一八六四年附呈李鴻章函之奏〕言之甚詳，已在聖明洞鑒之中。抑臣尤有所陳者。洋機器於耕織、刷印、陶埴諸器皆能製造，有裨民生日用，原不專為軍火而設。妙在借水火之力，以省人物之勞費，仍不外乎機括之牽引，輪齒之相推相壓，一動而全體俱動。其形象固顯然可見，其理與法亦確然可解。惟其先華洋隔絕，雖中土機巧之士莫由鑿空而談。逮其久風氣漸開，凡人心智慧之同，且將自發其覆。臣料數十年後中國富農大賈，必有倣造洋機器製作，以自求利益者……

這一篇十九世紀六十年代的奏摺，看出數十年後，中國富農大賈要自製西洋機器，這在當時是何等眼光！這裏還有一層在中國通商口岸，和洋人爭「利權」的問題，李鴻章自同治初年駐兵上海時就已經開始了解西洋人的經濟威脅。後來在一八七二—一八七三年，他創辦輪船招商局，雖然藉口利用福州船廠所造的船來運北京所需要漕糧，但同時也是施行愛國的經濟政策。李鴻章於一八七二年年底致函總理衙門說他倡辦招商局的目的⑬：

一則為領用官船張本，一則為搭運漕糧起見，於國計固有裨助。又中國長江外海生意全被洋人輪船夾板佔盡。近年華商殷實狡黠者多附洋商名下。如旗昌、金利源等行，華人

⑬《李文忠公全書・譯署函稿》，卷一，頁三九。

股份居其大半，聞本利不肯結算，暗受洋人盤折之虧，官司不能過問。若正名定分，立有華商輪船公司，暫准照新關章程，完稅免釐，略予便宜。至攬載貨物，起岸後仍照常捐釐，於餉源無甚窒礙，而使華商不至皆變為洋商，實足尊國體而弭隱患，尤為計之得者。

李鴻章認爲輪船招商局可以「爲中土開此風氣，漸收利權。」後來他倡辦開平礦務局，上海機器織布局，都認爲是自強要政。自強運動從軍事擴展到經濟方面，其範圍包括各種富強實政，也就包括一些新興企業了⑭。

我們對自強的觀念，以上述言論爲根據，應該是差不多了。但是這裏還有一層，是呂實強先生研究丁日昌的時候提出的，即自強必須注意內政的吏治。這是曾國藩、左宗棠、丁日昌等的共

⑭按「自強」一詞應用於經濟方面的經營，事例甚多。如一八七六年李鴻章致盛宣懷函，論礦務：「臺灣甫經試辦，樂平則尚無成議。目前欲為自強本計，不得不就此地利，實力經營。」《湖北開採煤鐵總局、荊門礦務總局》，盛宣懷檔案資料選輯之二（上海：人民出版社，一九八一），頁六七。李鴻章一八七七年致總理衙門書論維持招商局：「輪船招商局之設，原期收回中國利權，徐圖自強之計。」《李文忠公全書．譯署函稿》，卷十，頁二一。李氏一八八一年關於開平煤礦的奏章盛讚英國「歲出煤鐵甚旺，富強遂甲天下」，而中國則「利源之涸日甚一日，復歲出鉅款購用他國煤鐵，實為漏巵之大宗。」〈奏稿〉，卷四十，頁四一。李氏一八八二年的〈試辦〔上海機器〕織布局摺〉裏說：「臣維古今國勢，必先富而後能強，尤必富在民生，而國本乃可益固。各國製造均用機器，較中國土貨成於人工者，省費倍蓰；售價既廉，行銷愈廣。自非逐漸設法仿造，自為運銷，不足以分其利權。」同上卷四十三，頁四三—四四。「利權」觀念與富強觀念皆與自強有關。

同看法⑮。李鴻章講得比較少一點，但也不是決不講。李鴻章不是一位改革家，而是一位實行家。當時是需要有人實際辦事的。

二、晚清自強運動的時代意義

近年有許多學者對於晚清的自強運動，亦即洋務運動，開始注意。但是歷史家很難擺脫時代的局限，常常不自覺地憑當代的情形，衡量過去人的成敗。研究晚清的自強運動似乎不應僅從目前的標準來研究，還要從晚清以前的歷史來看自強運動的時代意義。我們不要忘記所謂自強運動是十九世紀六十年代開始的。鴉片戰爭的年代是一八四〇。鴉片戰後，魏源寫《海國圖志》，就已經提出「師夷長技以制夷」的口號。但是當時清政府一直沒有採取新的政策來應付新的局面。

⑮ 呂實強，《丁日昌與自強運動》（臺北，一九七二），頁一—六。本文所論偏重於呂先生所謂「究心中外時局的政治領導人物」。當時尚有「通達世變而深體時艱之士」，如馮桂芬、王韜、鄭觀應等，暫不詳論。惟馮桂芬於一八六一年著《校邠廬抗議》（自序日期為「咸豐十一年冬十月」），卷下〈製洋器議〉提出自強之觀念。他說：「有天地開闢以來未有之奇憤，凡有心知血氣莫不衝冠髮上指者，則今日之以廣運萬里、地球中第一大國而受制於小夷也……而今顧靦然屈於四國之下者，則非天時、地利、物產之不如也，人實不如耳……天賦人以不如可恥也，可恥而無可為也。人自不如尤可恥也，然可恥而有可為也。如恥之莫如自強……以今論之，約有數端。人無棄材不如夷，地無遺利不如夷，君民不隔不如夷，名實必符不如夷。四者道在反求〔原註：以上諸議備矣〕，惟皇上振刷紀綱一轉移間耳。」馮桂芬，《校邠廬抗議》（一八八四年陳寶琛序，一八九八年重印），卷下，頁四〇—四一。

蔣廷黻先生在他寫的《中國近代史大綱》裏說：「民族喪失二十年的光陰，」這就是說今天我們討論的自強運動要到了鴉片戰爭後二十年左右才開始⑯。爲什麼自強運動不在魏源寫《海國圖志》時就發生呢？爲什麼民族要喪失二十年的光陰呢？我想我們要回答這個問題，必須先研究鴉片戰爭以前悠長的歷史，要問一些基本的問題。例如：爲什麼中國自宋代以後，就沒有利用原來佔先的科技傳統來發展經濟？爲什麼漢人文化意識堅強而民族意識則比較薄弱？爲什麼道光朝的地方大吏，如耆英、何桂清只想勉強應付外交上的問題，而沒有要造船砲、談自強？這些問題我們要從鴉片戰爭以前的歷史、和戰後二十年的歷史裏尋找答案。

這裏必須要提到：鴉片戰爭後十年，太平天國運動爆發了。這裏不討論太平天國的歷史，但必須指出，如果沒有太平天國戰爭，也就不會有後來的自強運動。這是因爲清朝爲了戰爭的需要，才重用曾國藩、李鴻章、左宗棠等人。如果沒有這些有練兵、籌餉經驗的督撫，我們就很難想像有自強運動。如果兩江總督還是何桂清等人，直隸總督還是恒福等人，就很難有新的海防政策，要求學習西洋的技術和科學了。

這裏還有一層，就是中國歷史上「內」和「外」的關係。到了一八六〇年，清朝不但要平定太平天國，而且還要對付歐洲人的武力。英法聯軍一八六〇年秋季打到北京之後，恭親王奕訢和

⑯ 蔣廷黻，《中國近代史大綱》（一九三八；臺北版，啓明書局，一九五九），頁三〇—三五。

滿族大政治家文祥纔在咸豐皇帝逃避到熱河承德時，得到中樞的權力⑰。而奕訢和文祥身經英法聯軍的軍事威脅，纔認識西洋科學技術的必要。他們用「自強」一詞，起初是就與夷人的關係而說的，認爲辦外交只是治標，要練兵並「添習火器」，纔能探外患之源。恭親王、文祥和在各省的曾國藩、李鴻章、左宗棠、沈葆楨等人合作，發動了自強運動，所注重的項目也從練兵推廣到製器，再推廣到與洋人爭「利權」，求國家的富強。十九世紀中葉如果沒有外患和內亂，中國會不會有自強運動，這個問題歷史家無法回答。事實是：自強運動乃發動於太平天國戰爭期內，而且在英法聯軍打到北京之後。

我們現在以一八六〇年—一八九四年代爲自強運動的時代。我們要問：這個時期的自強運動是不是失敗了呢？我想從歷史上看，我們應該說：自強運動是很成功，但又是失敗了的。甲午戰爭，中國被日本打敗，這是主要的事實。當然我們可以說日本是近代亞洲的奇蹟。當然中國的對手如果不是日本，而是暹羅或菲律賓，那麼李鴻章憑外交也就可以應付英、法、俄等歐洲國家，可以在他們的世界均勢之下保持中國主權。但是歷史家不能討論假想的情形。中國到了十九世紀，就要接受近代國際競爭的標準。甲午戰爭中國打敗了，自強運動畢竟失敗了。

但是我們又不能不說：從淸中葉（或從十九世紀早期）的觀點看來，自強運動是很成功的。

⑰ 參閱拙著 "The Ch'ing Restoration," in *The Cambridge History of China*, Vol. 10, *Late Ch'ing, 1800-1911*, Part I (1978), pp. 409-490.

同治朝和光緒朝初期的外交辦得還可以。修約的工作做得不夠好，也沒有爭取有利的關稅，但是力求行政權之完整，大體上還是成功的。光緒初年的自強新政相當可觀。京師及各省反對洋務，藐視西學的人很多，但是在朝廷及一些開明督撫的主持下，兵工廠畢竟在許多省份辦出來了，也都附設有學科技的學校⑱。接著也有不少官紳對礦務發生興趣。通商口岸有一些新式商人參與企業，而且有一些新識分子，如王韜、鄭觀應等，刊印言論，以爲支持。王韜、鄭觀應的思想主要還是自強思想⑲，他們呼籲進一步改革的言論對後來的戊戌維新及立憲運動，都有影響。但是我們要注意王、鄭等人進一步的改革思想，本身雖然重要，但是政治上的變法思想，當時並沒有實現，而他們熱烈提倡的自強事業，如兵工廠、輪船運輸、海軍等項目，卻逐一實現了⑳。而且自強運動在企業方面、教育方面，也都有些成績。所謂自強運動的失敗是指這些事業辦得不夠好，而甲午戰爭的確是一敗塗地。但是我們似乎仍不能否認自強運動在訓練人才，轉移科技，以及提

⑱ 王爾敏，《清季兵工業的興起》(臺北，一九六三)。Knight Biggerstaff, *The Earliest Modern Government Schools in China* (Ithaca: Cornell University Press, 1961).

⑲ 參看 Paul A. Cohen, *Between Tradition and Modernity: Wang T'ao and Reform in Late Ch'ing China* (Cambridge, Mass.: Harvard University Press, 1974)；拙著〈鄭觀應《易言》：光緒初年之變法思想〉，《清華學報》，新八卷，第一及二期，頁三七三—四二五。本書第八章。

⑳ 參看王家儉，《中國近代海軍史論集》(臺北：文史哲出版社，一九八四)；頁二七—一四五，一九九—三〇二。〈北洋武備學堂的創設及其影響〉，《國立臺灣師範大學歷史學報》，第四期(一九七六)，頁三一七—三四三。Thomas L. Kennedy, *The Arms of Kiangnan: Modernization in the Chinese Ordnance Industry, 1860-1895* (Boulder: Westview Press, 1978).

倡新企業等方面，頗有貢獻。這在當時是不容易的，而且都有長遠的影響。

三、自強運動成功與失敗的背景

我們要了解自強運動當時爲什麼沒有馬上成功，便不能不研究鴉片戰爭以前的歷史——要探討傳統的國防觀念，傳統的經世思想，傳統的工商業。有許多情形，自宋朝以來，便是如此，在這裏不能詳論。但是專就十九世紀的歷史，我們已可看出自強運動的成功與失敗，都有其複雜的背景。兹請分三方面來討論。

(一)思想與觀念

先論思想。我們要注意至少有一部分儒家思想對自強運動是有助力的。儒家思想本有注重經世的傾向，但是對於「富強」觀念以及涉及功利的問題，看法不一致。到了十九世紀早期，有「經世之學」的出現，中央研究院近代史研究所幾年前曾舉行會議討論㉑。「經世之學」在儒家

㉑ 中央研究院近代史研究所編，《近世中國經世思想研討會論文集》（臺北，一九八四）；參看劉廣京、周啓榮，〈皇朝經世文編關於《經世之學》的理論〉，《中央研究院近代史研究所集刊》，第十五期，上册，頁三三—九九；本書第二章。

倫理的大前提下講富強，講實效，講專業化，對自強運動有推動的作用。道光朝的經世人物，如陶澍、林則徐，都注重解決實際問題。魏源於鴉片戰後著《海國圖志》時便已就經世的立場，提出「師夷長技」的命題。後來曾國藩、左宗棠、沈葆楨等人都可以說是受了「經世之學」的影響。李鴻章任江蘇巡撫時的顧問是馮桂芬，所著《校邠廬抗議》，在精神上遠追顧炎武，而主張採用西國富強之術。但是我們要強調：並不是所有的儒家人物都講富強，講實事求是。有許多儒家人物鑽研經學和心學，這些方面花費的精神太多，也就沒有時間探討實際問題了。咸豐朝的京官裏就有不少以「經術自鳴，攻訐相尙」的儒家理想主義者。到了同治朝，又加上西太后慈禧利用倭仁、李鴻藻等人攻擊恭親王奕訢。同治朝和光緒朝有不少御史、翰林等京官，常常批評洋務辦理不善，形成「清議」㉒。這些人後來也對西洋科技發生興趣。但是等他們態度改變時，自強運動已經失去許多光陰了。

這裏還有一個政治上的問題，也和思想觀念有關，就是海防與塞防比重的問題。中國歷代的邊患都是從中亞細亞內陸來的。雖然到了十九世紀七十年代已經開始有自強運動，有人已經知道有「數千年來未有之變局」，知道海防的重要；但是一八七四年海防議起，不但當時的清議，而且連大政治家文祥都在內，認爲新疆和沿海一樣重要，必須全力保衛。因爲有俄國的興起，塞防

㉒ 請閱 Marianne Bastid, "Ch'ing-i (清議) and the Self-Strengthening Movement," 載《清季自強運動研討會論文集》（臺北：中央研究院近代研究所，一九八八），頁八七三—八九三。參閱拙著，〈變法的挫折——同治六年同文館爭議〉，《蔣慰堂先生九秩榮慶論文集》（臺北，一九八七），頁二六九—二八〇；本書第七章。

畢竟也是重要的。左宗棠爲清帝國再度平定西域，由清廷的諭旨動員了全國的有限財力，一時使海防的計畫難於佔上風了㉓。

(二) 政治

關於自強運動的政治背景，我們必須注意一個重要事實，就是上面提到的太平天國戰爭期中清廷的重用督撫。有些學者到現在還說晚清督撫有一點像民國時代的軍閥。這一點我不同意。晚清督撫的任命權是在清廷手裏的。他們的任期由清廷決定，而他們是忠於清廷的。他們的能力是在戰爭中鍛鍊出來的。至少有幾位督撫，尤其是傑出的李鴻章，看到了當時中國面臨的危機和應變圖強的方策。他們利用督撫的權力推動自強事業。江南製造局，輪船招商局，開平煤礦，海軍，電報、鐵路一件一件地辦出來了。這些計畫要靠李鴻章先後任江蘇巡撫、直隸總督的地位，有他的淮軍舊部和其他朋僚關係的勢力網，同時又靠北京軍機處的支持。李鴻章以中央官的地位，兼省級大吏。他做江蘇巡撫的時候署南洋大臣，做了直隸總督後又兼北洋大臣。整個北洋，事實上也包括上海的海防和洋務，他都參與決策㉔。

㉓ 參閱筆者與Richard J. Smith合撰之 "The Military Challenge: The North-west and the Coast," *The Cambridge History of China*, Vol. 11, *Late Ch'ing 1800-1911*, Part II, (Cambridge Univesity Press, 1980), pp. 202-273.

㉔ 參閱拙著 "Li Hung-chang in Chihli: The Emergence of a Policy, 1870-1875," in Albert Feuerwerker, Rhoads Murphey, and Mary C. Wright (eds.), *Approaches to Modern Chinese History* (Berkeley: University of California Press, 1967), pp. 68-104.

但是李鴻章的權力有多大，他做直隸總督能夠做多久，這就要看京師的旨意了㉕。李鴻章一八七〇年開始任直隸總督，起初有恭親王、文祥的大力支持。文祥逝世後，軍機大臣沈桂芬幫助他。後來一八八四年中法戰爭期間恭親王免職，軍機處改組，李鴻章就只好和親近西太后的醇親王合作了。自強運動那時已經到緊要關頭。一八八二年—一八八五年之間，日本已經進一步在朝鮮發展勢力。李鴻章於維持淮軍之外，關於海軍的經費就要靠新設的海軍衙門。大家都知道海軍衙門的公款曾大量移用於北京三海及其他林園的建造。李鴻章分到一筆經費，維持一個相當可觀的北洋艦隊，建造旅順等海港，這就很不容易了。政治上的問題如此複雜。李鴻章除了辦外交，兼管朝鮮事務之外，很多時間要用在應付醇親王、西太后，以及御史、翰林等京官上。當時的政治，自創新者的觀點是一個必須面對的困擾的來源，和行政制度的許多弱點，同樣難有突破。

(三) 新興企業

現在論到自強運動的經濟方面。這是極爲重要的，因爲政治和行政方面的問題，要經濟方面能夠開富源，鼓勵新的社會力量，從長遠想，才有新的出路。近來學者有論文指出當時海關的關稅是自強運動的主要財政基礎。這一點過去中國史家很少討論，可能是因爲不願意指出當時海關

㉕ 參閱拙著〈晚清督撫權力問題商榷〉，《清華學報》，新十卷，第二期，頁一七六—二二三；本書第四章。

稅務司都是洋人，總稅務司是英國人赫德㉖。赫德出身於英國領事館，他本於英國文官制度的精神，替中國服務，雖然薪水高，但替中國征收關稅總算收得不錯。李鴻章有時在總理衙門與赫德爭權，事實上也借重赫德。我們不能把赫德和英國政府之間畫一個等號，因爲赫德是清政府的官員，各口稅務司負責收的關稅經過海關官銀號交給中國的海關道，再交所轄省份的藩庫，一部分解戶部。海關道在財政上的職權，與督撫的關係等，都值得研究。

我們可以不可以說晚清各省督撫的勢力已非常大，督撫已尾大不掉了呢？我在一九七四年曾發表一篇討論晚清督撫權力問題的論文，其中有一些論點，也許還值得參考㉗。當時督撫的任期完全受朝廷的支配。雖然關稅和釐金大部分留在本省用，但是用的還是對中央政府有利的用途。除了各地的防費、軍費之外，有許多攤款、協餉、京餉等，都是中央指定的。最值得注意是當時的督撫也難於開財源。太平天國平定之後，各省田賦最多只能恢復咸豐以前的舊額。李鴻章在一八七一年論福建吏治的一封信裏說：「通省清丈斷辦不到。」㉘後來劉銘傳在臺灣總算辦了「清丈」，是例外的情形。當時各省不但田賦無法增加，釐金也難於多征。自強事業要倚賴指定項目

㉖ 請閱劉翠溶，〈關稅與清季自強新政〉，載《清季自強運動研討會論文集》，頁一〇〇五—一〇三二；及 Takeshi Hamashita（濱下武志），"The Foreign Inspectorate of Customs and Late Ch'ing Finance,"《清季自強運動研討會論文集》，頁一〇三五—一〇六五。

㉗ 見註㉕。

㉘ 《李文忠公全書・朋僚函稿》，卷十，頁三五下。

和數額的關稅和釐金，增加經費無論自中央或地方來說都有困難。

財政問題牽涉到許多社會史上的問題，例如紳士勢力、商人組織，以及農業、手工業等生產問題，這裏都不能詳論㉙。但是自強運動有一個方面不能不提出討論，就是官督商辦企業。官督商辦企業所以重要是因爲㈠所牽涉到的交通運輸業、礦業、製造業都與工業有關；而㈡早期的官督商辦企業主要是由政府鼓勵，由商人出資並任經營之責，是一種在政府保護之下的新興商人企業。本書有一篇譯稿，討論輪船招商局的早期歷史㉚。李鴻章創辦輪船招商局，確有鼓勵商人之意。招商局雖然說是「由官總其大綱，察其利病」，但是商的權力起初規定得很明確：局中應由「該商董等自立條議，悅服衆商。」輪船招商局倣洋人在中國辦的股份公司，發股票：「盈虧全歸商認，與官無涉。」㉛當時的問題是上海等地的中國商人雖然資金很多，但不願參與新興的官督商辦企業，寧願投資於洋行創辦的股份公司。尤其是英美商人經理的輪船公司及其他加工、製造業公司，曾吸收了不少華商資本。基本上，中國商人多數還是繼續投資於國內商業（包括長距離貿易）和貸款業（尤其是典當業）。他們對傳統的加工製造手工業，向來就很少直接投資，現在也不願冒風險，投資於機器加工業。在自強運動之下，倒有一些新發展。例如陳慈玉女士討論

㉙ 關於這些問題的論著目前已很多，但還需要就社會經濟問題及行政問題，同時研究。參閱拙著〈晚清地方官自述之史料價值：咸同之際官紳、官民關係初探〉，《中央研究院成立五十周年紀念論文集》，頁三三三—三六四；本書第三章。

㉚ 拙著〈中英輪船航運競爭，一八七二—一八八五〉，本書第九章。

㉛ 《李文忠公全書・譯署函稿》，卷一，頁三九下—四〇。

到上海土布商不願意投資於上海機器織布局㉜。就商人而言，似乎最初只有些買辦商人和與進出口貿易有關的華商，有與趣購股。輪船招商局也是這樣，有了政府的鼓勵和保護，至少有一些新式商人有與趣出來和外國人競爭。李鴻章在十九世紀七十年代的一個貢獻就是主張由政府給招商局貸款，把部分漕糧以比商貨託運爲高的水腳，交給招商局承運。其他企業，如開平煤礦，開辦時亦由政府借款，並由政府繼續保護。但是借款的政策，到了八十年代就很難繼續了。李鴻章要維持淮軍和海軍。海防額撥的經費實收短絀，維持淮軍、海軍都有問題，也就無法多幫助新興企業了㉝。從另一方面說，商人自己也有問題。尤其是到了一八八三年，上海有一次嚴重的金融風潮，上海七十多家錢莊，大多倒閉，只剩下十幾家；官督商辦及其他華商企業的股票大爲跌價。主辦輪船招商局的商人徐潤破產。唐廷樞也損失極重，一八八三年以後他繼續在直隸辦開平煤礦，招商局在上海的業務，他已支撐不起了㉞。在這種情形下，李鴻章就只好重用盛宣懷。七十年代後期，盛宣懷在湖北辦煤礦，李鴻章常常責備他辦理不力，也不要他多干預輪船招商局的事

㉜ 陳慈玉，〈上海機器織布局——設立背景、經營方針及其它有關問題的檢討〉，《清季自強運動研討會論文集》，頁七二九——七四六。

㉝ 關於淮軍餉源問題，參看王爾敏，《淮軍志》（臺北，一九六七），頁二六〇——二九三。

㉞ 參看拙作〈一八八三年上海金融風潮〉，《陶希聖先生九秩榮慶祝壽論文集》，第一冊（臺北，一九八七），頁一二五——一三六；本書第十章。

㉟。但是到了一八八五年中法戰後，招商局的局面也只有盛宣懷能收拾了。

當時各省督撫除李鴻章外，還有其他人物提倡自強，如左宗棠、沈葆楨，也都非常重要。中法戰爭期中又有張之洞之興起——這幾個人的作風都不同，值得精細研究。我所以集中討論李鴻章是因爲他在同治年間和光緒初年，關於自強的主張最爲突出；而他以北洋大臣的地位，又有與中央特別接近的關係，於各省、各埠有協調的作用。當然我們要注意到李鴻章處於中央與各省、各商埠之間，又要辦外交，又要負起海防和商務方面的責任，他當然要倚賴次一層的負責人，如盛宣懷等。但是一八八六年盛宣懷做了山東煙臺海關道之後，是否只向李鴻章負責是一個很有趣的問題。這裏應該指出：官督商辦企業在盛宣懷主持之下，雖然維持與洋人競爭的局面，但是一般擴展不快，多半是就現有的資金和設備，在政府保護下盈利；改進生產是很少的。這也是自強運動沒有完全成功的一方面。

但是自另一方面說，當時中國商人對於生產的改進也並不熱心投資。光緒初年各省有不少官、紳對煤、鐵及其他金屬礦有興趣。他們創辦了礦局，得到官的許可，以官督商辦的方式招

㉟《湖北開採煤鐵總局、荊門礦務總局》，頁四五六。李鴻章批盛宣懷等稟文（光緒七年閏七月二十六日）。李氏的批語說：「克虜伯以茅屋三間，熔鐵起家，是有大本領人，非該道〔指盛宣懷〕等所能學步。招商局以舊船四號運漕試辦，雖局面日漸擴充，利權未能全收，亦非荊局〔指盛宣懷等辦之荊門礦局〕所能比例。何其好大言也。」頁四五六。另見頁五一—五三，二四四，三七〇。

股。可惜的是一八八三年金融風潮中，礦股大跌，許多礦廠都沒有辦成㊱。中法戰爭之後五六年內，各省辦礦的計畫又興起，地方的紳士很活躍。同時，通商口岸及附近一帶的中國商人也開始有用機器自營加工、製造的事，如廣東南海、順德的華商機器繅絲業，八十年代就已經展開。但是上海方面，華商機器繅絲，二十世紀之前是否已發展，尚待研究。李鴻章在七十年代便開始鼓勵棉紡織業。雖然主持人（包括後來的盛宣懷等）沒有及時看出紡紗業市場之大，和設備、技術等方面之應靈活。但政府總算是負起了提倡工業的責任。

研究歷史的目的不僅是讚揚草創事業的功績。但是中國傳統有實事求是的精神，具有創新的潛能，也是事實。當時李鴻章等人注意到輪船運輸及機器製造，鼓勵商人投資，就爲近代中國提出新的命題，出了新的題目。本書沒有討論到與自強運動有關的科技訓練與教育的問題。其實當時江南製造局、福州船廠、北洋海軍等附設的學校，造就的人才數目不少，政策的實質已超出「中學爲體，西學爲用」的範圍。「舊學爲體，新學爲用」的口號是張之洞於一八九八年寫《勸學篇》時提出來的。早就創辦的江南製造局、福州船廠、北洋海軍都附設有學校，雖然不否定傳統的課程，一般說來，所注重的實際上是西學。馮桂芬的《校邠廬抗議》早就提出科舉應考的人應有一半的數額學西學技術。李鴻章於一八六四年致總理衙門的信裏提議要「專設一科」取士，

㊱ 見上文，註㉞。

造就製造「製器之器」的人才。後來李氏繼續認爲「綜覈名實，洋學實有踰於華學者。何妨開此一途？」㊲但是這種建議在當時政治環境下，反對的人多，無法再提出㊳。要到了中法戰爭後數年纔在湯震、陳虬等等紳士改革家的言論裏再出現。馮桂芬《校邠廬抗議》的刻印，王韜、鄭觀應等人作品的行銷，以及《皇朝經世文編》三種續編的先後出版㊴，這都表示自強運動與變法運動之間的連續性。甲午戰爭以前，實際擔負國家安危的人物，如李鴻章，只能在當時政治和思想

㊲ 李鴻章致朋僚書信裏却有一些主張改革科舉的論調。如一八七五年致江西巡撫劉秉璋的信裏說：「試帖小楷，毫無與時務，此所已知者也……，近人條陳變通考試亦多術矣。皆被部駁。吾姑發其端，以待當路之猛省而自擇。其執迷不悟，吾既言之，無可駁也……〔來示謂〕統名之洋學局，疑用夷變夏，名不正則言不順。是必華學即可制夷，即可敵夷。若尚不足以制夷，則取彼之長，益我之短，擇善而從，又何嫌乎？姑不必以趙武靈王胡服爲比，即須綜覈名實，洋學實有踰於華學者，何妨開此一途？」《李文忠公全書・朋僚函稿》，卷十五，頁四。李鴻章一八七六年〈答彭孝廉書〉說「中國所尚者道爲重，而西人所精者器爲多。然道之中未嘗無器，器之至者，亦通乎道。設令炎帝軒轅復生乎今世，其不能不從事於舟車槍礮機器者，自然之勢也。」李鴻章，《李文忠公遺集》，收入《合肥李氏三世遺集》（一九〇五年版），卷五，頁一二。按答彭孝廉書亦見於薛福成，《庸盦全集・庸盦文編》（一八八七版），卷二，頁六九—七〇，當爲薛氏所擬之稿。鄭觀應《盛世危言》較早之版本即有「道器」之篇，內容可資比較。《盛世危言正續編》（臺北，學術出版社，一九六四重印），卷一，頁一—二。

㊳ 參看上文註㉒。

㊴ 按馮桂芬《校邠廬抗議》自序成於咸豐十一年冬十月（一八六一年），其中僅數則收入馮氏光緒二年（一八七六）刊刻之《顯志堂集》。首次全部刊印似爲甲申（一八八四）年。該年以「年家子」自稱的陳寶琛撰序文說：「先生自定其顯志堂集，取此議登其半，以有所避忌，存錄其半於家。余謂所議皆爲法說，皆爲天下說……故勸培之同年盡刻之。」按培之爲馮桂芬子馮芳植之字。馮芳植撰之跋文日期爲光緒十年十一月（一八八四年底或一八八五年初）謂「今冬開雕」，同時已有天津之版本。「適芳緝寄津郡刻本至，持校此本，字句互有不同，皆先大夫當時所自竄易，蓋各有所本，非意爲增損也。」筆者所閱乃光緒二十四年六月（一八九八）重印本。

許可的範圍內，維持一點軍力，應付極險惡的國際局面。在其他社會層面上，則有許多知識日增的士紳和商人，到了甲午戰敗之後，因有過去自強運動許多缺點的殷鑑，要繼續求國家的富強，便要進一步要求政治上的革新了。

本書探討十九世紀初葉經世的意義及其與十九世紀晚期自強變法運動間的連續性。我們注意到魏源的歷史進步論，李鴻章等人關於提倡西學的建議，以及當時自強實政的企業方面，特別是輪船航運和礦業。經世思想自魏源的《皇朝經世文編》（一八二六）發展到鄭觀應的《易言》（一八八〇）似乎已越過重要的分水嶺，進入新的境地。研究中國近代史當然要注意到士大夫階層的舉止與言論。但晚清的紳商社會因爲有新企業之興起而有新型和知識分子出現。當時新興企業雖然未必十分成功。但商人而爲知識分子，如鄭觀應、經元善等之議論時政、希冀變法，在中國思想史及社會史上皆有重要意義。商人著書立說，要求制度上的突破，這就難能可貴了。

——原載《清季自強運動研討會論文集》（臺北：中央研究院近代史研究所，一九八八年），頁一一二一—一一三三。

論經世

一、魏源之哲學與經世思想

一、導　言

論晚清經世思想自不能不對魏源（一七九四—一八五七）作較詳盡之研究。魏氏思想與學術方面甚多，自心性修養，以至經學、史學、子學皆有著作。魏氏對晚清經世思想之貢獻，最突出者乃提出注重效驗之原則。其代賀長齡撰寫之〈皇朝經世文編敍〉中有下列警句，在當時爲極鮮明之新思想①：

① 《皇朝經世文編》（一八七三年重校本），〈敍〉。

一、善言心者必有驗于事矣。
二、善言人者必有資于法矣。
三、善言古者必有驗于今矣。
四、善言我者必有乘于物矣。

此四項原則代表晚清經世運動之基本精神，對中國近代化貢獻極大。但吾人探討魏氏整個思想，不能不指出其尋求效驗之基本目標，仍本於儒家之價值觀念。魏氏雖然主張心必驗於事，人必資於法，古必驗於今，我必乘諸物；但渠畢竟肯定儒家對於修養與德治之信念，對於上古三代之敬仰，及個人自立、自得之精神——亦卽「心、人、古、我」四概念之重要。魏氏雖然注重功效，但仍承認「事必本乎心」，「法必本乎人」，「今必本乎古」，「物必本乎我」②。

自魏氏看來，此四項基本信念應與求效驗之精神，並行不悖。但宋代之功利論調，明清儒者似早已唾棄，魏氏本人亦不能輕易接受。魏氏雖深信儒家理想必須於事功中睹實效，但尚須憑一己之思維，爲經世理論尋求完整之哲學根據。清代中葉崇尚經學，嘉道之際史學則有新動向。諸此方面須有交待，經世之學始能樹立。

魏氏之造詣在於能於提出經世理論之後，再進一步憑經學之微言大義，以及歷史之研究與解

② 同上。

釋，爲儒家經世理論，建立哲學基礎。所著哲學筆記《默觚》，魏氏逝世二十一年後始有印本，對晚清歷史影響似不大。然吾人如不研究《默觚》，則難於明瞭魏氏思想之全部，亦難於了解晚清經世思想所含蘊之價值意識。

魏氏之修養論雖兼採程朱，而實偏陸王。其治經重主觀之體會，言禮則不重繁文縟節。惟魏氏雖好心學，而《默觚》之宇宙論與道德論仍受天地陰陽及三綱等傳統觀念之支配。其政治思想仍囿於「與日月合其明」、「天地定位」等說。士大夫除諫諍之外，僅能「因勢、因時」，在原有制度之大範圍內，從事局部之改革。魏氏注重效驗，故認爲有情於民物之士仍僅能就可能之範圍，提倡有限度之變法。然魏氏晚年改定之《默觚》，闡釋其堅信之知行論及制度進化史觀，認爲政治史雖錯綜複雜，且有退化之趨向，而專就制度史而言，則「人之所聚，仁氣生焉」，制度必愈趨於「便民」，勢不可復。《默觚》之知行論與進化史觀，在整個中國思想史上，似有突破之意義。

凡研究思想家，必須注重其時代背景與個人經歷，再依年月先後，尋繹其思想發展之大勢。本文秉此方法，將魏氏一生，分若干段落，以表明其實際閱歷、經史學術、及哲學思維三方面之相互關係，而最後兩三節則分析《默觚》之內容，並討論魏氏在思想史上之貢獻。

二、早年論修養

魏源，字默深，湖南邵陽人。父為武舉人，任江蘇州縣巡檢等小官。魏氏居鄉侍母讀書，十五歲中秀才，二十歲取拔貢。次年（一八一四年）入京，自河南入直隸途中，經八卦教作亂戰事所及處，觸目荒涼。魏氏詩集中有「去歲大兵後，大祲今苦飢，……至今禾麥地，極目森萬藜，借問釀寇由？色哽不敢唏」等句，似該年所作③。

魏氏似自幼卽好讀經史。一八一四年入京後獲識講求宋學之姚學塽，漢學之胡承珙，公羊學之劉逢祿，及古文辭及經世學之龔自珍等。魏氏早年思想似兼採宋明理學及心學，而其專治《大學古本》，《孝經注》，及《曾子章句》，又似已傾向公羊學家之不注重東漢經疏。魏氏二十九歲（一八二二年）第三次參加順天府試，中舉人。惟一八二一年，卽已在京刊印其編著之《大學古本》，附《孝經集傳》，及《曾子章句》。據魏氏之序文，其編訂古書之目的乃表彰儒家思想中「孝」與「誠」之重要。「《孝經》嚴父配天之誼，惟夫子以韋布享王祀，上及先世，足以當之，而曾子亦其鄰幾者也。」魏氏認為嚴父配天之義與張載《西銘》「父乾母坤，以大君為宗子」之

③ 轉引自王家儉，《魏源年譜》（臺北，一九六七），頁一六。本文關於魏源生平事蹟之材料，除另註出處外，悉依王先生此書，不一一註明。

說無別。而朱子《孝經刊誤》則謂「言孝自有親切處，何必言嚴父配天，」似與孔子，曾子，及張載之意不合。《曾子章句》又因漢儒之未列於經而使人鮮注意及。實則「董仲舒尊聞行知，高明光大之義，皆見其中，而《小戴・祭義》則全取〈大孝篇〉……奈何小戴去取不倫，而鄭康成又不注《大戴禮》，遂以此不列於經，又不獲與《大學》、《孝經》並表章於宋儒之手。」④是則魏氏已有本諸古本經書顯示之義理，就經學版本、章次等問題，與漢宋明諸儒商榷之志。

魏氏編訂《大學古本》，自稱乃因《大學》之中心思想，卽致知與誠意，因宋本之誤分經傳，而略於誠意。〈大學古本自敍〉曰：

> 《大學》之要，知本而已。知本之要，致知誠意而已。至善無惡人之性，可善可惡人之心。為善去惡者誠意，擇善明善者致知。以《中庸》證《大學》，先後同揆，若合符節……格物者格其意、心、身、家、國、天下之物，以知其誠、正、修、齊、治、平之理。朱子《或問》、《文集》、《語錄》，屢言及之，本末不偏。惟未悟古本分章之條理，而誤分經傳，加以移補，遂留後人之疑，以為不格心、意、身之物而泛言卽凡天下

---

④ 魏源，《古微堂內外集》（一八七八，淮南書局版），《外集》，卷一，頁四八上—四九下。魏氏推崇「曾子得聖道，宗孝盡性。誠立孝，敬存誠。萬倫萬理，一反躬自省出之……試觀〈本孝篇〉，夫孝置之而塞乎天地，博之而橫乎四海，施之後世而無朝夕，推而放之東海而準，推而放之南海而準，推而放之北海而準。仁者仁此者也，義者宜此者也，禮者體此者也，忠者中此者也，信者信此者也，行者行此者也，彊者彊此者也。樂自順此生，刑自反此作。此外尚有何本體何功夫之不該乎？」同上，頁四九下—五〇上。

之物。明代王文成公始復古本，而又未悟格物之本誼，遂謂無善無惡心之體，有善有惡意之動；知善知惡者良知，為善去惡者格物，與《中庸》明善先於誠身，擇善先於固執之旨，判然相歧。於是使誠意一關，竟無為善去惡之功，而以擇善明善，屏諸《大學》之外。又以無善無惡之體，破至善之天，則變聖經為異學。而其徒王幾〔畿〕遂並以正心為先天之學，誠意為後天之學。明季高忠憲、顧涇陽，力排之不遺餘力。今雖熄訟，而補傳未去，緒簡未復，則《大學》之誼不章⑤。

魏氏本於古本《大學》，證明儒學之「道問學」及「尊德性」，如有確實經文根據，可並行不悖，且皆無弊。「使朱子闇合古本之旨意而並顯符古本之章次，則不致文成之疑，雖道問學而不失於支。使文成顯復古本之章次而並闇符格致之條理，則不至啓末流之弊，雖尊德性而不流於蕩。豈非千載遺憾有待後人者乎？源紬繹有年，渙然於古本致知章誠意章居首之誼，天造地設，證以《中庸》明善誠身及宋明諸儒之說，而二章不分經傳之案定矣。」⑥

除《大學》外，魏氏更推崇《中庸》與《易經》。所著《庸易通義》，似亦為早期作品⑦。

⑤ 同上，頁四五下—四六下。

⑥ 同上，頁四六下。

⑦ 《庸易通義》，魏氏案語主張《中庸》應分上下二篇，其治經方法，酷似《大學古本》之分章次。魏氏云：「朱子說《中庸》無《大學》改本補傳之失，後人讀之，誠可以入德。惟不分上下二篇，則使人不知後篇為贊聖之詞，使人畏其高遠，望洋而歎。至道問學之有知無行，分溫故為存心，知新為致知，而敦厚為存心，崇禮為致知，此皆百密一疏。」《古微堂內外集》《外集》卷一，頁一一下—一二上。魏氏批評朱子「道問學之有知無行，……〔以〕崇禮為致知」，似亦足徵其有王學傾向。

魏氏比較《中庸》與《易經》，發現義理相同之處甚多，而其要爲「盡心、知性、知天」，及知、行並重。茲舉數例如次：

> 《易》「无思也，无為也，寂然不動，感而遂通天下之故」，非卽《中庸》「喜、怒、哀、樂未發謂之中，發而中節謂之和」，為天下之大本、達道者乎？……
>
> 《易》曰：「復見其天地之心」，豈非《中庸》以「莫見乎隱，莫顯乎微」，徵慎獨之心體乎？《易經》「君子學以聚之，問以辨之，寬以居之，仁以行之」，非卽《中庸》「博學，審問，明辨，篤行」者乎？……
>
> 「乾以易知，坤以簡能。易則易知，簡則易從。易知則有親，易從則有功。有親則可久，有功則可大。可久則賢人之德，可大則賢人之業，易簡則天下之理得矣。天下之理得則成位乎其中矣。」又曰「天地交泰，后以裁成天地之道，輔相天地之宜。」豈非《中庸》「至誠能盡其性，以盡人性，盡物性，則能贊天地之化育，而與天地參者乎？」⑧

按魏氏研讀《易經》與《中庸》，注重「心體」爲一切之本。人藉心與天地參，而心之所至，明辨是非必與篤行並進。魏氏早年思想雖崇程朱，而實已略偏陸、王之說。《庸易通義》引《御纂性理精義》〈力行〉章李光地所作案語：「所謂存養、省察者，乃所以爲知行之本要。故

⑧ 同上，頁四上—八上。

非存養則此心昏亂而知無以致，此心鬆弛而行無以力，是存養者知行之本也……存養則誠，省察則明，此由心以見之事也。致知則明，力行則誠，此由事而歸之心者也。四者名目雖異而功實一貫，程、朱所爲先聖之心者在此。」⑨此論之出自李光地，或足徵程朱正宗本兼心學。魏氏《大學古本》批評王陽明「以無善無惡之體，破至善之天，則變聖經爲異學。」魏氏考訂古經之癖好，亦與王學異趣。惟魏氏揭櫫「盡心，知性，知天」之義，並發揮《易經》「仁以行之」之說，認爲知與行不可分，是又與王學有共通處。

三、經世理論之提出

魏氏於一八二二年中舉人，至一八四二年鴉片戰爭結束之二十年間（卽其二十九歲至四十九歲之間），屢參加會試不第。渠所主要致力者乃經世之學、經學、史學三事，主要思想亦於此期中形成。魏氏中舉人後曾在古北口直隸提督楊芳家教館一時，對淸代武功問題開始注意。一八二四年回湖南，參加編纂鳳凰廳地方志及屯防志之工作。一八二五年回京，旋應江蘇布政使賀長齡（湖南善化人）之邀爲幕賓，擔任編纂名義上由賀氏主編之《皇朝經世文編》。次年並佐賀氏籌

⑨ 同上，頁一二下—一三上。魏氏特加註，「謂《性理精義》係官書，李光地奉敕總纂，此案語則出其手，亦以尊德性兼存養省察之事，道問學爲兼致知力行之事，不從章句存心致知之說。」

劃漕糧海運事。一八二九年，魏氏第二次會試不第。惟同年其經學著作《詩古微》初稿二卷及《董子春秋發微》二卷成書。同年渠捐得內閣中書職務，乃利用內閣檔案，搜集日後所著《聖武記》之材料。一八三〇年魏氏隨楊芳首途赴新疆平回部之亂，至嘉峪關，因亂已將平而折返。(魏氏晚年詩云：「我生第一傷心事，未作天山萬里行。」即詠其事。)一八三二年魏氏至南京，入兩江總督陶澍幕，佐其籌劃淮北鹽政改革。一八三七年在揚州買宅定居，一度且兼營鹽業治生。惟渠與當代學者交游不絕，運思治學甚勤。一八四〇年，《詩古微》二十卷成書，嗣出版。所著《老子本義》亦似於是時成書⑩。時鴉片戰爭已爆發，魏氏曾往寧波觀審夷俘。是後兩年發憤完成《聖武記》及編纂《海國圖志》，於一八四二年內先後成書。

《皇朝經世文編》雖略仿明代之《經世文編》及乾隆年間陸燿之《切問齋文鈔》，但編選之原則乃以新穎之思想爲根據。魏氏代賀長齡作之《皇朝經世文編》敍文，不啻爲晚清經世運動之宣言，所提出之點，皆自一般熟知之觀念始，轉折而另提一新概念。一曰：「事必本夫心。……然無星之秤不可以程物，輕重生權衡，非權衡生輕重。善言心者必有驗于事矣。」二曰：「法必本夫人……然恃目巧，師意匠，般、爾不能閉造而出合。善言人者必有資於法矣。」三曰：「今必本夫古……然昨日之曆今日而不可用，高曾器物不如祖父之適宜。時愈近，勢愈切……善言古

⑩《老子本義》，王家儉先生繫之於一八四〇年；見《魏源年譜》，頁七二，七五。李瑚，《魏源詩文繫年》(中華書局，一九七九年)謂《老子本義》「大約」作於一八二〇年，尚待確考。

者必有驗于今矣。」四曰：「物必本夫我。然兩物相磨而精出焉，兩心相質而疑形焉，兩疑相難而易簡出焉……善言我者必有乘於物矣。」故學者有互相切磋，集思廣益之必要⑪。魏氏代作之〈皇朝經世文編五例〉，更標明經世學者之兩大主張。一爲研究當代之制度與其歷史沿革。「蓋欲識濟時之要務，須通當代之典章。欲通當代之典章，必考屢朝之方策。」二爲注重功效與應變技術。「蓋土生禾，禾出米，米成飯，而耕獲舂炊之節次，宜各致其功，不可謂土能成飯也。脈知病，病立方，方需藥，而虛實補瀉之萬變，宜各通其要，不得謂一可類推也。」⑫《皇朝經世文編》全書一百二十卷，收清代議論、條陳、章奏二千餘篇，於一八二七年開雕。

魏氏於一八二五至一八三二年間兩度在江南任幕賓，對當時三大政之河、漕、鹽，皆有切實之研究。此方面之著述有其代賀長齡、陶澍草擬之章程書信，及所著之論說條議，如〈籌漕篇〉上下篇（一八二五—二六）、〈淮北票鹽記〉（一八三二）、〈淮南鹽法輕本敵私議〉（一八三二左右）、〈籌鹺篇〉（一八三九）。鴉片戰後魏氏此類論說有〈籌河篇〉（一八四二）、〈錢漕更弊議〉（一八四六）等。魏氏此類具體改革方案最可注意者乃主張「因勢」除弊變法，即盡量利用現有之條件，就現有制度內除弊，再進而變法。而除弊之要則爲分別公私，盡量「化私爲官。」〈籌漕篇〉（一八二五）論漕糧海運曰：「海運其可行乎？曰：天下勢而已矣。國朝都海

⑪《皇朝經世文編》（一八七三年重校本），〈敍〉。
⑫同上，〈五例〉頁二上—二下。

與前代都河都汴異。江浙濱海，與他省遠海者異，是之謂地勢。元明海道官開之，本朝海道商開之。海人習海猶河人習河，是謂之事勢。河運通則漕以爲常，河運梗則海以爲變，是謂之時勢。因勢之法如何？道不待訪也，舟不更造也，丁不再募，費不別籌也。因商道爲運道，因商舟爲運舟，因商估爲運丁，因漕費爲海運費。其道一出於因。」⑬〈籌鹺篇〉（一八三九）論淮南鹽政之除弊變法，著眼於官場積習與官商關係。「天下無數百年不敝之法，無窮極不變之法，無不除弊而能興利之法，無不易簡而能變通之法。與其使利出三孔二孔，病國病民，曷若盡收中飽蠹蝕之權，使利出於一孔。出一孔之法如何？曰：非減價曷以敵私？非輕本曷以減價？非變法曷以裁費？夫推其本以齊其末，君子窮原之學也。宜民者無迂途，實效者無虛議。」⑭

此處所謂「宜民」爲魏源思想之一重點，就當時渠主張之海運票鹽等政策而言，並包括提高商人地位，增廣商業機會之意。魏源所編之《皇朝經世文編》中曾採海商謝占壬所作之〈海運提要〉一文⑮。魏氏代賀長齡作之〈江蘇海運全案序〉（一八二六）盛讚海運之成功：「是役

---

⑬《外集》，卷七，頁七上—七下。

⑭同上，頁一六上。按〈籌鹺篇〉乃作於一八三九年陶澍逝世之前。魏氏註云：「此道光中陶雲汀宮保棄世時所草也。後呈之李公星沅未行。」嗣於道光末年，江督陸建瀛依魏氏之議奏行淮南票鹽，惟「甫奏新猷，卽遭上游粵賊之難，楚豫漕鹺皆不可復問。」同上，頁二三上—二三下。

⑮《皇朝經世文編》，卷四八，頁九上。

也，國便、民便、商便、官便、河便、漕便，於古未有。」亦可徵其重視商人之意⑯。〈淮北票鹽記敍〉（一八三二）力言「綱鹽」（卽僅由少數特許商人在政府監督下行鹽之制度）弊端無窮，而一任小本商人行鹽之「票鹽」則可使走私之鹽梟，不必再走私，不但「化私爲官」且可減低鹽價，大有利於民食。「綱利盡分於中飽蠹弊之人。壩土摑夫去其二，湖梟岸私去其二，場岸官費去其二，厮夥浮冒去其二。計利之入商者，什不能一。票鹽特盡革中飽蠹弊之利，以歸於納課請運之商。故價減其半，而利尙權其贏也。且向日仰食於弊之人，卽今日仰食於利之人。昔之利私，而今之利公。何謂淮北可行而異地不可行？」⑰七年後魏氏作〈籌鹺篇〉，又曰：「夫以十餘疲乏之綱商，勉支全局，何如合十數省散商之財力，衆擎易舉？以一綱商任百十厮夥船戶之侵蝕，何如衆散商各自經理之核實？以綱埠店設口岸，而規費無從遙制，何如散商勢渙，無可指索？以綱商本重勢重，力不敵鄰私，而反增夾帶之私，何如散商本輕費輕，力足勝鄰私，且化本省之私？」⑱魏氏希望商人可購票行鹽，不必再走私。其所謂「化私爲官」，實寓提倡小本民營商業之意。

⑯《外集》，卷七，頁二八上—二八下。
⑰同上，頁二四上。
⑱同上，頁二一下。

四、經世與學術

魏氏雖注意實際問題，而同時則致力經史學術。而其學術實與經世之旨趣並行，志在於「推本窮源」，冀對當時之士風乃至治體有啓發之作用。魏氏於一八二九年，《皇朝經世文編》輯竣之後，成《詩古微》初稿二卷。魏氏之治詩，憾齊魯魏三家詩之爲人忽略，而毛詩獨尊。「余初治詩，於齊魯韓毛之說，初無所賓主，顧入之既久，礙於此者通於彼，勢不得不趨於三家。始於礙者卒於通，三家實一家。」⑲然魏氏雖有考據之精神而仍不脫於經中求道之意，並受今文學家微言大義之影響，欲自《詩經》中探求三代政風之深微。「此所謂深微者也，深微者何？無聲之禮樂，志氣塞乎天地，此所謂興觀羣怨可以起之詩，而非徒章句之詩也。」⑳魏氏稱其書曰《詩古微》。「《詩古微》何以名？曰：所以發揮齊魯韓三家詩之微言大誼，補苴其罅漏，張皇其幽渺，以豁除毛詩美刺正變之滯例，而揭周公孔子制禮正樂之用心於來世也。」㉑是魏氏治經，雖重版本與經文，而尤重主觀之體會，尋求思想之內涵。一八二九年左右，魏氏並著《董子春秋發

⑲ 同上，卷一，頁六三上。
⑳ 同上，頁六三下。
㉑ 同上，頁六二下。

微》一書，惜已散佚，僅能於序文中知其旨趣。魏氏頗憾何休之註《春秋》，未言及董仲舒《春秋繁露》。而「近日曲阜孔氏、武進劉氏皆公羊專家，亦止爲何氏拾遺補缺，而董生之書〔莫〕之詳焉。」魏氏除注重董氏著作之學術價值外，更注重其思想價值。「若謂董生疏通大詣，不列經文，不足頡頏何氏，則其書三科九旨，燦然大備，且宏通精淼，內聖而外王，蟠天而際地，遠在胡母生、何邵公章句之上。蓋彼猶泥文，此優柔而饜飫矣。彼專析例，此則曲暢而旁通矣。故抉經之心，執聖之權，冒天下之道者，莫如董生。」㉒一八三〇年，魏氏與龔自珍同爲前一年逝世之劉逢祿刊校遺書，事畢後，撰〈兩漢經師今古文家法考敍〉，謂「西漢經師承七十子微言大義，……皆以其自得之學，範陰陽，矩聖學，規皇極，斐然與三代同風；而東京亦未有聞焉。」㉓是則魏氏服膺今文學，固不僅爲乾嘉考證訓詁之反動，而實欲求於經學範疇之內，探求學術治體之本原，一如董仲舒等西漢經師之以「自得之學，範陰陽，矩聖學，規皇極，斐然與三代同風。」

惟魏氏思想究非經學所能囿。渠於一八三〇年底西北歸來後，服父喪一年，於一八三二年至

㉒同上，頁六四上。

㉓同上，卷一，頁三五上—三五下。文中繼云：「西京微言大義之學墜於東京，東京典章制度之學絕於隋唐。兩漢故訓聲音之學熄於魏晉，其道果孰隆替哉？且夫文質再世而必復，天道三微而成一著。今日復古之要，由訓詁聲音以進東京典章制度，此齊一變至魯也。由典章制度以進於西漢微言大義，貫經術、故事、文章於一，此魯一變至道也。」同上，頁三六上。

南京任幕兩三年。一八三七年至揚州買宅，並研究鹽政利病。而所治之學，於經則重《易經》，於子則精研《老子》，並及《孫子》。其著作計劃則經史並及，除註釋《詩經》、《書經》外，並致力於西北史地及清代軍事史。魏氏多方面之興趣，不但足徵其才之廣，且表示其思想上之探索。魏氏自云：「夫經之《易》也，子之《老》也，兵家之《孫》也，其道皆冒萬有，其心皆照宇宙，其術皆合天人，綜常變者也。」㉔蓋魏氏欲求爲其變法思想進一步建立學術上之根據，實不能不對「變」之觀念在整個歷史上之地位，有所發明。魏氏於一八三〇年左右，受董仲舒之影響，已有「文質再復」之歷史觀念，如所云：「文質再世而必復，天道三微而成一著。」㉕惟渠於精研《老子》之後，則深感老氏無爲無欲之說，對當時利欲橫流之世，大有裨助。一八四〇年左右魏氏成《老子本義》一書，卷首〈論老子〉，謂「無爲之道，必自無欲始」，而老氏「去甚去奢」之教，或能「返斯世於太古淳樸㉖」。《老子》與魏氏史觀發展之關係，下文將論及。惟吾人應注意魏氏對《老子》之興趣，與其基本儒家信念並不違背。魏氏認爲老子並不反對仁、義

㉔ 同上，卷三，頁一三下。魏氏讚《孫子兵法》曰：「孫武其言道之書乎？百戰百勝非善之善者也。不戰而屈人之兵，善之善者也。」惟魏氏乃以《易經》與《老子》之觀點視《孫子》，尤重其「制變」之謀。「變化者，仁術也。上古聖人以其至仁之心，挠水火而勝之，挠龍蛇虎豹犀象而勝之。恩生於害，害生於恩。微觀於五行相生相克之原，天地間無往而非兵也，無兵而非道也，無道而非情也。」同上，頁一三上—一四上。

㉕ 同上，卷一，頁三六上。

㉖ 魏源，《老子本義》（國學基本叢書版，上海：商務，一九三四），〈論老子〉，頁一—三。按《老子本義》似於一八九九年始由袁昶倩人迻錄刊刻。袁氏並為作跋，由其後人於一九〇二檢得一併刊印。

與禮，而僅「深疾末世用禮之失」而已。「河上公曰：老子言我有三寶。一慈，二儉，三不敢爲天下先。慈非仁乎？儉非義乎？不敢先非禮乎？《易》曰：德言盛，禮言恭，又曰：昔吾有先正，其言明且清；老子有焉。然則太古之道徒無用於世乎？抑世可太古而人不之用乎？曰：聖人經世之書而老子救世書也。」[27]魏氏認爲《老子》與儒學，一陰一陽，可以相互爲用[28]。但其註《老子》第三十四章「得一」之說，則似有不滿於儒家之重上下尊卑者。「夫貴高與賤下相反，而一之者何哉？蓋所謂侯王者，亦人見之爲侯王耳。若推之極致，則積衆賤而成貴；分數之初，無貴之可言。積衆下而成高；分數之初，無高之可言……至於無貴賤高下之可言，則豈但以賤爲本、下爲基而已邪？蓋並我而無之矣。無我則無物。無我無物，則無高無下，無貴無賤。如此則高與下一也，貴與賤一也，彼與我一也。無往而不無，則無往而不一。」[29]是則魏氏於儒家注重名分尊卑之社會思想外，似別有境界矣。

五、學術與經世

㉗同上，頁三。
㉘同上，頁五—六。
㉙同上，頁四七。參閱吳澤，〈魏源的變易思想和歷史進化觀點〉，《歷史研究》，一九六二年第五期，頁三九—四一。

然魏氏畢竟乃儒家人物。而其經世思想究竟著重如何能就當時政制及家族制度之大範圍內，對具體之行政弊病，作切實之改革。魏氏之興趣甚廣。一八三〇年在京時，曾向楊芳報效，作西北之行，已見前述。行前渠曾與龔自珍共研西北史地，贊成龔氏西域置行省之說，認爲墾殖新疆可以解決內地人口問題。魏氏是年答友人書曰：「國家醰醴孳生，中國土滿人滿。獨新疆人寥地曠，牛羊麥麵蔬蓏之賤，播植澆灌。氈求貿易之利，金礦之鉅，徭役賦稅之輕且絹，又皆十倍內地。窮民服賈，牽牛出關，至輒長子孫，百無一反。是天留未闢之鴻荒，以爲盛世消息尾閭者也。」㉚魏氏自一八二九年爲內閣中書時，卽有修撰清代武功史之計劃。次年游嘉峪關，益感回人屢叛，爲中原漸衰之表徵。至一八三七年定居揚州後，又對鴉片輸入及銀貴錢賤等問題，密切注意。（據估計，該年洋藥輸入共四萬餘箱，白銀外流遠三千餘萬兩。）一八四〇年英人襲浙江，魏氏赴寧波觀審夷俘。次年林則徐於未發新疆之前，晤魏氏於江蘇京口，將在粵搜集有關域外之材料交付魏氏，囑爲編纂。魏氏在此二三年間，發憤著述。一八四二年，《聖武記》與《海國圖志》先後成書。

魏氏之作《聖武記》，除其治史求眞之興趣外，並欲藉軍事史探究淸代盛衰之跡象。魏氏「溯洄於民力物力之盛衰，人材風俗進退消息之本末」，而得一結論，卽淸代武功之盛衰，實有

㉚ 轉引自王家儉，《年譜》，頁五〇。

其內在之根因。魏氏首言人才與法令綜核名實之重要。「今夫財用不足國非貧，人材不競之謂貧。令不行於海外國非羸，令不行於境內之謂羸。故先王不患財用而惟亟人材；不憂不逞志於四夷，而憂不逞志於四境。官無不材則國楨富，境無廢令則國柄強。楨富柄強，則以之詰奸奸不處，以之治財財不蠹，以之蒐器器不窳，以之練士士無虛伍。如是何患於四夷，何憂乎禦侮？」㉛惟魏氏除上述根本之論外，於《聖武記》末卷〈軍儲〉四篇則提出除弊興利之具體方策。論除弊則重申漕鹽二政之應變法，即應行海運與票鹽。論興利則主張採金銀礦及鑄銀錢。「何謂開源之利？食源莫如屯墾，貨源莫如採金與更幣。」魏氏似於一八四〇年左右始深信當時貨幣制度之必須改革。「語金生粟死之訓，重本抑末之誼則食先於貨。語今日緩本急標之法，則貨又先於食。」㉜欲行貨幣改革則首須增加銀產，抑平銀價，其要在於開採銀礦。「雲貴之銅礦多竭而銀礦正旺。銀之出於開採者十之三四，而來自番舶者十之六七。中國銀礦已經開採者十之三四，其未開採者十之六七。天地之氣，一息一消，一汐一潮。銀來番舶數千年，今復爲番舶收之而去。則中國寶氣之秘在山川者數千年，亦必今日而當開。中國爭用西洋之銀錢，昂於內地之銀值。則中國銀幣行之數百年，亦必因時而當變。」㉝魏氏主張許民開採金銀礦。「但官不禁民之採，則

㉛ 魏源，《聖武記》（臺北文海影印本），〈敍〉，頁一下。
㉜ 同上，卷一四，頁三一下。
㉝ 同上，頁三三上。

荷鍤雲趨，裹糧鶩赴，官特置局稅其什之一二，而不立定額，將見銀之出不可思議，稅之入不可勝用。」㉞魏氏之結論爲：「貨幣者，聖人所以權衡萬物之輕重，而時爲之制。夫豈無法以馭之？曰：仿鑄西洋之銀錢，兼行古時之玉幣貝幣而已。」㉟此外則農產亦須注重。「貨源既開，食源尤不可不阜。阜食莫大於屯墾，屯墾莫急於八旗生計。」邊疆由八旗屯墾，「並許雇漢農以爲之助。則初年不習於農，數載後農牧相安，即可裁其兵糧，以歸禁旅之籍矣。」㊱

《海國圖志》初版五十卷，後《聖武記》五個月成書。「一據前兩廣總督林尚書所譯西夷《四洲志》，再據歷代史志，及明以來島志，及近日夷圖夷語，勾稽貫串，創榛闢莽，前驅先路。」㊲書中利用「以西洋人譚西洋」之材料，自東南亞以至歐美非諸洲之歷史地理，皆有系統之敍述。卷一〈籌海篇〉議戰議守，並陳「以夷攻夷」、「以夷款夷」、及「師夷長技以制夷」諸策。貿易則主張與夷人以貨易貨。「共計外夷歲入中國之貨僅值銀二千十四萬八千員，而歲運出之貨，共值銀三千五百有九萬三千員。以貨易貨，歲應補中國價銀千四百九十四萬五千員。使無鴉片之毒，則外洋之銀有入無出，中國銀且日賤，利可勝述哉？」㊳魏氏不但主張學習西洋武

㉞ 同上，頁三四上。

㉟ 同上，頁四二上。

㊱ 同上，頁四三上，四五上—四五下。

㊲ 魏源，《海國圖志》（一八四七版），〈敍〉，頁一上。

㊳ 同上，卷一，頁五五下。

器，且注意及夷人之生產技術。「今西洋器械，借風力、水力、火力，奪造化，通神明，無非竭耳目心思之力，以前民用。因其所長而用之，卽因其所長而制之。風氣日開，知慧日出，方見東海之民猶西海之民。」㊴《海國圖志》敍文乃於「夷艘方出江甫逾三月」寫成，然仍力言中國內部問題遠較馭夷爲重要。「明臣有言：『欲平海上之倭患，先平人心之積患。』人心之積患如之何？非水、非火、非刄、非金。非沿海之奸民，非吸煙販煙之莠民……去僞、去飾、去畏難、去養癰、去營窟，則人心之寐患祛其一。以實事程實功，以實功程實事。艾三年而蓄之，網臨淵而結之。勿馮河、勿畫餅，則人材之虛患祛其二。寐患去而天日昌，虛患去而風雷行。」㊵

鴉片戰後兩年，魏氏赴京會試中禮部榜。惟因「試卷圖抹」，罰遲一年殿試，於一八四五年始成進士，時年五十二。此後魏氏任揚州附近州縣官八年。一八四五年知東臺縣，翌年丁憂。一八四七年權興化縣，次年擢高郵知州，任此職至一八五三年，太平軍據南京之後。魏氏受知於江蘇巡撫嗣擢兩江總督之陸建瀛。一八四七年曾爲之計劃再行漕糧海運，一八五〇年復代籌淮南鹽政改革。一八五三年罷高郵州後，魏氏曾一度爲主持勦捻軍務大臣周天爵之幕賓，足跡至淮北定遠宿州等處，是秋退老興化縣。魏氏任民社實職八九年之久，惟仍治學窮思。其哲學筆記《默

㊴ 同上，頁四五下。
㊵ 同上，〈敍〉，頁一下—二下。

觚》三卷，於一八七八年，魏氏逝世二十一年之後，始由其後人刊刻㊶。《默觚》似乃多年積累改寫之作，文句常有不似鴉片戰後所作者。惟《默觚》經魏氏晚年改定，則應無疑問，魏氏以之爲其文集之《內集》，足見其視之爲畢生思想之精粹㊷。

六、《默觚》哲學——修養與經世

吾人倘相信《默觚》爲魏氏於鴉片戰後陸續改定之作，則此一中外華夷大變局對其哲學思想，似乎無重要影響。《聖武記》及《海國圖志》雖重視貨幣武器等技術問題，而《默觚》則重視學術與政治之本原與理想。全書計〈論學〉十三篇，〈論治〉十六篇，其中最可注意者，除論修養、論知行等節外，爲魏氏之宇宙觀、倫理觀與歷史觀。魏氏之思想不但反映十九世紀中國知識分子面對之問題，在整個中國思想史中亦有其地位。

《默觚》之論修養，重視「無欲」與「有情」。魏氏深感當時士人私欲之重。「烏乎！盡性至命之學不可以語中人明矣。反情復性之學，不可語中人以下又明矣。」㊸此中關鍵在於中人或

㊶ 即「光緒四年八月淮南書局刊成」之《古微堂內外集》中之《內集》。

㊷ 魏氏編定文集之《外集》似在一八五二年。見卷七，頁二三下，〈籌鹺篇〉附記。

㊸ 《默觚》（見註㊶），卷二，頁八下。

中人以下之未能無欲。「君子以道爲樂，則但見欲之苦焉。小人以欲爲樂，則但見道之苦焉。……忿欲皆火也。未有炎上而不苦者也。」㊹魏氏雖相信孟子性善之說，惟認爲仁之發育滋長，多受雜質障礙；確能發育滋長，誠非易事。「天生一人，卽賦以此種子之仁，油然浡然，不容已於方寸。……仁種之不成熟奈何？曰荑稗奪之也。地力，雨露，人事滋於彼則耗於此。功利之稗一，記醜之稗一，詞章之稗一，技藝者好之稗一。生氣滲泄，外強中乾，而仁之存者寡矣。」㊺魏氏認爲宋儒之倡無欲，其說實源於孔孟。「凡不學之人，患莫甚於貨色。學道之人，患莫甚於好名，而皆起於我見。世儒多謂孟子言寡欲，不言無欲，力排宋儒無欲之說爲出于二氏。不知孔子言無我，非無欲之極乎？不忮不求，何用不臧？寡欲之謂也。無然畔援，無然歆羨，誕先登于岸，無欲之謂也。彼以寡欲爲足，無欲爲非者，何足以臧乎？」㊻

魏氏論修養，主張去私欲而「反情復性」，並認爲外在之禮樂，乃至於詩，皆有助於性情。「古之學者，歌詩三百，弦詩三百，舞詩三百，未有離禮樂以爲詩者。禮樂而崩喪矣，誦其詞，通其詁訓，論其世，逆其志，果遂能反情復性，同功於古之詩教乎？善哉《管子》之言學也，曰：止怒莫若詩，去憂莫若樂，節樂莫若禮，守禮莫若敬，守敬莫若靜。外敬內靜，能反其性，

㊹ 同上，頁二二下—二三上。「《易言》懲忿窒欲，忿亦欲也。忿起於好勝，故好勇好鬥與貨色同病。好卽欲也。」同上，頁七下—八上。

㊺ 同上，頁二八下—二九。

㊻ 同上，頁八上。

性將大定。魏氏乃云：「故詩書禮樂皆外益之事，而性情心術賴焉，無外之非內也。」㊼

魏氏認爲士大夫必須藉外敬內靜，守禮節樂，以消除忿與欲之失，不至於僅好貨好名。但士縱不好貨好名，若不體用兼備，不圖效驗，則仍無補於世。魏氏認爲當時士大夫，無論治宋學漢學，皆忽略食貨兵刑之實政。「工騷墨之士，以農桑爲俗務，而不知俗學之病人更甚于俗吏。託元虛之理，以政事爲粗才，而不知腐儒之無用，亦同於異端。彼錢穀簿書不可言學問矣。浮藻餖飣可以爲聖學乎？釋老不可治天下國家矣。心性迂談可治天下乎？」㊽而士之爲經學家者，實亦有同病。「以訓詁聲音蔽《小學》，以名物器服蔽《三禮》，以象數蔽《易》，以鳥獸草木蔽《詩》。畢生治經，無一言益己，無一事可驗諸治者乎？烏乎！古此方策，今亦此方策。古此學校，今亦此學校。賓賓焉以爲先王之道不在是也。如國家何？」㊾

魏氏之談道德，首重士大夫民胞物與之責任感。魏氏認爲「才」雖重要，而「情」尤爲眞才之本。「人有恒言曰才情。才生於情，未有無情而有才者也。慈母情愛赤子，自有能鞠赤子之才。手足情衞頭目，自有能捍頭目之才。無情於民物，而能才濟民物，自古至今未之有也。小人于國于君于民皆漠然無情。故其心思智力不以濟物，而專以傷物。是鷙禽之爪牙，蠭蠆之芒刺

㊼ 同上，頁九上，一四下。
㊽ 同上，卷三，頁三上。
㊾ 同上，卷二，頁二一下。

也。」⑤⓪而士之有官位，尤不能不思如何對農、工、商等庶民，有所貢獻。蓋惟有有官位者，始有興利除弊之權。「山林之人欲濟物必分己之財。鄉閭之子欲去弊必資官之勢。不必己財而可以惠物，不藉人勢而可以袪蠹者，其惟在位君子乎？……彼稽而我飧之，彼織而我溫之，彼狩而我䄙之，彼馭而我軒之，彼匠構而我帡之，彼賦稅商賈而我便之，彼干盾扞衞而我安之。彼于我何酬，我于彼何功？天于彼何嗇，于我何豐？思及此而猶泄泄於民上者，非人心也。」⑤①

魏氏更追問：士大夫是否有道德便已足？魏氏之注重「事之驗諸治」，已見前述。玆更進一步，提出經世應求實效之理論根據。其一，就爲政之基本目標而言，則所謂王霸之分（或儒法之辨），多爲腐儒誤解。《默觚》認爲道之表現於政事，有其器，有其斷，有其資。「曷謂道之器？曰禮樂。曷謂道之斷？曰兵刑。曷謂道之資？曰食貨。道形於事謂之治。以其事筆之方策，俾天下後世得以求道而制事謂之經。」⑤②是則經學亦卽治學也。至於王霸，則「自古有不王道之富強，無不富強之王道。王伯之分在其心不在其迹也。心有公私，迹無胡越。《易》十三卦述古聖人制作，首以田漁、耒耜、市易。且舟車致遠以通之，擊柝弧矢以衞之。禹平水土，卽制貢賦而奮武衞。〈洪範〉八政，始食貨而終賓師，無非以足食足兵爲治天下之具。後儒特因孟子義利

⑤⓪　同上，卷三，頁一上。
⑤①　同上，頁四下。
⑤②　同上，卷二，頁二一上。

王伯之辨，遂以兵食歸之五伯，諱而不言，曾亦思足民治賦皆聖門之事，農桑樹畜卽孟子之言乎？」53魏氏痛詆儒者之喜空談不問效驗：「王道至纖至悉並收。徭役兵賦皆性命之精微，流行其間。使其口心性，躬禮義，動言萬物一體，而民瘼之不求，吏治之不習，國計邊防之不問，一旦與人家國，上不足制國用，外不足靖疆圉，下不足蘇民困。舉平日胞與民物之空談，至此無一事可效諸民物，天下亦安用此無用之王道哉？」54

然則士大夫之言食貨兵刑者亦非無人，何以其言之未必收效？其故在於未明知與行之關係，及文與事之關係。《默觚》曰：「及之而後知，履之而後艱，烏有不行而能知者乎？……披五岳之圖以爲知山，不如樵夫之一足。談滄溟之廣以爲知海，不如估客之一瞥。疏八珍之譜以爲知味，不如庖丁之一啜。」55魏氏並不反對儒家尊文思想，且認爲文有其本身之價值。惟「飄風不可以調宮商，巧婦不可以主中饋，文章之士不可以治國家，將文章之罪歟？」56其罪乃在未認清「文之用」——蓋「文之用源於道德而委於政事……文之外無道，文之外無治也。經天緯地之文由勤學好問之文而入，文之外無學，文之外無敎也。執是以求今日售世譁世之文。文哉！文哉！」57

53 同上，卷三，頁二上—二下。
54 同上，頁二下—三。
55 同上，卷二，頁三上。
56 同上，頁四上—四下。
57 同上，頁四下。

此處所謂「勤學好問之文」乃魏氏知行論之關鍵。蓋文章與學問皆當本於以實驗爲基礎之專門知識，且須集思廣益，參考衆人之經驗。《默觚》曰：「人有恒言曰：學問未有學而不資於問者也……絕世之資，必不如專門之夙習也；獨得之見，必不如衆議之參同也……以匡居之虛理，驗諸實事，其效者十不三四。以一己之意見，質諸人人，其合者十不五六。古今異宜，南北異俗，自非設身處地，烏能隨盂水爲方圓也。非衆議參同，烏能閉戶造車，出門合轍也。」⑤⑧魏氏又云：「道形於事謂之治，以其事筆之方策，俾天下後世得以求道以制事謂之經。」⑤⑨是經學亦卽史學。而反面言之，經世之學乃周咨博詢以實踐爲基礎之學問，其內容固非古經所能囿者。

經世之原則如此。然則經世之人才應如何選拔？魏氏之人才論仍重德性。惟渠深鑒於當世人才鮮才德雙全者。天生萬物「與之齒者去其角，傅之翼者兩其足……人之知慮亦然。豐於此則必嗇於彼，詳於末則必荒於本。故勞心者不勞力，尙武者不修文。文學每短於政事，政事多絀於文學。惟本原盛大者，能時措之而不窮。故君子務本，專用力於德性而不敢外騖，恐其分吾德性之功而兩失之也。」⑥⑩然用人雖須以德性爲重，仍不能不注重專長，使所學能符所用。「以虞廷五臣皆聖人之材，而明刑，教稼，治水，典冑，終身不易其官……後世之養人用人也不然。其造之

⑤⑧ 同上，卷三，頁一下—二上。
⑤⑨ 見註⑤②。
⑥⑩ 《默觚》，卷二，頁二五下。

試之也，專以無益之畫餅，無用之彫蟲，不識兵農禮樂工虞士師爲何事。及一旦用之也，則又一人而偏責以六官之職，或一歲而徧歷四方民夷之風俗。舉孔門四科所不兼，唐虞九官所不攝者，而望之科舉免册之人。始也，桃李望其松柏。繼也，綵勝望其桃李。及事不治則柎髀而歎天下之無才。烏乎，天下果眞無才哉！……所用非所養，所養非所用也。」[61]是則爲求經世實效，固不能不以致用爲選拔人才之重要目的。

七、《默觚》哲學——價值觀念與進化史觀

上述乃《默觚》關於士之修養及關於經世之理論。惟書中並提出有系統之宇宙觀，倫理觀，及歷史觀，皆牽涉到基本價值觀念。魏氏嘗云：「夫經之《易》也，子之《老》也，兵家之《孫》也，其道皆冒萬有，其心皆照宇宙，其術皆合天人，綜常變者也。」[62]《默觚》之作，卽於孟子民本論之基礎上，肯定宋明心學之若干概念，再益以《易經》及諸子之說，自創一關於宇宙、天人、常變之思想。魏氏湖南人，對王夫之之遺著，似甚熟悉[63]。惟其思想與王夫之非盡同，且有

㊶ 同上，卷三，頁三下—四上。

㊷ 見註㉔。

㊸ 魏氏《詩古微》自言曾受王夫之《詩廣傳》一書之鼓勵：「天牖顓蒙，俾昌絕學，冥搜顯闢，奥阼洞開，閱二十餘年，披《詩》成編，多從古所未有。又得鄉先正衡山王夫之《詩廣傳》，雖不考三家，精義卓識往往闇與之合，左釆右芼，觸處逢源，於是風雅頌各得其所。」楊守敬刊《詩古微》三編，附錄，轉引自王家儉，《年譜》，頁七三至七四。

超越王氏之處。魏氏之爲十九世紀初年中國知識分子，其最突出處乃在其不斷求知求眞，於經學及經世之學外，創立一適應時代需要且超越其時代之歷史哲學。

魏氏之宇宙論並未超出中國古代陰陽論及宋明心學之範圍。然其特別強調宇宙之動態，直追王夫之，與乾嘉學者不同。《默觚》曰：「一陰一陽者天之道。」又曰：「天地是非之域也，身心是非之舍也。」[64]魏氏認爲君子之修養首重「無欲」，已見前述。君子須有「寧靜」之修養，始能「以心爲君」，以達到「基道凝道」之境界[65]。然就宇宙而言，則其「神氣」時在轉動之中。「聖人之毆天下，猶空谷之于萬物也。泬寥之氣滿乎其中，而鞺鞳之聲應乎外。」[66]魏氏《老子本義》註《老子》第一章曰：「蓋道無而已。眞常者指其『無』之實，而元妙則贊其『常』之無也。」[67]而《默觚》則云：「曾子曰：實之與實，若膠之與漆。虛之與實，若空谷之睹白日。人之心其白日乎？人知心在身中，不知身在心中也。萬物皆備於我矣。是以神動則氣動，氣動則聲動。以神召氣，以母召子，不疾而速，不呼而至。大哉神乎！一念而赫日，一言而雷霆，一舉動而氣滿大宅。」[68]

---

64 《默觚》，卷二，頁二六上。
65 同上，頁一五上。
66 同上，頁一〇上。
67 《老子本義》，上篇，頁一。
68 《默觚》，卷二，頁一〇上—一〇下。

陰陽日月爲宇宙之常。然則人倫孰爲常？魏氏之倫理概念亦不出傳統之範疇，肯定君臣、父子、夫婦之義不變。「天下無獨必有對……有對之中必一主一輔，則對而不失爲獨。乾尊坤卑，天地定位，萬物則而象之。此尊無二上之誼焉。是以君令臣必共，父命子必宗，夫唱婦必從。天包地外，月受日光，雖相反如陰陽，寒暑，晝夜，而春非冬不生，四夷非中國莫統，小人非君子莫爲幷幪。相反適以相成也。」⑥⑨魏氏於三綱特重孝道。其論孝曰：「天地之性人爲貴。人之爲道也，敬天地之性而不敢褻，全天地之性而不敢虧。事親如事天，事天如事親……大哉！孝之外無學，孝之外無道也。塞天地，橫四海，亘古今，通聖凡，無有乎或外者也。徹精粗，兼體用，合內外，無有乎弗貫者也。」⑦⓪

《默觚》罕言忠。惟云君爲「天地定位」，又云：「君令臣必共。」而其論小人則謂「于國于君皆漠然無情」，⑦①足見其肯定忠君之義務與情感。魏氏論古帝王之原曰：「其道而純陽。與其生也，與日月合其明。其殁也，其氣發揚於上爲昭明。」又曰：「一陰一陽者天之道，而聖人常扶陽以抑陰。一治一亂者天之道，而聖人必撥亂以反正。」⑦②故君雖有定位，而君之職責爲撥亂反正，故其是否盡道德之責任，與其是否受人盡忠，似有關係。《默觚》曰：「天地之大德曰

⑥⑨ 同上，頁二四上—二四下。
⑦⓪ 同上，頁一一下—一二上。
⑦① 同上，卷三，頁一上。
⑦② 同上，卷二，頁六下；三一上。

生。聖人之大寶曰位。何以守位曰仁。」仁與人義通。「人者，天地之仁也。人之所聚，仁氣積焉……天地之性人爲貴。天子者，衆人所積而成。而侮慢人者，非侮慢天乎？人聚則強，人散則尫，人靜則昌，人訟則荒，人背則亡。故天子自視爲衆人中之一人，斯視天下爲天下之天下。」[73]是則魏氏雖不輕視君臣之倫，惟認爲天子須視天下爲衆人之天下。

上述乃論天地人倫之「常」。然則宇宙及歷史之「變」又如何？魏氏認爲宇宙非一成不變，其說較王夫之尤明澈。《默觚》曰：「三代以上之天皆不同今日之天，地皆不同今日之地，人皆不同今日之人，物皆不同今日之物……故氣化無一息不變者也。其不變者道而已。勢則日變而不可復者也。」[74]按氣化爲儒學常用之名詞。朱子釋張載之說曰：「一陰一陽之謂道，氣之化也。」戴震力主氣化之非無秩序條理：「天地之化不已者，道也。一陰一陽，其生生乎？其生生而條理乎？……生生，仁也。未有生生而不條理者。」[75]惟魏氏則認爲「氣化無一息不變者也。其不變者道而已。」至於勢則乃自然之趨勢，變多於常。魏氏《老子本義》釋《老子》第四十四章「道生之，德畜之，物形之，勢成之」曰：「故道之于物，生之畜之不已也。而又長育亭毒養覆之，其爲功于物如此。然皆自然而然，生之不有也，爲之不恃也，長之不宰也。此豈可得而測

[73] 同上，卷三，頁一一上—一二上。

[74] 同上，頁一四下—一六上。

[75] 轉引自馮友蘭，《中國哲學史》（上海：商務，一九三六版），下册，頁九八三，九九三。按魏源罕言「理」，惟言道，略似戴震。惟魏氏認爲「氣化無一息不變，其不變者道而已，」則與東原「生生而條理」之說，似又不同。

乎？」[76]

魏氏史觀之最可注意者乃其認爲歷史之變有兩方面。一方面乃因人有利欲之心而生之變化，卽「自然而然」而形成之勢。《默觚》曰：「人所聚而勢生焉。財所在而人聚焉。名義所禁遏而治亂生焉。」[77]因此歷史上乃有賦稅、甲兵、刑獄等之必要。魏氏懸想人類社會形成及發展之過程如次：「神氣化形體，形體化衣食，衣食化語言，語言化酬酢，酬酢化尊卑，尊卑化軒冕，軒冕化宮室，宮室化城郭，城郭化市井，市井化賦稅，賦稅化燕饗，燕饗化獮狩，獮狩化盟會，盟會化歌舞，歌舞化聚斂，聚斂化刑獄，刑獄化甲兵……」[78]此一過程可能有循環性，因長此而往，戰爭可使人類瀕乎消滅，甚至恢復原始狀態：「甲兵化水火，水火復化神氣！」但魏氏認爲歷史並不如此簡單。蓋一方面「人所聚而勢生焉」，而另一方面則「人之所聚，仁氣生焉。」天子旣乃「衆人所積而成」，能發揚仁氣，則天子可因勢而使仁在歷史上有作用。固然天子絕不能盡反因人有利欲而自然而然而生之勢。「雖古之聖王復作，不能使甲兵之世復還于無甲兵，而但能以甲兵止甲兵也；不能使刑獄之世還于無刑獄，而但以刑獄止刑獄也；不能使歌舞之世還于無歌舞，而但能以歌舞爲禮樂也。」[79]以歌舞爲禮樂卽是仁之乘勢發揮作用。「刑獄甲兵歸于歌舞，

[76]《老子本義》，下篇，頁五九。
[77]《默觚》，卷三，頁一一下。
[78]同上，卷三，頁四二下。
[79]同上，頁四二下—四三上。

歌舞歸于禮樂，禮樂歸于道德，則不肅而嚴，不怒而威，不侈靡而樂。是以聖王之治，以事功銷禍亂，以道德銷事功。逆而泯之，不順而放之。」⑳

魏氏憧憬上古政教，重視古代之「禮樂」。他說：「豈知先王之所以爲教乎？左規右矩，前準後繩，而中權衡焉。」㉑而禮樂又與鬼神信仰有關係。魏氏認爲商、周盛世，皆信鬼神。「鬼神之說，其有益於人心，陰輔王教者甚大。王法顯誅所不及者，惟陰敎足以懾之。宋儒矯妄過正，而不知與六經相違！」㉒魂魄之「聚散、合離、升降、勸戒，以何爲本，以何爲歸乎？曰：以天爲本，以天爲歸。黃帝、堯、舜、文王、箕子、周公、仲尼、傅說，其生也自上天，其死也反上天。其生也教民，語必稱天，歸其所本，反其所自生，取舍於此。」㉓

但魏氏並不認爲禮樂及鬼神信仰乃上古治世之惟一工具。蓋聖王之治，以「事功銷禍亂」及以「道德銷事功」同時並進。《默觚》曰：「禮樂征伐，先王治世之大物也。」是則雖有禮樂仍不能無征伐也。聖王之制度亦不能不顧及勢，利，與名。（按此處之勢應作威力解。）「治天下之具其非勢，利，名乎？」㉔但聖王之所以爲聖王，乃在於能本其大公無私之精神，「以道德銷

⑳同上，頁四三上。
㉑同上，卷二，頁一四下—一五上。
㉒同上，卷一，頁四上。
㉓同上，頁五下。
㉔同上，頁一〇上，一一上。

事功」。故「王世以禮樂統征伐……禮樂勝則純乎道德，如春風之長萬物而不知。」[85]蓋聖王亦不免以勢、利、名爲治世之具，但同時又可以勢利名公天下，禪讓卽其極致。「聖人以其勢，利，名公天下，身憂天下之憂，而無天下之樂。故褰裳去之，而樽俎揖讓興焉。……聖人乘天下之勢，猶蛟龍之乘雲霧，不崇朝雨天下而莫知誰尸其權……夫惟使勢、利、名純出乎道德者，可以治天下矣。」[86]

三代以上之聖王如此。惟洎乎三代，則其君王未必盡如此。其關鍵在於周代王室之漸衰，勢之所至，有不可復者。魏氏認爲「自古有不王道之富強，無不富強之王道」，已見前述。正因周王未能始終兼王道與富強，「及其衰也，仁義去而詐力獨存，于是周雖久王，有禮樂無征伐」。因是而有列國霸業之興。「晉之久伯也，有征伐無禮樂……于是裂爲七國，爲嬴秦詈天下于冰霜中者二百餘載，曁西漢文景而始息。甚哉，功利之殃人而王道不可一日熄乎?」[87]由功利而生之「勢」及天地氣化運行之「氣運」故有關聯處。《默觚》曰：「三皇以後秦以前一氣運焉。漢以後元以前一氣運焉。其歷年有遠近，卽其得于先王維持之道有厚薄。故漢唐宋女禍，夷狄，亂臣，賊子迭出，而不至遽亡。民生其間得少休息十餘世。披其牒，考其享祚歷年之久近，而其所

[85] 同上，頁一〇上。
[86] 同上，頁一一上—一一下。
[87] 同上，頁一〇下。

得于道之分數可知也。」⑧⑧

按魏氏過去作《老子本義》時，卽已持中國歷史氣運三造之說。魏氏將歷史分爲太古、中古、末世三段落，而以老子淳樸「太古心」之存滅爲氣運盛衰之解釋。《老子本義》〈論老子〉云：「氣化遞嬗如寒暑然。太古之不能不唐虞三代。唐虞三代之不能不後世。一家高曾祖父子姓〔姪〕，有不能同。故忠質文皆遞以救弊，而弊極則將復返其初……夫治始黃帝，成於堯，備於三代，殲於秦。迨漢氣運再造，民脫水火，登袵席，亦不啻太古矣。則曹參文景，斲琱爲樸，網漏吞舟，而天下化之……孰謂末世與太古夢覺不相入乎？……老氏書賅古今，通上下。上焉者，羲皇關尹治之以明道。中焉者，良參文景治之以濟世，下焉者明太祖誦民不畏死而心滅，宋太祖聞佳兵不祥之戒而動色是也。」⑧⑨依玆所論，則氣運之轉移似乃由於「文」與「質」之循環，卽淳樸久之而奢欲之文明生，而繁文縟禮不能救世弊，又有歸於淳樸之必要⑨⓪。是則魏氏固深知以

---

⑧⑧ 同上，頁一〇—一一上。

⑧⑨ 《老子本義》〈論老子〉，頁二—三。

⑨⓪ 按魏氏之歷史觀，早年治經時，曾贊董仲舒「文質再復」之說，卽認為一代尚文，後一朝代必尚質以救其弊。魏氏一八二九年之〈董子春秋發微敍〉謂董氏「〈三代改制質文〉一篇，上下古今，貫五德五行於三統，可謂窮天人之絕學」（《古微堂外集》，卷一，頁六四下）。嗣後，魏氏間亦兼用何休史例三世之說，卽所謂「于所傳聞世之撥亂返治，于所聞世治升平，于所見世治太平。」一八三〇年魏氏作〈劉禮部遺書序〉，謂「夫文質再世而必復，天道三微而成一著」。而又云：「清之興二百年，通儒輩出。若所見之世，若所聞之世，若所傳聞之世，則有若顧，江，戴，程，段，莊，明三禮六書」等語。請閱許冠三，〈龔魏之歷史哲學與變法思想〉，《中華文化史論叢》，一九八〇年第一期，頁八五—八七。然何休公羊三世說，對魏氏影響不深。而文質再復說則為其日後史觀發展，提供初步之構想。一八四〇魏

禮教治天下，有其造作近僞之處，非聖人重禮之本意。魏氏認爲根據經書，禮應可簡化，可不必重繁雜之儀式而能由心達神，「塞乎天地」。「〈孔子閒居〉一篇，深明禮樂之原，與《易・繫》、《中庸》相表裏，中人以下不得聞也。無聲之樂，無體之禮，無服之喪，極其所至，無至無不至。」⑼

惟《默觚》完稿時，魏氏似認爲繁文縟禮並非世運興衰之主要原因，史家似不應專以文質解釋氣運之變，老子之淳樸之教亦未必爲自文返質之唯一途徑。《默觚》認爲三皇至秦之歷史爲一氣運，漢至元又一氣運：「卽其得于先王之道有厚薄，……而得於道之分數可知也。」此處所謂道卽「先王之道」，亦卽以「勢，利，名公天下之道」。魏氏認爲三代以後之帝王，多「仁義去而詐力獨存」，故政治之弊病較禮教之有失乎中，尤爲嚴重。專就政治而言，及就受政治影響之人民生活而言，歷史之趨勢實退化而非循環，後世不如三代。而政治史之退化趨向，亦非僅帝王仁心存廢所能解釋。蓋帝王制度下之政治良窳端視君與士之關係，而朝廷與庶民之是否聲息互通，實爲歷史之關鍵。「天下奇士不常有，而天下之明君不世出。故天之降才者千夫而一人。才

氏著《老子本義》時，有上古、中古、末世之說，認為歷史乃退化之歷史，惟一可以助成「氣運再造」者為老氏之說（見上文，註⑻）。《老子本義》云：老子「深疾末世用禮之失，疾之甚則思古益篤，思之篤則求之益深。懷德抱道，白首而後著書，其意不返斯世于太古淳樸不止也。氣化遞嬗，如寒暑然……故忠質文皆遞以救弊，而弊極則將復返其初。孔子寧儉毋奢，為禮之本，欲以忠質救文勝。是老子淳樸忠信之教，不可謂非其時，而啓西漢先機也。」（《老子本義・論老子》，頁二—三。）

⑼ 《默觚》，卷一，頁二下。

之遇主也，千載而一君。」⑫就上下通之政治制度言，則後世不如三代。「古無諫諍之官，人人皆諫官也，不惟廣受天下之言，亦所以廣收天下之才。自後世立諫官，而人之無言責者，始不得盡其言。」⑬魏氏深慕古代之陳詩制度。「《詩》曰：出內王命，王之喉舌，其爭臣也夫。又曰：如彼遡風，亦孔之僾，民有肅心，荓云不逮，其惟庶人也夫。」⑭而後代則「政治之疾苦，民間不能盡達之守令。達之守令者不能盡達之諸侯。達之諸侯者，不能盡達之天子。誠能使壅情之人，皆為達情之人，則天下無不起之疾苦矣。」⑮

然歷史退化論僅為魏氏史觀之一部分而已。魏氏同時認為歷史有其進化之部分。不論君主之是否「以其勢，利，名公天下」，不論政治制度之是否能拔取眞才，通上下之壅塞，若干制度（以今日之名詞言之可稱行政制度與社會制度）就長遠之趨勢言，大體乃漸趨於「公」，漸趨於「便民」。此種發展，並非循環性，蓋「變則不可復」⑯——不可復卽非循環也。十七世紀之王夫之已有近似之論說，惟王氏似並未以重要理論視之。魏氏之說，具體而鮮明，為中國思想史一大突破。

---

⑫《默觚》，卷三，頁二四上。
⑬同上，頁三八下。
⑭同上，頁三八上—三八下。
⑮同上，頁三七下。
⑯見註⑲。

吾人必須牢記魏氏並不認爲歷史之全部皆趨於進步。專就政治史而言，魏氏殆認爲不斷進步爲不可能之事。蓋影響政治得失之因素甚多。舉凡天時、地理、人情、事機等，錯綜複雜，變化難測。默觚曰：「古今宇宙其一大奕局乎？天時有從逆，地理有險易，人情有愛惡，機事有利害，而攻取之局生焉。或逸之而得，或勞之而不得，或拙之而反得，或巧之而不得，或奇之而正，或正之而奇。故禪讓一局也，征誅一局也，傳子傳賢一局也，君子小人互爲消長，否泰之變局也。始放之而復反之，君臣之變局也。呂、賈、武之司辰，男女之變局也。或倚之而伏，或伏之而不可倚，禍福之變局也。或中夏御之而亂，或起自塞外而治，魏孝文、金世宗皆三代後之小堯舜，華夷之變局也。……自三代之末至于元二千年，所謂世事理亂，愛惡利害情僞吉凶成敗之變，如奕變局，縱橫反覆至百千萬局，而其變幾盡。」⑰元以後雖有新機，但左右政治之因素之複雜，亦與前同。

但魏氏雖認爲政治之變化難測，仍肯定仁在歷史上之力量。蓋若就歷史上之若干制度而言，則三代以後不斷進步，且後世較三代爲優。《默觚》云：「後世之事，勝於三代者三大端。文帝廢肉刑，三代酷而後世仁也。柳子非封建，三代私而後代公也。世族變爲公舉與封建之變爲郡縣何異？三代用人，世族之弊貴以襲貴，賤以襲賤，與封建竝起于上古，皆不公之大者。雖古人教

---

⑰《默觚》，卷三，頁五〇上—五〇下。

育有道，其公卿胄子多通六藝，豈能世世皆賢于草野之人？古聖王未必不灼知其弊。而封建不變，則世族亦不能變。……秦漢以後，公族雖更，而世族尚不全革。九品中正之弊至於上品無寒門，下品無世族。……自唐以後，乃彷彿立賢無方之誼。至宋明而始盡變其轍焉。雖所以敎之未盡其道，而其用人之制則三代私而後世公也。」⑱魏氏之批評科舉考試內容，已見前述。惟若與以世族爲公卿之制度比較，則科舉顯然較公。

魏氏揭櫫其兩大論斷。一曰：「變古愈盡，便民愈甚。」次曰：「天下事人情所不便者變可復，人情所羣便者，變則不可復。」《默觚》曰：「租庸調變而兩稅，兩稅變而條鞭。變古愈盡，便民愈甚。雖聖王復作，必不舍條鞭而復兩稅，舍兩稅而復租庸調也。鄉舉里選變而門望，門望變而考試，丁庸變而差役，差役變而僱役，雖聖王復作，必不舍科舉而復選舉，舍僱役而爲差役也。邱甲變而府兵，府兵變而彍騎，而營伍，雖聖王復作必不舍營伍而復爲屯田，爲府兵也。天下事人情所不便者變可復，人情所羣便者，變則不可復。江河百源，一趨于海，反江河之水而復歸之山，得乎？履不必同，期于適足。治不必同，期于利民。」⑲

然則上述各種制度之演變何以終必歸乎「便民」或「利民」？魏氏爲十九世紀初葉參與漕鹽等政之改革家，或不免以本人之經驗或希望，推廣爲歷史之規律。所謂「履不必同，期于適足；

⑱　同上，頁二九下——三〇下。
⑲　同上，頁一六上——一六下。

治不必同，期于利民」，卽其自編纂《皇朝經世文編》以後一貫之主張。但《默觚》之哲學認爲上述之郡縣、科舉、刑罰、稅收等制度，與「氣運」及「勢」仍有關聯。魏氏之解釋封建變爲郡縣之過程，強調春秋戰國之世，「氣運自此將變，不獨井田封建之將爲郡縣阡陌而已。孔子得位行道，必亟有以大變其法，舉四科以代豪宗。」[100]《默觚》曰：「其不變者道而已，勢則日變而不可復者也。」此處「不可復」三字，最爲重要。蓋勢雖變化難測，然亦有勢所必至之處，卽所謂「天下事人情所不便者變可復，人情所羣便者，變則不可復。江河百源一趨於海，反江河之水而歸於山，得乎？」

然則「便民」與「利民」何以爲勢所必至？此點與魏氏之道器論與君王論有關。《默觚》曰：「曷謂道之器？曰禮樂。曷謂道之斷？曰兵刑。曷謂道之資？曰食貨。」[101]是則不變之道，與日變之勢皆與歷史有關聯；歷史非僅勢而已，亦反映道之指歸。上文引《默觚》之論君王曰：「人者，天地之仁也。人之所聚，仁氣積焉。……天子者，衆人所積而成，而侮慢人者，非侮慢天乎？人聚則強，人散則尩，人靜則昌，人訟則荒，人背則亡。」此種思想固以孟子之民本論爲基礎，惟魏氏更進一步認爲天子旣爲「衆人所積而成」，則君與民間有同屬一體之有機關係。《默觚》曰：「天下其一身與？后元首，相股竑，諍臣喉舌。然則孰爲其鼻息？夫非庶民與？九

[100] 同上，頁三〇上。

[101] 同上，卷二，頁二一上。

竅百骸四支之存亡視乎鼻息。口可以終日閉而鼻不可一息梔。古聖帝明王惟恐庶民之不息息相通也，故其取于民者詳……登其歌謠，審其詛祝，察其謗議，于以明目達聰，而元首良焉，股肱康焉。士者，庶民之首也，漢宋太學之士皆得上書，明初耆老皆得召見。往往關係國家大計，公議無不上達，斯私議息。夫是之謂天下有道，庶人不議也。」[102]

然則庶人之議如何影響制度？此點魏氏並未言明，其言外之意似爲民若離叛，則國必危亡；必須除弊變法，方能「撥亂反治」。魏氏之論刑法曰：「強人之所不能，法必不立。禁人之所必犯，法必不行。」[103]魏氏之論政事，則引伸周公之說曰：「平易近民，民必歸之。平，地道也。易，天道也。易則易親，簡則易從。易簡，則天下之理得矣。」[104]魏氏認爲「道之資曰食貨」，特別注意賦役之繁簡。其言曰：「三代以上之天下，禮樂而已矣。三代以下之天下，賦役而已矣。」[105]「使人不暇顧廉恥，則國必衰。使人不敢顧家業，則國必亡。善賦民者譬植柳乎？薪其枝葉而培其本根。不善賦民者譬則翦韮乎？日翦一畦，不罄不止。……彼貪人爲政也，專朘富民。富民漸罄，復朘中戶。中戶復然，遂致邑井成墟。故土無富戶則國貧，土無中戶則國危。

[102] 同上，卷三，頁三七下—三八上。
[103] 同上，頁一一三上。
[104] 同上，頁二八上。
[105] 同上，頁九上。

至下戶流亡而國非其國矣。」[106]是則庶民之反叛爲君主虐政之天然限制。歷代帝王不欲國非其國，不能不採取趨於利民之制度。採定之後即難再復。自長遠言，固勢有必至也。

魏氏深知帝王爲政治之關鍵，然認爲「士」在歷史上亦有極重要之地位。蓋「君主」乃「衆人所積而成」。雖然「人之所聚，仁氣積焉」，然「人所聚而勢生焉，財所在而人聚焉，名義所禁遏而治亂生焉。」[107]士爲君王之輔佐，故在宇宙中有特殊地位。《默觚》曰：「士風有變有不變也。不變者，天地之心所寄也。」又曰：「夫賢人者，天地之心也。」[108]是天地之心有非盡寄於「天子」者。士固未必皆能應天心，而可能趨於頹廢或趨於狂妄。「有士風，有民風。斯二者，或區于土俗焉，或移于政教焉。……魏晉清譚之士林，東漢禮教節義之士林也。自非不待文王之豪傑，有不隨風草偃者哉。風之既成，賢君相三紀挽之不足。風之將變，一狂士敗之有餘。」[109]然狂士之外，亦有士憑理智，能成君德而立政者。「國家之賴賢才也，功莫大于成君德，而立政次之。」[110]蓋士之職責，在於規匡帝王之德，又同時實際操理天下政教諸務。「有內匡，有外匡……成王與周公同居，故成王化而爲周公。管、蔡與祿父同居，故管、蔡化而爲祿父，此內匡之

[106] 同上，頁四三上—四三下。
[107] 見註[73]，[77]。
[108] 《默觚》，卷三，頁四五下—四六上；五一下。
[109] 同上，頁四五下。
[110] 同上，頁二三下。

益也。得一后夔，天下無難正之五音。得一伯樂，天下無難馭之良馬。得一頗、牧，天下無難禦之外侮。此外匡之益也。」⑪即在有限制之諫諍制度下，君子事君有言諫，有身諫。雖然「人臣有如山之力始可回人主如天之威」，然賢士畢竟有其仁之力量。「楚莊好獵，則樊姬不食鳥獸之肉。唐宗好兵，則魏徵不視破陣之舞。踞厠之冠，憚汲黯之見。苑中之游，畏韓休之聞。彼其潛孚默憚，有存乎折檻、補牘之先者矣。不然三歸之卿，豈能禁六嬖之覇。篋珠之相，何能止天書之惑?」⑫

士之事君，有時不能不倡言變法者，是則可能爲士對制度更直接之貢獻。魏氏認爲變法不可魯莽從事；須先有賢人方可立法。「君子不輕爲變法之議，而惟去法外之弊。弊去而法仍復其初矣。不汲汲求立法而惟求用法之人，得其人自能立法矣。」⑬所謂立法，有時不能不採取變法之方式。魏氏對王莽與王安石之泥古，頗有非議。「王莽以井田而致亂，安石以《周禮》誤宋，故廢譜而師心，與泥譜而拘方，皆非善奕者也。有變易之易，而後有不易之易。」⑭然王安石之變法方案，以及秦、隋、元諸代之政策，亦皆有重要之貢獻。「秦之暴不在長城，隋之惡不在敖倉，元之亂不在治河，安石之弊政不在經義取士。」就安石之經義取士而言，「其人既得罪萬世，則

⑪ 同上。頁二三下—二四上。
⑫ 同上，頁四〇上。
⑬ 同上，頁一三下。
⑭ 同上，頁五一上。

功在天下者，世亦以此罪之。」[115]安石固有功於天下者也。魏氏雖認爲利民便民之制度，變則不可復。然魏氏固深知變法非易事。蓋政治乃由天子大權決定，人才進退難於有準，而士大夫與民之間亦非無隔閡。「政治之得失上達下易，下達上難。君之知相也不如大夫。相之知大夫也不如士。大夫之知士也不如民。」[116]是則制度之完全改善，固有待於來日。

魏氏之歷史哲學於道咸之際，民亂蜂起時臻成熟。渠是否確信利民便民之制度仍能改進？是則不能不寄希望於清廷之能因危圖治，因憂患而有除弊變法以移轉氣運之決心。魏氏認爲無論個人修養或爲國立謀，皆須有憂患之感。「人必有終身之憂，而後能有不改之樂。」[117]於國亦然。「六經其皆聖人憂患之書乎？天下之生久矣。一治一亂，治久習安。安生樂，樂生亂。亂久習患，患生憂，憂生治……故眞人之養生，聖人之養性，帝王之祈天永命，皆憂懼以爲本焉。眞人逆精以反氣，聖人逆情以復性，帝王逆氣運以撥亂反治。逆則生，順則夭矣。」[118]在中國政治制度內，庶民之議無從上達，其爲氣運乖蹇之原由乎？一八五二年魏氏第二次增補《海國圖志》，從新輯之資料中注意到北美洲之總統大位「匪惟不世及，且不四載即受代，一變古今官家之局，而人心翕然，可謂不公乎？」至於選舉及議會制度，「議事聽訟，選官舉賢皆自下始，衆可可

[115] 同上，頁四一上—四一下。
[116] 同上，頁三七上。
[117] 同上，卷二，頁二二下。
[118] 同上，卷三，頁五下。

之，衆否否之，衆惡惡之，三占從二，舍獨狥同；卽在下預議之人，亦先由公舉，可不謂周乎？」魏氏曰：「墨利加北洲以部落代君長，其章程可垂奕世而無弊。」⑲蓋自《默觚》思想之觀點言之，中國之所以「無數百年不敝之法」，而所以「一治一亂」，其根因乃在於爲國家「鼻息」之庶民，未能通其意於君相。魏氏同時亦注意及瑞士之政體，「擇鄉官理事，不立王侯」，譽之爲「西土之桃花源」⑳。此等零星之新知識固不足以改變魏氏對整個中國歷史之看法，然或能爲其已有之史觀提供佐證。

八、晚年旨趣與一生造詣

魏氏於鴉片戰後任州縣官八九年（一八四五—一八五三），其施政事績尚待考。惟在此期間，兩次重修《聖武記》，兩次增補《海國圖志》。一八五三年秋魏氏退老時，年六十，逢太平天國勢力正盛之際，似對佛學大感興趣。其初退老於揚州府興化縣之西寺，曾自稱「菩薩戒弟子魏承貫」。一八五四年輯《無量壽經》、《觀無量壽經》、《阿彌陀經》，及《普賢行願品》等經爲《淨土四經》，刊刻流傳。《普賢行願品》魏氏敍文謂誦經之目的在於「能于煩惱大苦海中

⑲ 轉引自王家儉，《年譜》，頁一三四。
⑳ 同上。

拔濟衆生」。〈淨土四經總敍〉勸人並修禪宗與淨土，引永明壽禪師之語曰：「有禪無淨土，十人九錯路。無禪有淨土，萬修萬人去。」⑫1 然魏氏雖於太平軍威脅江北之際，醉心佛說，對當時官吏士人利欲之深，仍念念不忘。魏氏〈淨土四經・總敍〉云：「故現宰官長者，居士身者，持誦是四經，熟讀成誦之後，依解起行，須先發無上菩提之心。」又云：「夫王道經世，佛道出世，滯迹者見爲異，圓機者見爲同。而出世之道，又有宗教、律、淨之異。其內重己靈，專修圓頓者，宗教〔禪宗〕也。有外慕諸聖，以心力感佛力者，淨土也。又有外慕諸聖，內重己靈者，此則宗淨合修，進道尤速。」⑫2 魏氏固「外慕諸聖，內重己靈」者。

惟魏氏終不能忘懷於經世，亦不能不治學。一八五五年，渠完成兩部新書：《書古微》與《明代兵食二政錄》。《書古微》十二卷乃魏氏三十年來研究《書經》逸書之結果，貫徹其於《公羊傳》之外，別樹西漢經文之意。其自敍曰：「《書古微》何爲而作也？所以發明西漢《尚書》今古文之微言大誼，而闢東漢馬、鄭古文之鑿空無師傳也。」⑫3 魏氏並以《書經》爲史料，發揮《默觚》之史觀：「古今氣運之大闔辟，其在顓頊乎？……純以人治者，自顓頊始……。夫子刪《書》始自唐虞，以人治不復以天治，雖天地亦不能不聽其自變。」魏氏上溯覇道之興於禹

⑫1 轉引自吳澤，〈魏源的變易思想〉，頁五八—五九。其後兩句為：「有禪有淨土，猶如戴角虎。」參看陳耀南，《魏源研究》（九龍：乾惕書屋，一九七九），頁一七。

⑫2 轉引自吳澤，〈魏源的變易思想〉，頁五八。

⑫3 《古微堂內外集・外集》，卷一，頁五一上。

之後。「夫子以〈秦誓〉繼〈甫刑〉，知皐陶，伯益之後，將繼稷、契、禹而代興也。漇王變而伯道，德變而功利，此運會所趨，卽祖宗亦不能聽其不自變。」⑫④

至於封建之變爲郡縣，則法久弊生，「天下大勢所趨，聖人卽不變之，封建亦必當自變」。魏氏之治明史，乃貫徹其編《皇朝經世文編》時主張之「欲求當代之典章，必考屢朝之方策」，並藉以論清代之得失。魏氏認爲明代之大弊在於「大兵大役之派民加賦，末年遂以是亡國」。然明代之勝於清代，在於「清仕途，培士氣」。「內而部曹，外而守令，未有需次數年十數年始補一缺者。遇詮選乏人，則輒起廢田間，旋踵錄用……士得以講求有用之學。故中材之士，往往磨厲奮發，危言危行，無所瞻顧。」⑫⑤至於清代與明代比較，則賦稅較輕，而且「政本肅清」，朝廷無大權旁落、門戶黨援等患。然清代亦有大弊，爲明代所無者。一曰黃河工程之貪汚。「無事歲修數百萬，有事塞決千百萬，無一歲不虞河患，無一歲不籌河費。」二曰鴉片流毒與漕鹽之弊政。「夷煙蔓宇內，貨幣漏海外，漕鹺以此日敝。」三曰國家關於士途士氣之政策不當，尤爲根本大病。「士之窮而在下者，自科舉則以聲音詁訓相高。達而在上者，翰林則以書藝工敏，部曹則以胥史〔吏〕案例爲才，舉天下人才盡出于無用之一途！」⑫⑥

⑫④ 轉引自吳澤，〈魏源的變易思想〉，頁四五—四六。
⑫⑤ 《古微堂內外集．外集》，卷三，頁三上—三下。
⑫⑥ 同上，頁四下—五上。

次年（一八五六），卽其逝世前一年，魏氏移居杭州僧舍。惟其巨著《元史新編》九十五卷於是年完成。魏氏原擬將此書進呈淸廷，惟渠不久逝世，書至一八九七年始刻印。魏氏之〈擬進呈元史新編序〉暢論元何以亡，以爲淸室誡。「元有天下，其疆域之衺，海漕之富，兵力物力之雄廓過於漢唐。自塞外三帝，中原七帝皆英武踵立……而末造一朝，偶爾失馭，曾未至幽、厲、桓、靈之甚，遂至魚爛河潰，不可救者，何哉？」⑫⑦魏氏首言元代施政之不公。「〈禮運〉言：三代之治天下也，曰大道之行，天下爲公。公則胡越一家，不公則肝膽楚越。」魏氏考元代用人，非盡不用「漢人」及「南人」。惟「中葉以後，臺省官長，多其國人……至於末造，中書政以賄成，臺憲官皆議價以得，出而分巡，競漁獵以償債帥，不復知紀綱廉恥爲何物。」加以財賦多非爲民用。「膏澤之潤罕及於南，滲漉之恩悉歸於北。界鴻溝於大宅，自以爲得親邇疎逖之道，致韓山童僞檄有貧極江南，富歸塞北之斥。天道循環，物極必反。不及百年，向之畸重於北者，終復盡歸於南。乘除勝負，理勢固然哉……烏乎！前事者後事之師，元起塞外，有中原，遠非遼金之比。其始終得失，固百代之殷鑒也哉。」⑫⑧

魏源雖相信歷史上之制度，「人情所羣便者，變則不可復。」然就政治制度而言，迨其晚年，除增補《海國圖志》時，對美國瑞士之選舉制度偶注意及外，尙不知君主制度之外，別有其

---

⑫⑦ 同上，頁一四下—一五上。
⑫⑧ 同上，頁一五上—一八上。

他制度。魏氏之相信中國政治史乃退化之歷史，原無足怪。渠生於近代科學輸入中國之前，相信「氣運」與「天命」，亦不足異。《默觚》論天命曰：「天之未定，則人勝天，天既定則天勝人矣。」⑫⁹惟魏氏擬進呈《元史新編》於清廷，引〈禮運〉「天下為公」為清室誡。其在在思與運命相抗，其精神實與其思想相符。《默觚》雖未能超越傳統宇宙觀，倫理觀之範圍，然竟能以孟子之民本論為基礎，肯定庶民為國家「鼻息」，進一步建立利民便民之制度進化論，實為中國思想史上之重要文獻。

九、結語

綜觀魏源一生，經世與學術並重。渠早歲治經，雖受劉逢祿等之影響，而一八二五年前後修湖南地方武備志，又主持編纂《皇朝經世文編》，其學已偏於政事。魏氏親自參與漕糧海運、票鹽等新政，深明江南漕糧之弊與運輸及商業改制之必要。其後治經，亦即其經世思想與價值觀念之探索。〈董子春秋發微敍〉曰：「抉經之心，執聖之權，冒天下之道者，莫如董生。」〈詩古微敍〉曰：「無聲之禮樂，志氣塞乎天地，此所謂與觀羣怨可以起之詩，而非徒章句之詩

⑫⁹《默觚》，卷三，頁四七下。

也。」[130]諸此皆表示其志向與價値意識。魏氏之經學，專就考證之縝密而言，不免後人「逞意武斷」之批評。[131]然其治《詩經》、《書經》，皆達到於東漢經疏以外，別立西漢經傳之目的，就廣義之學術言，有打擊傳統及開新風氣之重要貢獻。《書古微》則更以《書經》爲古史，於探求經義中建立民本之政治理論與進化史觀。魏氏之探求經書「微言大誼」，亦卽其哲學上之思維也。

魏氏對歷史上之道與勢，有概括之論斷。惟其研究元明淸三代之歷史，史料之甄別運用，皆力求謹嚴。魏氏對於利民制度之長遠發展，具有信念。然就元至淸數百年間之歷史而言，則認爲因革損益，事在人爲，大有確切研究之必要。蓋憑歷史之教訓而因時變法，尤爲經世之關鍵。魏氏之著《聖武記》，除求紀事翔實之外，尤矚目於軍事以外之因素，如財政上之如何興利除弊。其輯《明代兵食二政錄》，則希望以類似《經世文編》之材料，補正史之不足。魏氏似爲晚淸批評《明史》之第一人。所撰〈書明史稾〉兩篇，深憾其書於重要人物政事，濫用史料，顚倒是非。而「食貨兵政諸志，隨文鈔錄，全不貫串。」「卽蘇松浮糧復額，殃民之政，亦爲之諱。」[132]惟魏氏之治元明歷史，實欲就兩代之利弊而爲淸室戒。元代之亡，由於「用人不公」。明代之

---

[130] 見註⑳，㉒。

[131] 齊思和，〈魏源與晚淸學風〉，《燕京學報》，三九期（一九五〇），頁二一八。

[132] 《古微堂內外集．外集》，卷四，頁四五上—三七上。

得，在於「清仕途，培士氣」。而清代又因「養人用人」之策不善，以致吏治敗壞，漕、河、鹽三大政漏卮無窮，財絀而兵又弱，夷煙乃蔓海內。魏氏之治十九世紀以前六七百年之歷史乃欲藉具體之事實，探討弊病之源，藉以謀制度之改進。

魏氏之《海國圖志》提出制夷及師夷長技之政策，人多能言之。然就魏氏之爲中國知識分子一生之努力而言，則其三十五歲前編纂《皇朝經世文編》，揭櫫「善言心者必有驗於事」，已爲晚清經世運動提出主要方向。此一主張在今日視之似爲常識，然魏氏在嘉道年間學術與政治空氣之籠罩下，必須自經學乃至史學求其根據，始能完全自信，且藉以開新風氣。魏氏於學術上之努力，自其本人看來，實較研究域外史地及制夷方策，更爲根本；而其倡議之制夷方策，亦即學術之實際應用。魏氏之經史學術，本力求融滙貫通，自成系統，而其筆記《默觚》則爲其融滙貫通心得之總結。《默觚》論王霸之辨曰：「自古有不王道之富強，無不富強之王道，王伯之分在其心不在其迹也。」又曰：「王道至纖至悉並收。徭役兵賦皆性命之精微，流行其間。」⑬③諸此言論，皆與當時宋學思想相抗。魏氏之知行論則更切實而鮮明：「披五岳之圖以爲知山，不如樵夫之一足，談滄溟之廣以爲知海，不如估客之一瞥。」「絕世之資，必不如專門之夙習也。獨得之見必不如衆議之參同也。」諸此皆爲其注重專門學識，注重效驗及周諮博詢之主張，提供理論。

⑬③　見註⑤③，⑤④。

「及之而後知，履之而後艱，烏有不行而能知者乎？」「使其口心性，躬禮義，動言萬物一體，而民瘼之不求，吏治之不習，國計邊防之不問，……無一事可效諸民物，天下亦安用此無用之王道哉？」[134]

《默觚》雖認爲僅談心性爲無用之學，而同時則認爲有用之學必自心性修養始。「君子用世之學，自外入者其力弸，自內出者其力弦。力之小大，由于心之翕散，天地人之所同也。」[135]魏氏晚年似益偏向陸王心學。《默觚》引前哲之言曰：「心爲天君，神明出焉。」「人知心在身中，不知身在心中，萬物皆備於我矣。」[136]心又爲仁之根本，能行仁心，則生命之意義已全備矣。「立德、立功、立言、立節謂之四不朽……君子之言，有德之言也；君子之功，有體之用也；君子之節，仁者之勇也。」「身之內有心，心之內有仁，迨仁既成則不因形氣而生死矣。性根於心，萌芽于意，枝分爲念，鬯茂爲情，則性之華也。」[137]

《默觚》定稿前後，值太平天國勢盛，清室頻危，戰亂不已之時。魏氏寄身佛寺，欲就淨土及禪宗求解脫，其痛苦可知。惟《默觚》定稿仍肯定仁之力量，且高瞻遠矚，對社會制度之將不斷受仁心之影響，仍具信心。魏氏未能逃脫儒家天地人三才之宇宙觀，亦不能放棄忠孝節義之倫

---

[134] 見註[54]，[55]，[58]。
[135] 《默觚》，卷二，頁二四下。
[136] 同上，頁一〇上，一五上。
[137] 同上，頁一九下，二八上。

理觀。但渠治經治史之結果，堅信道與勢有關係，仁與歷史有關聯。「仁者，天地之仁也。人之所聚，仁氣積焉……天子者，衆人所積而成，而侮慢人者豈侮慢天乎？」正因庶民乃歷史上不可侮之力量，「天下事人情所不便者變可復，人情所羣便者，變則不可復。」就制度演變之大勢而言，故可曰：「變古愈盡，便民愈甚。」[138]魏氏之實際經世主張，側重具體行政、經濟問題及制夷方策，與十九世紀晚期之變法維新方案相比，政治性似遠較弱。然魏氏自經學史學中求智慧，竟能獨創以儒家民本論爲基礎之制度進化史觀，強調民生之重要與各種制度改革之可能性。是使吾人可相信中國近代史上之不斷創新，原爲因應多方面之內在需要，絕非僅由外來之刺激，而實有自發之精神與思想爲基礎。

——原載中央研究院近代史研究所編《近世中國經世思想研討會論文集》（臺北，一九八四年），頁三五九—三九〇。

---

[138] 見註[73]，[99]。按魏氏言「變古愈盡，便民愈甚」，乃專就制度之弊端而言，至於道德價值，則古今並不二揆。魏氏自古經求知慧，實景仰三代以上之禮樂與道德。《默觚》曰：「君子之為治也，無三代以上之心則必俗，不知三代以下之情勢則必迂……君子學古之道，猶食筍而去其籜也。」卷三，頁一七上至下。

二、《皇朝經世文編》關於經世之學的理論

一、導　言

近年來，研究中國傳統「經世思想」及清代十九世紀初葉以來的「經世之學」，風氣遍於海內外。「經世」一詞涵義的探討自屬必要之事，從事此項工作之學者亦不少①。但從理論角度言，所謂「經世思想」或「經世之學」很難有普遍公認的定義。一九八三年中央研究院近代史研究所舉辦的「近世中國經世思想研討會」提出論文題目，自文史、輿地、天文、曆算、貨幣改

① 例如王爾敏教授的〈經世思想之義界問題〉，見《中央研究院近代史研究所集刊》，第十三期（一九八四年六月），頁二七—三八。

革，以至於憂患意識、中西思想之融滙及民族主義等，包羅甚廣②。自此論文集之內容歸納「經世」一詞的寬泛涵義，作爲今日知識分子對「經世思想」和「經世之學」的理解，殊不無意義。但是中國十九世紀初葉的「經世思想」，即所謂「經世之學」，乃一具體歷史現象，自中國近代史之立場，有具體研究之必要，尤先須研究當時提倡「經世之學」的學者對此名詞如何了解。

魏源（一七九四——一八五七）助賀長齡（一七八五——一八四八）於一八二六年纂輯之《皇朝經世文編》一百二十卷③，爲晚清「經世之學」劃時代之文獻。繼此書之後，自咸豐朝以至十九世紀末出版的經世文編，除康、梁時代的《皇朝經世文三編》外，所有《經世文續編》，在內容結構上，均準照魏、賀二氏所定之體制，全書分爲學術、治體及有關清代政府六部各種事務三大部分④。張鵬飛於咸豐元年刊行的《皇朝經世文補編》，目的在於爲《皇朝經世文編》拾遺補闕，可視爲魏、賀二氏原書之補充。同以《皇朝經世文〔編〕續編》爲書名先後纂輯新書的人有饒玉成（一八八二）、葛士濬（一八八八）及盛康（一八九二）三人。這三部不同的續編，

② 中央研究院近代史研究所編，《近世中國經世思想研討會論文集》（臺北，一九八四年）。討論天算之學見王萍，〈清代曆算學的傳承與蛻變〉。輿地學見王聿均，〈徐松的經世思想〉；王爾敏，〈姚瑩之經世思想及其對域外地志之探究〉。文史見周啓榮、劉廣京，〈學術經世：章學誠之文史論與經世思想〉。憂患意識見王家儉，〈洪北江的憂患意識〉。探討經濟政策的有王樹槐，〈康有為改革貨幣的思想〉。以民族主義為「經世思想」有陸寶千〈章太炎在晚清之經世思想〉。

③ 以下簡稱《經世文編》。本文所據之版本為《近代中國史料叢刊》，臺北文海出版社。

④ 《經世文編總目錄》，近代中國研究委員會編（東京，一九六五年）。

每書亦皆一百二十卷。除葛氏於六部事務之後特加「洋務」一類二十卷之外，此三書在體制上基本與賀、魏所輯者相同。其後陳忠倚輯《皇朝經世文三編》（一八九八），而進入二十世紀之後，邵之棠輯《皇朝經世文統編》（一九〇一），何良棟輯《皇朝經世文四編》（一九〇二），求是齋輯《皇朝經世文五編》（一九〇二），麥仲華輯《皇朝經世文新編》（一九〇二），經世文編的內容結構始有較大變動⑤。

但是儘管書名皆稱爲續編，編制及卷數亦採《皇朝經世文編》的模式，其思想內容是否與道光初年魏源、賀長齡所輯的《皇朝經世文編》大同小異，仍需詳細研究。本文之作，乃爲此種研究畫一條「基線」，先分析《皇朝經世文編》的主要思想，卽該書（此後簡稱《經世文編》）首十四卷所選有關「學術」與「治體」的論說奏議，藉以對魏源、賀長齡編纂此書時對於「經世之學」的了解，作詳細的分析。《皇朝經世文編》所輯文字絕大多數爲道光朝以前的作品，但是魏源等在遴選文章時是否有憑一種深信不疑之觀點，欲求發揮作用，是一個應研究的問題。

《經世文編》首六卷論「學術」，次八卷論「治體」。魏源於敍文中論「學術」之重要云：

君、公、卿、士、庶人推本今世、前世道器之洿隆所由然，以自治、外治，知違從、知伍參變化之謂學。學為師長、學為臣、學為士庶者也。（頁二，以下凡出於《皇朝經世文編》之引文均於括弧內書文海版之總頁碼，不另註。）

⑤ 同上。

是魏源認爲欲爲師長、臣、士庶均須求學以「自治、外治」。儒家傳統學術自宋明以來素重「自治」。然「外治」亦斷不能無學術，故謂：「既經世以表全編，則學術廼其綱領」（頁五）。《經世文編》並不輕視「內治」，但乃以「外治」爲主。全書所輯文字，有關「外治」題目佔百分之九十五以上，目的顯然在於提高「外治」的學術地位。

所謂「治體」，〈例言〉中亦有解釋：

> 時務莫切於當代，萬事莫備於六官，而朝廷為出治之原，君相廼羣職之總，先之治體一門，用以綱維庶政（頁五）。

魏源、賀長齡所纂輯之《經世文編》是否只是一部百科全書，僅廣泛地搜集資料而已？編輯者對學術思想及政治思想是否有顯明的立場？本文分析《經世文編》首十四卷論「學術」及「治體」的二百八十七篇文章。就「學術」而言，希望能探討編輯者對經史學術及一般儒家思想的態度，以及對乾嘉考證學及宋明理學的具體意見。就「治體」而言，則留意其對政治原則及行政問題是否有一貫的看法，例如對古代理想政制及變法的立場，以及本朝學者於對具體禮教、兵、刑、食貨等問題的態度。凡與政治思想相關的重要思想問題如歷史觀、天人觀等均屬本書探討之對象。《經世文編》序文謂纂輯原則之一爲求「廣存」。所謂「有利必有害，論相反者或適相成，見智亦見仁，道同歸者無妨殊轍。」（頁五）但「廣存」之中是否仍有選擇，或只是在一定範圍內容納異議？此等問題之探究，對了解鴉片戰爭以前「經世之學」的思想內容，以及後來經世思想的演

變，都是不容忽略的的基礎學術工作。

本文分爲三部分：第一部分分析「學術」六卷中所選的一百二十九篇文章、奏議，撮其大要，論述其主要思想問題。第二部分就「治體」八卷一百五十八篇，爬梳鈎玄，將此八卷中反覆討論的問題，按其內容，分類闡析。最後則合「學術」、「治體」兩部分，綜論其主要涵義，藉以對十九世紀初葉「經世之學」在學術上的取向及在政治上的立場立一界說，並略申論《皇朝經世文編》在中國近世思想史上的意義。

二、「學術」六卷內容大要

《皇朝經世文編》「學術」目中之六卷，每卷皆冠以小標題，依次爲：〈原學〉、〈儒行〉、〈法語〉、〈廣論〉、〈文學〉、〈師友〉。列於〈原學〉卷首的是張爾岐（一六一二——一六七八）的〈辨志〉。此文揭櫫學者立志之重要：

習之不同，志為之耳。志在乎此，則習在乎此矣；志在乎彼，則習在乎彼矣（頁八七）。

人之所學全視乎志趣所向，是故「苟志於仁矣，無惡也」，「故志乎道義，未有入於貨利者也」。

所謂道義乃指「周公、孔子」之志，故張氏說：

功在生民，業隆匡濟。身存則天下賴之以安，身亡則天下莫知所恃者，天下之人也（頁八七）。

生民福祉乃繫於立志爲「天下之人」的學者。故「學者一日之志，天下治亂之原，生人憂樂之本矣。」學者的志向與社會政治秩序的關係既如此密切，則

凡學，官先事，士先志，故未官者必使正其志。教而不知先志，學而不知尚志，欲天下治隆而俗美，何繇得哉（頁八八）？

張氏是篇開宗明義地指出學者必先志於周公、孔子之道，求爲生民立功，然後可以言學，可以出仕。

第二篇是余廷燦（一七三五－一七九八）的〈民貴〉。旨在強調民之受治雖似居下賤，其地位實非有異於出治的君相士大夫：

君相二者，非有異於民也。以民明民也，以民衛民也，非用民而為民用者也（頁八八）。

用現代的話來說，則君相本亦民之分子，乃爲人民服務之公務員。此篇可視爲對第一篇提及的「志於道義」的具體補充。學者立志之目的應該是「爲民所用」，而非爲個人的利益，「志於貨利」。

學者立志後應該從事那一種學問？陳遷鶴（一六三九－一七一四）〈儲功〉上、下兩篇云：

儒者之正己也，固己守仁體信，無殘人之事矣。然而古今異宜，時變多歧，九州殊俗，

> 人情相遠。執一人之意見，扞天下之物理，傷民戕物，竟與慘刻者同類交譏。是以性命之學與經濟之學，合之則一貫，分之若兩途。有平居高言性命，臨事茫無措手者，彼徒求空虛之理，而於當世之事，未嘗親歷而明試之。經濟之不行，所為性命者，但等諸枯禪無用（頁九〇）。

是學者立志於道義，必須明習當世之事，然後「性命之學」始不至於蹈虛無用。此文乃從「經濟之學」的立場批評宋、明以來只談心性，不問世務的義理之學。接著唐甄（一六三〇—一七〇四）〈性功〉篇亦鍼貶只求修身明道、尊一己德性的學風：

> 故夫但明己性，無救於世，可為學人，不可為大人；可為一職官，不可為天下官。……故仲尼、子輿言道德必及事業，皇皇救民，輈轉亂國，日不寧息。……守己以沒，不如成一才，專一藝，猶有益于治。破其隘識，乃見性功（頁九二—九三）。

學者徒尊一己之德性，能盡己之性，而不能盡人之性，乃有虧於孔子「栖栖皇皇」救民之志。

張爾岐的〈中庸論〉，似接續唐甄對宋儒空談性命的批評。然張氏的詰難方式是間接的。張氏雖篤信程朱之學，但對《中庸》的解釋卻與朱子不同。張氏以為《中庸》主旨在於說明：

> 由禮而後可以中節，中節而後可以為中庸（頁九四）。

《四書集註》中，朱子所發揮的一理散為萬事的本體論，以及已發、未發等居敬工夫問題，此篇完全不提。張爾岐只說：「《中庸》一書，禮之統論約束也。」《中庸》是宋明《四書》系統中

本體論之基礎，但自「經濟之學」看來，《中庸》的重要性乃在於揭櫫維繫個人與社會之間應有關係的規範——也就是禮。

接著，汪縉（一七二五—一七九二）的〈準孟〉上、中、下，〈繩荀〉上、中、下，及〈衡王〉七篇皆討論治亂之原及治人之原則。〈準孟〉三篇旨在申述孟子義利之辨，強調治人者應求義不求利：

> 憂民憂，樂民樂，王道終始之大端也（頁九七）。

然人君只須有孟子憂民之心，可不必求復三代之道。孟子欲恢復封建、井田、學校，此乃三代之器。固然

> 以三代之器，行三代之道，三代必可復也（頁一〇〇）。

但孟子復古之努力亦必歸於失敗，因爲：

> 天下有不弊之道，無不弊之器……後之儒侈言三代者多矣。然不明其道術之大分，消長之大機，乃于暴秦煨燼之餘摭拾遺文，挂一漏百，以為治天下之道在是，施之于政而輒敗（頁一〇一—一〇二）。

汪縉〈繩荀〉三篇有補充余廷燦〈民貴〉篇的論點，如謂「君之立，民立之也。」民立君之原因始於人在洪荒之世：

> 嗜欲欲遂，不遂則爭奪生。人弱物強，物害乃滋。聖人出為之驅物衛民，于是羣然戴附

之以為君師（頁一〇二）。

君既爲民所立，民心之向背決定於人君是否以民爲重：

凡暴主之失其理者千萬端，未有不由于輕民者也。聖主之得其理者亦千萬端，未有不由于重民者也。國之亡古有千萬，未有不由于民心之背上。國之興，古亦有千萬，未有不由于民心之嚮上（頁一〇六—一〇七）。

然汪氏仍承認君主制度之絕對性，只希望人君能不汲汲於求遂己之欲，於「修禮」外能養民之欲：

修禮以養人之欲，天下相安于禮之中……夫能養億兆人之欲也，必其能先寡一己之欲者也。……必有養欲之主而後禮教明，必有寡欲、無欲之主，而後養欲之治修。養欲之治修而後倫理得，天下肥，是謂大順（頁一〇二—一〇三）。

進一步說：人君卽寡欲、無欲，天下亦未必自然大治。以人君一人之力，不足以治廣廓之天下，故需設官授職，而最要莫過於愼選宰相：

官人者，君天下之要術；擇相者，又官人之要術也。……宰相者，天下之士之特也，人主能屈節于天下之士，然後能得天下之士之特而用之。……天下之士之特，可招以禮，不可招以駕御之術（頁一〇四）。

汪氏不僅以宰相之設爲治世之至要，認爲敬禮宰執更是人君待相之必要態度。

最後汪氏以亡秦爲例，中論治世必須本於民之福祉，而尊敬宰相所從出之師儒乃治亂之關鍵。汪縉斥秦之「力術」，而勸行「義術」（頁一〇六—一〇七）。汪氏〈衡王〉篇大旨謂王者之「輕重曲直」應以孔子之心爲權衡，即視王者之治是否以「蒼生爲心」（頁一〇七）。

卷一以後十篇依次爲：龔自珍（一七九二—一八四一）的〈著議〉，顧炎武（一六一三—一六八二）的〈通今〉、〈與友人論學書〉，施閏章（一六一八—一六八三）的〈安福修學記〉，王昶（一七二五—一八〇六）的〈經義制事異同論〉，方苞（一六六八—一七四九）的〈傳信錄序〉，陸壽名（一六二〇—一六七一）的〈治安文獻序〉，潘耒（一六四六—一七〇八）〈日知錄序〉，朱珪（一七三一—一八〇七）〈學古錄序〉，盧文弨（一七一七—一七九六）〈讀大學衍義補膚見序〉（此篇本書漏刊一部分）。此十篇一貫的論點可總括爲：學必切實用，培養人才乃爲經世、濟世之用。故學者必習諳典章制度之沿革及當世之務，不可孤陋無能，空談心性，不問踐履。此十篇所論，雖有中心思想，而每篇內容旁及他事，可爲主題之補充。如龔自珍〈箸議〉強調前代師儒對治理當世的效用（頁一〇八—一一〇）。顧炎武〈通今〉一篇，題雖爲注重「今」，其實則指責朝廷收天下之書而儲之金匱，致使士人不能知「古」，士不知古遂無以「通今」（頁一一〇—一一一）。顧氏〈與友人論學書〉則反對學者空言心、性及天道；要提倡「行己有恥」，注重實踐（頁一一一—一一二）。施閏章〈安福修學記〉、王昶〈經義制事異同論〉均討論通經致用與人才之關係（頁一一二—一一四）。

第一卷〈原學〉的二十三篇可視爲「學術」六卷的綱領。第二卷〈儒行〉二十四篇則討論宋明儒學及清代乾嘉考證經學是非得失的問題。阮元（一七六四—一八四九）〈國史儒林傳序〉表面上折衷漢儒、宋儒之學，而實則偏袒漢儒。阮氏以爲

> 兩漢名教得儒經之功，宋明講學得師道之益，皆於周孔之道，得其分合，未可偏譏而互詆也（頁一二三）。

但阮氏又言：「師以德行敎民，儒以六藝敎民」，漢代「儒經之功」爲「名敎」。宋明「師道」之功爲「闡發心性，分析道理」，而「闡發」、「分析」不可謂之「以德行敎民」。阮氏故推揚兩漢經學，認爲漢儒：

> 雖於周禮師教，未盡克兼，然名儒大臣，匡時植教，祖述經說，文飾章疏，皆與儒林傳相出入；是以朝秉綱常，士敦名節，拯衰銷逆，多歷年所，則周魯儒學之效也（頁一二三）。

漢儒經學之效，昭然有徵，然則宋明「講學」、「師道」之效，何以阮氏無一語道及？事實上「師以德行敎民」之實質亦牽涉到漢儒之「名敎」。阮氏雖云宋明儒有「闡發」、「分析性、命、道理」之功，其實所言近乎掩人耳目。阮氏似欲調停考證經學與宋明理學之爭，但仍袒護漢學。

程晉芳（一七一八—一七八四）篤守程朱，所撰〈正學論〉三篇痛詆乾嘉考證學，認爲當

時之漢學家，沉溺於聲音訓詁，「瑣瑣章句，至老死不休」。漢學家以排毀宋儒爲尚，不知宋儒亦不廢傳註，且於傳註之外，更有闡發之功。但程氏不僅不滿漢學，更厭惡「自明中葉以後，士人高談性命，古書束高閣」之風氣（頁一二五），認爲宋學之長處在於修身心、讀書、經世三者並重：

古人為學，皆以自治其身心，而以應天下國家之事。故處則為大儒，出則為大臣（頁一二六）。

又謂：

有儒者，有學人。儒者讀書不過多，而皆得其精，以內治其心，外治其事。學人旁搜博覽，靡所不通，而以經史為歸，期適用而已。儒者學人合而為一，則為大儒，世不多覯也（頁一二五）。

程氏本於學者兼內治、外治，修己然後治人之立場，批評漢學及明代王學末流之空疏、不切實用。程氏對宋儒則推崇備至，與阮元關於宋明諸儒泛泛之論，大異其趣。程氏云：

由漢及唐，孔孟之真傳不顯，……及宋賢出，而修己治人之法，程功進序之方，燦然大明，毫釐不爽。程朱諸儒亦旣小試之而事無不治。自是而降，守其教者四百年，志節功行，先後相望（頁一二六—一二七）。

上述程晉芳〈正學論〉三篇可視爲卷二之綱領。此外有四篇文章大旨亦推尊宋儒，卑視瑣碎

之考證學。又有三篇攻擊科舉對學術之惡劣影響，最後五篇則重申學者必須以經世爲志。

姚鼐（一七三一—一八一五）〈贈錢獻之序〉、〈安慶府重修儒學記〉，羅有高〈與法鏡野先生書〉，主旨皆在於闡明「宋儒論學之效」。姚氏兩篇尤攻訐漢學訓詁之瑣碎穿鑿（頁一二七—一二八）。陸燿（一七二三—一七八五）〈復戴東原書〉不但盛讚宋儒之貢獻，且爲王陽明之「經濟事功」辯護（頁一三四）。茅星來（一六七八—一七四八）〈近思錄集註後序〉、張海珊（一七八二—一八二一）〈記收書目錄後〉、張爾岐〈答顧甯人書〉則欲在釋經的貢獻上折衷漢、宋（頁一三〇—一三一、一三四—一三五）。同時批評只講求聲音訓詁，斤斤於名物章句，不問躬行節義的考證之學。此種言論散見於各篇，大抵肯定宋儒踐履之學。如段玉裁（一七三五—一八一五）〈娛親雅言序〉、〈朱子小學跋〉，張海珊〈記收書目錄後〉，戴祖啓（一七二五—一七八三）〈答衍善問經學書〉，閻循觀（一七二四—一七六八）〈文士詆先儒論〉，論調皆相似。

張海珊〈送張少淵試禮部序〉、陳宏謀（一六九六—一七七一）〈寄張墨莊書〉、彭士望（一六一〇—一六八三）〈讀書簡要說序〉，痛言科舉制義所試無關「適用」之學，只造就「泥於古而戾於今」的庸才，斷不能有助於天下之治（頁一三九—一四二）。

王昶〈與汪容甫書〉、馮景（一六五二—一七一五）〈送萬季野先生之京師序〉力言學者必須念念不忘於「通經致用」。張杓〈日知錄跋〉、程晉芳〈讀日知錄〉及羅有高（一七三四—一七七九）〈答楊邁公書〉反對時人以顧炎武之學爲「漢學」。張氏以爲：

> 亭林先生挾經世之才，懷匡時之志。慨然以世道人心為己任。……要之先生之才，體用兼備，固不屑屑以考訂見長，而亦不徒以經生自命也（頁一四三）。

程氏謂：

> 惟亭林及黃黎〔梨〕洲，于書無所不通，而又能得古聖賢之用心。于修己治人之術，獨探其要（頁一四三）。

羅有高反對以顧炎武與朱彝尊（一六二九—一七〇九）及毛奇齡（一六二三—一七一六）相比。羅氏推賞顧氏《音學五書》「使學者復聞三代古音」，但更讚揚顧氏之非經生，實爲「豪傑之士」；所著《日知錄》，「類純實不泛雜，有裨于治」（頁一四七）。王鳴盛（一七二二—一七九七）〈陳言夏傳〉則述陳瑚（一六一三—一六七五）一生所講求之「經濟大略」，謂陳氏

> 與同里陸世儀相約，講求經濟大略。謂全史浩繁難讀，乃編為四大部，以政事、人文別之……又旁通當世之務，河渠、漕運、農田、水利、兵法、陣圖，無不研貫，暇則橫槊、舞劍、彎弓注矢（頁一四四）。

「學術」第三卷，小題爲〈法語〉。

「法語」一詞見《論語．子罕》，意卽正道之言論。本卷十三篇之編排次序不及前兩卷之脈絡分明，而文題龐雜，中心主旨不顯明。然內容大抵環繞經世觀念及士人相應於「經世」之修身問題，可視爲前兩卷提出論點之補充。如張爾岐〈學言〉談學者立志，與卷一〈辨志〉篇相似

（頁一五九）。顧炎武〈說經〉似折衷漢儒、宋儒之學，要求學者尊德性而不遺道問學（頁一五一）。潘諮（一七七五—一八五五）〈常語〉謂「君子無他技能，惟寡欲及善補過耳。」（頁一七七）此種要求與卷一要求人君寡欲無欲之旨相應。學者士人應重修身之論散見各篇，惟未必皆言靜、誠、敬等精神修養問題。顧炎武〈雜言〉提倡「耿介」。張履祥（一六一一—一六七四）〈備忘錄論學〉強調「責己」之重要。魏際瑞（一六二〇—一六七七）〈雜說〉則提到「性樸必鄙野」，故須除去不良之氣，此猶變化氣質說。陸世儀（一六一一—一六七二）〈思辨錄論學〉論士人務習胥吏之實務，以矯舞文弄法之弊。閻若璩（一六三六—一七〇四）〈潛邱箚記〉論五經之個別具體用途，卽「通經致用」問題。閻氏並言知恥較廉潔尤難。楊名時（一六六〇—一七三六）〈程功錄〉論修身及處世之大端，如聖人不居功，「學所以成己」、「行善於身」、「於家」。論政則云人君須自反，而言行當「擬於聖人」；「王政必酌人情，權時變」。閻循觀（一七二四—一七六八）〈困勉齋私記〉亦多關乎躬行德性之問題。吳詢（生卒待考）〈逸語〉中有似可涵蓋本卷論點之警語：

聖人治天下，首修身，次得人，次教養。井田、學校不遽復，做其意而變通之。次去游民，使天下之人盡歸士、農、工、賈。次不虛一寸地、不虛一粒粟（頁一七九）。

吳氏注重生產及商業，殊可注意。

第四卷〈廣論〉，共收文章二十六篇，似可依其大旨分為三組。第一組邵大業（一七一〇—

一七七一）〈思過圖序〉及汪縉〈示程在仁〉等文，基本上討論個人修身問題，但與正統程朱思想有異。〈思過圖序〉討論遷善改過之旨，注重修身，但未深入討論心、性等問題。白允謙（與魏象樞同時代）〈學說〉批評學者求學只爲名利爵祿，謂求學自有其益處及樂趣。張望（一七三八—一八〇八）〈茂才〉指出人才之成必假讀書、仁義之陶冶，而貴以學節欲。徐旭旦（生卒待考）〈澹泊明志論〉文旨見於題目。趙青藜（生卒待考）〈變化氣質論示弟〉強調爲學須同時變化氣質。魏禮（一六二八—一六九三）〈答張一衡書〉及朱彝尊〈樂儉堂記〉推崇節儉簡樸之德。魏氏認爲〈樸德〉於世道治亂關係甚大。汪縉〈示程在仁〉勸人責己以嚴、責人以寬。

第二組討論人、天及天人關係。方苞〈原人〉上、下兩篇提出人爲宇宙萬物之中心，所謂「天地之性人爲貴」，而「人受命於天」。人與禽獸之別有二：凡人皆有「本心」，即道德心，能事親以孝、事君以忠。若「人失其性」，則「有禽獸之不若者」，但人若能「知」，仍可「自反於人道」，爲禽獸所不能。

張鈐（乾隆朝人）〈天人篇〉云：

天之所以成形者，氣為之也。人之所以成質者，亦氣為之也（頁一九二）。

此觀念爲清代本體論的主流，以「氣」爲宇宙萬物之實體，而非如宋明儒學之以「理」或心爲本體。陸燿〈書天人篇後〉云：「天人一氣，呼吸感通」（頁一九三）。張爾岐〈天道論上〉云：

夫天與人之相及也，以其氣而已（頁一九四）。

陸氏〈書天人篇後〉力言行善非爲求福。「無病之軀」卽是天報之福，不應再有望報之念。張爾岐則以「積勢」之觀念解釋何以報應未必實現。天道確實「福善禍淫」，惟善可積於「數百年之前」，而報應可顯於「數百年之後」（頁一九四）。張氏雖承認有「天道」，但認爲不應以人之量測天之意，故反對以禍福報應衡天道之有無。人只能「盡吾力之所可至」而已（頁一九八）。

張望〈原命〉則一本朱熹，以爲：

古人原命者，合天與人，先理而後氣，今之言命者，離人於天，任氣而遺理（頁一九八）。

張氏反對「任氣而遺理」，因氣勢（現實）乃出於天命，人力無法改變，一般情形下只好聽其自然。但「天命有治亂」。若純任勢則遇亂世，狂瀾將倒，雖其勢已成，必不可不思振作，不可坐以待斃。張氏故認爲人可「違天之亂」，以力求挽救：

聖人之事天也，奉天之治，違天之亂，不奉天之亂，違天之治。奉天之治而得福爲恒，違天之亂而得福亦為恒，而有時皆爽焉。聖人不惧奉天之亂而得禍爲恒，違天之治而得禍亦為恒，而有時皆爽焉（頁一九九）。

大抵說來，張氏乃強調人之努力，故謂「未有忽其事而任其命者也」。張氏雖責人「任氣而遺理」，然其注重人之主觀努力則與陸燿、張爾岐、張鈴論點基本相似。

張爾岐雖不完全否定禍福報應之說，但反對人以報應勸人行善，與陸燿同。羅有高則認爲張氏立論過高：不問人稟賦之優劣，一概戒人勿沉迷因果報應，行將「杜塞中下爲善之路」

（頁二〇〇）。羅氏認爲稟性最下之人，「邪僻無所畏，吾之教施之而窮」（頁二〇一）；禍福報應之說對中下等人可能有助。羅氏認爲民間宗教，可有助於倫理。報應、鬼神之說常能導人趨向孔孟之教，可資利用：

> 孟子曰：教亦多術矣。夫天地鬼神之德之盛也，其甚哀矜斯人也。與人之恕也，與善之博也，其必不專一道也，可推而明也（頁二〇三）。

陸隴其（一六三〇—一六九二）〈功行錄序〉認爲君子與中人以下有不同，故勸善方法亦不必同。導君子向善不必以禍福之說誘之，蓋「君子衡理不衡術也」（頁二〇四）。然就一般人而論，

> 其教人未有不兼言禍福也者。理足以尊天下之君子，而言福然後足以引天下之中人，言禍然後足以懼天下之不肖（頁二〇四）。

姜宸英（一六二八—一六九九）〈州泉積善錄序〉、彭定求（一六四五—一七一九）〈感應彙傳序〉所論均肯定報應禍福之說有助於勸善。方苞〈與翁止園書〉、李顒（一六二七—一七〇五）〈答門人問學〉及王復初（順治時人）〈答范彪西書〉皆信鬼神、報應之說。劉開（一七八四—一八二四）〈持盈論〉談天道，頗有異說，重命運而輕道德。蓋盈虧之天道與變化既爲禍福之由，則「不必徒以善惡論天道」（頁二一〇）。劉氏似視天道爲一非道德的，不具意志的客觀存在，依循固定之理、憑規律而變，其說近於老子貴虛惡盈的思想，以爲：

> 善有時而禍，惡有時而福，數之適然者也。虛則無不福，滿則無不禍，理數之皆然者

也。理不可過，數不可極（頁二一〇）。

第四卷最後一組又回到修身問題。劉開〈貴齒論〉責難後生輕侮長者。與其年輕登第得官，不如年長入仕。蓋年事較高，

> 欲以漸摩夫學問，諳練夫時事也；且欲以涵養其性情，增益其智識也（頁二一一）。

全祖望（一七〇五—一七五五）〈是亦樓記〉勸人勿汲汲求安飽，應求「至於聖人」。其道則爲「不苟」，但似不牽涉心性之論（頁二一二）。顧炎武〈與友人書十首〉大意在勸人「反己自治」、戒「臧否人物」，而已則應遷善改過。學者不宜費神於應酬文字及講學邀名。顧氏倡言「君子之爲學，以明道也，以救世也。」（頁二一四）

> 故凡文之不關于六經之指，當世之務者，一切不為。……目擊世趨，方知治亂之關必在人心風俗，而所以轉移人心風俗則教化紀綱為不可闕矣（頁二一四）。

第五卷〈文學〉收文共三十一篇，依其論旨似可分爲五組。第一組顧炎武〈鈔書自序〉、〈子部總序〉等文，論文字、著述，認爲凡學說皆應以有用及有補於治道爲目的。治道爲天下公理，故學者不應視爲私有，以著述自矜。

本卷首篇顧炎武〈鈔書自序〉戒人勿急於著書立說。所謂創獲者，往往爲前人所已言。治學不如自鈔書入手，但顧氏反對剽竊及改作。本卷第二篇選自《四庫提要・經部總序》，力言漢學、宋學之互有短長，門戶之見乃出於私心，故主張：

私心袪而公理出，公理出而經義明矣。蓋經者非他，卽天下之公理而已（頁二二三）。

第三篇〈易類總序〉亦出自《四庫提要》，文旨反對《易》學之注釋每脫離人事，不切民用，認爲「易之爲書，推天道以明人事者也。」（頁二二三）故《四庫》所收有關「易傳」注解，「以因象立教爲宗」。至於其他「易外別傳者，亦兼收以盡其變。」（頁二二三）〈子部總序〉同出於《四庫提要》。子部所列十四家中前六家：儒、兵、法、農、醫、天文算法「皆治世者所有事也」（頁二二四），可見「經世之學」不限於儒家（詳下）。

第二組包括王鳴盛〈論泥古之弊〉及盧文弨〈與從子掌絲書〉二文。王氏力言爲學必求會通，不可食古不化：

大約學問之道，當觀其會通。知今不知古，俗儒之陋也；知古不知今，迂儒之癖也。心存稽古，用乃隨時，並行而不相悖，是謂通儒（頁二二五）。

盧文弨謂學問之道在於「省問」，但反對「殫見洽聞」爲捷徑。姜宸英〈與子姪論讀書〉，謂：

讀書不須務多，但嚴立課程……大抵古人讀一書，必思得此一書之用，至於終身守之不失，如此雖欲多，不得也（頁二二六）。

以上三篇文字似針對乾嘉學者中僅提倡「博學於文」，而不求自「博」返「約」者之失⑥。

⑥　參看余英時，〈清代學術思想史重要觀念通釋〉，《史學評論》，第七期（一九八三年一月），頁五五—七〇。

第三組自顧炎武〈與友人論易書〉到汪家禧〈與陳扶雅書〉多討論經學問題。顧氏論《易》與錢大昕（一七二八—一八〇四）〈與程秀才書〉二文皆認爲讀《易》當注重「辭、變、象、占」。顧氏云：

> 故曰：《易》有聖人之道四焉。以言者尚其辭，以動者尚其變，以制器者尚其象，以卜筮者尚其占（頁二二八）。

錢氏則謂：

> 聖人觀《易》，不過辭、變、象、占四者。今舍象占而求卦畫，又舍卦畫而求畫前之「易」，……豈《易》之教固若是乎（頁二二八）？

顧、錢二氏皆重視《易經》對人事之教訓與功用。顧氏謂：「學《易》之方，必先之以《詩》《書》執禮，而《易》之爲用存乎其中。」錢氏亦曰：「古之聖賢，求易於人事，故多憂患戒懼之詞。」（頁二二八）

趙翼（一七二七—一八一四）〈唐初三禮漢書之學〉認爲唐人最重三《禮》之學：

> 唐人之究心三《禮》，考古義以斷時政，務爲有用之學，而非徒以炫博也（頁二二九）。

該文後半部論唐人《漢書》之學，似謂唐人無論經史，皆視爲「根柢之學」，亦即有用之學。

魏源（一七九四—一八五七）〈曾子章句序〉推尊曾子，以爲：

> 曾子得聖道，……曾子固以身教而不以言教者也（頁二三一）。

魏氏說明以身爲教實優於以言爲教，同時則強調經學可資明孝，故亦可致用。謝文洊（一六一六—一六八二）〈左傳濟變錄自序〉以爲《左傳》中之史事雖錯綜繁雜，但仍不足「盡古今之變」，故欲爲「明體達用之學」，不能「區區守一《左氏》而已」。古今之變無窮：

一有變故，非權曷濟，故學不至於能權，則才不足以御變（頁二三二）。

黃宗羲（一六一〇—一六九五）〈萬充宗墓誌〉謂五經傳注雖多，而萬氏治經能「會通各經」，「由傳以至精」，與唯漢儒馬首是瞻之章句小儒迥然不同。此組最後一篇，汪家禧（一七七五—一八一六）〈與陳扶雅書〉，指責學者妄言求「眞漢學」，而不知漢儒解經即已互相詆駁，不能一致。故解經者不能不注意唐宋之傳注，藉以截短留長，集思廣益。抑有進者，學者必須「明體達用」：

今時最宜亟講者，經濟掌故之學。經濟有補實用，掌故有資文獻。無經濟之才，則書盡空言。無掌故之才，則後將何述？高冠褒衣，臨陣誦經，操術則是，而致用則非也（頁二三五）。

自「實用」、「致用」之立場言，經學若不能用，則漢儒、宋儒之經學，不論是非高下，亦無多大價值。

第四組主題在於反對純文藝之著述，堅持文須載道、明道、有裨於修齊治平。張望〈文解〉引孔子「有德必有言」之語，注重文章之社會效果，「可以懾姦邪，可以動仇怨，布之遐方，傳

之異代也。」（頁二三六）唐甄〈非文〉題目卽極醒目，謂：

古之善言者，根於心，矢於口，徵於事，博於典，書於策簡，采色焜燿，以此言道（頁二三六）。

顧炎武〈論文〉亦以爲文章濫乃衰靡之象，云：「天下無道，則言有枝葉。」（頁二三七）但

今人著作，則以多為富。夫多則必不能工，卽工亦必不皆有用於世，其不傳宜矣（頁二三七）。

顧氏引白居易〈與元微之書〉語，推其「知立言之旨」：

每與人言，多詢時務；每讀書史，多求理道；始知文章合為時而著，歌詩合為事而作。又自敍其詩，關於美刺者，謂之諷諭詩，自比於梁鴻五噫之作（頁二三八）。

章學誠（一七三八—一八〇一）〈言公〉則責人不可以著述自矜：

古人之言，所以為公也，未嘗矜於文辭而據為己有也。志期於道，言以明志，文以足言（頁二三九）。

學者當效孔子，立言「足以明道而立教」。故又謂：「古人之言，欲以喻世……欲以淑人。」（頁二四一）

茅星來（一六七八—一七四八）〈說文一首贈立夫〉，譏諷世人不讀書「而工爲詩與文者」（頁二四四）。

魏禧（一六二四—一六八〇）〈論文〉則認爲：

古之文章，足以觀人；今之文章不足以觀人（頁二四五）。

魏禧提倡有質之文，庶使「忠孝仁義有其文，智能勇功有其文」（同上）。侯七乘（一六五八年進士）〈文章不可苟作〉之旨如其題。曾鏞（生卒待考）〈國朝二十四家文鈔序〉深許是書選取之標準⑦：

大率取其有益于人，有用于世，有補于修齊治平，而其文復工絕，可令人往復不厭者，空談心性與夫臚陳故實者，皆不與焉。一切庸俗譸張之辭，盡行剷除。嗚呼！持是以諭天下文盡之矣（頁二四七）。

陳斌（一七九七年進士）〈贈屠生倬序〉之旨似與李容〈與友人書〉同，戒人勿以著述邀名（頁二四八）。李氏另一篇〈消積說贈友人〉規勸其友勿棄儒書而玩文詞，謂：「吾人既有志于道」，自不應以詩文爭短長（頁二四九）。錢大昕（一七二八—一八〇四）〈與友人論文書〉似批評桐城派過於強調古文義法，認爲

古文之體，奇正、濃淡、詳略，本無定法，要其為文之旨有四：曰明道、曰經世、曰闡幽、曰正俗。有是四者而後以法律約之，夫然後可以羽翼經史而傳之天下後世（頁二四九）。

⑦ 章學誠〈與吳胥石簡〉中提到「吳澂齋所撰刻之《國朝二十四家古文》」，即曾鏞所為作序者。未知當時版本應作「文鈔」抑「古文」。《文史通義》（香港：太平書局，一九七三），頁二八五。

錢氏論古文純從其功用立言。此種論調亦見於彭紹升（一七四〇—一七九六）〈復魯絜非書〉。彭氏認爲只要有用，則文體修辭可不必分高下。故諸子百家之言：

使其言誠有濟于時，適于用，當于人心，足以止惡而進善，則君子取之。取之者何也？謂其文足以效能于天地也（頁二五〇）。

文既以有用爲貴，則科舉時文若有用亦不應廢。梁傑（嘉道時人）〈四書文源流考〉、周永年（一七三〇—一七九一）〈時藝類編序〉、朱仕琇（一七一五—一七八〇）〈謝周南制藝序〉，均以科舉經制文爲論述對象。梁傑以爲四書文之本意「源出唐之帖經墨義」。而「八股對仗」之法：

雖備於前明，其實南宋楊誠齋、汪六安諸人已為之椎輪，至文文山則居然具體（頁二五二）。

梁氏雖不喜以時文爲干祿之工具，但認爲時文之價值在於「心聲所應，皆潛與運會轉移于不覺，正希僉事，文節並峻。」（頁二五二）

周永年（一七三〇—一七九一）〈時藝類編序〉亦爲八股文辯護，認爲「孟子與諸經約略可通」，則「時文固箋傳之苗裔，而未可以流俗之沒溺于腐爛木頭而廢之也。」（頁二五三）朱仕琇〈謝周南制藝序〉指出觀文可以知人，而觀時文「其爲人皆可知也」（頁二五四）。

阮元（一七六四—一八四九）〈文言說〉，雖非直接討論八股文，但據編者所附按語，乃肯

定「原本古訓以正後世策論時文之支派」（頁二五五）。惟本卷最後一篇則不論時文利弊。魏源〈子思子章句序〉推斷「《中庸》、〈坊記〉取子思子」之文。魏源以此篇殿後，意在強調經學經世之旨，重要性在文章之上：

蓋《易》、《論語》明成德歸，《詩》、《書》、《禮》、《春秋》備經世法。故〈坊記〉以《春秋》律《禮》，〈緇衣〉以《詩》、《書》明治，體用顯微、同源共貫，于道之大而能博者，其亦具體而微矣（頁二五六）。

綜觀第五卷所論，凡經學文章（包括時文）皆當有補於明道、經世，要之以有用爲宗。而一切文章著述，若僅求工於音韻，溺心於雕龍文藻而不涉世道人心、修齊治平者，皆所不取。

「學術」第六卷題爲〈師友〉，收文十二篇。內容雖有歧出，大抵皆討論師友之道及師友與治學之關係。夏之蓉（一六九七—一七八四）〈師說〉論師道之理想云：

古之師也以道，今之師也以藝。古之爲師者，得之於心，徵之於事，本於《禮》、《樂》、《詩》、《書》，達之家、國、天下。大用之大效，小用之小效，故曰道也。今之爲師者，本之於心，徵之於言，始之佔畢訓詁，終之以文詞，而其實歸於無用，則藝焉而已（頁二六一）。

師爲求學進階所不可無者，故「師道」不僅有助乎進德修業，且與國家人才盛衰關係極大。

人才者所以用天下者也。人才之盛衰，由師道之得失。天下日競於無用之藝，而欲以求

古者明體達用之材，其不可得也審矣（頁二六一）。

夏氏立言之旨在指斥庸師教人只讀坊間制藝文選，而「六經、子、史之書，其理與四子書相發明者，概束之高閣。」同時又有卓異少年早登科第反斥舉業爲無用，「因薄夫藝而益以輕夫師」（頁二六一）。夏氏基本上肯定「國家以制舉業取天下士，非以困天下之才使之相率而出於無用也」，故亦肯定《四書》之價值：

萬物之理莫備於六經。約六經之旨，而明白簡易，上下、精粗、本末無不該悉者，莫備於四子書。國家以是取士，蓋欲其明天下之理，見之行事也（頁二六一）。

學者既多以制藝爲無用，而制藝又用四子書，四子書因而受輕視，教授《四書》之師亦受輕視；師道式微，非無故也。

韓菼（一六三七—一七〇四）〈取友論〉明擇友必愼之旨。劉開（一七八四—一八二四）〈問說〉勸學者不恥下問，強調提出問題，討論問題之重要（頁二六三）。顧炎武〈廣師〉大旨勸人謙卑下問，且取人之長而師之（頁二六四）。胡天游（一六九六—一七五八）〈士相見義〉謂君子愛友，必「相與於義，而相從於道也」（頁二六四）。方苞〈答尹元孚書〉自謙謂不敢居師位，勸人以「朱子爲師足矣」（頁二六六）。張履祥〈與何商隱論敎弟子書〉論敎後生當先去其氣傲、心浮之習。唐甄〈取善〉一文，大旨與〈廣師〉相似，謂完德無疵乃不可能之事，故人有一端之長，卽可師之：

孔子教人，罕言心性。謹之以言行，約之以篤實，而心性之功在其中矣（頁二六八）。唐氏此語雖就擇師而言，亦可見其認爲言行篤實即是心性功夫，與程朱之說頗異。唐氏另作〈善施〉文，主張以揚善爲善施之道，而「信」與扶助「急難」皆爲待友之要。錢大昕〈與友人論師書〉嚴斥鑽營者藉拜師以求顯達（頁二七一）。

第六卷最後兩篇旨在說明遊歷對學習、交友之重要。張海珊〈遊說〉謂「苟自命士矣，則天下之理皆我所當知」，而獨學無友則「孤陋寡聞」（頁二七二），欲廣交游則有離鄉作客之必要。孫嘉淦（一六八三—一七五三）〈南遊說〉爲六卷中最長之一篇。魏源按語謂收入是篇以重申張海珊〈遊說〉之旨，以南游爲實例，勸告士人盡量求廣見聞，多認識朋友：「及三十而後，則友天下之士，出門交有功」，可以廣見聞（頁二八一）。

三、「治體」八卷內容大要

《經世文編》理論之第二部分共八卷，題爲「治體」，每卷亦各有小標題。依標題所分，八卷實只有五大組：〈原治〉上、下兩卷；〈政本〉上、下兩卷；〈治法〉上、下兩卷；此外〈用人〉、〈臣職〉各一卷。

第七卷〈原治上〉，依目錄所列共十五篇，惟卷中多出管同（一七八〇—一八三一）〈擬言

風俗書〉一篇，故收文共十六篇。〈原治〉第一篇爲俞長城（一六八五進士）〈王霸辨〉，大意強調人君正心無欲爲治國首要條件，人君須體認王霸之辨，辨之于心。考諸古史，「三代以前無霸，三代以後無王。」所謂王者乃以「道德仁義」爲體，以「禮樂刑政」爲用。而霸者，如漢高祖、唐太宗、宋太祖、明太祖則不圖本根，僅「規規於法制之末。……其善者，不過偏陂駁雜之治，而下之或不免于亂亡；揆之王道，相去遠矣。」（頁二八六）雖然從表面之政法觀之，王霸之治或無大殊，然霸者：

當其始也，如日之方升，如月之方生，如木之方長，如水之方達，如火之方燃，志盈氣溢，不難侈言道德，而粉飾仁義。迨乎功已成，年已老，歲月有限，而嗜好可娛，則向之所謂道德仁義者，一旦而棄之矣。……此其弊不在于怠荒之日，而在乎奮勵之初（頁二八六）。

開國之主多雄才大略之輩，然其始亦不過以道德仁義粉飾設施，非眞有儒者之志。其後且嗜樂荒政，復陷於衰亡。故謂「霸足以致治，亦足以致亂。」王霸非辨于迹，乃以心爲判。爲人君者必須正心，亦卽須致力於《大學》所列之修養工夫：

夫格物、致知、誠意、正心、修身、齊家、以至治國平天下。此自然之理、而必至之勢也（頁二八六）。

依茲所論，俞長城基本乃肯定自朱熹、眞德秀以來所謂「帝王之學」，以《大學》爲本敎導人

君，並藉《大學》修己治人之綱領，判斷人君屬王屬霸。具體地說，人君修身之要又在乎去欲：

夫所謂欲者，豈必聲色貨利之悅人也哉？苟安，欲也；欲速，欲也；好名亦欲也（頁二八七）。

人君若自溺於欲，則必不能行道德仁義於天下。在君主專制下無可奈何中只好向君主諫諍，勸其去欲行善。

錢維城（一七二〇—一七七二）〈去爭論〉則自社會上的紛爭說起，認爲人不能謙讓，故「天下多不平，多不平故多爭，多爭故多亂。」聖人爲弭亂，故需平人情。而治人者必須能犧牲一己之情，然後天下人情、人心始可平：

故君子之於治也，小則損其財，大則損其心。吾損吾財，乃可以平天下之財；吾損吾心，乃可以平天下之心（頁二八八）。

此處「吾損吾心」的心字，意義不明，似乎兼有「欲」的含義，或足見錢維城非尊宋明心學者。錢氏另一篇〈持滿論〉旨在誡人君居安思危，須懷儆懼以臨民。

本卷載唐甄文五篇：〈權實〉、〈富民〉、〈尚樸〉、〈六善〉、〈大命〉，提出新穎的重要問題，補充前兩文之不足。〈權實〉強調君臣應「相親朝夕無間」，而君之授大臣以實權尤爲致治之關鍵（頁二九一）。〈富民〉篇亦強調〈王霸辨〉人君應無欲之旨，但從民生之觀點立論：

財者國之寶也、民之命也。寶不可竊，命不可攘（頁二九二）。

故人君須「以四海爲府庫」，以儉爲德：

> 人君能儉則百官化之，庶民化之。于是官不擾民，民不傷財，……而天下大治（頁二九四）。

〈尚樸〉篇要求人君不但本人躬儉，且能繩檢帝胄皇族，使之皆歸於樸實無華。〈大命〉篇則反覆指出財富不均、民貧乏食之事實，爲大患之源，足以傾頹天下（頁二九七）。〈六善〉篇列舉六種美德爲治人者所應具備。所謂「六善」乃違己、從人、愼始、循中、期成、明辨。「惟道之歸，是謂違己。」「從人」卽尊重大臣意見。「矢發不可復反，政發不可復收」，人君故須「愼」於政之「始」。愼始之後，仍須務求貫徹，循序施行，是謂「循中」。既「愼始」而又能「循中」，仍須求其有結果，「必期于有成」。但僅有貫徹此五個程序之決心，而不能「明辨」，則此「五善」亦不必能致治。

唐氏「違己」一說詳析君德之內容。簡言之，人君必須有納諫、「從人」之量，重視臣下之意見。唐氏曰：

> 天下有天下之智，一州有一州之智，一郡一邑有一郡一邑之智，所言皆可用也。我有好，不卽人之所好；我有惡，不卽人之所惡。衆欲不可拂也。以天下之言謀事，何事不宜？以天下之欲行事，何事不達（頁二九六）？

唐甄雖然未能設計自下而上的代議制度，但卻極尊重「一郡一邑之智」，並認爲「衆欲不可

拂也」，設能「以天下之欲行事，何事不達？」唐氏論民本的君主政治，在《經世文編》中最爲突出。龔自珍（一七九二—一八四一）〈平均篇〉上承唐甄〈大命〉篇及〈富民〉篇之旨，更強調貧富不均爲致亂之由，在《經世文編》的經濟思想中極爲突出。龔氏言外之意，乃譴責治人者之剝削壓榨行爲（頁二九八—二九九）。

魏禧〈釋左傳〉雜舉各種人君致敗之行爲，如「棄禮必敗」、「急苛役必敗」、「退賢進不肖必敗」、「愎諫怙過必敗」、「虐用其民必敗」、「削人自封殖者必敗」、「自用、不用人必敗」，類皆人君所應戒愼避免之事（頁二九九—三〇〇）。此篇宜與唐甄〈六善〉編爲一組。

姚鼐〈書貨殖傳後〉反對人主求利：

> 夫以無欲為心，以禮教為術，人胡弗富？國奚不富（頁三〇一）？

此篇重申俞長城〈王霸辨〉人君去一己之欲以遂天下之欲之旨，並欲以「禮教爲術」，解決經濟與治安兩大問題。

徐必遠（一六一一—一六七七）〈請譯進大學衍義疏〉建議《資治通鑑》滿文翻譯完竣，當續譯眞德秀之《大學衍義》。因《通鑑》只載治迹而「不遑遡理之全」。《大學衍義》則：

> 得內聖外王之正道，備六經、列史之精神，舉身、心、家、國、天命、人情，無不撮其要領（頁三〇一）。

是篇所論可補充〈王霸辨〉，肯定《大學》爲人君修己治人之綱領。

馬世俊（一六六一進士）〈殿試對策〉提出幾個新問題。一、任官以專材久任爲宜。二、應嚴懲貪奢大臣。三、兵民合一。四、反對滿漢之分（頁三〇三—三〇四）。繆彤（一六二七—一六九七）〈殿試對策〉認爲時政之大端爲：

用人不可以不愼，吏治不可以不清，賦稅不可以不均（頁三〇五）。

繆氏認爲此三者：

猶非其本也，抑猶非其要也。蓋所謂本者何也？人主之一心是也。所謂要者何也？人主之以一心行仁者是也。……故善治天下者，不恃有馭天下之術，而恃有治吾心之道……而治心之要無過吾心之仁，何也？蓋有純王之心，斯有純王之政，言政之必本乎心也（頁三〇五）。

是繆氏之論政本亦與〈王霸辨〉同揆，強調人君應以仁心治天下。

儲方慶（一六三三—一六八三）〈殿試策〉亟陳人君求言必出之以誠，否則臣工鮮敢犯顏進諫。蓋臣下：

惟恐一言之不當，以自卽干罪戾，況敢肆胸臆，觸忌諱（頁三〇七）。

儲氏之重人主正心與誠意，乃朱熹、眞德秀以來之道學經世傳統。儲氏並強調用人不宜分滿漢；旗人、漢軍不應特別重用，庶能唯才是任。尤有進者，用人宜求專才，而升遷不應過拘於資格。欲改善吏治，不妨於科舉應考人中「參之以吏胥」，俾使

吏胥明習吏事，科目學于聖賢，二者合于政治得失之本（頁三一一）。

儲氏主張士子須習刑、名、錢、穀之事，不惟誦四書、詩文而已；而吏胥參加科舉，理論上可改進其德行，使其亦「學於聖賢」。

本卷最後一篇爲管同（一七八〇—一八三一）〈擬言風俗書〉。管氏力言：

風俗不變，則人才不出，雖有法度，誰與行也（頁三一五）。

蓋教化可以補救育才及吏治之缺陷。風俗關乎人才，實爲治亂之由：

夫風俗之所以關乎治亂者，其故何哉？臣民之於君，非骨肉也，其為情本易渙也。風俗正，然後倫理明，倫理明然後忠義作（頁三一四）。

忠義倫理故爲朝廷安危所繫：

天下之安危繫乎風俗，而正風俗者必興教化（同上）。

管氏尤特別注重士人及官吏之氣習：

今之風俗，其敝不可枚舉，而蔽以一言則曰：好諛而嗜利……欲人之不嗜利，則莫若閉言利之門；欲人之不好諛，則莫若開諫諍之路（頁三一五）。

此段所言乃就臣工而言，非謂閉商民之利門。諫諍之路既開，則有資格之官員有諫諍之機會，可以開倡官場新風氣，爲好諛而嗜利之人戒。

卷八〈治體〉收文八篇而顧炎武佔七篇。第一篇〈雜論史事〉，旨如其題，惟所論史事皆關

乎「治」。顧氏提出重「勢」之歷史觀，認爲「相因之勢，聖人不能回。」關於任官問題，顧氏主張「久任」、「不次遷擢」、「不限品流」等原則；前引馬世俊〈殿試對策〉所論，顧氏已先言之。吏治方面，則指出「漢之能吏多出掾史」，反對分隔地方僚屬胥吏與科目出身之官爲兩途。儲方慶〈殿試策〉提出的問題，顧氏亦已見之。

官吏與庶民經濟行爲應有分別之觀念，亦見顧氏之文。顧氏反對官吏致富，因「人富則難使也。夫人之輕于生，必自輕于貨也。」(頁三二〇) 故顧氏主張任官尚樸。然人君與官吏之於百姓，則必求能富之，且須自保護富民始：

> 況今多事，皆倚辦富民。若不養其餘力，則富必難保，亦至於貧而後已。無富民則何成邑 (頁三二二)？

顧氏又贊成太守兼治兵，所謂：

> 古之治兵者必治賦，古之治民者必籌兵 (頁三二二)。

此處以文武二職並付於府級地方官之說，似與前述馬世俊用官分職專才之說扞格。

第二篇〈說經〉雜引五經文句以發揮己意。顧氏以爲人君雖不必「自損」，但須不溺於物欲，方能避免官吏與人民貪奢不守法紀之行爲：

> 自人君有求多于物之心，于是魚亂于下，鳥亂於上 (頁三二三)。

顧氏不似宋儒之趨於極端，欲人君盡「去一己之欲」。但顧氏亦認爲「治人者必須節欲」。顧氏

又論治亂與君子小人之關係云：

> 天下之生久矣。一治一亂，盛世之極而亂萌焉……是知邪說之作，與世升降，聖人之所不能除也。……豈獨君子、小人之辨而已乎（頁三二三）？

顧氏此說反對純以道德解釋治亂，出於其重「勢」之歷史觀。此篇涉及另一大問題，即「人主之職，日侵于下。」（頁三二四）顧氏主張「天子不親其（低級官吏之）黜陟者也」（頁三二四）。顧氏引史例發揮其意，主張恢復地方大吏任用屬僚之權，反對「州郡辟士之權寖移于朝廷」（頁三二四）。此說與顧氏〈郡縣論〉非盡同，而基本精神不異，可互參較。

〈說經〉篇論基層制度，亦與〈郡縣論〉可比較。〈說經〉篇主張恢復宗法，重家族之權，同時則於朝廷之監督下，由世職之地方官與人君共治。蓋衆治可以省刑：

> 獨治之而刑繁矣，衆治之而刑措矣……是故宗法立而刑清。天下之宗子，各治其族，以輔人君之治（頁三二八）。

此文並提及三大問題：一、是否應恢復宰相、司徒之職，及提升六部尚書爲一品？二、人君之地位與諸侯、士大夫基本上有無不同？三、士大夫與民之關係又如何？

> 爲民而立之君；故班爵之意，天子與公、侯、伯、子、男一也，而非絕世之貴。代耕而賦之祿；故班祿之意，君卿大夫士與庶人在官一也，而非無事之食。是故知天子一位之義，則不敢肆於民上以自尊。知祿以代耕之義，則不敢厚取於民以自奉（頁三二九—三三〇）。

顧氏之論君職與第九卷唐甄〈抑尊〉，如出一轍（見下文）。

〈歷代風俗〉一文亦選自《日知錄》，綜論風俗之隆替，以爲漢光武帝：

> 尊崇節義，敦厲名實；……三代以下風俗之美，無尚於東京者（頁三三一）。

五代風俗不淳，及至宋亡，則「忠節相望」，故知風俗「無不可變」（頁三三三）。顧氏且認爲中國之風俗亦有不及外族者。如遼、女眞、匈奴等族，其民風尙樸實而政簡職專，無中國繁文縟節之弊（頁三三四—三三五）。

〈清議名教〉、〈獎廉恥〉、〈尙重厚〉及〈崇儉約〉四篇所論皆關乎所謂「風俗人心」。〈清議名教〉倡教於鄉：

> 立閭師、設鄉校，存清議於州里，以佐刑罰之窮（頁三三六）。

顧氏之教化觀頗爲現實，不信人人皆眞可爲「以義爲利」之君子，故教民之方不可一概而論，但應使人人自重其名譽。治人者卽：

> 不能使天下之人以義為利，而猶使之以名為利（頁三三七）。

進一步則應鼓勵人有廉恥之感。〈獎廉恥〉篇言士人之操守「必本於廉恥」，與程朱宋學之注重深一層內心修養不同。文中有顧氏之名言：

> 行己有恥……故士大夫之無恥是謂國恥（頁三三九）。

〈尙重厚〉篇則以「重厚」爲士大夫人格之理想：

有國者登崇重厚之臣，抑退輕浮之士，此移風易俗之大要也（頁三三九）。

〈崇儉約〉篇謂人君與大臣皆應崇節儉，身率以示民，此皆有關「政化之隆汚」與「化民之道」（頁三四一）。

本卷最後一篇，唯一非顧炎武之作，爲張履祥之〈備忘錄論治〉。是篇列舉各種弊病，主張「田制」、「學校」、「科舉」、「銓法」、「官制」、「軍政」、「賦法」皆當變。張氏認爲提高吏治素質之方法在於用生員、貢生主獄訟、錢穀等事之文移，以取代「吏員掾史」（頁三四二）。此外，張氏並力言施政須納衆議，人君須「實修省」，「開言路」。張氏之言變法，似無託古之處，謂「井田封建，固能使物物各得其所，然行之實難。」（頁三四三）

卷九屬治體之第三組，題爲〈政本上〉。是卷所論仍牽涉及人君修養及君臣關係問題。第一篇錢大昕〈履卦說〉戒人君固執己見。蓋居至尊之位，非愼於用人不可。唐甄〈抑尊〉則尤激切，欲貶抑人君之尊位，蓋：

天子之尊，非天帝大神也，皆人也（頁三四七）。

若人君憑「天子」身分，疏遠臣民爲自尊，則：

人君高居而不近人，旣已瞽於官，聾於民矣，雖進之以堯舜之道，其如耳目之不辨（頁三四七）！

故天子能與官民無隔閡始能爲堯舜。天子禮敬臣民，勿「勢尊自蔽」。

熊伯龍（一六四九進士）〈納諫〉勸人君開誠納言，使朝廷綱紀及天下風俗不致敗壞（頁三四九）。徐乾學（一六三一—一六九四）〈覲政殿說〉強調人君須勤政，勿耽於逸樂。馮景（一六五二—一七一五）則生動地指出人君之爲元首，如人之頭部，最重要在於鼻息。人民卽人君之鼻息，爲政事之本。民意不達於君，士官諍言不聞於上，則「其死也不旋踵」（頁三五一）。

趙翼（一七二七—一八一四）〈漢詔多懼詞〉及〈漢儒言災異〉兩篇述漢代君主遇天變，多下詔罪己，儆懼臨民。趙氏似相信天人感應之說，與漢代思想接近（頁三五三—三五四）。方苞〈漢文帝論〉推獎文帝治民具「慄慄危懼之心」（頁三五四）。

程嗣立（一六八八—一七四四）〈唐元宗焚珠玉服玩論〉以爲人君必須治其本人之「情」：

> 聖人立教，治情為先。情欲之動，如火之於物，觸之而燃，卽不可撲滅（頁三五五）。

顧炎武〈封駁〉篇及季振宜（一六三〇—？）〈請復封駁舊制疏〉皆主張恢復六部封駁之權，以補御史諫諍之不足（頁三五五—三五六，頁三六四）。御史胡德邁（一六六〇—一七一五）〈請開言路疏〉認爲臣工若因進諫而受責罰，則無人再敢進言。故有關之「處分之例」應廢。且應准京中三品以上之官進諫，使言路不限於御史而已（頁三六〇—三六二）。

封駁、開言路皆關乎君臣間意見溝通問題，與施政關係甚切。本卷討論人君待臣下態度之文字甚多，足徵編者極重視此問題。趙開心（順治元年陝西道御史）〈懇勤召對疏〉云：

> 從來治天下者，將欲求君民一體，必先由君臣一體。乃疏通一體之脈，則莫如言路（頁

三六三）。

趙氏主張接見大臣，「不拘內院及九卿科道，時假召對。」（頁三六三）

本卷論人君修養有孫嘉淦（一六八三—一七五三）〈三習一弊疏〉，謂人君有「耳習」，卽習於樂聽阿諛之言，而惡「匪譽」之辭。有「目習」，習於見臣下卑躬事上。有「心習」，習於見士之多，不足重視；又「高己而卑人」，輕率處理紛繁政務，不知困難問題必須愼重考慮，更不反躬自省：

> 於是乎意之所欲，信以為不踰。令之所發，槩期於必行矣（頁三五七）。

有「三習」則必有一弊，卽「喜小人而惡君子」。去「三習一弊」之法在於「危微之辨精，而後知執中難允」，故愼辨君子、小人，而「進退之機握於人君一心之敬肆」（頁三五八）。

人君修養亦必資於學問。畢誼（一七一八進士）〈請繕進經史以資聖治疏〉強調人君治民應本於道。蓋「道本無窮」而「學亦無窮」。帝王不應「但務求治，而不言向學」（頁三六〇）。

柴潮生（一七四〇年御史）〈益崇聖德疏〉以爲天變乃常事，「自古帝王之世難免災祲」。但人君須以之爲戒，益勤於仁政（頁三五九）。本卷所收因天變而上疏勸戒人君之文，除上述外，尚有魏裔介（一六一六—一六八六）〈請因變修省疏〉、儲麐趾（一七三九進士）〈亢旱應詔言事疏〉、蔣伊（一六三一—一六八七）〈因災變請止巡行疏〉。魏疏謂「天道與人事，非有二理也」，勸人君須「敬謹天戒，則亟修仁政以回之」（頁三六六）；此等論調可推源於漢代。蔣伊疏

請求放寬地方官催糧期限，且避免「參罰太急」（頁三六八—三六九）。儲麐趾疏借天變勸乾隆多用漢人，朝廷任命不應「務令出人意表」（頁三六八）。魏裔介〈請召對羣臣疏〉亦提及用人不宜有滿漢之別（頁三六三）。蔣伊疏因「流星犯斗」而諫止「境外之巡行」（頁三六九）。蔣伊疏及任辰旦（一六二三—一六九二）〈議封禪巡狩疏〉、熊賜履（一六三五—一七〇九）〈請止北巡疏〉或以應勤政，或以繁費，或以禮久廢爲詞，諫止康熙巡遊（頁三六九—三七一）。

魏雙鳳（一六五八進士）〈請詔令宜信疏〉勸康熙愼於詔令，令既出則必期「一體恪遵」（頁三六五）。茅豫（一七八七進士）〈請行實政疏〉勸嘉慶禁止各省「進奉」，以紓民力，又亟言不可加賦（頁三七二）。

本卷最後四篇皆滿洲人桂芳（？—一八一四）所撰。〈御製遇變罪己詔恭跋〉謂一八一三年八卦教林清所以能「闌入禁門，倡爲逆者」，應歸咎於「因循怠玩」之習（頁三七三）。〈御製盡心竭力仰報天恩諭恭跋〉反對《周禮》治亂世用重典之說，認爲「重典之用，非特不可，亦實無益耳。」（頁三七四）〈御製政變之源說恭跋〉分析幣值升降與民生之關係，謂欲幣值高必須「務本」，即注重「粟菽布帛」之生產（頁三七五）。〈御製原教恭跋〉論一八一三年亂後如何導民改邪歸正。桂芳力言教者「明於人倫而已」。「士大夫之與小民無異教」。然士大夫必須先「躬行而實踐之，然後可以於教民。」若能：

> 使衆知倫外無教，則邪教熄矣，此尤善之善也（頁三七六）。

卷十「治體四」，爲〈政本〉之第二部分，共收文二十九篇（目錄僅列二十八篇，漏列任啓運六篇文中之一篇）。本卷牽涉之問題，包括人君修養、治民、待士、教民、有關民生之古制、及人才之培養與地方吏治。

蔣伊〈進呈圖繪疏〉大旨勸康熙「民生當恤，士氣當伸」（頁三七九）。楊椿（一六七六—一七五三）〈進講經義摺子〉言人君當取直言，評量奏疏應視理之是非，不應計文辭工拙（頁三八〇）。趙申喬（一六四四—一七二一）〈進呈經義〉謂人君納言當盡量「舍己從人」，鼓勵人竭忠盡言（頁三八一）。

杭世駿（一六九六—一七七三）〈經筵講義〉論治人全決於「王心之疏密」，故需有「萬方有罪，罪在朕躬之念。」（頁四八一—三八二）秦蕙田（一七〇二—一七六四）〈經筵講義〉二篇，前篇勸乾隆治天下應用賢人，遠小人，任賢而勿疑。「然則欲任賢去邪以平天下，舍誠意、正心，將何以哉？」（頁三八五）其論仍本於宋儒帝王之學的傳統。

秦氏講義第二篇論中央官：

部曹鮮習民事，處事不無偏蔽之虞。科道不悉民情，條奏但陳膚泛之語（頁三八六）。

若要「通達政體」，必須「內外之員，迭居互任。」（頁三八六）此語涉及當時行政內外隔閡之弊。

陶貞一（一六七六—一七四三）〈進呈經義〉引程灝《易傳》云：

泰甯之世，人情習于久安，安于守常，惰于因循，憚于更變，非有馮河之勇，不能有為

於斯時也（頁三八七）。

斯時變法必須有大勇。然君臣至少不應「牽於朋比」，必須惟賢是任（頁三八八）。程夢星（一六七八—一七四七）〈進呈經說〉亦主張「末俗之弊政不可不革」，而「人才其先務」。培養人才則須：

> 修教正俗，使士皆崇本實、厲名檢，通經學古（頁三八九）。

趙青藜（一七三六進士）〈進呈經義〉謂：

> 人君以一身受天下之益，必思所以擴其兼容並包之量。

故當「益下」，「所以爲下計者，至周且悉，而其所以爲益者，又皆藏富於民。」（頁三九〇）此語涉及傳統經濟思想中之有益於農工商者。「富民」思想常見於《經世文編》其他部分，似應進一步研究。

至於士大夫則爲「居下而受益於上者」，故應竭誠舍身以報君主，然

> 又恐志大而才小，任重而謀疏，有忠君之心，而無濟世之策，亦徒足以速謗而增咎耳（頁三九〇）。

蔡新（一七一〇—一七九九）〈經筵講義〉五篇，大旨論人才之重要。第一篇贊「天心之仁愛」，認爲天心「欲治而不亂」。但歷史之「不能有治而無亂者，氣數之乘除也。」治亂皆有賴於人才：

人才者國家之元氣。撥亂之世尚功，政治之初尚文，皆有經世之遠猷（頁三九二）。

蔡文第二篇論人君當「無逸」、「無欲」（頁三九三）。第三篇誡人君用人必須取有德兼有才，不可論才不顧德（頁三九五）。第四篇再強調選拔人才之重要，「以人用法，非以法用人」（頁三九六）。第五篇所論與前引之孫嘉淦〈三習一弊疏〉相似，以爲人臣之富貴、名位皆出於君，爲求自保，每以奉承阿諛爲習，故戒人君勿以無諍言而自喜，蓋：

諫草之稀，不必盛世。直臣之衆，愈彰聖主（頁三九七）。

任啓運（一六七〇——一七四四）〈經筵講義五篇〉，第一篇勸戒人君「邇聲色」、「殖貨利」（頁三九八——三九九）。第二篇要求人君「觀民」有「憂民」之心如武王，「百姓有過，在予一人。」（頁四〇〇）第三篇言人君須常「戒愼」、「愼獨」，「惕然儆懼，無一刻之敢或戲渝也。」第四篇先舉孟子、董仲舒不言利之語，繼則引《易・文言》云：

利者，義之和。又言利物足以相義，非特言利，且合利與義何哉？蓋天生百物，皆以養民，故乾始能以美利利天下。天地之大利，卽天地之大義，而卽天地之大仁也。……故理財者，聖人之所為利物（頁四〇三）。

任氏認爲利合於義卽爲仁。治國不僅須理公家之財，且須求利天下人民。利民並非鼓勵奢靡。任氏以爲凡「貴者」當自返於儉樸，以爲民表率。定婚喪之制，使民不競以禮奢爲尙。第五篇論民生，認爲財缺由於俗奢，主張加強禮俗之制。同時又須戒舖張，使官民婚喪禮儀有法度，

可免糜費。此外則應除淫祀，禁演劇。「北人好惰，南人好奢」，故不妨招南人至北方，獎勵其墾荒田（頁四〇五—四〇六）。第六篇論屯田可解決兵餉問題，合兵農於一，兵自足食，不取於民（頁四〇七）。

任啓運〈經筵講義〉，尤珍（一六四七—一七二一）〈進呈經義〉及官獻瑤（一七三九進士）〈經筵講義〉兩篇皆討論有關民生之基本設施。尤珍〈進呈經義〉認爲井田不可復，但必須倡行溝洫以利農耕。官獻瑤〈經筵講義〉二篇亦認爲時勢不同，井田不能復行，惟「王者以天下爲一家」，故必須使天下之民各遂其生。「《周官》者，周公致太平之書也。」「太宰九職」可復，有助於盡「天下之地利」（頁四一一）。第二篇論中國西北可復行《周官》溝澮之法，「用人之力以盡地之利」（頁四一二）。

齊召南（一七〇三—一七六八）〈進呈經史說〉、蔣伊及夏之蓉之奏議皆注意人才培養之方。齊氏批評科舉時文，「帖經」不足以造士，主張試經術，以：

> 成材之道，舍經術無由，治經之方，惟實得為有用（頁四一五）。

蔣伊〈進呈經說〉論生員冗濫而人才不出之故，倡恢復明初郡學之制，縮減人數，求精不求多。國子監生應增其月給。考取之法應求博又求專，試通識又試專業。諸如「道德」、「經濟」、「文詞」等科，俱要合格始錄取。夏之蓉〈進書劄子〉亦謂得人之法在養士於太學。至於太學之學科則應分「經義」、「治事」兩門：「經義門」有五經及春秋三傳一科，二十一史、通鑑綱

目一科；「治事門」則分爲「田賦」、「兵法」、「刑」、「禮」、「歷律」等科，令監生「自署所長，分條考核」（頁四一九—四二〇）。此議注重治事之學習專精，殊可注意。

陶正靖（一六八二—一七四五）〈進呈經史〉二篇皆討論地方吏治。第一篇言地方書吏之「蠱惑」州縣官員。州縣幕賓本可佐長官治書吏，然幕賓非正式官員，「立身事外，勸懲弗及，是以敢於爲非」（頁四二〇）。陶氏提議入幕賓之名於部，「不法者劾之，不勝任者易之」。其俸祿仍非出於公帑，惟：

> 其功罪則從其長，而以年勞序遷。尤異者許特薦。……兩司以上所薦者，得升印官若府佐貳，如此則幕賓皆樂趨之（頁四二一）。

陶氏進呈之第二篇文主張府級以上之地方官應有權去取僚佐。權集於地方有害亦有利：

> 夫權重固易以為非，亦易以為功。權輕則不能為非，亦不易為功（頁四二二）。

若權悉操於中央，則銓序升遷囿於資格，往往遷至太守時，「遠者須數十年，精銳之氣已消。」（頁四二二）

本卷最後一篇爲彭啓豐（一七〇一—一七八四）〈進講經義摺子〉。彭氏論人君爲政之要有三：

> 一曰尊宰輔以崇其體，二曰恤羣臣以達其情，三曰久任使以專其職（頁四二二）。

彭氏有「任賢勿貳，去邪勿疑」之語，並認爲臣下之諫諍有助於天子之任賢去邪，選拔人才。言

責且應不囿於臺官。部曹、翰林宜令分班具奏，「講明經術，敷陳庶事」（頁四二三）。至於用人宜重專職：

> 天之生材至不齊也，人之抱才不相假也。有嫺於文雅，未必能理刑名者。即如虞廷諸臣，兵、農、禮、樂各有專司，一官終身不易其任（頁四二三）。

卷十一收文共十八篇，題爲〈治法上〉。所謂治法，即治國之法，包括具體之行政措施與體制，亦即所謂「治迹」，以別於「治本」。然兩者往往混然不可分，故本卷亦有不少重覆上卷之內容及論點。陸隴其〈治法論〉強調治人之法，「寬嚴煩簡」皆：

> 隨乎事者也。故善為政者，貴因時而知變，又貴因事而知變（頁四二七）。

陸氏認爲行政可因時因事制宜，惟「治本」則仍在於天子之仁心與敬心。其說仍本宋儒之論：

> 夫寬嚴煩簡者，治之迹而非治之本也。治之本在皇上之一心……以至仁為心，而無雜乎偏私。以主敬為心，而無入乎怠弛（頁四二八）。

朱仕琇〈原法〉主張立法之時應明其意於天下，聲明乃本於「仁、義、忠、信」。朝廷絕不可「隱其意」，而專恃威嚴刑罰：「善制法者以意，不善制法者以威。」

任啓運〈管仲論〉以爲「三代之遺，必不可復矣。」王道仍可復，惟「欲復王道，必自管仲始」：

> 孟子曰：「以力假仁者霸。」孟子惡其假，非惡其仁也。……今以孟子貶仲之故，并仲所講求之法而盡置之，是孟子特惡其假，而今乃惡其所假之仁也。

> 今之儒者，概以孟子卑〔管〕仲，遂幷仲所承禹、湯、文、武之法，盡棄而不道……（頁四三一）。

此文肯定管仲「講求之法」乃有志王道經世之出發點，可爲儒家仁治理想之補充。任氏列舉管仲對歷代名臣之影響：

> 漢之諸葛武侯、唐之狄梁公、李鄴侯、陸宣公；宋之韓魏公、李忠定公；明之于忠肅公，王文成公，其人皆具旋乾轉坤之力。武侯固以管仲自比，其實狄梁公以下諸賢，其經世之學，皆深於仲者也（頁四三一）。

依任氏之論，管仲之霸術，不僅不應反對，且必須講求，爲復興王道之首要步驟。

錢維城〈養民論〉首言「勢」之重要：

> 治天下者，勢而已矣。勢之所在，道法出乎其中（頁四三一）。

本文大旨謂「養民之法，在務本而節用。」務本必須民「勤」，但非僅力田而已。錢氏反對不問情勢而僅求「務本節用」。蓋：

> 節用之道，不可概而行之。若夫積重之勢，不可驟返，則以漸除之（頁四三二—四三三）。

錢氏論政法重視實際情況，不泥於成見；務求因勢立法，以適當措施漸除「積重之勢」。

惲敬（一七五七—一八一七）〈三代因革論〉四篇，第一篇認爲民生之困實由於生產之「民」少而游食之民多。救弊之法在於減游食之民，使歸於生產之「三民」，卽農、工、商（頁四三三—

四三四）。此論爲當時經濟思想之主流。第二篇論養兵之法在以民兵輔常規兵（頁四三四—四三五）。第三篇推許熙寧變法之「雇役」法，以爲較「官役」、「民役」爲優（頁四三六）。第四篇肯定因勢而變法：

> 三代不同禮而王，五伯不同法而霸，此便私挾妄之說也。雖然有中道焉。先王之道，因時適變……彼諸儒博士者，過于尊聖賢，而疏于察凡庶；敢于從古昔，而怯于赴時勢（頁四三七）。

惲氏雖重「凡庶」之需要及主張因時適變，然對於具體之變法則認爲應極愼重，所謂「利不十不變法，功不十不易器。」（頁四三七）

劉鴻翱（一七七九—一八四九）〈封建論〉、〈井田論〉及孫廷銓（一六一三—一六七四）〈限田論〉皆認爲理想中之古法不能復行於今日。劉氏謂封建不可復，因時勢已變，無大德如堯舜、禹湯者爲之主，則封建必潰。郡縣制之維持則可不必完全依賴聖君（頁四三七—四三九）。劉氏之反對井田主要乃從實際困難立論。生齒繁衆，土地已不足用。而授田又須假手於胥吏，使胥吏有更多貪汚機會。劉氏指出「國家之治亂」不在乎能否復行封建、井田，勸人切勿「泥古」（頁四四〇）。

陳鵬年（一六六四—一七二三）〈偶記〉大意謂凡有大功於後世之新猷，於施行之初，多招怨謗，然「千載之後功在，怨磨。」（頁四四一）袁枚（一七一六—一七九八）〈書崔寔政論後〉

反對治民嚴。蓋英主不世出。若以昏庸之主行嚴峻之政，其禍必大。袁氏又以爲人君多爲中人，「故爲中人說法，曰：御衆以寛。」（頁四四二）張士元（一七五五—一八二四）〈名實論〉主張「核名實」，略取法家之說，惟重點在於鼓勵用專才、治實事，用人之長，不必求人百務皆通。此意與前述按才建職，專其職守之論合。

顧炎武〈法制〉一文，雖以法爲題而實則主張法制不足爲治：

法制禁令，王者之所不廢，而非所以為治也。其本在正人心、厚風俗而已。故曰：居敬而行簡，以臨其民（頁四四四）。

魏禧〈論治四則〉首主張「考覈人才，繩以六曹之職」，卽以六部之事爲考試內容，「分六曹策士」。然有不專於事務而能明大體之人，能「通論國勢治體」者則仍須羅致（頁四四八）。第二則列舉十種弊政，而歸咎於「上下交征利」，若不改革，則一切救弊之策皆無效而反滋弊。第三則論不可輕議變法，應思「獨見之難」（頁四四七），困難未必皆能如願克服。第四則指斥八股不能造士，考試當增策論之科（頁四四七）。

陸世儀雖力言帝王之心須能剖別義利，然其〈論治〉則注重調和天下之利：

天下利而已矣。善言利者，使天下皆利其利，故己亦得利其利（頁四四八）。

又謂：

古之天下，禮樂盡之。今之天下，賦役盡之。能平賦役，治天下為得半矣（頁四四八）。

本卷最後一篇爲袁枚〈書王荊公文集後〉。袁氏主張「但求足民，不求足國」，故反對王安石之注重國家理財，與商人爭利：

> 奪賤人取與之權，與之爭黔首，而非為養人、聚人計也。是乃商賈角富之見，心術先乖，其作用安得不悖（頁四四八）。

袁氏亦反對王安石均貧富之理想：

> 夫物之不齊，物之情也。民之有貧富，猶壽之有長短……先王因物付物，使之強不凌弱，衆不暴寡而已（頁四四八）。

第十二卷「治體」六，卽〈治法下〉，收文十一篇而奏疏佔七篇。第一篇爲韓菼〈擬策五道〉。其一駁讖緯之說。其二反對禁臣下議論政務。其三不贊成以軍士墾耕荒廢已久之沿海沙田。其四反對徵漕「以金不以漕」，卽堅持須收實物稅。其五論控制貨幣之難，承認貨幣政策不得不從時勢之權宜。

盧崇俊（一六四八任佐領）〈法令應歸簡易疏〉云：

> 夫一法立，則一弊生，故法愈多而弊愈滋，夫滋弊緣於法多，則救弊惟在減法（頁四五六）。

盧氏之意頗似上卷顧炎武〈法制〉篇之重風俗，輕法令（頁四四五）。姚文然（順治康熙時人）〈請省奏銷駁查疏〉謂簡政之法在於不必令部曹駁查地方大吏之奏疏，以其徒增文牘往來而已（頁四五六—

四五七）。王奐曾（一六五一－一七三五）〈請簡承追章奏疏〉建議由州縣各造一册，列地方「欠項」，附於正項之後，作爲「具題」。部臣可按册責成下任之官追繳（頁四五八－四五九）。

姚延啓（順治康熙時人）〈敬陳時務疏〉雜論數事：人君當優恤言官；刑律不應輕改，不應太重；錢糧催科亦不宜過急。用人資格須從寬，求賢之路「不宜太隘」（頁四六〇）。官則宜久任。姚氏又以兵餉不足，請停土木工程。

方苞〈與安徽李方伯〉就安徽當地問題反對不察時勢而圖復《周官》之法，「弛山澤之禁」（頁四六一－四六二）。何道生（一七六六－一八〇六）〈敬陳親政四事疏〉，論列四事：一、禁進獻以示儉。二、飭吏治，「循良必擢，貪劣必懲。」三、達民隱，應改「外省廻護之惡習」，免使「民之欲上控」者，懼罪而止。四、釐驛政，禁「科派於民」（頁四六二－四六四）。蔡毓榮（一六三三－一六九九）〈敬陳治滇實政疏〉舉治雲南實政十事：復丁田、廣樹畜、裕積儲、興教化、嚴保甲、通商賈、崇節儉、除雜派、恤無告鰥寡孤獨、停止濫差州縣人員下鄉（頁四六四－四六七）。楊椿〈途次見聞入告疏〉建議鼓勵直隸民間紡織。請禁售紅銅於洋商；赦充軍之人返鄉；任官不應遠於本鄉二千里；州縣佐雜應在本省銓補（頁四七〇）。

魏禧〈答曾君有書〉以「兵〈學〉爲治學之一」，而「文武將相之材，鮮有能兼總而條貫之者。」魏氏並認爲識當世之務者，應「人任一曹，或數曹」，俾擇其專精，「討論古今以成其說」。魏禧雖就兵學立論，實主張各門行政皆須求專門學問。

魏氏又論凡立一法必須考慮與其他法令之關係，所謂「一法雖善，不能獨行，必與他法爲表裏。」（頁四七〇—四七一）本卷最末一篇爲程含章（一七六二—一八三二）〈復林若洲言時務書〉，反對林氏議別立幕府以緝海盜。卷末魏源注云：

以魏叔子答曾君有書及此篇殿諸法之末，所以戒妄譚策略，喜事紛更之弊也。苟非其人，法不虛行（頁四七六）。

第十三卷「治體」七，其目爲〈用人〉，收文最多，共三十三篇。此組文章主要討論朝廷用人任官應有之原則及勢必遭遇之困難。魏禧〈平論〉四篇，主旨在探究人君如何待臣下以公平，不偏不倚，一視同仁。公平之理首在於以事功爲衡：「功德不立，言雖美而弗是也。」人君之好惡「足以治、亂天下」。故人君須不顧主觀之好惡而求賢才：「擴其所不知」，「非聖之書不敢奉，非義之士不敢親。」人之優劣又當以衆論爲準，不可僅憑人君「一人之智」（頁四八一—四八二）。好惡平然後毀譽平。惟「君子有譽人無毀人。」（頁四八二）是非平、好惡平、毀譽平，而賞罰亦須平：「古今賞罰未有一成而不變者，故平賞罰者，平其義而已矣。」（頁四八三—四八四）此處論用人與賞罰，並不以賞罰爲駕御臣屬之手段。

第二篇陶貞一（一六七六—一七四三）〈爲君難爲臣不易論〉謂「君道以用人爲最難，而臣下稱職之難，卽與之俱見。」陶氏認爲人君用人之是否恰當可決定臣下之能否稱職。用人之道在於求「曉事之人」，卽「通達政體」、「犯顏敢諫」之臣。若得「曉事之人」則當任賴之：

苟得其人，其餘者將委之此數人，而人主之聰明不必其徧及也。雖封疆大臣，亦將與數人共擇之（頁四八五）。

大臣能否盡其智能全視乎人君能否信賴任用，故謂「世必有聖智之君而後有賢明之臣」（頁四八六）。

張英（一六三七—一七〇八）〈讀李文饒近倖論〉、陳祖范（一六七六—一七五四）〈明太祖待解縉方孝孺論〉及王友亮（一七四二—一七九七）〈德才論〉皆以進君子、退小人爲人君用人之重要原則。張氏論退小人之道在人主去聲色之欲，視小人爲助人主縱欲之人，完全否定其任何功用（頁四八六—四八七）。陳祖范責明太祖不能自抑私心而進君子如方孝孺者（頁四八八）。王友亮強調才必以德爲本：

才出於德者，乃有本之泉，不出於德者，若無根之潦（頁四八八）。

故戒人君勿惑於小人之貌具異才，而略於察其德行。

徐旭旦（順治、康熙時人）〈重臣論〉勸人君禮敬大臣（頁四八九—四九〇）。儲大文（一六六五—一七四三）〈用人〉篇論人主當寬於取才，「令人得薦士，士得自薦」（頁四九〇）。張望〈知人難〉謂朝廷不能「有君子而無小人」，而人君分辨君子、小人主要在於觀察其動機之爲私抑爲公。公私之動機卽君子小人之判別。

闕名〈好名論〉戒人君勿自好名，而須以名、禮教民；不可全賴刑罰。「王道以無欲爲本」

（頁四九二），人君若能無欲，當不至於好大喜功，只求一己之盛名。此篇主旨爲君德，與用人似無直接關係，或應收入〈政本〉或〈原治〉部分。另一篇闕名之〈鄉愿論〉以「狂猥」與「鄉愿」爲君子、小人之兩極，不容並立，蓋：

> 自古以還，天下之事壞於小人者十二、三，壞於鄉愿者十常八、九。鄉愿者，小人之渠魁也，而其禍自惡狂猥始。有天下國家者，當亟黜鄉愿。鄉愿黜則狂猥興矣。狂猥興則天下之為君子小人者，各得其理矣（頁四九二）。

是文仍以爲小人有可用之處，然須以狂猥之人臨制之。管同〈除姦〉亦言君子、小人之不兩立。惟小人與君子之爭，小人常勝，因其「善悅其君」而又「多羽翼」。管氏論除小人之道，應用辣手，不必講求「仁術」（頁四九三—四九四）。

陸世儀〈論用人〉認爲人才難得，得則必善用之。用之之法：

> 審定其才之所宜，授之以職，而終身任之，務使竭盡其材（頁四九四）。

至於取才則應：

> 寬收而嚴試，久任而超遷（頁四九五）。

惟既用之則不能繩檢過急。陸氏視此問題爲治國最重要之務。「今人治天下全在擇守令。」（頁四九六）

閻若璩〈潛邱劄記論治〉認爲宰相與縣令須相濟爲用。人君應舉賢才，遠小人、敬大臣（頁

四九七—四九八）。陸世儀〈論官制〉謂官階之繁濫並非因事務紛繁，而實因朝廷以官爲賞銜，故官益多。陸氏主張官職可廢則廢，可併則併。翰林爲「儲相之地」，故進士入院後：

> 宜講貫歷朝經制，務為明體適用之學（頁五〇〇）。

孫寶侗（？—一七〇七）〈春秋論〉強調用人唯賢，不應分親與非親。「立國者亦唯親賢並用。」孫氏之意殆指責滿人授官進階依特殊途徑，及用人嚴分滿漢之不當。是文後注謂顧棟高《春秋大事表》有論楚用親賢一條，可資參考（頁五〇一）。

程晉芳〈讀後漢書書後〉推揚東漢士氣之盛，實由於西漢儒術之效，而明代士氣之盛則「爲兩宋程朱之學所蘊而發」。是篇所論爲學術與人才之關係，側重造士問題。

王鳴盛〈論兩漢權要之職〉謂官制若依人君之意向爲轉移，則「紛若亂絲，使人眩目」（頁五〇三）。趙翼〈唐制內外官輕重先後不同考〉述唐京官及京外之官權力三十年間輕重大變，可能憂慮清代地方官之權力，只須三數十年亦可能大爲增漲。趙氏〈大臣薦舉〉文論述明代大臣薦舉之程序。人君「一人耳目有限」，當信任賢能大臣薦用之人才，庶得「合衆賢之耳目」（頁五〇五）。

儲大文（一六六五—一七四三）〈司馬司士〉文論掌兵高官當就進士中知兵者選拔，「而遞陞之，無與他官互遷」（頁五〇六），使其專於職務，不涉他事。儲氏〈侍中之職〉文建議設「常伯」之職，以防「宦官干預政事之蘖芽」（頁五〇七）。

黃永年（一六九九－一七五一）〈與陳撫軍書〉謂人才出於學校而已得位者仍須培養。潘耒（一六四六－一七〇八）〈上某學士書〉謂「欲致治，則必以實心行實政，上下一心。」所謂「實政」、「實心」即

朝夕講求政治之得失，人才之賢否耳。……若徒恃科條以防姦，藉律令以止慝，有立法之名，無行法之實，竊恐彌縫掩護之弊，更有甚于前也（頁五〇九）。

又曰：

轉移天下之積習，開誠布公，信賞必罰。正朝廷以正百官，正百官以正萬民，紀綱肅而民生安矣（頁五〇九）。

程景伊（一七三九進士）〈代應詔陳時務疏〉勸人君賞罰必愼，不可反覆無常，且應養大臣之廉恥。程氏之意在於指斥人君之不敬禮大臣，動輒隨時貶罰（頁五〇九－五一二）。潘耒〈遵論陳言疏〉奏言五事：一、「嚴賞罰」，不分親疏，一視同仁。二、廣言路，請准「人人得上書言事」。三、愼選舉。四、褒廉節。五、培人才、廣學額（頁五一二－五一六）。孫廷銓（一六一三－一六七四）〈請崇恬退明禮讓疏〉亦強調以禮待士人，許士大夫自擇進退，以養其廉恥：

〔天下士〕必以禮進退之，所以養天下士大夫之廉恥，而正其趨也。夫人必有廉恥而後有事功，亦必知進退而後有廉恥（頁五一六）。

孫氏〈用人四事疏〉所論四事爲：一、「養廉恥」，其要在審刑罰，禮敬大臣。二、「寬考成」，反對吏部以催科成績爲考成之主要標準。三、「愼名器」，反對濫加侍郎、尙書、宮保之銜。四、「儲人才」，言滿洲弟子入學者少，應增名額（頁五一七—五一八）。

趙廷臣（？—一六六九）〈請寬臣工小過疏〉勸人君珍惜人才，賢能之士難得，不應因小節而使士大夫廢固終身。王命岳（一六〇九—一六六七）〈請定京官久任之法疏〉論速遷、短任之弊，指出當時遷官有半年、或一、二月一遷者。部曹事繁，必習之有年始能嫻熟，否則：

廨有十年之吏，堂無百日之官；官生吏熟，官暗吏明。……衙門之政事日壞矣（頁五二〇）。

本卷最後一篇蔣攸銛（一七六六—一八三〇）〈謝頒遇變諭旨陳言疏〉陳奏之事有四：一、知府宜得人。知府乃將來之「藩臬督撫」也。知府得人，而上司又能假以事權，則州縣必無濫芋之患。二、考核部曹蔭生宜嚴。不升遷者應分發各省，使視習實務。三、應命「公正大臣」薦舉優異屬員，超擢實缺。四、應崇實學。「養成明體達用之才，不必專以文章課殿。」（頁五二二）

卷十四爲〈治體〉最後一卷，小標題爲〈臣職〉，收文二十七篇，專論人臣之職責。韓菼〈崇讓論〉勸大臣年將及致仕者應退位讓賢（頁五二七—五二八）。儲大文〈大人容物愛物論〉謂大臣當「培護人才，薦延士類，爲容物、愛物之本」（頁五二八）。

接著自黃永年（一六九九—一七五一）〈汲黯論〉至林谿（生卒不詳）〈江陵救時之相論〉五篇大都具體申論歷代名臣之事功得失。王氏深惜汲黯不能及早進君子、退小人，終爲漢武帝所

黜。故曰：

古大臣之格其君也，不於其跡之旣著而圖之。蓋嘗潛消於其幾之未萌，與其幾之方動（頁五二九）。

沈近思（一六七一—一七二八）〈重刻陸忠宣公奏議序〉盛讚陸贄（七五四—八〇五）忠君同時能「以道事君」，洵爲大臣模範。黃永年〈范仲淹論〉謂范氏：

自秀才時卽以天下為己任，飲食、寤寐，惓惓皆經世澤物之心。其學自兵、刑、錢、穀、水泉、農政、職官、邊陲、險塞無所不周（頁五三二）。

黃氏〈韓琦論〉謂韓琦用世時有兼容之量，故能得人（頁五三三）。林潞〈江陵救時之相論〉爲張居正辯護，謂其政迹雖與權臣無異，然實爲經濟重臣，「救時之相」（頁五三五—五三六）。魏源等選擇此數篇，可見其經世思想已超出宋明道學家經世思想之外。

張士元〈書王介甫諫官論後〉駁王安石所云古代無諫官之設，因官皆可諫，故可無諫官。張氏認爲臺諫之設乃應切實之需要（頁五三六）。「孟子所謂言責，正後世諫官之任也。」姚鼐〈翰林論〉亦討論諫諍職責問題。姚氏以爲翰林乃近臣，自應有進諫之責。「徒以文字居翰林者，是技而已。」

王昶〈軍機處題名記〉及趙翼〈軍機處述〉論述淸代軍機處之產生及發展（頁五三八—五四三）。此兩篇本應歸卷十一、十二〈治法〉部分。魏源等編之於此，似強調參與政務決策乃人臣職務之

一。程晉芳〈章奏批答舉要序〉指出批答奏章在明代爲宰相或內閣之職，而清代則由人君親自爲之（頁五四三—五四四）。張玉書〈蕭長源奏疏序〉盛推蕭氏文章經濟兼而有之，因其平日留心經濟之務，一旦升任言官則能切實進言，無塞責之語，無迂濶之論。姜宸英〈志壑堂序〉記順治年間淄川翰林檢討濟武唐諫修《玉匣記》之事。濟氏以《玉匣記》爲「非聖之書」，故上疏諫修，可見翰林可補御史之不足。姜宸英反對諫諍之責專屬御史（頁五四五）。

胡煦（一六五五—一七三六）〈趙恭毅公自治官書序〉論儒者應「入而考稽，出而致用。將以敷政宣猷，宜民善俗而已。」（頁五四六）方苞〈考槃集序〉勸士人惟盡一己之責。功成身退，當「自待厚而不欺其志」，故「君子難進而易退。」（頁五四七）本卷最後數篇強調爲治應有之積極精神以及制度改進與挽回人心風俗等問題。陳宏謀〈寄周開捷書〉慨嘆「今日士風不古，學無實用。」又謂：

大凡吾輩苟心存利濟，便覺功業無有盡期，而世間事事物物亦到處形其缺陷（頁五四七）。

陳氏〈寄周人驥書〉論士人建言，必盡胸臆，不應以激詭之詞出之。凡有用於國計民生之事，雖格於一時之議，仍需發而存之，冀或可行於將來（頁五四八）。

方苞〈與某公〉勸其不必因不能專志於經學而焦慮。身爲「令守監司，漸登大府」，當盡心職守，以身作則，「言其職之所當言」，則「安用口吟手披爲處隱就閒者之經學哉」（頁五四九）！

季振宜（一六三〇—？）〈調燮弭災疏〉請順治授內閣大臣以言責，不禁其議政。蓋內閣職

猶宰相，其議論關乎「天下治亂」（頁五四九）。姜希轍（？—一六九八）〈敬陳一德之箴疏〉，表面上推揚順治之下詔罪己，實則諫其「總攬乾綱」，未能使臣下擔負責任。若人君「必藉佐理之臣實心擔任」，則政事之得失，部院、九卿、督撫應負責任咎。順治帝未能實心督察責罰，殊爲可憾。姜氏謂當時有兩大積習：「巧于卸肩」及「畏于任事」（頁五五〇—五五一）。孫光祀（順治十二年進士）〈責成部議疏〉奏請改革部議推諉、躭擱諸弊（頁五五二）。曹一士（一六七八—一七三六）〈請復六科舊制疏〉奏請復六科給事中，使專職審駁六部之事（頁五五二—五五三）。

熊文舉（一六四四戶部郎中）〈勸忠崇讓疏〉謂「吏治不清始于大臣無進退辭讓之大節。」（頁五五四）人君當「優禮致仕」，以鼓勵辭讓。徐旭齡（？—一六八七）〈敬陳弭災修省疏〉請戒部議之推諉，應令各部切實「定議」，以明責成：

> 天下事權，皆總持于六部，而分寄于督撫，責成至重（頁五五五）。

徐氏又謂「滿漢各司皆宜熟諳部務，勤敏辦事（頁五五六）。魏象樞（一六一七—一六八七）〈請禁諮議停閣疏〉攻擊部議耽延不覆之習，認爲必須責各部尅期定議：

> 督撫按奏行諸事，皆視各部之緩急以為遲速（頁五五七）。

本卷最後一篇蕭震〈請正人心疏〉又回到吏治與官僚制度基礎之人心風俗問題。謂「人心者古今治亂之所係」。當時人心之壞，可自「吏治」、「封疆」、「風俗」等方面概見之。欲求除弊正俗，則必須：

皇上敦教化以治之，而後敕法紀以整齊之。其大要在於得人以挽回之。倘內外臣工，能共洗偏私之肺腸，一遵蕩平之王道，則人心正而風俗淳。治安之象可立見也（頁五五八）。

四、綜合分析

本節之綜合分析，乃就若干主要問題，剖析《經世文編》「學術」、「治體」十四卷中反覆討論之思想與制度。主要問題似可分為五類，每類又可分數項目，以便討論。

（一）學術

有關經世之學術問題可分為四項目：(1)學者志向及學問內容。(2)經史與致用。(3)對考證學之態度。(4)對程朱宋學之態度。

(1)立志與經世

學術第一卷〈原學〉首列張爾岐〈辨志〉之文，謂學者須立志，而其志為「功在生民，業隆匡濟」。士應以服官、「匡濟」為志。「凡學，官先事，士先志，故未官者必使正其志。」學者必志於「周公、孔子」之「道義」而後可言學、言仕。

學者為學，胥有賴於師友之陶冶切磋。卷六〈學術〉師友組夏之蓉〈師說〉論師道之要：

> 古之為師者，得之於心，徵之於事，本於禮、樂、詩、書，達之家、國、天下。大用之大效，小用之小效（頁二六一）。

吾人應注意夏氏強調爲師之道在教人致用，成爲「明體達用之材」（頁二六一）。學者既以「匡濟」服官爲志，爲學故須關乎生民所繫之政務。卷十四〈治體・臣職〉卷中黃永年〈范仲淹論〉謂范氏：

> 自秀才時即以天下為己任，飲食、寤寐，惓惓皆經世澤物之心。其學自兵、刑、錢、穀、水泉、農政、職官、邊陲險塞，無所不周（頁五三二）。

范仲淹之志在「經世澤物」，其學即「經世之學」，亦即卷一陳遷鶴〈儲功〉所言之「經濟之學」、「當世之事」，及卷二王鳴盛〈陳言夏傳〉所謂「經濟大略」，其義皆相通。陳言夏（即陳瑚）：

> 與同里陸世儀相約，講求經濟大略。謂全史浩繁難讀，乃編為四大部，以政事、人文別之。……又旁通當世之務，河渠、漕運、農田、水利、兵法、陣圖，無不研貫（頁一四四）。

是學者講求「經濟之學」或「經世之學」皆不能離「當世之務」及致用之目的。卷五汪家禧〈與陳扶雅書〉要求學者「明體達用」：

> 今時最宜亟講者，經濟掌故之學。經濟有補實用，掌故有資文獻。無經濟之才，則書盡

空言；無掌故之才，則後將何述？高冠褒衣，臨陣誦經，操術則是，而致用則非也（頁二三五）。

汪氏之言強調學須能「致用」，故「經世之學」目的在於實用，非僅言理論而已。

(2)經史致用

「致用」既爲首要目標，則經學亦須「致用」。《經世文編》卷一收王昶〈經義制事異同論〉推尊漢儒能以經致用，「以〈洪範〉驗五行，以《齊詩》測性情，以《春秋》決疑獄，以《禮》定郊禘大典」（頁一一三）。卷二王昶〈與汪容甫書〉質問汪中研經能致用否：

足下能信古，能窮經也。然不審足下之窮經，將取其一知半解，沾沾焉抱殘守缺以自珍，而不致之用乎（頁一三一）？

第三卷閻若璩〈潛邱箚記〉云：

以〈禹貢〉行河，以〈洪範〉察變，以《春秋》斷獄，或以之出使，以〈甫刑〉校律令條法。以三百五篇當諫書，以《周官》致太平，以《禮》爲服制以興教化，斯真可謂之經術矣（頁一六九）。

第五卷顧炎武〈與友人論易書〉論及《易經》之用。錢大昕〈與程秀才書〉亦重視《易》之應用於人事。趙翼〈唐初三禮漢書之學〉論述唐人三《禮》之學皆「考古義以斷時政，務爲有用之學」（頁二二九）。質言之，「通經致用」乃《經世文編》對經學之立場。

不惟經學，史學亦須以「致用」爲目的。卷二彭士望〈讀書簡要說序〉云：「讀書無古今、經史、稗雜，而皆一本于實用。」（頁一四二）卷三陸世儀〈思辨錄論學〉云：

《文獻通考》，與《綱目》相表裏。《綱目》詳歷代之事實，《通考》詳歷代之典禮，世全不觀，所以鮮實學之士也。……讀史有必不可少諸書，如《歷代地圖建置沿革》、《歷代官制建置沿革》、《年號考》、《甲子考》、《帝王世系》、《帝王授受建都考》、《歷世統譜》、《秋檠錄》等書，俱不可少（頁一六六）。

陸氏所注重之史多關乎朝廷施政之迹。卷九畢誼〈請繕進經史以資聖治疏〉強調讀經史乃增進人君學問之主要途徑，請求：

特勅史臣，取經、史諸書，及古來奏議，不論卷帙，亦毋拘忌諱，日派二人，繕寫數幅，依時進呈（頁三六〇）。

(3)對考證學之態度

《經世文編》之學術立場既爲「致用」、「達用」，則一切學問必須以此爲宗旨。依此立場，乾嘉考證學及宋明理學皆有可批評處。

第二卷程晉芳〈正學論〉三篇痛詆乾嘉考證學者斤斤於聲音訓詁，「瑣瑣章句，至老死不休。」（頁一二四）同卷姚鼐〈贈錢獻之序〉、〈安慶府重修儒學記〉、張海珊〈記收書目錄後〉等篇皆不滿漢學家拘守訓詁考證、名物章句，又不問躬行節義，所學爲無用之學。姚氏謂考證學

者：

相率而競於考證訓詁之塗，自名漢學。穿鑿瑣屑，駁難猥雜（頁一二八）。

卷十一惲敬〈三代因革論〉譏考證學者：

彼諸儒博士者，過于尊聖賢，而疏于察凡庶，敢于從古昔，而怯于赴時勢（頁四三七）。

《經世文編》反對漢學之立場又見於對顧炎武評價之分歧。卷二張杓〈日知錄跋〉盛讚顧氏曰：

先生之才，體用兼備，固不屑屑以考訂見長，而亦不徒以經生自命也（頁一四三）。

張氏否認顧炎武之學即泥古之「漢學」，而力言《天下郡國利病書》爲顧氏卓越貢獻所在：

亭林先生，挾經世之才，懷匡時之志，慨然以世道人心為己任，所著《天下郡國利病書》，於二十一史外，博採天下圖經，及有明一代實錄，下至公移邸報，凡有關民生利害者，悉萃錄之。旁推互證，務質之今日所可行，而不為泥古之說，誠古今一大著作也（頁一四三）。

同卷羅友高〈答楊邁公書〉則明白指出朱彝尊、毛奇齡不可與顧炎武比擬。顧氏《日知錄》，「類純實不泛雜，有裨於治」（頁一四七）。《經世文編》卷八〈治體二・原治下〉所收文章八篇顧氏之作七篇，其中六篇全出《日知錄》，足徵魏源等編者之立場。

(4)對道學之態度。

從「致用」、「經世」之立場言，乾嘉考證學之溺於章句訓詁固當批評，然空談心性之宋明道學亦須指斥。卷一陳遷鶴〈儲功下〉云：

> 性命之學與經濟之學，合之則一貫，分之若兩途。有平居高言性命，臨事茫無措手者，彼徒求空虛之理，而於當世之事，未嘗親歷而明試之。經濟之不行，所為性命者，但等諸枯禪無用（頁九〇）。

同卷唐甄〈性功〉篇亦認爲「但明己性，無救於世。」（頁九二）唐甄收在卷六之〈取善篇〉謂「孔子教人，罕言心性。謹之以言行，約之以篤實，而心性之功在其中矣。」（頁二六八）攻擊空談性命之論數見於其他文章，如卷二程晉芳之〈正學論〉云：「自明中葉以後，士人高談性命，古書束高閣。」（頁一二五）

《經世文編》雖譏評宋儒空談心性之弊，然對考證學與宋儒道學之間之取捨，則略親「宋」而遠「漢」。此一論斷可從數方面說明。第一，學術、治體十四卷共計二百八十七篇之作者中，以從事或贊助考證經學聞名者有閻若璩、盧文弨、朱珪、錢大昕、王鳴盛、阮元、及段玉裁七人，共收文十七篇，計佔二百八十七篇的百分之五・九。其中閻若璩、盧文弨仍有宋學之淵源。錢大昕、王鳴盛則非專治考證經學，同時亦兼治史學。只有阮元、段玉裁可肯定爲純考證經學家。然此七人選入《經世文編》之文章並非經學考證之文章。考證學巨擘如惠棟（一六九六—一七五八）、戴震之文章完全不收。同時則以標榜宋學著稱之桐城學者，如方苞、姚鼐、劉開、管

同；直接或間接與桐城派有學術淵源而兼尊宋儒者如羅有高、惲敬；其他學宗宋儒者如汪縉、張海珊總計八人，其文共收三十七篇，佔二百八十七篇中百分之十二・八。故僅以作者之學術派別而言，《經世文編》似有偏於宋學之傾向。惟堅守宋學之學者在《經世文編》首十四卷中之比例仍低。

第二，《經世文編》首十四卷所收之文雖攻擊宋明儒者空談性命之學，但並不否定宋儒之學術地位。卷二程晉芳〈正學論〉指出宋儒不廢傳注，漢學家詆毀宋儒不讀傳注乃不合事實。程氏云：

由漢及唐，孔孟之真傳不顯，……及宋賢出，而修己治人之法、程功進序之方，燦然大明，毫釐不爽，程朱諸儒亦旣小試之，而事無不治……（頁一二六）。

姚鼐〈贈錢獻之序〉則認爲宋儒「乃得聖人之旨」：

當明佚君亂政屢作，士大夫維持綱紀、明守節義，使明久而後亡，其宋儒論學之效哉（頁一二七－一二八）！

此篇似強調宋儒「維持綱紀，明守節義」具有維繫社會道德之功用。茅星萊〈近思錄集註後序〉認爲漢儒說經如「百貨之聚」，程朱說經則「操權度以平百貨之長短、輕重」（頁一三〇）。茅氏乃在解經上肯定宋儒之貢獻。唐甄詆宋明儒「空談」心性，但並不反對宋儒踐履之學。第六卷〈取善篇〉謂學者「謹之以言行，約之以篤實，而心性之功在其中矣」（頁二六八）。唐氏〈性功

篇〉（見第一卷）批評「但明己性，無救於世」，反對僅談「尊德性」而不講求「匡濟」。至於宋儒關於心性修齊之嚴厲要求（頁九二），唐氏除反對「空談」外，對其實質似未置可否。《經世文編》所收文章無排毀「四書」之言論，間且有推揚《大學》、《中庸》及其他四書之文字。第一卷張爾岐〈中庸論〉對宋儒理論有所修正，認爲應從禮的觀念解釋《中庸》之中心思想。張爾岐抹去了《中庸》在宋儒形而上學中之意義，但並未否認《中庸》一書之重要性。「治體」第一篇俞長城〈王霸辨〉希望人君能按《大學》之綱領，作修己治人之功夫。俞氏謂：

> 夫格物、致知、誠意、正心、修身、齊家、以至治國、平天下，此自然之理，而必至之勢也（頁二八六）。

卷十〈治體四・政本下〉，秦蕙田〈經筵講義前篇〉勸乾隆任賢勿疑，亦認爲人君須從事《大學》之修養功夫，與朱熹、眞德秀所論相似：

> 然則欲任賢去邪以平天下，舍誠意、正心，將何以哉（頁三八五）？

肯定「四書」價值之言論又見於學術第六卷夏之蓉〈師說〉。夏氏云：

> 萬物之理莫備於六經。約六經之旨，而明白簡易，上下精粗、本末無不該悉者，莫備於四子書。國家以是取士，蓋欲其明天下之理，見之行事也（頁二六一）。

此外《經世文編》中不少文章，尤其收在「治體」者，多強調人君之首務爲修身，此論深合《大學》之要旨（詳下）。據上文所引諸篇而論，《皇朝經世文編》在學術上之立場較爲接近宋儒踐履

之學，不滿瑣碎無用之考證。惟經世之學雖有取於宋儒，但並不強調高深之心性修養，而側重實踐，以躬行致用爲歸。

(二) 治道

《經世文編》之治道理論可分三大項目討論：每一項目又牽涉若干個別論點。

(1)君道

(a)民本論　《經世文編》對君民間之關係，立場至爲明確。君本爲民而立，職在治理、造福百姓。君非神聖，本質與普通人民無異。「學術」第一卷余廷燦〈民貴篇〉直言無諱，謂：

> 君相二者，非有異於民也。以民明民也，以民衛民也，非用民而為民用者也（頁八八）。

同卷汪縉〈繩荀〉三篇，認爲「君之立，民立之也。」（頁一〇二）卷八治體下，顧炎武〈說經〉文詳論設君立官之故：

> 為民而立之君；故班爵之意，天子與公、侯、伯、子、男一也，而非絕世之貴。代耕而賦之祿；故班祿之意，君卿大夫士與庶人在官一也，而非無事之食。是故知天子一位之義，則不敢肆於民上以自尊。知祿以代耕之義，則不敢厚取於民以自奉（頁三二九—三三〇）。

此種絕無神秘色彩之君民論，《經世文編》中屢有申說。唐甄直截了當地說：「天子之尊，非天帝大神也，皆人也。」（頁三四七）人君既非天上之神，本質上應與平民無異。民之立君，以其能

「驅物衞民」（見汪縉〈繩荀〉）。故天子雖居「一位」而其職務在於行仁政，養民之欲。

(b)富民論與均平論　仁政與養民莫要於富民。富民之道在不與民爭利。卷七「治體」，唐甄〈富民〉篇云：

財者國之寶也，民之命也。寶不可竊，命不可攘。聖人以百姓為子孫，以四海為府庫（頁二九二）。

「富民」觀念散見各卷。如卷十趙青藜〈進呈經義〉（頁三九〇）、卷十一陸世儀〈論治〉、袁枚〈書王荆公文集後〉（頁四四九）。顧炎武論保護富民之重要，尤爲簡切，見卷八〈雜論史事〉（頁三二一—三二二）。

富民論又與均平論有關。唐甄謂人君若不能養民，使各得其平，則禍亂必作，而人君「大命」或將傾覆（頁二九七）。龔自珍〈平均篇〉力言「貧富不相齊」關涉治亂之原，爲治者不可不密切注意（頁二九七—二九九）。

(c)論人君之修養　人君欲爲民造福，必須節一己之欲。汪縉〈繩荀〉謂：

能以禮養億兆人之欲也，必其能先以禮寡一己之欲者也……必有寡欲、無欲之主，而後養欲之治修（頁一〇三）。

《經世文編》首十四卷論人君寡欲、無欲之文，有卷三潘諮〈常語〉（頁一七七）、卷七姚鼐〈書貨殖傳後〉（頁三〇一）等篇。人君寡欲則能節儉。唐甄〈尙樸〉篇要求人君節儉，並要求皇族子

弟改變奢侈氣習，以爲民範。

人君寡欲、無欲，須自遠聲色貨利始。卷十任啓運〈經筵講義〉第一篇戒人君「邇聲色」、「殖貨利」（頁三九八—三九九）。但人君之苟安、好名亦爲欲之表現，必須匡正（見卷七〈王霸辨〉頁二八七），卷十三闕名〈好名論〉謂人君不可「獨好其名」，程嗣立〈唐元宗焚珠玉服玩論〉認爲治私欲爲人君之基本修身工夫：

聖人立教，治情為先。情欲之動，如火之物，觸之而燃，卽不可撲滅（頁三五五）。

人君職在爲民所用，不但不應自享尊榮、財貨，且須隨時儆惕。人君若不敬愼，則禍不旋踵卽至。《文編》中勸人君「儆懼」之文甚多，如卷九趙翼〈漢詔多懼詞〉及〈漢儒言災異〉、方苞〈漢文帝論〉（頁三五四）卷十任啓運〈經筵講義〉第三篇（頁四〇三）等。

(d)治民論　〈經世文編〉反覆討論立法、治民之原則。卷十一陸隴其〈治法篇〉雖主張治人之法「寬嚴煩簡」應隨事、隨時而變，但仍認爲爲治之本繫於人君「以至仁爲心」（頁四二八）。《經世文編》最注重人心風俗，就治民之法而言則主張寬待百姓，先教後罰。朱仕琇〈原法〉反對立法以威嚴刑罰爲本（頁四二九—四三〇）。卷九桂芳〈御製盡心竭力仰報天恩諭恭跋〉反對《周禮》「治亂世用重典」之說（頁三七四）。

袁枚〈書崔寔政論後〉更進一步，力言不應以嚴刑峻法治民，蓋英明之主不世出，君庸而治嚴則遺害必無窮（頁四四二）。卷九桂芳〈御製遇變罪己詔恭跋〉疑《周禮》爲劉歆僞竄之書，不

信《周禮》「治亂世用重典」一說的經學根據（頁三七四）。桂芳痛斥「不教而誅」之政策，認爲教民爲人君最重要之責任。桂芳所謂教，乃指教民「明於人倫」（頁三七六），此固漢學、宋學所同持之大原則。卷十一顧炎武〈法制〉以爲法制禁令，「非所以爲治也，其本在正人心、厚風俗而已。」（頁四四四）

(e)論君臣關係　君既本爲民而設，則宰輔乃至一切臣工亦爲民而設。卷三「學術」陸世儀〈思辨錄論學〉謂：「天子所與治天下者士人也。」（頁一六五）卷十陶正靖〈進呈經史二篇〉云：「國家所與共治外者官也。」（頁四二〇）（按陶氏同時又指出眞正治民者實爲官員之幕賓。渠不滿官之不能眞正治民，但不反對官與人君共治之原則。）欲求君臣能造福於民，君民必須同心協力。趙開心〈懇勤對疏〉云：「將欲求君民一體，必先由君臣一體。」（頁三六三）人君欲與臣工共治天下，首須禮敬大臣。卷一汪縉〈繩荀〉云：

> 人主能屈節于天下之士，然後能得天下之士之特而用之……天下之士之特，可招以禮，不可招以駕御之術（頁一〇〇四）。

唐甄勸人君不應妄自尊大。有「尊賢之朝」，則「賢才」不招可致（卷九〈抑尊〉頁三四八）。閻若璩〈潛邱劄記論治〉更以禮敬大臣爲人主修身步驟之一，謂「敬大臣則誠，誠則明」（卷一三，頁四九八），較宋儒所言尤具體。禮敬大臣自須予以實權，托以腹心，及聽其薦舉人才。卷十三陶貞一〈爲君難爲臣不易論〉謂君道用人最難：

苟得其人，其餘者將委之此數人，而人主之聰明不必其徧及也。雖封疆大臣，亦將與數人共擇之（頁四八五）。

同卷趙翼〈大臣薦舉〉盛讚明代大臣薦舉之風，因人君「一人之耳目有限」。由大臣薦舉，則能「合衆賢之耳目爲一人之耳目」（頁五〇五）。

君臣共治另一問題爲人君每一己專斷，而其智聞有限，臣下雖有雄材大略亦無所用。故人君必須捨己從人，開誠納諫。卷七唐甄〈六善〉論人君應具之六種德行，包括「違己」與「從人」（頁二九六）。〈政本〉卷九、卷十論人君納諫之重要。如卷九熊伯龍〈納諫篇〉謂進言不應限於專職之御史（頁三四九；參看胡德邁〈請開言路疏〉，頁三六一）。趙開心〈懇勸召對疏〉勸人君多接見大臣，「不拘內院及九卿科道，時假召對。」（頁三六三）卷十楊椿〈進講經義摺子〉論人君應取直言而合理者，不應問文辭之工拙（頁三八〇）。

君臣上下之通塞，固取決於人君是否從善如流；而人臣能否竭誠直言亦與「處分」寬嚴有關。胡德邁〈請開言路疏〉謂處分之嚴每令臣下欲諫而不敢言（頁三六〇—三六一）。

(f)論用人　君道與施政直接相關者爲用人。《經世文編》論用人之文，誡人君「親君子，遠小人」。卷七魏禧〈釋左傳〉謂：「退賢進不肖必敗。」（頁二九九）卷十三張英〈讀李文饒近倖論〉、陳祖范〈明太祖待解縉方孝孺論〉及王友亮〈德才論〉皆藉史事論用人之要（頁四八八—四八九）。張英謂人君欲進君子退小人，須由遠聲色始。卷九孫嘉淦〈三習一弊疏〉詳論君子、小人

辨識不易，所論尤切實（頁三五七—三五八）。

君既得人，則宜寬待臣工，不應以小故苛責之。卷九魏裔介〈請因變修省疏〉謂人君對地方官催科之事不宜「參罰太急」（頁三六六）。孫廷銓〈用人四事疏〉四事之一為「寬考成」（頁五一七—五一八）。陸世儀〈論用人〉反對對官吏「繩之太急」（頁四九五）。寬於催課之請又見於卷十二姚延啓〈敬陳時務疏〉（頁四六一）。人君用人之道如此，然人才難得，人君又當講求取才之道。

(g)取才與造士　取才宜廣，不應拘泥資格，乃《經世文編》論治之一重點。前引卷十三趙翼〈大臣薦舉〉主張由大臣薦舉人才。同卷儲大文〈用人〉更倡言「令人得薦士，士得自薦」（頁四九〇）。《經世文編》似不贊成取才僅憑才幹，不問德行。卷十蔡新〈經筵講義〉第三篇謂理想之人才為才德兼備者，求其次則為「才不高而忠實存者」。有才無德為小人，不應登用（頁三九五）。然卷十三張望〈知人難〉則云「朝廷不能有君子無小人」。張氏當然贊成「進君子而退小人」，惟就現實而言，小人無法盡行罷黜。

人才必待培養而後成，必須具備行政之專門知識。造才之術不外行科舉、學校之制，使人自練其才。惟可憾的是科舉取士重八股、詩賦，略於經術，又不試致用之學。儲方慶〈殿試策〉提出若欲學子學有所用，須使其兼習吏事：

> 吏胥明習吏事，科目學于聖賢，二者合于政治得失之本（頁三一一）。

卷十一魏禧〈論治四則〉主張「考覈人才，繩以六曹之職」（頁四四五）。卷三陸世儀〈思辨錄

論學〉論士人當習胥吏之實務。其他《經世文編》選載之文則主張科舉、學校增設實用科目。卷十蔣伊〈進呈經說〉論國子監考試應分「道德」、「經濟」、「文詞」等科（頁四一六—四一七）。同卷夏之蓉〈進書劄子〉論太學應分「經義」、「治事」兩大門，其下又須分設專科，如田賦、兵法、刑、禮等（頁四一九—四二〇）。卷十齊召南〈進呈經史說〉反對「帖經」之法，然所云「成材之道，舍經術無由，治經之方，惟實得爲有用」，則仍爲通經致用之泛論。

(2)臣道

(a)尚廉恥　《經世文編》治體八卷所論多就人君而言，僅最後一卷專言「臣職」。惟有關臣道之文已散見「學術」六卷中，蓋臣道須自經世之學始也。「學術」卷一顧炎武〈與友人論學書〉誡士人「行己有恥」（頁一一二）。此語雖非專就有職之士大夫而言。然服官者應有操守，自不待言。卷八顧氏〈獎廉恥〉一文責士人之躬己，「必本於廉恥」，而「士大夫之無恥是謂國恥」（頁三三九）。卷十三孫廷銓〈請崇恬退明禮讓疏〉、〈用人四事疏〉及潘耒〈遵諭陳言疏〉均崇尚大臣之廉恥自覺。

(b)崇儉樸　「行己有恥」，則爲臣者必以儉樸自戒。卷八顧炎武〈尚重厚〉及同卷顧氏〈崇儉約〉論人君、大臣均須儉簡自奉，然後可以導民於樸實（頁三三九—三四一）。卷七唐甄〈尚樸〉（頁二九四—二九五）及馬世俊〈殿試對策〉（頁三〇三）均以節儉爲人臣之必要品德。

(c)諫君　人臣事君之道以忠爲絕對義務。沈近思〈重刻陸忠宣公奏議序〉云：「六經四子無

一非忠經至理。」（頁五三一）忠則須不避嫌罰，竭誠進諫。張士元〈書王介甫諫官論後〉雖旨在駁王安石古無諫官之說，然並不反對人臣皆有諫諍之責（參看上文〈君道〉）。

(d)辭讓與舉賢　爲臣之道，本以匡濟爲宗旨，不當以祿位爲私欲。陳宏謀〈寄周開捷書〉（頁五四七—五四八）謂助治之人才當盡力薦舉，而服官至近致仕之年，則當退位讓賢。韓菼〈崇讓論〉大臣年衰齒高者致仕，俾後進繼承重任（頁五二七—五二八）。熊文舉〈勸忠崇讓疏〉亦言大臣應有「辭讓之大節」（頁五五四）。儲大文〈大人容物愛物論〉力言「培護人才，薦延士類」爲大臣之要責。

朝廷大臣有參予決策之責任（見王昶〈軍機處題名記〉及趙翼〈軍機處述〉；頁五三八—五四三）。軍機大臣有責任憑帝意草擬御批及聖旨（見程晉芳〈章奏批答舉要序〉，頁五四三—五四四）。大小臣工宜「勤敏辦事」（見徐旭齡〈敬陳弭災修省疏〉，頁五五五—五五六），不應「推諉」塞責（見孫光祀〈責成部議疏〉，頁五五一—五五二）。

(3)行政功效　《經世文編》最注重施政之實效。此一問題牽涉及政治權力之分配，如中央地方權力之輕重，行政系統中人事之調派、銓選、黜陟諸問題。

(a)地方增權　清代吏治一大問題爲各省權輕，由其選用人員之權尤小。卷八顧炎武〈說經〉不滿「州郡辟士之權寖移于朝廷」，希望恢復地方大吏自選屬僚之權（頁三二四）。卷十陶正靖〈進呈經史二篇〉謂地方權力稍重，則施政「易於爲功」，主張由地方大吏自遴所屬（頁四二二）。

(b)久任、專任　官有專職，但習之不久，仍不諳熟其務。卷十三王命岳〈請定京官久任之法疏〉提出「自古興朝政治，皆由官多久任。」然當時京官則「自京堂而上，有半載一遷者，有一、二月一遷者」。任不久則不能專，結果「廨有十年之吏，堂無百日之官；官生吏熟，官暗吏明。」（頁五一九—五二〇）卷八顧炎武〈雜論史事〉亦主張官之「久任」（頁三二〇）。馬世俊〈殿試策〉論古代任官之法：「古之聖人，終身不易其官者。」（頁三〇三）

久任爲專職之必要條件，任久職始可專。馬世俊曰：「古之聖人，一人止任一事者」，可資效法（頁三〇三）。卷十彭啓豐〈進講經義摺子〉云：「天之生材至不齊也，人之抱才不相假也。有嫺於文雅，未必能理刑名者。卽如虞廷諸臣，兵、農、禮、樂各有專司，一官終身不易其任。」（頁四二三）卷十三陸世儀〈論用人〉（頁四九四）、儲大文〈司馬司士〉（頁五〇七）皆主張任職宜專且久。

(c)滿漢分別問題　清代用人特殊之問題爲有滿漢之分。滿漢界嚴則漢人之才士無舒展之門，而朝廷可用之才亦受限制。卷七馬世俊〈殿試對策〉以唐代比擬：

> 「唐大臣曰：…」「王者以天下為家，不宜示同異於天下。裴度既平蔡，卽用蔡人為牙兵，而曰蔡人卽吾人。」今天下遐邇傾心，車書同軌，而猶分滿人、漢人之名，恐亦非全盛之世所宜也。誠能盡捐滿漢之形迹，莫不精白一心，以成至治……卽以躋於唐虞三代之盛，亦何難乎（頁三〇四）？

同卷儲方慶〈殿試策〉戒滿清君主：

陛下旣為天下主，卽當收天下才，供天下用。一有偏重於其間，臣恐漢人有所顧忌，而不敢盡忠于朝廷，滿人又有所憑藉而無以取信于天下矣。今何不略去滿漢之名，惟擇其才之優者以為用（頁三〇九）。

《經世文編》所選奏疏頗多反對分別滿漢之言論。卷九魏裔介〈請召對羣臣疏〉云：「所慮者上下之情未通，滿漢之氣中格。」（頁三六二）趙開心〈懇勤召對疏〉勸順治多見大臣，「不分滿洲漢官」（頁三六三）。同卷儲麐趾〈亢旱應詔言事疏〉亦反對分別滿漢臣工。卷十三孫寶侗〈春秋論〉借春秋諸國用親用賢之別，暗示用人應不分滿漢。孫氏云：

賢可用則用之。賢以代親，則同姓不偪。親以參賢，則異姓有所顧忌。於是親疏相維，恩義相濟（頁五〇一）。

《經世文編》強調人才爲政治關鍵，而滿漢之分，使漢人之才不能盡用。人才不足之問題因而加劇。

(三) 天人觀

(1)以氣爲本之宇宙觀　《經世文編》以政事爲中心問題，然論政須自天人始，綱常、禮教始有根據。「學術」部分之論天人，或從教化立論，或以勸戒人君爲旨。

論天人之文第四卷最多。《經世文編》之纂輯者殆相信以氣爲體之宇宙論，與正統程朱哲學不同，較接近張載之思想。張鉿〈天人篇〉認爲天與人皆「氣爲之也」（頁一九二）。陸燿〈書天人篇後〉、張爾岐〈天道論上〉均以氣爲天人「相及」、「感通」之共同本體（頁一九三—一九八）。唯張望〈原命〉則仍主朱熹先理後氣之說。張氏反對「任氣而遺理」，並認爲「天命有治亂之數。遇亂世而任氣，等於承認氣數已絕，人將坐以待斃，不思挽救矣。張鉿之旨在勸人「奉天之治，違天之亂」（頁一九九）。換言之，遇亂仍可求變。此觀念與《經世文編》之史觀相符合（詳下文）。

(2)禍福報應　相信禍福報應之文章有陸燿〈書天人篇後〉、張爾岐〈天道論〉、羅有高〈書立命說辨後〉、陸隴其〈功行錄序〉及第二組各篇。此數篇對禍福報應之意見並不一致。張爾岐雖非完全否定禍福之說，然反對以此說教人行善。羅有高、陸燿則認爲人之稟賦不同，君子或中上之人固可以理勸善，然勸中下之人爲善則不能不「兼言禍福」（頁二〇〇—二〇五）。此說以禍福之說爲教化之工具。

卷九所收以天變警戒人君之文爲最多，如趙翼〈漢詔多懼詞〉及〈漢儒言災異〉、柴潮生〈益崇聖德疏〉、魏裔介〈請因變修省疏〉、儲麐趾〈亢旱應詔言事疏〉、蔣伊〈因災變請止巡行疏〉（頁三五二—三五四，三五九，三六七—三六九）。天人感應之說西漢末浸衍爲讖緯思想，然自《經世文編》編者而言，天人感應與讖緯似可以分論。卷十二韓菼〈擬策五道〉之一謂讖緯不可信

（頁四五五）。整個說來，《經世文編》對天人感應，天變與人事之關係，主要乃取其可以勸戒人君，改過從善。人君稟賦不同，庸君多於英主（見前引袁枚文）。天人感應之說士大夫信之者本不在少數，用以警戒人主，更振振有詞。

（四）重勢、通變之歷史觀

《經世文篇》前十四卷凡涉及歷史觀皆反對泥古，而主張重勢重今，強調隨時隨事變通。「學術」卷八顧炎武〈雜論史事〉謂：「相因之勢，聖人不能回。」（頁三一九）卷十一錢維城〈養民論〉更直言：「治天下者，勢而已矣。勢之所在，道法出乎其中。」（頁四三一）重勢則必反對復古代法制。卷一汪縉〈準孟〉以爲道有不弊，而器則無不弊。三代之道必有三代之器始能行，故三代以後之器與勢不同，而三代之道亦不可復。卷三吳詢〈逸語〉謂「井田、學校不遽復」，至多只能「倣其意而變通之」（頁一七九）。卷八張履祥〈備忘錄論治〉亦以爲井田之制「行之實難」（頁三四三）。卷十尤珍〈進呈經義〉譏「漢唐宋儒者每言復井田，其論誠爲難通。」（頁四〇九）

井田不可行，封建亦不可復。同卷官獻瑤〈經筵講義〉第一篇以爲古制難復者「以時勢不同，如井田、封建之類是也。」（頁四一二）卷十一劉鴻翺〈封建論〉、〈井田論〉具體說明三代理想法制之不合當前時勢，勉強復行必有困難（頁四三七—四三九）。總括諸篇所論，其要旨卽任啓運〈管仲論〉所謂：「三代之遺，必不可復矣。」（頁四三一）

（五）王霸之辨與變法

《經世文編》不要求恢復三代之法，其政治理想當別有所在。上引任啓運〈管仲論〉放棄恢復三代政制之論，認爲三代以後之理想在於管仲之霸政，故曰：「欲復王道，必自管仲始。」（頁四三〇）任氏譏後儒不明孟子僅反對管仲「以力假仁」之「假」，而非疑管仲之仁。後儒則「并仲所講求之法而盡置之。」其實漢唐以降凡能「旋乾轉坤之力……〔的名臣〕皆深於仲者也。」（頁四三一）

管仲之霸不同於申韓法家之霸。其分別在於管仲之霸乃以仁爲本，而申韓法家則不談仁義。俞長城〈王霸辨〉反對自專迹辨王霸，以爲「王霸之辨……辨之於心」，又謂「霸足以致治，亦足以致亂。」（頁二八六—二八七）俞氏所謂霸乃指漢高祖、唐太宗、宋太祖、明太祖等雄武之主而言，其不可者，非其致霸之法制，乃其爲霸之心。管仲「以力假仁」之霸則不同。管仲之霸以「仁」爲心，僅以「霸」爲力，故政迹爲霸，而動機爲「仁」。然「仁」不能不假霸以成，有「仁」心亦必講求「仁」術。

三代以後之時勢不同，故禮樂、封建、井田不可復。惟三代王道之心，仍須賴求富強之霸術，始得發揮。卷十一陸世儀〈論治〉：「古之天下，禮樂盡之。今之天下，賦役盡之。能平賦役，治天下爲得半矣。」（頁四四八）陸氏非反對「禮樂」，但認爲封建既變，賦役爲現實之問題，

爲治天下之要事。管仲極注重「倉廩實」之問題，亦與賦役有關。《經世文編》一方面以「仁」爲治本，另一方面則講求治事實務，注重富民強兵，故不避言霸，且以霸爲達成王政之必要工具。

《文編》所收文章指出清代行政積弊甚多，提出補救及變通之法。是則《文編》之纂輯並非只爲供行政之參考而已，實多變法之論。卷八張履祥〈備忘錄論治〉以爲「田制必當變」，「學術必當變」，「科舉必當變」，「銓法必當變」，「官制必當變」，「資格必當變」，「軍政必當變」，「賦法必當變」，「徭役必當變」（頁三四二）。張氏所論之每一種弊病在本文介紹之十四卷中均有詳論。惟《文編》雖認爲法有須變者，而變之方式如何，其爲大變或小變，速變或緩變，則當視具體情形而定，不可泛論。

卷十一卷惲敬〈三代因革論四〉云：「利不十不變法，功不十不易器。」（頁四三七）惟惲氏四篇論文之大旨在於強調時移世易，「先王之道，因時適變」，即三代之法亦有因革，後世更不可泥古。惲氏同時則認爲變法必須謹慎，不可輕言。卷十二魏禧〈答曾君有書〉論個別的法與其他的法相關：「一法雖善，不能獨行，必與他法爲表裏。」（頁四七一）程含章〈復林若洲言時務書〉舉設幕府統籌剿緝海盜事爲例，認爲此策牽涉其他大員職權，施行必有障礙（頁四七三）。卷末編者按語謂採錄魏禧〈答曾君有書〉及程含章文之意在於「戒妄譚策略，喜事紛更之弊也。苟非其人，法不虛行。」（頁四七六）此與卷十二盧崇俊〈法令應歸簡易疏〉提及立法不愼之弊相合。盧疏

云：「夫一法立，則一弊生，故法愈多，而弊愈滋……救弊惟在減法。」（頁四五六）

綜上所述，可知《經世文編》雖不避言變法，而實僅主張較小規模之調整，並不倡言大幅、激進之變革。惟以當時情勢論，卽小變亦不易。清代至道光之世，制度多已定型，且有僵化之趨勢。人情習於安逸與因循，「非有馮河之勇，不能有爲於斯時也。」（頁三八七）《經世文編》編者深知變法之困難，僅要求漸變小變，符合「窮則變，變則通」之原則。魏源等在當時歷史情勢下，彙集有關變法之文，雖冠以「治體」之題，以明「治」之有「體」，然所收之文，則多主張視時勢之需要，實行適當之具體變革。

五、結　論

據上文分卷及綜合分析，《皇朝經世文編》首十四卷具有若干特點。一、體制創新。魏源等纂輯文編之體例頗費心思。「學術」六卷與「治體」八卷每卷皆有小標題揭示該卷主旨。每卷內文章之編次雖非處處相連，而大旨有脈絡可尋，非《皇明經世文編》可比，與明末其他雜薈文編亦不同。

二、立場一貫。《經世文編》「學術」及「治體」十四卷之體例與歷代政典不同，並非按時代先後編排。文章之選擇及編次乃按思想內涵。「學術」、「治體」兩部分所選各編，每組提到

之問題，作者雖不同，而其立場則多近似。如「學術」部分之重「致用」、反對瑣屑考證、批評空談性理、強調躬行踐履等，立場皆頗鮮明。治體問題如民本之基本信念，要求人君寡欲，同時有養民之欲、禮敬大臣、增加地方用人之權、以專科造士、取士。諸此要求皆反覆見於不同作者之議論中。

三、以「經世之學」爲一門學問。《皇朝經世文編》與陳子龍（一六〇八—一六四七）等編纂之《皇明經世文編》比較，不但結構、體例不同，而且中心思想較爲鮮明、突出。《皇明經世文編》乃以撰文者個人爲組織單位，讀者研究個別問題，須按撰文人名翻查。陳編又無「學術」、「治體」兩部分冠首，故編者之立場，晦而不顯。兩書最大之差別則在於《皇朝經世文編》視經世之學爲一門學術，足與漢學、宋學分庭抗禮。《皇明經世文編》則僅爲施政文牘之彙編而已。陳子龍等似乎假定有經濟之人才，便自然而然有經世之文出現，似未自覺地提倡經世之學，藉以爲人才之指導。魏源等則先臚陳爲經世事功指導之學術、治道大原則，以此原則，質諸士人。魏源等並強調學術與治道之關係，誠士之志於經世者，亟須學習有關民生國計之切實知識。《皇朝經世文編》揭櫫「經世之學」，強調經世必須注意之原則與知識。此種以政事爲重要學問之新風氣，似受清中葉「道問學」精神之影響⑧。

⑧ 按乾隆丙申（一七七六年）已有陸燿編纂之《切問齋文鈔》三十卷，爲《皇朝經世文編》之先聲。但陸燿似未樹「經世之學」之旗幟，其書尚待詳細研究。

吾人可試就《皇朝經世文編》首十四卷之經世理論討論「經世之學」之內涵。此十四卷之內容包羅甚廣。自修身方法、讀書方法、經史學術之流派、士大夫事君治民之原則及責任、歷史教訓、地理與民生之關係，以至禍福報應、天人關係、本體論及宇宙論等問題，幾乎等於中國傳統學問一大部分之縮影。若以此十四卷所牽涉之範疇界定「經世之學」，則所有學問無論直接、間接關乎治國治民者皆可視爲「經世之學」，頗似今日學者泛用經世一詞時所指之一切有關政治或行政之思想與行爲。但據本文自此十四卷抽繹而得之理論，則十九世紀初葉魏源等所謂「經世之學」，雖牽涉頗廣，而實有下列三個原則，決定其範圍。第一、「經世之學」或「經世思想」必須以能「致用」爲目的。以文載道，論治亂之原，明風俗之隆替，有裨世道人心者爲經世之文，且可視之爲「經世之學」，但純文藝則不能視爲「經世之學」。《經世文編》中大文學家袁枚論諫官之文則收，而其專論文辭優劣之文則捨。探求五經大義以俾「通經致用」之經學固屬「經世之學」，而僅論證古音、訓詁名物，則不屬「經世之學」。《文編》中所收段玉裁、阮元之文章並非有關小學、經學之考證文字。講求修身之文有助於正俗與致治，可歸「經世之學」，而冥求「與宇宙萬物爲一體」或「空談性命」之言論則不能視爲「經世之學」。卷四關於天人關係之文字並未涉及無極、太極、陰陽、五行等問題，而僅討論君臣個人修身之社會效果。

《皇朝經世文編》提倡之「經世之學」，第二個界限乃以政府施政爲立場，特別重視君主與朝廷，但亦不輕視各省及州、縣地方行政。一切「經世」活動均以朝廷爲權威之源泉。故在政府

之外求「濟民」、「正俗」之活動及有關之學問皆似不屬於「經世之學」；革命之說，更無論矣。章學誠欲以文史經世，以上述標準衡之，其文史理論亦不能稱爲「經世之學」。章氏此類作品並未收入《文編》。請求朝廷用人消泯滿漢之別，可屬經世思想，因其基本立場仍爲効忠於清室。但反滿思想在當時爲不忠，匪特非「經世」，且實爲「倡亂」！經世思想必須是「經」一個合法政府所統治之當今之「世」，須有一政府爲効忠對象。黃宗羲、陳子龍等所欲「經」者爲明朝之「世」，而魏源、賀長齡所欲「經」者爲滿清統治之「世」。顧炎武等晚明遺老收入《皇朝經世文編》之文皆未顯露反滿意識之文。龔自珍雖非眞正反滿，而所撰《乙丙之際著議》及內容憤激之《狂言》，魏源雖必讀到，但未收入《文編》。

《皇朝經世文編》對「經世之學」界定之三爲專取以民爲本之經世觀。儒家與法家所揭櫫之法制、官制可能相似，而其爲政之精神與目標則大不相同。儒家、法家及《史記》所列之其餘四家，墨家、道家、陰陽、名家，皆有「務爲治」之方面，但亟求實效，專講功用之學派則首推法家。春秋霸政爲法家之先聲。管仲講求富國強兵之術，歷史上常與商鞅並稱。《皇朝經世文編》之理想可以兼採管仲之政法，以實現重民之「王道」。蓋管仲雖假「力」而非不求「仁」，與法家但求「力」而擯棄仁義不同。俞長城〈王霸辨〉謂王霸「辨之於心」。換言之，儒法皆講求治術，惟儒家經世之術以養民、教民爲本。爲人臣者於尊王之外尤須勇於勸諫，促人君不但修己，且以百姓爲心。至於士大夫服官施政，研究刑名錢穀等實務，自須於國計之外，尤重民生。《皇

朝經世文編》所揭櫫之「經世之學」並非中國所有學派治世之學，而是儒家以民爲本而又講求施政功效的「經世之學」。

上述「經世之學」之界定乃自《皇朝經世文編》首十四卷之內容歸納而得。但全書一百二十卷，其餘一百零六卷按吏、戶、禮、兵、刑、工六部分類，輯文共一千九百五十四篇。若以此一百零六卷之內容而界定「經世之學」，則經世之學應爲與六部政務有關之知識，包括行政制度、財政、教育、科舉、禮制、軍事、刑法、工程等方面之具體經驗與改良方策。故《皇朝經世文編》之「經世之學」似有廣狹兩義。廣義見於「學術」、「治體」十四卷。舉凡爲學爲政之原則，以及學者之志向、爲學方法、個人道德修養、以及對人性、天道、歷史之了解等，凡與政事及致用之原則有關者，皆屬廣義之「經世之學」。至於列於六部之下的文牘奏議則討論技術性之經驗、法制及方案。凡在此範圍內之知識與具體概念，可稱狹義之「經世之學」。

以篇幅比重而言，《皇朝經世文編》顯然以六部政務及有關之具體問題爲重點。魏源等編者心目中之「經世之學」故似以狹義之內容爲主體。〈經世文編敍〉謂「善言心者必有驗於事矣」，「善言人者必有資於法矣」，「善言古者必有驗於今矣」，「善言我者必有乘於物矣」。書中列於六部之下之一百零九卷可視爲以實際經驗、法制、政策以及現實情勢下集思廣益之各種意見，爲首十四卷所列原則之檢驗；提倡進一步以實效衡量既定之政策。然魏氏先云：「事必本乎心」，「法必本乎人」，「今必本乎古」，「物必本乎我」。是則《文編》首十四卷之理論仍

爲本原。《文編》敍文雖力言功效之重要，然功效必須以利民爲本，以心爲本，此種思想仍爲全書之基本原則。

依上述分析，《經世文編》廣義「經世之學」可視爲《大學》八條目之具體發揮。學者爲學之目的在於求治國、平天下，而講經世不能不先求修身，治平應自個人之修養始。〈經世文編敍〉云：

> 君、卿、士、庶人推本今世前世道器之洿隆所由然，以自治，外治，知違從、知伍參變化之謂學；學為師長、學為臣、學為士庶者也。格其心、身、家、國、天下之物，知奚以正、奚以修、奚以齊且治平者也（頁二）。

自學術淵源言，魏源本人或較接近宋明心學傳統之《大學》模式，視正心、修身以至於治平爲一連續過程。魏氏所撰之〈經世文編敍〉及所輯之「學術」、「治體」十四卷之內容，皆與此模式不悖。但《經世文編》雖言個人修養，並未深入討論修養之方法。《文編》所收文雖辨別君子與小人，惟因要求「才德並重」，故分辨未盡嚴格。與宋代比較，魏源等或接近陳亮、葉適，而與朱熹、陸九淵異趣。《經世文編》敍文言「心必驗於事」，「人必資於法」，似視功效與道德同樣重要，認爲卽聖賢亦須致力於實務之研究與制度之改進。《經世文編》重「賦役」問題，且屢言富民與富國，顯然不避言利，與永康、永嘉之學亦可比擬，惟晚清經世之學若與王安石變法理論比較，則殊甚保守。

《皇朝經世文編》不避「變法」之詞，已見上述。但綜觀首十四卷論變法各篇，實未鼓吹大規模或急速變法，而僅主張就具體問題謀補救或改良，與熙寧變法，不可同日而語。論者常認爲晚清經世之學、經今文學，及變法思想有不可分之關係。然就《經世文編》「學術」、「治體」十四卷之思想內容而言，並無如康有爲等改組六部、動搖政制之傾向。魏源完成《文編》編纂之前雖已從劉逢祿習《公羊春秋》，但「學術」、「治體」十四卷中無一篇專討論公羊學或經今文學，亦無一篇以公羊學之理論爲史觀，鼓吹變法。吾人似可斷言公羊學、經今文學與《皇朝經世文編》之出現，無重要關係。

最後請略論《皇朝經世文編》之纂輯在中國近世思想史上之意義。經過十八世紀考證學強調專家及實學之影響，《經世文編》「道問學」之精神頗強，凡實際問題皆視爲應鑽研之學問。《經世文編》以「學術」六卷冠首，表明「經世之學」與當時「考證之學」或「性命之學」，立場不同，所以必須獨樹一幟，以應現實之急需，與道義之要求。《文編》所勾劃之「經世之學」可視爲十八世紀考證學風靡一時後風氣之轉變。「道問學」之主要工作雖仍不離經書，但經書中之「道」對後世而言，僅屬虛理，而學問無所不包，自須包括君臣修身，且尤注重經世實務之探討。「經世之學」仍爲儒學，但非考證經書之「實學」，亦非僅尊德性之學；與永康、永嘉「事功之學」，亦未盡同。儒家思想由於外緣之促使，秉承孔門「爲民立政」之基本信念，自經典義理之研討，轉回講求治國、平天下之學，使幾乎跳出政治樊籠的「道問學」精神復陷入現實之糾

纆。《經世之學》固是當時情勢及憂患意識迫成之學術發展，但就歷史悠久之儒學入世、經世之基本取向而言，亦極自然之事。道光朝內憂仍在，而外患漸深，寖成「五千年來未有之大變局」。「經世之學」終而擴大爲救時之學問，成爲鴉片戰爭以後講求經濟、變法各種學術政治運動之先驅。就十九世紀、二十世紀中國整個思想史而言，《皇朝經世文編》揭櫫之「經世之學」乃一「基線」，道光初年以後思想學說之發展，皆須憑此基礎衡量比較。

——原載《中央研究院近代史研究所集刊》第十五期，上冊（臺北，一九八六年），頁三三一九九。

附錄：《皇朝經世文編》「學術」、「治體」十四卷著者簡歷稿*

四劃

一、尤珍（一六四七—一七二一）

字謹庸，尤侗子，江蘇長洲人。康熙二十年進士，官贊善。著有《滄湄劄記》、《滄湄類稿》五十卷、《晬示錄》二十卷。

二、方苞（一六六八—一七四九）

字靈皐，號望溪，安徽桐城人。康熙丙戌進士，官至禮部侍郎。有《望溪集》。

三、王友亮（一七四二—一七九七）

字景南，號葑亭，安徽婺源人。乾隆辛丑進士，官至通政司副使。有《雙佩齋集》。

四、王命岳（一六〇九—一六六七）

字伯咨，一字耻吉，福建晉江人。順治乙未進士，官給事中。有《耻躬堂集》。

五、王昶（一七二五—一八〇六）

字德甫，號蘭泉，江蘇青浦人。乾隆甲戌進士，官至刑部侍郎。有《春融堂集》。

---

* 本表中之著者字、號、功名、官職及著述之簡短書名主要依據《皇朝經世文編》卷首所列資料。生卒年代則經增補。

六、王奐曾（一六五一—一七三五）

字元亮，號誠軒，山西太平人。康熙丙辰進士，官御史。有《旭華堂集》。

七、王復初（生卒不詳）

字雲將，山西絳州人。順治戊子副貢生，官同知。

八、王鳴盛（一七二二—一七九八）

字鳳喈，號西莊，江蘇嘉定人。乾隆甲戌進士，官至光祿寺卿。有《耕養齋文集》。

五　劃

九、白允謙（生卒不詳）

字子益，號東谷，山西陽城人。順治初授秘書院檢討，官至刑部尚書。有《東谷集》、《歸庸齋集》。

六　劃

一〇、任辰旦（一六二三—一六九二）

字千之，號待菴，浙江蕭山人。康熙丁未進士，官兵科給事中。有《介和堂集》。

一一、任啓運（一六七〇—一七四四）

字翼聖，號釣臺，江蘇荆谿人。雍正癸丑進士，官宗人府府丞。有《清芬樓稿》。

一二、全祖望（一七〇五—一七五五）

字紹衣，號謝山，浙江鄞縣人。乾隆丙辰進士，授庶吉士。有《鮚埼亭文集》、《外集》。

一三、朱仕琇（一七一五—一七八〇）

字斐瞻，號梅崖，福建建寧人。乾隆戊辰進士，官夏津縣知縣。有《梅崖居士集》。

一四、朱珪（一七三一—一八〇七）

字石君，順天大興人。乾隆戊辰進士，官至體仁閣大學士，謚文正。有《知足齋集》。

一五、朱彝尊（一六二九—一七〇九）

字錫鬯，號竹垞，浙江秀水人。舉康熙己未博學鴻詞，授檢討。有《曝書亭集》。

七　劃

一六、何道生（一七六六—一八〇六）

字立之，號蘭士，山西靈石人。乾隆丁未進士，官至九江府知府。

一七、余廷燦（一七三五—一七九八）

字存吾，湖南長沙人。乾隆辛巳進士，官編修。有《存吾文稿》。

一八、吳詢（生卒不詳）

號畫谿，安徽桐城人。有《畫谿逸語》、《杏園賸簡》二卷。

一九、李光地（一六四二—一七一八）

字晉卿，號榕邨，福建安溪人。康熙庚戌進士，官至文淵閣大學士，謚文貞，有《榕邨全集》。

二〇、李容（一六二七—一七〇五）

字中孚，號二曲，陝西盩厔人。舉康熙己未博學鴻詞，不赴。有《二曲集》。

二一、汪家禧（一七七五—一八一六）

字漢郊，浙江仁和人。有《東里生燼餘集》。

二二、汪縉（一七二五—一七九二）

字大紳，號愛廬，江蘇吳縣人。有《汪子文錄》。

二三、沈近思（一六七一—一七二八）

字位山，號闇齋，浙江錢塘人。康熙庚辰進士，官至左都御史，贈禮部尚書，諡端恪。有《天鑒堂集》。

二四、阮元（一七六四—一八四九）

字伯元，號芸臺，江蘇儀徵人。乾隆己酉進士，官至雲貴總督、內閣大學士。有《揅經室集》等。

八劃

二五、周永年（一七三〇—一七九一）

字書城，山東歷城人。乾隆辛卯進士，官編修。

二六、季振宜（一六三〇—？）

江蘇泰興人。順治丁亥進士，官御史。

二七、官獻瑤（生卒不詳）

字瑜卿，號石谿，福建安谿人。乾隆己未進士，官至詹事府司經局洗馬。有《石谿文集》。

二八、杭世駿（一六九六—一七七三）

字大宗，號堇浦，浙江仁和人。雍正癸卯舉人，舉乾隆丙辰博學鴻詞，授編修。有《道古堂集》。

二九、林潞（一六二六—一六八八）

號鹿菴，錢塘人。有《鹿菴文鈔》。

三〇、邵大業（一七一〇—一七七一）

字徇齋，號厚菴，順天大興人。雍正癸丑進士，官至徐州府知府。有《謙受堂集》。

九　劃

三一、侯七乘（生卒不詳）

字仲輅，山西汾陽人。順治戊戌進士，官至廣信府同知。有《孝思堂集》。

三二、俞長城（生卒不詳）

字寧世，浙江桐鄉人。康熙乙丑進士，授檢討。有《寧世文集》。

三三、姚鼐（一七三一—一八一五）

字姬傳，安徽桐城人。乾隆癸未進士，官至禮部郎中。有《惜抱軒文集》及筆記、經說等書。

三四、姚文然（？—一六七八）

字弱侯，安徽桐城人。順治三年授國史院庶吉士，官至刑部尚書，諡端恪。有《端恪內外集》。

三五、姚延啓（生卒不詳）
浙江烏程人。順治己丑進士，官給事中。
三六、姜希轍（?—一六九八）
字二濱，浙江餘姚人。官至奉天府府丞，有《左傳統箋》。
三七、姜宸英（一六二八—一六九九）
字西溟，號湛園，浙江慈谿人。康熙丁丑進士，授編修。有《湛園未定稿》。
三八、施閏章（一六一九—一六八三）
字尙白，號愚山，安徽宣城人。順治己丑進士，官江西湖西道，康熙己未博學鴻詞，授翰林院侍講。有《愚山文集》。
三九、胡煦（一六五五—一七三六）
字滄曉，號紫弦，河南光山人。康熙壬辰進士，官至禮部侍郎。有《葆璞堂集》。
四〇、段玉裁（一七三五—一八一五）
字若膺，號茂堂，江蘇金壇人。乾隆辛巳舉人，官巫山縣知縣。有《經韵樓集》。
四一、胡天游（一六九六—一七五八）
字稚威，浙江山陰人，副貢生。舉乾隆丙辰博學鴻詞，有《石笥山房集》。
四二、胡德邁（一六六〇—一七一五）
字卓人。官御史。

四三、茅星來（一六七八—一七四八）

字豈宿，號鈍叟，浙江歸安人。有《鈍叟文集》。

四四、茅豫（生卒不詳）

號少山，浙江山陰人。乾隆丁未進士，官至知府。

十　劃

四五、柴潮生（生卒不詳）

乾隆五年官御史。

四六、唐甄（一六三〇—一七〇四）

原名大陶，字鑄萬，四川夔州人，僑寓崑山。順治丁酉舉人，官長子縣知縣。有《潛書》及《圃亭集》。

四七、夏之蓉（一六九七—一七八四）

字芙裳，號醴谷，江蘇高郵人。雍正癸丑進士，舉乾隆丙辰博學鴻詞授檢討。有《半舫齋集》。

四八、孫光祀（生卒不詳）

字怍庭，號溯玉，山東平陰人。順治乙未進士，官至兵部侍郎。有《澹餘集》。

四九、孫廷銓（一六一三—一六七四）

字伯度，號沚亭，山東益都人。順治元年授職爲天津推官，官至大學士，謚文定。有《沚亭文集》及《漢史億》。

五〇、孫嘉淦（一六八三－一七五三）

字錫公，山西興縣人。康熙癸巳進士，官至協辦大學士，諡文定。有奏疏。

五一、孫寶侗（?－一七〇七）

字仲愚，山東益都人。官都察院經歷。有《惇裕堂集》。

五二、徐必遠（一六一一－一六七七）

號寧菴，江蘇上元人。順治中爲京官。有《寧菴文集》。

五三、徐旭旦（生卒不詳）

字西泠，旭齡弟。官知縣。有《世經堂集》。

五四、徐旭齡（?－一六八七）

字元文，號敬菴，浙江錢塘人。順治乙未進士，官至漕運總督，諡清獻。有奏疏。

五五、徐乾學（一六三一－一六九四）

字原一，號健菴，江蘇崑山人。康熙庚戌進士，官至刑部尙書。有《憺園集》。

五六、桂芳（?－一八一四）

姓愛新覺羅，字子佩，號香東，滿洲鑲藍旗人，官至漕運總督，諡文敏。

五七、秦蕙田（一七〇二－一七六四）

字味經，號樹峯，江蘇金匱人。乾隆丙辰進士，官至刑部尙書，諡文恭。有《味經窩類稿》。

五八、袁枚（一七一六－一七九八）

字子才，號簡齋，浙江錢塘人。乾隆己未進士，官江寧縣知縣。有《小倉山房集》。

五九、馬世俊（生卒不詳）

字章民，號甸臣，江蘇溧陽人。順治辛丑進士，授修撰升翰林院侍讀。有《匡菴集》。

十一劃

六〇、張士元（一七五五—一八二四）

號鱸江，江蘇吳江人。嘉慶庚申舉人。有《嘉樹山房集》。

六一、張玉書（一六四二—一七一一）

字素存，江蘇丹徒人。順治辛丑進士，官至文華殿大學士，諡文貞。有《張文貞集》。

六二、張杓（生卒不詳）

字磬泉，廣東番禺人。嘉慶恩科舉人，道光七年補潮州府揭陽縣儒學教諭。有《磨甋齋文存》一卷。

六三、張英（一六三八—一七〇八）

字敦復，安徽桐城人。康熙丁未進士，官至文華殿大學士，諡文端。有《存誠堂》、《篤素堂》等集。

六四、張海珊（一七八二—一八二一）

字越來，號鐵夫，江蘇吳江人。道光辛巳舉人。有《小安樂窩文集》。

六五、張望（一七三八—一八〇八）

字櫻壇，號閏榻，江西武寧人。有《閏榻先生集》。

六六、張鉿（生卒不詳）

字蘇泉，山東即墨人。乾隆辛卯舉人。

六七、張爾岐（一六一二—一六七八）

字稷若，號蒿菴，山東濟陽人。有《蒿菴集》、《蒿菴閒話》等書。

六八、張履祥（一六一一—一六七四）

字考夫，號楊園，浙江桐鄉人。有《楊園先生全集》。

六九、曹一士（一六七八—一七三六）

字諤庭，江蘇上海人。雍正庚戌進士，官給事中。有《四焉齋集》。

七〇、梁傑（嘉道時人）

廣東高要人。見《學海堂集》。

七一、畢誼（生卒不詳）

字元復，江蘇婁縣人。康熙戊戌進士，官至鳳陽兵備道。

七二、章學誠（一七三八—一八〇一）

號實齋，浙江會稽人。乾隆戊戌進士，官國子監典籍。有《章氏遺書》。

七三、陳宏謀（一六九六—一七七一）

字汝咨，號榕門，廣西臨桂人。雍正癸卯進士，官至大學士，謚文恭。有《培遠堂集》。

七四、陳祖范（一六七六—一七五三）

字亦韓，號見復，江蘇常熟人。雍正癸卯進士，乾隆中以經學薦，授國子監司業，有《見復文集》。

七五、陳斌（生卒不詳）

號白雲，浙江德清人。嘉慶己未進士，官至安徽同知。有《白雲古文初集》五卷、《詩集》二卷、《續集》八卷。

七六、陳遷鶴（一六三九—一七一四）

字介石，福建安溪人。康熙乙丑進士，官至左春坊左庶子。有《上峯堂》、《春樹堂》等集。

七七、陳鵬年（一六六四—一七二三）

字北溟，號滄洲，湖南湘潭人。康熙辛未進士，官至河道總督，謚恪勤。有《道榮堂集》、《陳恪勤集》。

七八、陶正靖（一六八二—一七四五）

字稺衷，江蘇常熟人，雍正庚戌進士，官太常寺卿。有《晚聞存稾》。

七九、陶貞一（一六七六—一七四三）

字改一，江蘇常熟人。康熙壬辰進士，官編修。有《退菴文集》。

八〇、陸世儀（一六一一—一六七二）

字道威，號桴亭，江蘇太倉人。有《桴亭文集》、《思辨錄》等書。

八一、陸壽名（一六二〇—一六七一）

號芝庭，江蘇長洲人。順治壬辰進士，官寧國府教授。有《鳳鳴集》。

八二、陸燿（一七二三—一七八五）

字青來，號朗夫，江蘇吳江人。乾隆壬申舉人，官至湖南巡撫。有《切問齋集》、《切問齋文鈔》。

八三、陸隴其（一六三〇—一六九三）

號稼書，浙江平湖人。康熙庚戌進士，官至御史，贈內閣學士，諡清獻，從祀聖廟。有《三魚堂集》。

十二劃

八四、彭士望（一六一〇—一六八三）

號躬菴，江西南昌人。有《恥躬堂集》。

八五、彭定求（一六四五—一七一九）

字勤止，號南昀，江蘇長洲人。康熙丙辰進士，授修撰，官至翰林院侍講。有《南昀文集》。

八六、彭啓豐（一七〇一—一七八四）

號芝庭，江蘇長洲人。雍正丁未進士，授修撰，官至兵部尙書。有《芝庭文集》。

八七、惲敬（一七五七—一八一七）

字子居，江蘇陽湖人。乾隆癸卯舉人，官瑞金縣知縣。有《大雲山房集》。

八八、曾鏞（生卒待考）

號鯨堂，浙江泰順人。官知縣。有《復齋集》。

八九、程含章（一七六二—一八三二）

字象坤，號月川，雲南景東人。景南廳舉人，官山東巡撫。有《嶺南》、《江右》等集。

九〇、程晉芳（一七一八—一七八四）

號魚門，安徽歙縣人。乾隆辛卯進士，官編修。有《勉行堂文集》。

九一、程嗣立（一六八八—一七四四）

字風衣，江蘇安東人。有《水南先生集》。

九二、馮景（一六五二—一七一五）

字山公，號少渠，浙江錢塘人。舉康熙己未博學鴻詞，不赴。有《解春集》。

九三、黃永年（一六九九—一七五一）

字靜山，號崧甫，江西廣昌人。乾隆丙辰進士，官至常州府知府。有《南莊類稿》。

九四、黃宗羲（一六一〇—一六九五）

字太沖，號梨洲，浙江餘姚人。舉康熙己未博學鴻詞，不赴。有《南雷文定》、《明夷待訪錄》等書。

十三劃

九五、楊名時（一六六〇—一七三六）

字賓實，號凝齋，江蘇江陰人。康熙辛未進士，官至禮部尙書，諡文定。有《楊氏全書》。

九六、楊椿（一六七六—一七五三）

字農先，江蘇武進人。康熙戊戌進士，官至翰林院侍講學士。有《孟鄰堂集》。

十四劃

九七、熊文舉（生卒不詳）

字公遠，江西新建人。順治元年授戶部郎中，官至兵部侍郎。有《雪堂文集》。

九八、熊伯龍（生卒不詳）

字次侯，號鍾陵，湖北漢陽人，順治己丑進士，官至翰林院侍讀學士。有《熊學士集》。

九九、熊賜履（一六三五—一七〇九）

字敬修，號素九，湖北孝感人。順治戊戌進士，官至大學士，謚文端，有《經義齋集》。

一〇〇、管同（一七八〇—一八三一）

字異之，江蘇上元人。道光乙酉舉人。有《因寄軒文初集》、《二集》等。

一〇一、趙申喬（一六四四—一七二〇）

字松伍，江蘇武進人。康熙庚戌進士，官至吏部尙書，謚恭毅。有《恭毅賸稾》、《自治官書》。

一〇二、趙廷臣（?—一六六九）

字君鄰，鑲黃旗漢軍，盛京鐵嶺人。順治乙酉由附貢生授知縣，官至浙江總督，謚清獻。有奏議。

一〇三、趙青藜（生卒不詳）

字然乙，安徽涇縣人。乾隆丙辰進士，官至御史。有《漱芳居文鈔》。

一〇四、趙開心（生卒不詳）

號洞門，湖南長沙人。順治元年授陝西道御史，官至戶部侍郎加工部尙書銜。有《洞門文集》。

一〇五、趙翼（一七二七—一八一四）

字雲崧，號甌北，江蘇陽湖人。乾隆辛巳進士，官至貴西兵備道。有《簷曝雜記》及《皇朝武功紀盛》、《廿二史劄記》等書。

一〇六、齊召南（一七〇三—一七六八）

字次風，號息園，浙江天台人。舉乾隆丙辰博學鴻詞，授檢討，官至禮部侍郎。有《寶綸堂集》、《水道提綱》。

十五劃

一〇七、劉開（一七八四—一八二四）

字東明，號孟塗，安徽桐城人。有《孟塗文集》。

一〇八、劉鴻翶（一七七九—一八四九）

字次白，山東濰縣人。嘉慶己巳進士，官太湖同知。有《綠野堂》。

一〇九、潘耒（一六四六—一七〇八）

字次耕，號稼堂，江蘇吳江人。舉康熙己未博學鴻詞，授檢討。有《遂初堂文集》。

一一〇、潘諮（一七七六—一八五三）

字少白，浙江錢塘縣人。有《小白山人集》。

一一一、蔡新（一七一〇—一七九九）

字次明，號葛山，福建漳浦人。乾隆丙辰進士，官至大學士，謚文端。有《輯齋文集》。

一一二、蔡毓榮（一六三三—一六九九）

字竹庵，蔡士英次子，奉天錦縣人。正白旗漢軍，官至兵部侍郎、雲貴總督。

一一三、蔣攸銛（一七六六—一八三〇）

號礪堂，直隸寶坻人。鑲藍旗漢軍，乾隆甲辰進士，官體仁閣大學士。

一一四、蔣伊（一六三一—一六八七）

字謂公，江蘇常熟人。康熙癸丑進士、官至河南提學副使。有奏疏及《莘田集》。

十六劃

一一五、盧文弨（一七一七—一七九六）

字紹弓，浙江餘姚人。乾隆壬申恩科進士，官至翰林院侍講學士。有《抱經堂集》。

一一六、盧崇俊（生卒不詳）

鑲黃旗漢軍，順治五年由佐領，遷升至川陝總督。

一一七、閻若璩（一六三六—一七〇四）

字百詩，號潛邱，山西太原人。舉康熙己未博學鴻詞。有《潛邱劄記》、《古文尚書疏證》、《四書釋地》等書。

一一八、閻循觀（一七二四—一七六八）
字懷庭，號伊蒿，山東昌樂人。乾隆丙戌進士，官吏部主事。有《西澗草堂集》。

一一九、錢大昕（一七二八—一八〇四）
字曉徵，一字辛楣，號竹汀，江蘇嘉定人。乾隆甲戌進士，官至少詹事。有《潛研堂集》。

一二〇、錢維城（一七二〇—一七七二）
號稼軒，江蘇武進人。乾隆乙丑進士，授修撰，官至刑部侍郎，贈尚書，謚文敏。有《茶山文鈔》。

十七劃

一二一、繆彤（一六二七—一六九七）
字歌起，江蘇吳縣人。康熙丁未進士，授修撰，官至翰林院侍講。有《雙泉堂集》。

一二二、謝文洊（一六一六—一六八二）
字秋水，號約齋，江西南豐人。有《學庸切己錄》、《謝程山集》。

一二三、戴祖啓（一七二五—一七八三）
字敬咸，江蘇上元人。乾隆戊戌進士，官國子監學正。有《師華山房集》。

一二四、儲大文（一六六五—一七四三）
字六雅，號畫山，江蘇宜興人。康熙辛丑進士，授庶吉士。有《存硯樓集》。

一二五、儲譽趾（生卒不詳）

字梅夫，江蘇宜興人。乾隆己未進士，官至宗人府府丞。有《雙樹軒集》並奏疏。

十八劃

一二六、韓菼（一六三七—一七〇四）

字元少，號慕廬，江蘇長洲人。康熙癸丑進士，授修撰，官至禮部尙書，謚文懿，有《有懷堂集》。

一二七、蕭震（生卒不詳）

字長源，福建侯官人。順治壬辰進士，十七年官御史。

一二八、魏源（一七九四—一八五七）

字默深，湖南邵陽人。道光壬午舉人。著作甚多，以《聖武記》、《老子本義》、《詩古微》、《書古微》、《海國圖志》爲最著名。

一二九、魏禧（一六二四—一六八一）

字冰叔，一字叔子，江西寧都人。舉康熙己未博學鴻詞，不赴。有《叔子文集》。

一三〇、魏裔介（一六一六—一六八六）

字石生，號貞菴，直隸栢鄉人。順治丙戌進士，官至保和殿大學士，謚文毅。有《兼濟堂集》。

一三一、魏際瑞（一六二〇—一六七七）

原名祥，字善伯，魏禧之兄。有《伯子文集》。

一三二、魏禮（一六二八—一六九三）

字和公，一字季子，禧弟。有《季子文集》。

一三三、魏雙鳳（生卒不詳）

字雝伯，直隸獲鹿人。順治戊戌進士，官至宗人府府丞。

十九劃

一三四、羅有高（一七三四—一七七九）

字臺山，江西瑞金人。乾隆乙酉舉人。有《尊聞居士集》。

二十一劃

一三五、顧炎武（一六一三—一六八二）

字寧人，號亭林，江蘇崑山人。有《亭林文集》、《日知錄》、《菰中隨筆》、《天下郡國利病書》等書。

二十二劃

一三六、龔自珍（一七九二—一八四一）字璱人，號定庵，浙江錢塘人。嘉慶戊寅舉人，官內閣中書。有《定庵文集》。

論制度

三、晚清地方官自述之史料價值

——道咸之際官紳官民關係初探

近三十年來，中外學術界對清代地方行政史及社會史論著甚多。自前輩學者蕭公權先生等倡始，各家撰述已有重要之貢獻①，徵引之資料，亦極廣博。舉凡與基層地方行政有關之史料，如牧令書，各府縣方志，以及身任地方官有實際經驗者之撰述，如黃六鴻《福惠全書》，袁守定《圖民錄》，汪輝祖《汪龍莊先生遺書》，劉衡《庸吏庸言》、《庸吏餘談》等書，多已採述闡說。惟此類珍貴材料，前此學者多僅注意清代初期及中葉。道光早年以降之道府州縣地方官雖亦

① 茲舉數例如次：Kung-chuan Hsiao（蕭公權），*Rural China: Imperial Control in the Nineteenth Century* (Seattle, 1960); T'ung-tsu Ch'ü（瞿同祖），*Local Government in China under the Ch'ing* (Cambridge, Mass., 1962)；繆全吉，《清代幕府人事制度》（臺北，一九七一）；John R. Watt, *The District Magistrate in Late Imperial China* (New York, 1972).

有著述，但似鮮有人詳細引用。而晚清地方行政問題，遠較清代全盛時期爲困難。地方官中之賢能者，雖未能盡有補時艱，救民於水火，而秉承中國傳統中之優良因素，鞠躬盡瘁者，亦大有人在。筆者治晚清史，對於府縣地方官之自述資料，頗多涉獵。此類地方官之自敍筆記，常附有函牘告示等文件，價值甚高。其自撰年譜有顯以日記爲底本者，紀述尤詳。

本文介紹道光咸豐之際地方官自敍筆記及自撰年譜各一種：

一、桂超萬，《宦遊紀略》②。超萬字丹盟，安徽貴池人，生於乾隆四十八年（一七八三年）左右。桂氏早年經歷尙待考，五十歲（道光十二年，卽一八三二年）始成進士。此後二十餘年，桂氏服官極認眞強幹。處理刑獄案件，尤爲精明。桂氏初以知縣發江蘇省，署陽湖縣四十日，以父憂返里。道光十六年（一八三六年）服闋後，授直隸欒城縣。《清史》謂其息盜風，重教養。「設義塾，化導鄉民。通溝洫，平道路，……勸樹畜，修井糞田，種薯芋以備荒。」③桂氏宰欒五年後調萬全縣，署豐潤縣。嗣於道光二十四年（一八四四年），擢任江蘇揚州知府，兩年後移蘇州府。時値蘇松太漕糧積弊極重，官民交困。桂氏倡議減旗丁幫費及大小戶均賦。道光二十六年（一八四六）蘇州府屬之常熟昭文二縣，有抗糧抗租之變，由桂氏會辦平定。道光二十

② 原書共六卷，有咸豐二年（一八五二）序文。桂氏另有《續宦遊紀略》記同治元年、二年（一八六二—六三）服官福建省事，僅一卷。《宦遊紀略》及《續宦遊紀略》，臺北文海出版社《近代中國史料叢刊》第八十一輯有影印合刊本。

③ 張其昀等編，《清史》（臺北，一九六一），第七冊，頁五一二五。

九年（一八四九）擢福建汀龍漳道，尋乞病歸。同治元年（一八六二），桂氏暮年復出，署福建儲糧道，次年擢按察使。年八十卒於官。桂氏「每日行事，皆筆記成帙」④，並錄文牘告示等件，於咸豐二年（一八五二）刊印《宦遊紀略》六卷，有福建巡撫徐宗幹及桂氏兄青萬之序文。

二、段光清，《鏡湖自撰年譜》⑤。段光清，字俊明，號鏡湖，安徽宿松人，生於嘉慶三年（一七九八）。道光十五年（一八三五）年舉人，惟延至道光二十四年（一八四四年）始分發浙江候補。越二年得建德縣實缺。以後歷任浙江慈谿，海鹽，江山知縣。段氏有「段青天」之譽，且善於任事籌餉。咸豐二年浙東民變紛起，段氏調鄞縣令，處理該縣抗糧焚署大案。段氏嗣擢寧紹臺道，咸豐六年（一八五六年）升鹽運使，越三年爲按察使。咸豐十年（一八六〇年），太平軍破杭州，段氏以「潛逃」罪免職，但因其有籌餉治事能力，繼任浙撫仍派其爲委員，辦理寧波勸捐，浙東鹽務，及籌修錢塘江海塘等事。同治五年（一八六六），段氏六十九歲，告老回籍。所著《鏡湖自撰年譜》內容詳細而生動，似乃根據積年日記而作。段氏《年譜》三十年前始由其後人公之於世，現有臺北印本。

晚清地方官自述史料，以此二書爲例，內容極爲豐富。舉凡府縣施政情形，衙門書吏差役人

---

④《宦遊紀略》（文海版），徐宗幹序文，頁一。

⑤此書一九六〇年始由其後人公之於世，鉛印本共二一五頁，較原稿爲短，蓋經刪削也（北京：中華書局，一九六〇）。臺北印本見文海出版社《近代中國史叢刊》第七十九輯。

等活動眞象，以及清代吏治之整個制度，在在可見前此學者未注意及之實況。而斷案折獄及徵收稅糧乃地方官之兩大責任；研究中國法制史與財政史者，即在本文介紹之二書中，已可發現有價值之材料。惟本文爲試探性質，僅依筆者目前興趣，著重介紹道咸之際官紳官民關係之材料；所舉司法案件與稅收情形，亦以社會史爲中心，兼論及太平天國佔據江寧前夕，清政府面對之困難情形。本文之取材故乃介乎行政史與社會史之間，介紹材料之範圍，簡述如次：

㈠晚清地方官與所謂紳士之關係如何？而所謂紳士，究係何指？紳士之中是否有紳與衿等勢力層次分別？

㈡晚清地方官與商人之關係如何？商與紳間之關係又如何？

㈢晚清地方官任用之書吏，差役，以及供差之地保，與地方官及紳民間之關係又如何？

㈣晚清地方官如何處置鄉村民變事件？各項聚衆抗糧抗租，焚署刼獄之動亂，究竟由誰領導？有無紳衿在內？

上述四問題皆中國近代社會史之大問題。本文介紹之兩種地方官自述僅能提供回答問題之部分資料。然此等資料，若與一般府縣方志比較，則遠較詳細充實。本文故儘多引用原文，俾讀者可睹原始資料，而非僅筆者之分析而已。地方官之自述乃就其本身立場敍事，自亦難免有所偏倚。然其中若干具體事實絕對可信。而賢能地方官之苦衷與行誼，史家亦須了解。自行政史及社會之觀點，此種史料固有其獨特之價値也。

一、桂超萬，《宦遊紀略》

桂氏任知縣最久乃在直隸正定府欒城縣，地頗貧瘠，文風不盛，嘉慶、道光兩朝產生之舉人與進士，爲數甚少。⑥桂氏治欒五年，當地似少巨紳與之接觸。惟桂氏無論折獄收稅，常有必須應付文武生員等「低級紳士」⑦之非法行動。吾人藉此亦可觀察生員等低級科名，究竟在清代社會中有何種作用？其中較爲活躍好動者之行爲模式如何？日後桂氏擢任江蘇揚州蘇州知府，處財富人文薈萃之區，眞正之紳士（所謂「官之居鄉者曰紳」）在地方社會居顯要地位，桂氏之行政問題亦與處「有衿無紳」之處頗不相同矣。

欒城無巨紳，可自桂氏勸捐書院義學之文告見之。欒邑原有龍岡書院，創於康熙朝，然「百

---

⑥ 嘉慶全朝及道光朝至道光二十年爲止之四十五年間，正定全府成進士者共十人，成擧人者八十人。其中，欒城無一進士，而有擧人十人。此十人中，服官最高者爲知縣或知州，計共三人；其餘任教諭，訓導，學正者四人；此外則似無官蹟。見《畿輔通志》（一八八四年開雕，一九三四年上海商務印書館影本），第一册，卷四一，頁一三四〇—一三五五；卷四四，頁一四六五—一五一五。

⑦ 「低級紳士」(lower gentry)一詞爲張仲禮氏所創，見 Chang Chung-li, *The Chinese Gentry: Studies on Their Role in Nineteenth Century Chinese Society* (Seattle, 1955)。張氏所謂之「高級」及「低級」紳士，乃以貢生中之類別爲界線；例貢生屬「低級」，其餘則屬「高級」。本文偶亦用「低級紳士」或「低級科名」之詞，惟貢生地位特殊，卽例貢生亦似有資格服官。張氏之界線，未必合當時社會層次實況。

年以來，舊蹟久廢，前任知縣石門王君有意振興之，勸捐青蚨四千緡，盡營堂舍，規模一新；而修薪各費，無所取資。書院之虛設數年矣。」⑧文風盛亘紳多之邑，縣令每可請鄉宦捐資，有一二亘紳領銜，多捐修費，卽可成事。然欒城似無此種人物。故桂氏乃出諭勸捐，以救書院「虛設之弊」：

余下車始捐廉延師課士，文風稍有起色。惟是經費必足，教澤乃長，非歲有餘利，源源不竭，不足以垂久遠。勢不能不再託優曇之缽，集成白傅之裘……茲邑民貧客富。有素封固資近水，于商賈亦借他山。蓋商賈獲此邦之利，亦當分利以利此邦。況民表惟士，士心悅則爭訟自此潛消，利人卽以利己也⑨。

據此則桂氏之整頓龍岡書院顯非賴本縣紳士捐資，而乃借助於居欒之他省商人。桂氏此外並於欒城縣四鄉，分立義學，出示曉諭云：

茲又於四鄉分立義學四所，已經捐廉延師。南學設南十里舖，西學設永安村，東學設城郎村，北學設治河舖，皆借廟宇以居……凡附近居民子弟力難從師者，卽往受業，止須門生紅貼，餘無所需。但各鄉村子弟甚多，四義學收入有限。若不廣設，識字仍希。本縣以寒儒涖茲痡缺，勉為倡捐，力難遍及。勢不能不勸各村富厚之家，捐立各村之塾。

⑧《宦遊紀略》，卷二，頁一四。

⑨同上，頁一四—一五。

為此諭鄉村紳士軍民人等知悉⑩。

然桂氏此諭所云「鄉村紳士」人等究係何指?其告示續云:「各鄉聚衆成村,必有殷戶,或兩三家捐一義學,或十數家捐一義學,俾俗盡淳良,讀書可以化暴;且人多感激,施惠卽以保家。」⑪據此則桂氏乃希望鄉村殷戶捐資,所云「紳士」似非指鄉宦巨紳也(此點請參較下文註㉗)。

桂氏在欒除興學外,並開濬河渠,以防水患。其濬河工程,主要乃賴民力,仿明代「按戶出夫,計夫分地」舊例。桂氏為此事出示云:「水患既所當除,舊章又復可仿。官不倡行,則是自溺其職;民不踴躍,則是不樂其生。遂議明春解凍之期,與此公旬合作之役,諭之紳耆,皆稱義舉。」⑫然桂氏雖「諭之紳耆」,而事實上此舉紳士既未出資,亦未任董理之責。工程由知縣親自督察,民工則責成城鄉地保催徵。桂氏之告示云:「本縣不敢憚勞,必將親自督率。倘届期夫不上工,卽惟該地保是責。至於丈地經書,催夫差役,俱經本縣給發飯食,毋許下鄉需索。如違稟究。」⑬此種施工情形,亦與他省他縣各種工程賴紳董管理,迥不相同(請參較下文,註㉘,(54)及(55))。

---

⑩ 同上,頁一五—一六。
⑪ 同上,頁一六。
⑫ 同上,頁二一。
⑬ 同上,頁二二。

欒城縣雖似無巨紳，然生員監生等所謂「生衿」則不在少數。此類「低級紳士」中安分守己，授課苦讀，或任官幕商舖等職者，似居多數。然其中投機取巧，藉「衿」之法定特權，或訴訟誣人，或逃稅逃役，皆大有人在。加以此種劣衿往往與衙門之書吏差役朋比爲奸，尤使地方官難於應付。清代陋習，生員爲「訟師」代起訴者設謀及起草訴狀，同時則勾通書役，藉得勝訴，而使被訴者含寃莫伸。桂氏出任欒城知縣不久卽出「查拏訟師教示」⑭。嗣訪得當地訟師，至少兩人。其一爲生員檀楝材，代商人呂進控范仁行棉商，在縣不勝，又唆使其至保定省城上控。呂進畏葸，而檀楝材竟頂名前往，代爲上控。桂氏傳呂進詰訊，發現「原告往省路程不知，控省情形不悉。究出文生檀楝材頂控，傳到該生，訊實，先移學詳革。正提究間，在學潛逃。」此後桂氏始終注意檀楝材行蹤：「每歲開篆，出票查拏。在任五年，該革生不敢回籍。」⑮

欒城另有一「著名訟師」，名殷慕棠，亦生員。桂氏於蒞職兩年後始發現其劣跡。其案爲「馬劉氏府控王成文領本昧帳」。桂氏探明馬劉氏乃受其戚劉殿挑唆，而呈詞乃「文生殷慕棠代做」。桂氏自劉殿之車夫張茂詰明此事，並得劉殿招認。「再提殷慕棠上堂，飭〔經〕承先背張茂劉殿兩供狀，並兩人答應都是實話。因問爾是生員，應曾對策。遂硃筆書問，令伊墨筆書供……第一語卽書張茂劉殿所供俱實，縷析詳問，一一供明，並書非親非故等語，惟不認起稿受

⑭ 同上，頁三。

⑮ 同上，頁六—七。

賄。卽傳馬劉氏問訊，初恃老婦逞刁，……余令其子告知殷慕棠親筆供認，乃一一供明，並訊出給錢十千等語，殷亦無從狡賴。比日發學管押，移取入學年分，學先詳革。次日潛逃，差拏未獲，探之已赴皖投親。此道光戊戌（一八三八）三月事也。至八月有一生遞呈，余覽其詞，問何人所作？曰：自作。余曰：此殷慕棠筆也。現已回籍，飭差卽拏，聞之立竄死於道。」⑯

生衿任訟師，爲人包訟者，究屬少數。惟文武生員及監生非由學官將其詳革，不得在縣大堂刑訊。生衿藉此特權，誣告他人，乃常有之事。玆就桂氏在欒所處理之此類控訴，舉三案爲例：

㈠柴趙村武生張九經喊控被南李村李忙牛帶領不識姓名多人在南關外毆傷，幸衆鄉親勸救一案。桂氏之筆記云：

> 柴趙爲欒城巨村，刁生叢集，遇事生風。九經前因村人與南李訟，結黨扛幫，曾訊虛移學戒飭在案。至此挾嫌控毆，……據忙牛稱：日未落時回村，有同行人可證，訊同行者屬實。九經堅持如初。再傳南關地保，訊初更聞鬥毆聲否？曰無之……添傳兩地保問毆。又云無之……初燈，集猶未散，毆者多，勸者衆，是一場熱鬧鬥毆，豈有三地保並百十家毫無見聞之理？於是九經語塞，自認裝傷。卽欲詳革，叩頭伏罪具不再滋事結⑰。

⑯《宦遊紀略》，卷三，頁一七——一九。

⑰同上，頁五——六。

(二)老生員譚元成控蘇澤宏保帳折產坑價吞租一案。老生員譚元成欠人款項，而所交與保人蘇澤宏之鋪房折價不及欠項之本利。桂氏覓出卷宗中譚元成原呈，與現控情節不合，乃誡元成曰：

本欲治爾誣賴添換文卷之罪，發爾遠去，以儆無良。旣具悔呈，褫爾功名而已。元成伏罪，情願交房，不敢再訟⑱。

(三)廩生梁遵名控伊家合開廣興店，經伊兄法唐分出店股同夥，堂兄梁省方串張鳳飛等昧帳一案，桂氏究明為誣告：

該生〔梁遵名〕性狡口辨，倚勢恃符，健訟為全郡冠。所控錢帳細故，革審未能，……甚難處置。今使之取回清單，不敢獻真，又不敢造僞，不能報失，又不能說無，……卽照原告兩月不到之例詳銷矣⑲。

從上述三案觀察地方官與紳衿之關係，可見文武生員縱好訟，而遇良吏如桂氏者，則雖有特殊法律地位而未必能勝。《宦遊紀略》中另記有桂氏在欒時由文武生員主動控告之案件兩項，原告亦皆敗⑳。桂氏筆記中無涉及巨紳之案件，甚至無涉及貢生者。惟吾人可相信桂氏對於低級紳士不但不偏袒，且欲破其健訟之風。上述三案中之三乃族人相控。《宦遊紀略》中此類案件頗

⑱ 同上，頁八—九。
⑲ 同上，頁一九—二一。
⑳ 同上，頁一〇—一一；二四—二六。

多，研究中國宗族社會史應注意之。三案中有兩案涉及生員置有舖房財產及與人合夥經營商業，足徵生員士子與商業之關係。由捐納而得之監生，更無論矣。惟最可異者，桂氏選記渠在欒城聽斷案件二十七案中，竟無一案涉及監生，其或監生之「健訟」不如賣弄文墨之生員歟？

桂氏不但嚴拏訟師，懲戒健訟之生員，對於「紳衿」之利用特權免交代替徭役之賦稅，亦不放任。按清代華北田賦較輕而有附屬田賦之徭役。道光六年（一八二六），直隸總督那彥成奏明：「直省兵役〔按：此處所云兵役主要包括保甲等雜役〕准三十畝免派雜差，餘地與齊民一體派辦。」㉑惟紳衿之徭役並無成例，各州縣紳衿有無此項負擔，地方制度不同；卽欒城縣各村亦不同。桂氏奉正定府委訊元氏縣武生許輝差案，認爲生衿應依兵與役之先例，得免徭役三十畝；三十畝以上之地則不能免此負擔。此案斷決後，欒城縣竇嫗村鄉民乃控該村「衿戶」（包括生員監生等）「多不當差，大累民戶」。桂氏認爲所控實屬有理，以「近來衿戶之地數倍貧民，其故由雜差盡出於民，衿戶安然事外，富者益富而地日增，貧者益貧而地日減。」桂氏仍依前斷，論竇嫗村「衿戶」之免役，僅以三十畝爲限。

詎竇嫗村有廩生耿作梅，爲一大衿戶，竟禀欒城縣教諭（卽該縣學官）「求援救」，並引《欽定學政全書》中「舉貢生員，概免雜差，俾得專心肄業」一語。實則所謂差徭，衿戶早可按

㉑《宦遊紀略》，卷四，頁三。

畝交「差錢」代替，並無礙於學業。但耿作梅等既引《學政全書》，且有學官爲之支援，桂氏知刁生「恐難壓服」，乃禀正定知府，詳釋《學政全書》中上諭之原意。桂氏指出，乾隆元年（一七三六）上諭云：「因各省有令生員充當總甲圖差之類，非國家優恤士子之意；故諭嗣後舉、貢、生員概免雜差，俾得專心肄業。」而嘉慶十九年（一八一四）上諭云：「因姚文田奏請嚴禁文武生員充膺催領甲長，故有文武生員不准充膺官役雜差，載在《學政全書》定例綦嚴。」此二論實皆指「總甲圖差」等有關保甲制度或里甲制度之「官役」。蓋此種「官役」不僅「有妨肄業」，且事涉盜賊賦稅等事，可能「致取侮辱」，故非士子所當爲。然此二諭旨皆非指「按地行差之差，無妨肄業不取侮辱者而言」。耿作梅等顯係斷章取義，巧避役稅。桂氏此禀經正定府核准後，桂氏向欒城教諭解釋渠並非欲與生衿爲難：「衿戶免辦，於衙門何減？故辦於衙門何增？只爲體恤窮戶起見耳。」㉒

實則竇嫗鄉之徭役問題，尚有其複雜之社會背景。段氏經由欒城縣兩計書（卽主管鄉村之書吏）查明竇嫗村衿戶民戶之地雖各共四十頃有奇，面積各居全村之半，而「其實民地典在衿處甚多」，前此無論衿戶自有之地或受典之地，皆「分文不貼」。上年該村公議典地亦須貼差——卽交代替徭役之差錢，顯然對衿戶不利，於是乃有耿作梅等之抗議。茲桂氏重申有地三十畝之外卽

㉒ 同上，頁四—五。

須負擔貼差之費，而耿作梅等受諭時雖一口遵命，而歸村後仍依然舊我，「分文不貼」。桂氏述此事云：「上堂卽遵，到鄉不辦，處置無法！」㉓

然桂氏任事認眞，不容有「到鄉不辦」之事。據其自述，乃設法召耿作梅等來欒城縣署面談：

> 因思書院課士，各鄉俱來，惟該村（竇嫗村）稍遠未至，未便聽其自外甄陶，且可借此面諭。乃傳例應歲考者十四人到署作課。來者六人。給以酒食，從容溫諭問餘人何以不至？答以久荒。並問出學官終年不月課狀。余笑語云：曠課三月應革。隨問差事。耿作梅答云：不辦對不過父師，若辦鄉人以差錢交給結訟之地保為恥。余令另舉衿戶地保分辦，斷不可遲。許之。乃傳社書同兩地保算明畝數，扣除優免（之三十畝），當堂認結，分差行之㉔。

此事在道光二十年（一八四〇），而至該年年底，耿作梅等又作梗。桂氏自述云：「向例十二月換地保。余有萬全之調（但尚未赴任）。該村衿戶不舉地保，差催甚迫。」耿作梅呈稱新辦法有四弊，曰：「合邑不能相安；致鄉地（卽地保）逼勒甚苦；下同兵役可鄙；衆衿歸咎難堪。」另有同村衿戶劉天賜具呈請免全差。桂氏「收呈時，默思交卸在卽。此時放歸必不復來。衿不辦

㉓ 同上，頁五，七。
㉔ 同上，頁五—六。

差，民豈肯代？不特該村差廢，他村亦將效尤。後任其奈此刁生何？」桂氏乃「作色大斥劉生，要治以當面揑誣藐視官長之罪，發學收管。」另批駁耿作梅呈文所云之四弊曰：

> 試思前年該村民戶以衿戶全不辦差，迭次控告。今若令民戶獨辦，相安乎？不相安乎？……若復該村舊章，以極貧之民戶，代富衿當差。一充幫辦地保，小康之家輒至蕩產，苦乎不苦？〔該〕生等在家非有奔走之勞，得與終年在官奔走者同邀優免，是真優耳，有何可鄙？且前制憲〔那彥成〕奏定優免章程以三十畝為率，原恐窮民差重，加意體恤。士有學道愛人之責。不知體恤窮民，反欲苦累窮民，可鄙孰甚焉？欒邑各村差務不同，絕未有如該村衿地之多，向來毫毛不拔者。如吳郭村，兩牛村，南安莊，……等數十村，皆自來不分衿民派辦，又誰歸咎？本縣公恕為懷，恤民何嘗不恤士？富衿鄙吝成性，有己不復見有人！

桂氏乃命竇嫗村衿戶仍「舉一妥實衿戶地保。如以另立地保爲不便，又恐民戶地保浮派，或照去歲該村當地每畝貼差錢三十文之議，交與地保辦差，以絕浮派之弊。」批出後，縣教諭代劉天賜說情，求免革。耿作梅等亦只得合具公呈，求每畝歲貼差錢自原定之三十文減至二十四文。桂氏乃批准定案㉕。自此事始末，可見桂氏實無縱容「低級紳士」之言行，而其關切民瘼，亦屬

㉕ 同上，頁六—八。

事實。

桂氏於道光二十四年（一八四四）擢江蘇揚州府，越二年調蘇州府。其任知府之作風與任欒城縣時相似，初接篆，即出示「拏訟師」，筆記中亦常載有懲治訪拏「刁生」之事㉖。然揚州蘇州乃人文淵藪，兼財富之區，已告老之高官顯宦以及捐得崇高職銜之紳富，在在皆是。桂氏修學宮等工務，自多借資紳富之力。例如其所作〈重修揚州府學碑記〉云：

> 甲辰（一八四四）之春，奉命來守郡，下車視學，則尊經閣牆垣幷裂，明倫堂楹棟全傾，大成殿椽桷多朽……爰與江都龔令照琪，甘泉彭令以竺，延紳士吳中翰文鑄，厲太守同勳，魏司馬廷瑜，王少尹啓昆，勸捐修葺，舉江君壽民經紀其事……稽舊册，前次興修動需巨萬，而工不十年輒傾。此次計用青蚨千七百餘緡，而料實工堅，遠勝疇昔，豈非行之存乎其人耶？此舉由儀徵予告阮相國倡捐，紳商次第樂輸。趙教授兆煌，邵訓導廷烈亦捐俸助費。猶未足，請於都轉李公龠通，命〔鹽商〕商總鍾太守大志，包司馬國琪籌六百緡益之。事既蕆，超萬集衆紳議，益為長久計，請於運庫歲修節省存餘項下，歲發二百銀為府縣學常年葺補費。都轉詳於制府，著為令。超萬曰：學宮自此可鞏固

㉖ 《宦遊紀略》，卷五，頁一，五，六，一七。

矣。但恐入書吏手，歲久弊生，可若何？乃詳定歲歸紳董領辦，官吏不得與聞。庶幾費不虛糜，廟可常新㉗。

吾人應注意此類工程不但由紳商捐資興建，且由紳董常年經理葺補之事。桂氏並倡修江甘縣學，所撰碑記中紀江甘縣先修文廟，「勸紳商捐資興工」。次修縣學，「舉六品職銜江君燠鳩工程指揮，光治王少尹啓昆經紀其事……按照詳定章程，紳董領辦，工歸實用，款不虛糜，可以一勞永逸矣」㉘。

桂氏雖於此類工程，有借重「高級紳士」之處，然綜觀其任知府之政績，不能謂其爲鄉宦紳富之工具。此點自其籌議改革蘇郡漕糧弊端一事，可以看出。按蘇松太漕糧之重，甲於各省，而漕糧之征收，弊竇百出，除各州縣衙門書吏差役之中飽外，另有兩大問題。一爲自運河運糧北上之旗丁幫費日益增重；一爲糧戶有大小戶之分。大戶又稱紳戶，常短交應納之糧，而所謂大戶中又有「不肖紳衿」於本人短交或竟不交之外，更依例分得「漕規」，即糧戶隨漕繳納之規費；事實上等於分得國家之稅收㉙。桂氏道光二十五年（一八四五）年底調蘇州，甫到任即有常熟知縣，帶印到蘇州辭官，因中飽太多，糧無可收也。桂氏初成進士時曾官江蘇，且知林則徐任江蘇

㉗ 同上，頁一四—一六。

㉘ 同上，頁一七。

㉙ 參閱夏鼐，〈太平天國前後長江各省之田賦問題〉，《清華學報》，第十卷，第二號（一九三五年四月），頁四〇九—四七四；Harold C. Hinton, *The Grain Tribute System of China, 1845-1911* (Cambridge, Mass., 1956).

巡撫（道光十二年至十七年，一八三二—一八三七）及裕謙任兩江總督時（道光二十年至二十一年，一八四〇—一八四一）皆有均賦戶，減幫費之議。桂氏玆乃向蘇撫江督建言，同時立即採取行動，取締紳士之「包漕」：

余下車時各縣均開倉（收糧），無可整飭。惟常熟縣十萬餘漕，編大戶者九萬，食陋規者百餘人。金令咸亦幹員，至歲杪顆粒未收，帶印上省辭官，細問情形，余謂非均賦戶，減幫費不可。同僚難之，以為林（則徐）、裕（謙）兩大府所不能辦者，今能辦乎？余謂窮則變，變則通，除非棄此一縣不收漕糧則已；若要收漕，舍均賦更無他法。金令熟籌一夜，深以為然，遂同回明三憲，請委二員先拏漕棍，出示定均收章程㉚。

按蘇松太道漕糧大小戶之廢除，玆事體大，須由江督蘇撫等大吏奏請施行。惟桂氏於一八四六年初，僅以知府之地位，即在常熟採取行動，而以拏禁包收「漕規」之二劣紳爲先聲。桂氏自述云：

旋拏在籍知縣蔡某，武舉浦某，訊明包漕得規屬實，詳請奏革收禁究辦矣。乃稟三憲曰：江南漕務之弊，常熟為最。幸憲臺雷霆一擊，魑魅潛形。蔡、浦二紳，先行革辦，此擒賊擒王之意也……惟是發端宜緊，收效宜速。既用威而使之畏，當用恩而招之來

㉚《宦遊紀略》，卷五，頁一八—一九。

……計蔡、浦二姓之外，包攬甚多，積習相沿，非必盡行刁劣。若一切繩之以法，則疑畏觀望不前，漕事恐有耽誤。計惟定投倉赦罪章程，……明出示言，網開一面。向來侵攬紳衿，如遵均戶新章投納，卽予自新，無庸挐辦；其不遵者始行查挐，以免人心惶惑，以免差役騷擾，以速花戶輸將㉛。

桂氏除向大憲建言之外，並自出告示，避紳字不用，而僅警告「衿戶」：

照得常熟漕務積弊，由該衿戶私分大小，包攬索規洊至大戶九萬之多，以致小民困窮，邑令賠累……本府下車訪知，並奉各憲飭查，誓欲痛除弊竇。凡爾刁衿侵攬，積年有冊可稽，名單具在。憲意甚嚴，已將文武孝廉蔡、浦二人奏革訊辦，而凡歷年冊上列名者，仍飭委員嚴挐，盡繩以法。在爾等侵蝕正供，魚肉小戶，既無廉恥，復無忌憚。卽概罹法網，亦復何辭？惟本府切齒之餘，姑存悱惻。念此惡習相沿，首惡固大為蠹害，附從或不盡刁頑。稟明大憲酌定均戶新章。限爾等十日內遵照全完，卽為良戶，不追既往，予以自新。其不遵納者，確係莠民，定卽照單查挐，按律懲治。何去何從，惟其自取，始終不悟，後悔何追㉜！

是年經桂氏採取恩威並濟之手段，常熟一縣大小戶「均收」至少部分辦到。嗣桂氏經由蘇署

㉛ 同上，頁一九—二〇。

㉜ 同上，頁二〇。

藩司，力請蘇撫陸蔭奎與兩江總督會奏普行均賦。桂氏自述：

> 署方伯云：恐大戶滋鬧。余云：大戶無理之鬧，自反而縮，雖千萬人吾往矣。小戶有理之鬧，自反而不縮，雖褐寬博，吾不惴焉。計乃決，遂奏行之。糧艘幫費亦奏減。並嚴札各屬遵照奏案收納。如再以小戶為可欺，增加分毫，定請拿問治罪㉜。

桂氏爲關心民瘼之賢吏，迨無疑問。然當時經濟情況受銀貴錢賤之影響，民力拮据㉞。而蘇松太佃戶，因納租時之困難，與紳富地主積成仇怨，亦不可諱言之事實。且桂氏均賦改革，僅施於常熟。附近州縣大小戶賦稅仍不均，一般自耕農，居小戶之地位，漕糧浮收特重，非蘇撫江督一紙奏章所能遽改。桂氏蒞蘇八個月內，常熟之鄰縣昭文先後發生抗租抗糧大風潮，桂氏有責維持治安，亦不得不會同營兵，依地保招供，捕獲首犯，安民結案。

昭文之抗租案發生於該縣徐市歸市一帶。據桂氏云，乃因「業戶苛收麥租」，於佃戶納租時彼此爭執㉟。同時有鄉民張榮，造寫揭帖傳單，會集佃戶，打毀業戶住宅器具三十六家。縣差前往查拏，而鄉民則聚衆拒捕。昭文縣令毓成不能應付，蘇撫乃命桂氏親往處置，並允遣營兵協助。桂氏囑毓成星夜回昭文，張貼告示，謂營兵即來維持治安，鄉民各歸本業，可免深究。「如

㉝ 同上，頁二〇—二一。

㉞ 參閱 Yeh-chien Wang（王業鍵），"Evolution of the Chinese Monetary System, 1644-1850," *Conference on Modern Chinese Economic History* (The Institute of Economics, Academia Sinica, 1977).

㉟ 《宦遊紀略》卷五，頁二一。

能將爲首煽惑匪徒捆縛送官，訊定賞洋三百圓。倘有怙惡不悛，仍前聚衆滋擾，不服拘拏，當卽會營統兵轟擊搜捕，必至玉石俱焚，後悔無及。」當晚桂氏在蘇州布置，次日卽偕日昨來呈報之地保，親赴昭文：

余次日至昭，卽提地保數人，隔別問訊，供出首要各犯十餘人，一一相合。探明大衆見示解散。當夜卽飭委員，會縣帶勇往拏。以地保作嚮導，五更敲門而入，則首要十餘犯已獲矣……當將獲犯訊供解省，旋卽出示安民。其示曰：照得昭邑徐歸等市佃戶，因與業戶爭執租價，輒敢聚衆逞兇，折毀房屋器物至三十餘家之多，實屬目無法紀。經本府督縣、協率委員，拏獲首要各犯十餘名，解省嚴辦。惟有造寫揭帖傳單之張榮在逃，仍懸賞查拏在案。其餘本應一體治罪。姑念被脅，從寬以示解網之仁，以予自新之路。爾等亦思佃戶賴業戶以生養，業戶賴佃戶以耕耘。情同一家，理應相顧。嗣後業主收租，務要公平，佃戶交租，無得延欠。以期安居樂業，同享承平，豈不大美！倘業戶故增租價，許佃戶訴官公斷。倘聽匪徒煽惑，再滋事端，將盡寘之重典，斷不姑寬㊱。

按此示雖對佃戶加以警戒，然所云「嗣後業主收租，務要公平，……倘業戶故增租價，許佃戶訴官公斷」，至少自字面而言，尚屬持平。不久結案，「絞首犯王廐子一人，流徙數人。」㊲

㊱ 同上，頁二二—二三。

㊲ 同上，頁二三。

而造寫揭貼傳單之張榮，則似未獲。

抗租案結束後不出兩月，昭文又有抗糧拒捕大案，起於該縣東鄉。鄉民參加者竟達萬餘人，可能除應納糧之小戶外，亦有與其利害相同之佃戶參加。據桂氏紀述，昭文抗糧乃受年初鄰邑常熟大小戶均賦之刺激。「緣二月間昭民見常熟小戶減賦過半，而昭邑自臘收起如常」，仍大戶短交或免交，而小戶浮收有增無已。昭文東鄉有金德順者，「起意鬧署」，並聚衆「打毀與縣往來紳家，又殺二差棄海」；足見其怨恨所在㊳。另據《宣宗實錄》記載，昭文中飽漕糧之紳與差，實皆與掌理漕糧之縣衙門庫書薛桂有聯繫。茲錄《實錄》有關之諭旨及所引奏章摘句如次：

> 有人奏：江蘇昭文縣蠹書薛桂，以庫書充當漕總，恣意訛索，貽害閭閻……〔道光二十六年九月九日〕。
>
> 前有人奏：江蘇昭文縣，蠹書薛桂，以庫書充當漕總，於收漕時恣意訛索。以致地棍金德順等糾衆滋鬧，居民紛紛遷避等情。當降旨著柏葰、周祖培於文闈事竣後，馳赴蘇州，會同陸蔭奎認真查辦，並飭陸蔭奎密派幹員，前往昭文縣，將薛桂拏獲，嚴行看管，不准走漏風聲，致令遠颺。並將地棍金德順拏獲到案，聽候查辦。現在陸蔭奎業經降調，程矞采接奉此旨，即著派員迅將薛桂，金德順拏獲看管。俟柏葰、周祖培到蘇

㊳ 同上，頁二三。

時，會同嚴訊，務期水落石出，按律懲辦。該縣毓成是否庇護書吏，延案不辦？署縣何士祁有無辦理不善之處，均著一併查究明確，據實具奏。〔九月二十七日〕㊴

據桂超萬記述，昭文之鬧漕案，實起於是年年初，至七月乃不能不處置。桂氏記曰：「金得順起意鬧署，並打毀與縣往來紳家，又殺二差棄海。毓令不能獲犯，調何丞士祁署縣事，拏獲二犯；復奪去署令，帶勇親拏拒捕，上省請兵。大府〔指巡撫〕命余會福山鎮往拏，探知三路聚衆萬餘人矣。」㊵

七月二十五日，桂氏出六言告示略曰：

昭邑東鄉百姓，聽我告戒勿忘……大憲急欲調兵，誅爾無法無王；本府愛民如子，不忍不教而戕。大兵且請緩發，待爾激發天良。拒捕是金德順，為首糾衆猖狂。爾等捆他送究，大衆可免遭殃。鬧署首犯到案，餘人勿論可詳。德順如是好漢，自首救此一鄉。強盜自首減等，況於官人無傷。本府指爾生路，實是一片熱腸……

桂氏之政策爲鼓勵鄉民自捕金德順送案，以免兵災。次日又出六言告示，其警句曰：

要拏首犯完案，並非有〔仇〕有恨……如肯捆金德順，……餘可赦罪勿問。德順如肯自首，定可照例減等，昨已出示曉諭，未知聽與不聽？

㊴《大清宣宗成皇帝實錄》（臺北影印，一九七三），卷四三四，頁七，二五—二六。

㊵《宦遊紀略》，卷五，頁二三。

七月二十八日夜。桂氏乘舟赴東鄉，又出四言告示，全文如下：

刁民鬨署，拒捕抗官，
首犯不獻，實屬冥頑。
萬不得已，整旅桓桓。
守分良民，閉戶勿觀，
恐飛砲子，誤致傷殘。
被迫百姓，早散求安㊶。

次日兵到東鄉，則鄉民武力已散。桂氏「出示懸賞查拏，陸續獲首要各犯十餘名。余親至鄉村，勸諭安民。耆老香花以迎。越六日回省。」結案時，「爲首金季二犯梟示，絞三人，流徙十餘人。」㊷《實錄》載九月二十九日諭旨云：

兩江總督璧昌等奏：審明昭文縣鄉民至已革漕書薛正安家滋鬧，意圖包攬不遂，糾衆赴縣喧嚷，毆差致斃，並打毀業戶多家一案；業將為首之金德順及起意寫貼傳單之季萃梟示，以昭炯戒。餘犯分別定擬。撤任知縣毓成，庸懦無能，請旨革職。得旨：毓成於土棍激衆滋事，不能迅速撲捕，著卽革職，以為任事玩愒者戒。

㊶ 同上，頁二三—二五。
㊷ 同上，頁二五。

嗣後定書吏罪，庫書薛桂流放，漕書薛正安「比律擬徒，酌加二等流二千里」㊸。按昭文漕案結束後，朝廷果下決心，接受前由桂超萬首倡，由江督蘇撫贊同之平大小戶及減旗丁幫費之建議。《實錄》載同年十月十四日諭旨：

諭內閣：柏葰等奏，請將江蘇省完糧大戶小戶等名目，概行禁絕等語。據稱查明江蘇向來完漕，紳富謂之大戶，庶民謂之小戶，以大戶之短交，取償於小戶，因而刁劣紳衿，挾制官吏，索取白規。大戶包攬小戶，小戶附託大戶，又有包戶之名。以致畸輕畸重，衆怨沸騰，紛紛滋事。又旗丁津貼原有定額，近來總以米色為詞，多方挑斥，逐漸加增。是幫船多取一分於官，州縣即多取一分於民。種種弊端，關係非輕。若不及早整頓，貽患何所底止？著兩江總督江蘇巡撫認真查察。所有前項大戶，小戶，包戶各名目，概行禁絕，一律均收，尤不准旗丁額外多索幫費。倘敢違抗不遵，或州縣中竟有浮收入己情事，即行據實嚴參，從重治罪，毋稍瞻徇，以肅漕務，而清弊源㊹。

是年十一月，桂超萬祀城隍廟，告禱曰：

㊸《宣宗實錄》，卷四三四，頁二八—二九。御派大員戶部左侍郎柏葰等奏報此案情節，與上述略有不同：「查此案金得順欲圖包漕不遂，商同與已革漕書薛正安素有嫌隙之季萃，捏稱秋收歉薄，漕糧全緩，係薛正安舞弊差追，激怒衆心，糾約現犯曹明等至薛正安家滋鬧。薛正安赴縣喊禀，金得順等復至縣喧嚷，將大堂暖閣柵欄擠壞而逸。後復毆斃下鄉訪緝之眼線錢汶奎陸大啓二名。追署縣何士祁帶役下鄉搜捕，金得順季萃又復糾衆抗拒。經該府〔桂超萬〕會督營縣先後獲犯到案。」同上，卷四三五，頁一〇—一一（道光二十六年十月十四日）。

㊹同上，頁九—一〇。

竊蘇郡賦重之區，漕弊百出，總由大戶短交，旗丁索費，以致州縣苛收小民，窮民萬分困頓。値茲米賤銀貴，更難聊生。今幸奉上諭飭令大小戶一例均收，又得撫司大員極力主持，此小民更生之機也。超萬飭各屬遵行，不敢上負皇仁，下孤民望。但恐庸惡州縣，有意懷私；刁劣紳衿，從中作梗；貪鄙旗丁，不肯減讓。則事多棘手，或致有誤開兌之期。為此夙夜祗懼，只得叩求大神顯靈，暗中扶助，以足國賦，以蘇民生，不至阻撓，不至貽誤，則感戴恩施，實無窮盡。不勝惶悚迫切之至。」㊺

桂氏處紳民之間，督撫賴之爲「幹員」，兼負國計民生、籌賦保安之重責，其兢兢戒懼之情，自此禱文中可以概見。

二、段光清，《鏡湖自撰年譜》

段光清較桂超萬小十五歲，乃道光十五年（一八三五）舉人，未成進士。惟自道光二十四年分發浙江爲知縣後，表現甚佳。道光二十六年，得嚴州府建德縣實缺。《建德縣志》謂段氏「勤於吏治，尤愛民如子。赴訴者皆就道決焉。禁賭甚嚴，雖簸錢不許。以東門直射下砂煞，重築隄

㊺《宦遊紀略》，卷五，頁二五—二六。

繞之。居民稱段公隄，去之日並爲祠（即爲之立生祠）。」㊻道光二十九年（一八四九），署嘉興府海鹽縣。《海鹽縣志》亦稱其「勤於吏治，日坐堂皇。有控訴者，立時傳訊，案無積牘。或巡行巷陌，訪察民情，訟棍蠹役，皆爲歛戢。土棍之擾害地方者，訪獲重懲之。呼爲段青天。」㊼咸豐元年（一八五一），署衢州府江山縣。《江山縣志》讚其「服官以淸、愼、勤自矢。下車數月，案無留牘，民頌青天」㊽。此三種縣志皆修於段氏逝世之後；其確有政聲，似爲事實。

段氏服官，似較桂超萬手腕尤靈活。惟其關心民瘼，秉公處事，則與桂氏無二致。段氏自稱其爲官以「達民情」，「平民屈」爲鵠的。道光二十五年（一八四五）段氏赴浙候補，路過安慶，巧逢一敎館之老先生，道貌岸然，乃與之長談。

言及昔年水災，官必收糧，幾致激成民變。余因詢：不欲民變，官有何法處之？（老先生）曰：官達民情，猶可不至於變也。余謂：《書》言：民情大可見。居官者平日自宜通達民情。然此乃三代以上事。今日居官欲達民情，宜從何處著手？（老先生）笑曰：連年災荒，似天亦欲民變也。日事催科，官又速民變也……總之，民情未變，果達其情，變必不生；逮乎民情已變，不達其情，變更不止。余歸旅店，寢而思之，嘆曰：通

㊻ 民國《建德縣志》（一九一九；臺北影印，一九七〇），卷九，頁九。
㊼ 光緒《海鹽縣志》（一八七六；臺北影印版，一九七五），卷一四，頁三二。
㊽ 同治《江山縣志》（一八七三；臺北影印，一九七〇），卷六，頁二一。

達民情一語最為扼要，無謂山林秀才遂不能留心世務也㊾。

段氏每逢紳民涉訟，據其自述，必盡力持平審理。渠在浙省候缺時，杭州知府委其暫署巡查錢塘城門。段氏對江南紳士勢力之認識自此始。其《自撰年譜》云：

杭城弊俗，鄉官於平民，毫無鄉誼。鄉官之顯貴者，尤視地方如弁髦，凡與人爭訟，呈內必附一顯貴名片，甚至本族以及親友多借其名片，夾附呈內。地方官每借詞訟做人情，以魚肉平民，而媚貴人。余初閱案卷，因問鄉紳名片何以夾入呈內？首縣乃命簽押家丁親向余言：是某老爺所託，問時見其名片，以便照應。余謂：獄訟須憑官問原委，以斷兩造曲直，若但憑名片，直委屈平民矣。首縣家丁謂余曰：歷任太爺都如是。余嘆曰：以力為理也，不可為訓。有趙某者，城內紳士也，常與首府往來，因轎夫強索工錢，謂其未存紳士體面，乃誣轎夫姦拐婢女，以詞呈夾名片送之首府。首府面囑首縣必須重責定罪，方足服紳士之心。在首縣亦以為只須竟責轎夫，故請余來問，欲余但用刑也。差役牽轎夫進署，已用鍊鎖頸。余視轎夫不過愚蠻，不似姦拐一路。問曰：爾在趙家幾年？答曰：今年來。余問：趙家幾婢？答曰：小人不常進內，不知其家婢也……小人不過面向趙大老爺索工錢，大老爺已罵小人數次，言要送小人到衙門中受責，並不聞

㊾《鏡湖自撰年譜》（文海版），頁七一八。

別有所言。今太爺要責小人，小人情願不要趙家工錢。余曰：余亦知爾原無姦拐情事。當時向趙家索錢，言語頂撞，在所不免，我不責爾。爾受責總有一次，但須受責時不可又認姦拐。索錢不過受責，姦拐則必辦罪矣。轎夫叩首而去。趙宅聞之，立告首府，謂問官庸懦糊塗。首府乃提轎夫親自過堂，先責而後問供。轎夫曰：小人只不合向趙家索錢，雖杖死小人，亦不能有異供也。其後首府亦知紳士恃勢欺壓平民，然無如紳士何也。嗣後凡詞呈之夾有名片者，兩縣遂不請余問焉(50)。

上述之案情雖非重大，然亦可見杭州大城紳士之勢力。日後段氏自任縣令，對於居鄉之高官顯宦自傳中似未再記有忤犯事。惟段氏對於平民與生監或退職低級官僚間之爭訟，則自記其盡力持平，且以息事寧人爲原則，使紳衿民皆能融洽共處。茲舉二事爲例：

㈠監生被控命案。道光二十八年段氏任慈谿縣時，有殷富監生被控害童子命。據段氏紀述：

城東監生，近宅有祖墳。近鄰童子牧羊其上。監生見之喝罵，童子懼，棄羊逃。監生牽羊歸，仍罵童子，蓋將送羊以告其家，下次無得再牧，以免踐踏墳地也。童子見羊已牽去，又被喝罵，心急腳忙，路跌數次，有跌傷數處，歸家兩日死。其家報命案，前任驗過，已圍供，未結案也。大約慈谿多殷富，此等命案，原可以上下其手，向來官其地

(50) 同上，頁一〇—一一。

者，最難石清白名。余至任，苦主家再來催，監生亦來訴狀。余已得其實，當堂勸監生給童子家數十千，謂監生曰：非罵不逃，非逃不跌，非跌無傷；死雖有命，事非無因。彼家又屬近鄰，當存卹匃之誼……後五日，童子家來訴云：監生不肯繳錢。謂繳錢則命案真矣。余立著差傳監生至，罵之曰：爾不繳錢，非怕命案真，謂命案結也。我今卽將命案辦爾，隨爾上控，謂我和命案亦可，謂我翻命案亦可。卽喝差使去其帽頂。監生於是叩頭繳錢，童子家領之而去㊿。

(二)居鄉官僚造謠催租。道光二十九年段氏任海鹽縣時，因水災嚴重，無收成之田畝准業戶暫緩漕糧，佃戶亦免交租。但海鹽縣：

澉浦有紳士某甲，係卽用知縣被參回籍，見澉浦地方其家所管田畝尚有收成；因成災緩漕，佃戶皆不肯納租。適道憲〔爲海塘事〕來鹽，乃妄造謠言，謂上年海鹽本不宜辦災，今都中有人奏參海鹽縣撤任，道臺親臨開倉〔收糧〕；佃戶趕緊交租，稍遲必置干咎。鄉民聞之，共相駭異，皆曰：我等於道臺至澉浦，跪求發賑，自然不敢開倉。余聞道臺至，理應往迎。時扃門考試尚未放牌，及有信至，鄉民圍住道臺公館，余急往。出門時已將晚矣。行近澉浦，但聞人聲鼎沸，燈火絡繹。從人曰：民變矣，必不

㉛ 同上，頁三〇—三一。

可往。余曰：道臺來吾邑，民變乃我之事，何可不往？將近公館，有人譁曰：太爺至矣！余問：爾等聚此何事？皆跪曰：道臺來開倉收漕，我等仍要納租，特來求賑。余曰：開倉乃本縣之事，與道臺無干。道臺為海塘而來，非為開倉也，爾等聽何人妄言？皆曰：聞之某甲；某甲尚言太爺因不開倉，今已撤任。太爺為我等得不是，也要問之道臺。余曰：撤任並無其事，亦係謠言。爾等恐我得不是；今道臺來我處而受喧嚷，如此真得不是矣。爾等不過恐要納租，大家放心；我不開倉，爾等總無慮納租也。爾等可速回。於是皆叩謝起，嬉笑將散。中有強悍者奮臂呼曰：此事乃某甲造謠，我等共毀其屋，以快人心！皆大聲應曰：願往。余又厲聲罵曰：爾輩何無知若是。我為地方官，有百姓毀紳士房屋，卽是地方官責任，爾等是明欲害我矣！我為爾等不開倉，請發賑，亦云盡心矣。今日尚思害我。請爾等毋庸毀屋，先毀我。皆跪地呼曰：不過恨他。太爺所示如此，我等立散[52]。

段氏對於紳民之衝突，於求和諧之原則下，儘量持平辦理，殆屬可信。然江浙一帶不但文風盛，有功名者多；而商業亦盛，富戶亦多。地方官施政收糧，殊有賴於「紳富」之合作。段氏與紳富之良好關係，可於下列數例見之。（按段氏《年譜》常用「紳衿」一詞。「紳衿」與「紳

[52] 同上，頁四三—四四。

士」之義相近，同為混合名詞，可兼指「紳」與「衿」，亦可專指「紳」及與官紳有特殊關係之「衿」。惟段氏有時僅用「衿」一詞，或「生監」「在學者」等詞，則似專指與官紳無特殊關係之「衿」。此外段氏又常用「紳富」一詞，似乃指紳衿之富有者，包括地主或商人之藉「捐納」而獲虛職者。但段氏有時僅用商一詞，指鹽商典商等。可見其心目中，「紳」與「商」仍有別也。）

㈠借商力辦工賑。段氏蒞建德之第二年（道光二十七年），正月，

本府文武同寅各衙門敬節。元宵節近，備春酒請同人及紳衿，席間有紳士談及麥秋尚遠，何以救濟災民？……如勸捐助賑，是殷戶既勉力以輸將，又竭財以捐賑，更恐事有難行。余告之曰：明言捐賑，非惟事有難行，且恐四鄉愚民無知，既不肯完納上忙，又求給賑者立多。吾願諸君常存救荒之心，無居救荒之名，舊臘曾見城南潘宅尚有連年餘積穀子，由潘姓推之，未必遂無積穀之家也。但使積穀者隨時平價，勿拘升斗斛擔，就近零賣於鄰里之窮民，則窮民自可生活，又何至聚衆而索食於大家㊿？

段氏乃乘機向在座之「紳衿」建議以工代賑。建德縣署乃在嚴州府城中。適嚴州城牆「下手」部分過低，堪輿者言有礙風水。段氏席間語紳衿曰：

㊿ 同上，頁一七。道光二十六年年末，段氏記「城南潘宅」之事曰：「南城潘姓火起，余往救，……穀子尚未全燒。余問：今年災荒，伊家何以有如許穀子？有告以連年所積者。建德富家不多，潘姓亦一富家也。」頁一六。

吾聞嚴州之人，久慮府城下手空虛，常議集貲鳩工培高下手，以配合府風水。風水之說，雖難盡信，而果以扶持地脈之資，為賑恤災荒之助，豈不兩有裨益乎？〔紳衿〕皆曰：培城下手，嚴州人久有此心，但恐工未易集，是以遲疑莫舉……余曰：徒憑風水，吾亦未敢勸地方大興土木。今以工代賑，是藉風水而陰濟貧民。陰濟貧民卽暗保富室，奈何不樂為之提倡也？於是嚴州紳衿，分任其事，而培高下手之工遂興。嚴州之荒窮因是而遂濟……蓋出資者卽富室，做工者卽貧民也。貧富渾忘於無形，地方自相安於無事矣㊹。

此項工程之督率工作，段氏亦委於紳董。其自述云：「余於署內無事時，常步至城外工所，與紳董商議工程……山上又立關帝廟，居中如印式。廟後又建文昌宮，責成南鄉董事。其八角亭、土山、關廟工程，則責成城內及三鄉董事也。」㊺工程費用，大多出於城內紳衿富商，而一小部分有城外富室某戶捐助。其事有湊巧，段氏《年譜》中曾詳記之。緣建德山地無魚鱗細册，西鄉有甲乙兩家，爲爭山涉訟，所爭者實爲某甲祖墳墓地之山界。段氏親往踏勘，「登其墳，前後左右細閱一遍，謂兩造曰：墳地有譜據，歷年旣久，墳應屬甲，乙不能爭也。乙之糧山，有管業契據，山應屬乙，甲不能爭也。兩造之爭，非爭山，亦非爭墳，但爭界耳。余今爲爾兩造定界，以免訟累，爾等願遵否？皆曰，父臺明斷，兩造謹遵。謂乙曰：余知爾非賣業之家，但爾之

㊹ 同上，頁一一七——一一八。
㊺ 同上，頁一二二。

糧山，須讓出若干作爲甲之墳境。現在嚴州下手再建八角亭，工資甚鉅，勸爾捐錢三百千，其錢卽出自甲，作爲買山之價。謂甲曰：爾家本係有墳無山，我今勸乙讓出糧山若干，作爲爾家墳境，安石爲界；出錢三百千以佐工資。彼受捐資之名，爾受保祖之實，想爾家亦必不辭矣。皆應曰諾。」某甲乃一富戶，段氏紀其捐資之事曰：「其先鄉人爭訟，余先斷結於有力之家，再勸出資助工。故工資旣無虞缺乏，而荒春亦不覺易度也。」56

(二)紳士賠銀，免縣令賠累。一八四七年建德春荒渡過之後，段氏乃與紳衿議開征錢糧事。與議之紳衿似皆住城內，惟可能有地產及戚友在城外，故可代表「合縣」立言。段氏紀是年之事曰：

於是共議開征。合縣紳衿謂捕廳曰：我縣地丁，每兩征民間制錢二千四百文。近年銀價太高，加以解庫平色各費，官無平餘。前任每欲一兩加收二、三百文，而合邑不許者，以官與民情不相通也。今邑侯每事俱體恤民隱，四鄉無不知之；而聽其為吾邑受累，吾邑之民心不安。若開征之日，每兩定加二、三百文，固合邑所同願也……捕廳遂將紳衿之言，一一告余。余曰：然，諸君美意余心甚感，但征收旣加，日後能減乎？吾願受賠累之實，斷不任加征之名，為我謝諸君……捕廳出告紳衿。紳衿躊躇曰：然則如之何而後

56 同上，頁二二，二七。

可也？昔日原有買補，縣中稍可滋潤。去歲旱荒，邑侯既不肯行矣。聞邑侯五旬生辰，卽在本月，我等合邑商之，聊盡心耳，亦不必先期而告之。待對軸皆成，聯壽儀同送之，想邑侯亦無他說。至余五十生日，隨禮送來，竟近千金。蓋出自集腋成裘，雖窮鄉僻處，皆願資助㊼。

㈢典商幫貼規費。一八四八年二月，段氏調寧波府慈谿縣。三月間，段氏蒞新職甫月餘，卽須籌送寧波新舊知府交替時所需之公費與陋規，竟由書吏向典商借款應付。段氏紀其事曰：

余到慈谿時，正值辦差，所以新添津貼、月費、壽禮一切陋規，一時未及齊全。余曰：本府既要離任，所差舊規不可再遲。……新本府到任，制臺又到寧波閱兵，學憲又按試寧波，皆有過境差事，及向例棚規。庫房苦之，請余曰：向來制臺閱兵過境，慈谿尚有城鄉各典幫貼費用一款。余曰：此等陋規，豈能行之公牘乎？爾等好言商之。各典有貼，吾亦領之；如不肯幫，勿多言也。庫書曰：不行公牘，未必肯幫。余曰：爾試商之，如必須公牘，卽可不要彼幫。庫房於是商之各典。未有公牘，各典亦幫貼公費數千串焉㊽。

㈣教諭經由生員，勸鄉民借糧。上述慈谿縣應付上司之款方籌足，段氏又面臨該年（一八四

㊼ 同上，頁二二。
㊽ 同上，頁三二。

八〕上忙征稅問題。最後竟由本縣各鄉生員勸業戶每畝借百文，方足應付。段氏自述：

四月……時已開征。計算本年上忙卽盡征起，奏銷總難全完。況違接大差，用款浩繁，所短甚鉅。有為余計者，謂上年余任建德，且係荒年，缺亦不如慈谿，奏銷亦能全完；今年若不全完，似覺難於解說。又征不敷解，究如之何？時有教官，係鹽商子，由附生捐教，遇事熱腸，慫恿必辦全完。余曰：非借不可。教官曰：恐亦難借許多。我有一法。慈谿田有五十二萬，每畝借百文，民間亦不為難，說明下忙還原，不過轉移間事。余曰：民間未必肯信。答曰：我到慈谿兩年，與學中人多熟。慈谿在學者，不少管業人，與之說明，自無不信矣⑲。

上述各例足見段氏與治下紳富之關係，頗爲融合。惟段氏爲縣官，代表朝廷，其立場與紳富自不相同。紳富中企圖逃稅，甚至依地方慣例，享有特權，可短交賦稅者，固大有人在。道光二十八年，段氏奉命署嘉興府海鹽縣，正值收漕在卽，乃面臨有漕州縣之特別困難問題，可與上文桂超萬在蘇州府之經驗比較。海鹽縣交漕之家，有「紳戶、衿戶、訟戶」等區別，而三者皆屬大戶，所完之糧遠少於一般小戶。此外，旗丁索費，亦爲大弊。段氏自述：

海鹽漕共五萬有零。原定收米。其後漕丁運費，漸索之州縣。州縣收米，在先不過加收

⑲ 同上，頁三二—三三。

耗米，至於索費之後，折色之名由是而起。州縣旣有折色，而漕規之名於是興。余昔坐書房時亦聞有漕規之說，不知海鹽漕規之弊乃有如此之甚也！其自糧道、幫官、旗丁、委員及各衙門所薦收糧朋友，皆有漕規。猶曰此官場中漕規耳。乃海鹽更有紳戶、衿戶、訟戶等名目。紳戶者，出仕之家也。紳戶出米，每擔並不交足一擔。衿戶，生監之家也，每擔僅交足一擔。訟戶，從前有訟至縣，縣不能治，於收漕時許交本色米幾擔，後遂為例。所以每臨收漕，縣署必有人報盜案賊案者，若非立時往勘，以究虛實，亦非許〔訟戶〕交本色米若干擔不休。訟戶交米，或一擔加一斗，或一擔加二斗不等。而漕糧非一擔收至兩擔以外，不能運到京師。旗丁又於每年收縣幫費之外，又收民間折色米三四千擔。余問前任曰：收我幫費足矣；又收我折色何也？前任曰：此亦明知而不能解者也。余又問曰：聞舉人包米一百六十擔，副榜八十擔，尚不在紳、衿、訟三戶之列；海鹽〔舉人〕正副榜若干？合之三戶，豈復尚有折色？前任答曰：海鹽之漕所以不可辦也⑹。

段氏急籌應付之法，決先與旗丁商量折色暫歸縣，同時舉行觀風試，經由生員勸衿戶多納稅。（其時段氏之胞兄在署，氏多與之共籌定策。）

⑹ 同上，頁三六—三七。

余乃與先兄商曰：旣臨火坑，豈能不跳？各色本米相習日久，猝難更移。我想旗丁旣要我幫費，又收我折色，我總可與之講理。況旗丁需錢甚急。我若年內寬予以錢，此項折色總可收之歸縣，但必年內廣為籌款。先兄至省（杭州）籌款。余一面將地方情形稟明撫憲，謂日前出示觀風，囑其衣冠而至，尚無違背，可見士習尚可轉移。士習可移，則民風可易。來春漕事，縱不能大有起色，當不致誤漕。撫憲回信云：上不掣爾肘，爾可放膽以辦事[61]。

惟海鹽紳士跋扈不止短交漕糧而已。據段氏云大戶認爲官欲收糧，必須先助業戶催收佃戶之租，有租方能有稅：「鹽邑風俗，官將開倉收漕，必先代業戶催佃戶交租。知縣鳴鑼赴鄉傳集佃戶，諭以開倉在卽，業戶還漕，租米出自佃人，爾等不可違抗。故田主與佃人有經年不見一面者，而官先見之。此富室與貧民所以情常睽隔，而紳衿之忽視地方官長，亦習是爲常也。」[62]此種畸形現象，迫使縣令於催紳衿交糧外，尚需促佃戶交租！段氏記曰：

正月（道光二十九年，一八四九），赴倉收漕。以前冬收春兑，近日則春收春兑，漕倉亦多破爛不堪……余於舊臘已赴鄉催過（卽催佃戶納租於業戶），自念本米每擔兑漕，尚且不足運費，衙門豈堪賠累？乃與糧戶面商，向來只交本米者，豈能復改折色？

---

[61] 同上，頁三七。
[62] 同上，頁三八。

然交米不略加增，地方官斷無力解運。或面議，或寫信，有每擔加斗餘，有加至二斗，有只加三四升者，共較常年多收米數百擔。又買回旗丁三四千擔折色，隔年付洋數千元。此米尤屬零星碎戶。漕竣之日，不來折清，則打入南糧。南糧入知縣交代册，則每擔抵銀四兩，收民間錢亦每擔七八千，放滿營兵米，卽此米也。此漕務之流弊所以多，而貧民所由益見吃苦也。余是年海鹽收漕，尚可敷衍，未至大累，職是之故。漕完晉省見新藩司，藩司謂刻下官聲不及從前。余對曰：想由本年收漕，多要殷戶幾顆米耳。藩司亦笑[63]。

段氏在海鹽，雖「多要殷戶幾粒米」，然彼曾代紳衿催佃戶完租，仍可見其非與紳衿合作，不能盡其代朝廷征稅之責任。而平心而論，紳富之中亦不乏體諒縣令之苦衷，予以協助者。此點自段氏咸豐元年（一八五一）任衢州府江山縣之政績，可以見到。晚清知縣之主要任務，據段氏言，乃在於「每月課士，朔望行香，清理詞訟，征收錢糧而已」[64]，而此外維持治安，爲民除暴乃不言而喻之首要責任。段氏爲一能吏。渠抵江山後，首卽破獲該縣巨賊王某，而日後錢糧之事，因亦較易辦。

九月，余赴江山任，先至衢州見本府。時值府考，江山縣教官在府送考，言及江山縣巨

---

63 同上，頁三八。

64 同上，頁六三。

賊王某，差不敢拘。常竊人耕牛，事主趕至，必以重價贖之；價少，則當事主面殺之。強暴橫行，暗無天日。不除此害，則江山之民不得安枕矣。余辭本府赴江山，……至中途，江山差役來迎。余曰：無須從我到縣。有巨賊王某，爾等多派頭役先往捕拿，能獲必有重賞。差役猶豫，余催之行。既至縣，尚未進署；次日夜半，有差至云：賊未拿住差又被毆。余問差役：敢再去否？答曰：必太爺自去，小人方敢同去……太爺後日請去，多備壯丁隨之。余曰：後日再去，明日賊非設法拒捕，即設計逃走。此去二十餘里，我等卽刻就往……。遂去。將至賊巢，差役因數次被毆，預先鳴鑼以壯聲勢，賊乃知有官至，遂先逃走。賊以宗祠為窟穴，祠近村莊，皆有羽黨。祠內兵器林立，村上牛皮牛骨堆積，尚有未宰之牛數頭。余先收祠內兵器，……命撤其餘屋，留宗祠正室，帶賊羽黨數人，生牛數頭，牛皮牛肉等物回縣。至城，適近日中，城內尚無知之者。差役言之，皆喜曰：此賊無人拿過，今農家幸矣。又有人曰：昨日聞官尚未到任，遂赴鄉拿賊耶？回公館卽出示，諭失牛之家，赴縣來領⑥⑤。

段氏甫卸行裝，卽需辦開征地丁糧稅事；幸其政聲已傳，又有城內殷富爲之挪借款項解糧。段氏自述：

一面接篆視事，先議起征。余錢穀朋友〔卽幕友〕同前任朋友談及縣中今年尚有多少

⑥⑤ 同上，頁四五—四七。

征，今年應解若干？前任朋友笑曰：我東家幸喜卸事，不然年內必不能過去。江山錢糧四萬餘兩，好征之戶，上年已完上忙；下忙有可征者雖尚近萬，大約可征三四千。江山縣一缺，衙門年內必不能不用之款以及坐支一項，非五六千不敷，即不解省，尚短數千；若加解省，則所短難計。余朋友答曰：我東家向來公事認真，能不解省乎？前任朋友曰：須看貴東大才。余朋友以其言告余。余曰：余到任稟地方情形，已言開征必解一批錢糧矣。

及開征之後，余催庫房先墊一批解省。庫書（即掌庫之書吏）惟跪地叩頭請罪，自言書辦因前任卸事逼空，外面一點不能移挪，請太爺另點庫書承辦。余知庫書平日辦事尚屬老誠，告之曰：今日催爾解錢糧，即教我另點戶書，本當責爾，然念爾素非刁滑，以後安心辦事；錢糧我已應過省中，不能不解，我自向省店移挪。城中紳衿知之，皆曰：此官到我江山，不用我江山一錢，已辦我江山前任難辦之（牛賊）案，又未征民間，先解司庫。此等急公憂民之官，而我縣中不知感激，是真未有天良矣……先時，庫書向城中殷戶移挪，皆莫之應，至是乃自言於庫書：若解省中銀兩，儘可先為通融。夫一殷戶也，於前日則如是，於後日則如是，凡處事者，夫亦可以自審矣㊅。

㊅ 同上，頁四七—四八。

嗣段氏又下鄉辦搶案。

在鄉數日回縣，征收錢糧，已有起色。前所云可征三四千之說，加倍猶不止矣。城中紳衿有問及前日催解委員來縣，司中年內限解若干？余曰：安能依司中所限；司中限解一萬，今已解過數千矣。目下所征，只可顧及本地驛遞，衙門坐支及一切用度，有餘則再解一批，否則聽之而已。紳衿曰：父臺凡事體恤下情，上司亦不可置之不問也。錢糧尚須年內多解兩批。余惟漫應之。紳衿出告庫書曰：此等官在縣，一縣之福也。現在上司以錢糧為重，若錢糧不能大批旺解，勢必難免處分。現在歲暮，即無可征，何不請其先收明年上忙？庫書曰：預征來歲，誰肯先還？紳衿曰：非合邑皆有此心，誰敢獨出此言？爾放膽進署告知本官，只管滙款解省，不須猶豫。庫房來與余言。余曰：先征來年豈有券乎？庫房曰：伊等言，亦待明年出券。於是數日又收近萬，並不出券。俗所謂寅支卯糧，余實親有其事也㊲。

段氏任江山縣不及半年，因寧波府鄞縣有鄉民抗糧燒燬衙署巨案，調署鄞縣。此案發生於咸豐二年（一八五二）二月二十日，嗣又擴大，乃太平天國未至長江流域前浙省一大事件。段氏於

㊲ 同上，頁五〇。

三月十二日接鄞縣篆。玆先述渠未就職前鄞縣風潮之背景如次。

此案最重要之起因，乃鄞縣收地丁錢時，銀與錢之比率，紳民不同。紳衿富戶交地丁錢時，用紅封，銀兩與銅錢之折價較低；而一般「小戶」納稅時用白封，銀錢折價較「大戶」至少高十分之五。（按清制地丁銀以兩爲單位。農民有錢無銀，官多半亦不許其交銀，故收稅時皆收錢。銀錢之比率增加，卽等於稅率增加。）此案倡首之周祥千住鄞縣南鄉，爲一監生，且有親戚曾任山東知縣，其本人是否有田地用紅封納稅不可考。惟周氏似乃豪傑一流人物，具有正義感。據段光清年譜，周氏日後投案後告段氏云：

> 監生（祥千自稱）有親戚曾任山東知縣，監生常住署中，知征收錢糧例應一律。我鄞縣獨有紅白二封，且紅封皆出於紳衿之家，白封皆出於貧民碎戶，此事大不公道……大約以紳衿而為富戶，出入衙門，當縣官開征之日，以紅紙封銀，自行投櫃，書差從而附和之，官亦礙於情面，故價（卽銀銅比率）止二千以外。其餘白封，皆由書差催收，故價皆三千以外，吏沾餘潤，官亦分肥。此鄞縣之所以為浙江優缺也(68)。

鄞縣地丁之行紅白封制，必已有年所。惟咸豐二年知縣馮翊，特別縱容書吏差役，又加定農戶銀銅折價，益增民怨。《咸豐鄞縣志》記該年之事：「正月開篆後，例正啓徵。知縣馮翊加定

---

(68) 同上，頁五九—六〇。

糧價，每分折納錢三十六文（即每兩折三千六百文），民情洶洶。」⑲段光清述周祥千之言云：「今正歲酒，有客至監生家，談及此事。客皆請監生爲首，願助者衆。監生即赴附近神廟拈鬮，鬮語又係吉利，並言此事今年可以成功，是以在鄉間神廟分發知單，邀集糧戶，議以某年月日，鄉民同入城內，請平糧價。但民之所謂平者，請平紅白二封之價，非敢平減糧價也。」⑳

按周氏所云「在鄉間神廟分發知單」，其地在鄞縣城南三十里北渡以南之風堋廟。是日集議分發知單，竟爲鄞縣書吏糧差知悉，派差役百餘來廟，將爲首之周祥千，勵生榮等六人解縣禁押，益激多數鄉民之怒。於是鄉民乃在各鄉神廟分別會議，彼此聯絡，於二月十九日發出文告，約定次日各鄉每家出一人，各帶乾糧赴縣城要求縣令釋放周祥千等六人，並平地丁紅白封之銀銅比率。此一文告寧波英國領事館翻譯官曾檢得一份，文理非盡通順，據云乃寧波城南姜山鎮張某所擬。原件現存倫敦政府檔案局，全文如次：

為平一糧價，暫集風堋廟會議，不料庫房周光標，糧房林春溶、張順泰、夏聲振、徐仲浩等，著令惡差唐行中、符士華，帶令百餘人，將會議為首之周祥千、勵生榮數人，私行拏獲。意欲任其苛浮，食盡民脂，方飽慾海。如此蠹胥害民，實王法所不宥。無奈合

⑲ 咸豐《鄞縣志》。轉錄自日本學者佐佐木正哉自該志卷二十九所引原文。見佐佐木氏所著〈咸豐二年鄞縣の抗糧暴動〉，《近代中國研究》，第五輯（東京，一九六三），頁二六三，註四。

⑳ 《鏡湖自撰年譜》，頁六〇。

邑人民，發此公憤。準於二十日，合邑各家一人，各帶乾糧赴縣，稟請縣主還人平糧，毋得鬧事搶奪。如有一家不到者，難免滋戾。此知茲舉公憤，只為平糧起見，毋得上犯官長，下擾人民。

一、不許擅入國庫。

二、不許私放官獄。

三、不許焚燬公案。

四、不許向店舖搶奪貨物。

五、不許公報私怨。

如有犯此五條者，惟向各圖自問。

咸豐二年二月　日　合邑公啓[71]

此文告遍發各鄉之翌日，卽二月二十日，果有鄞縣鄉民數萬人，於清晨「各建境廟神旗，上書某圖某廟戶民叩求平糧字樣，蜂擁入城。」[72]（英國領事館翻譯官在場旁觀，據稱參加人數約四萬人，大約鄞縣各鄉有半數參加，包括周韓鎮、姜山鎮在內。）知縣馮翊十九日已知將有事，

---

[71] 此文件乃存於英國政府檔案局 F.O. 228903, Chinese Enclosures, Ningpo, 1851-55 之內。茲據佐佐木正哉前引文頁一九一——一九二轉錄。

[72] 咸豐《鄞縣志》，卷二九；見佐佐木正哉前引文，頁一九二。

聚士兵百餘名，架銃砲，惟鄉民來縣署時，馮氏則走避城內提督衙門。提督蒙古正旗善祿則認爲民變乃官吏激成，不應用兵彈壓，未派兵護縣署。鄉民至縣署時，衙役士兵皆逃。鄉民入署，取馮令家用之器具服飾，就內庭焚燬之。出署又搗毀附近糧店數所，並毀庫書周光標及糧差唐行中之住宅。⑬

鄉民起初尙依其文告，未襲鄞縣署之錢庫與監獄。惟覓馮令不得，改赴寧波府署，途中適遇前任寧波府現任寧紹臺道之羅鏞；蓋羅氏正往提督衙門請兵也。鄉民毀羅氏轎，將其擁至附近之城隍廟。大股鄉民復至府署，搗毀屋宇，焚燒器具，亦將甫到任數日之寧波知府畢承昭擁至城隍廟，卽在廟中戲臺上與之談判。畢氏在威脅之下，簽署告示加印，許減低交納地丁時之銀銅折價，每兩定爲爲二千二百錢。周祥千等六人亦由畢氏下令立卽釋放。鄉民乃釋畢氏，晚六時離城，擁道臺羅鏞至城外五里之地，亦釋之。翌日，羅氏與知縣馮翊同赴杭州，向浙江巡撫報告此一毀署㧻官巨案。

鄞縣風潮此後又擴大，乃另有背景，卽運鹽之「肩販」（亦卽特許販賣私鹽者）與官吏素所袒護之鹽商，發生衝突。此事種因已久。五年前段光清任寧波慈谿縣時，卽熟知其事。據其《年譜》：

⑬ 參閱同上，頁一八九—一九九。

鄞縣東鄉地最遼濶。國初制軍李衛定鹽課，在城領商引，在鄉曰肩引。肩引何？肩販之引地也。明知近海地方小民豈能不食私鹽，名曰肩商引，示弗與小民爭利之意也。相安日久。至乾隆年間數次南巡，鹽商辦差捐餉，以致商人勢燄日甚，各處漸改商引，更成部案。嘉慶及道光初年，地方官更艷商人之利，惟商人之命是聽。寧波商人日益富盛，有子讀書，亦得科名，適其房師又任寧波，而肩販引地，商皆廣列鹽肆矣。民間食鹽，有非自商店買者，即以食私治罪。又多設緝捕，小民騷擾難堪，屢成鉅案，而省中若弗聞也。徐本府到任，東鄉民以徐尚不偏袒商人，遂訴爭引地……余奉本府委至寧波，……一人去勘，……回告本府曰：昔人所見者大，當永以為法也……商人侵佔肩販引地，事實昭然。現在民日多，戶日窮，此肩販地方民多隱取食焉，為之徒者衆矣；日久匿作，事不可知也。首府笑曰：爾有力能更部定案耶？余曰：恐衆怒不可犯也。而案終不定，遂貽他日之憂矣[74]。

日後，咸豐元年（一八五一），鄞縣東鄉行鹽肩販之「沖鋒」張潮青、俞能貴盤踞險要之石山衕，四出襲擊鄉間已成鹽商引地之鹽舖。是年年底，即在鄞縣抗糧焚署大案約三個月前，張潮青、俞能貴之黨徒竟入寧波城內，搗毀鹽商江振寧之宗祠與住宅。張俞二人則逍遙法外，官莫能

[74] 《鏡湖自撰年譜》，頁三四—三五。

捕也。

鄞縣抗糧焚署大案之次日，卽二月二十一日，行鹽之肩販與緝私之巡丁在寧波城內互鬥，肩販敗逃。越二日，肩販二百餘人入城，搗毀鹽商公所及鹽店數處以復仇。至是官方益信鄞縣東鄉南鄉已爲叛逆盤踞。浙撫常大淳派按察使孫毓溎及署鹽運使慶廉來鎭壓，並調兵勇四千隨來。段光清於三月十二日接鄞縣任，其時兵勇尚未到齊⑮。

段氏自始卽認爲應避免用兵。接篆後次日卽下鄉巡視，僅帶一差一役，役持「鄞縣正堂段」之官牌。段氏甚盼各鄉耆老能勸鄉民具呈情願完糧。據其自述：

> 余問之曰：事已至此，爾等眞一縣同反乎？老民皆曰何敢反？前不過聽周祥千謂完糧有紅白兩封名目，太不均平，故邀同四鄉百姓入城請平糧價。余曰：衙署已毀何云非反？百姓亦恐曰：將如之何？余曰：爾等自爲謀，呈明某鄉，某村，某月，某日並未入城滋事，且申明本戶應完錢糧，情願照常還納。如此辦法，將來官拿周祥千，爾等亦不與聞其事。省中卽有兵來，亦與爾等無干矣。百姓猶未敢信，書辦從中再三開導，……於是

---

⑮ 《實錄》關於咸豐二年鄞縣事件材料不多。該年四月三日上諭：「常大淳奏：……鄞縣所屬西南東西兩鄉匪徒，因圖減完糧銀價，聚衆至府縣兩署，毀壞門壁及署內衣物，並勒給減價印示。鄞縣所屬姚家浦私梟〔卽指肩販〕挾嫌拆毀鹽商公所及該商住屋。似此匪徒藉端糾衆，實屬目無法紀，亟應嚴拏懲辦，以儆刁頑。該撫〔常大淳〕現已飭委臬司孫毓溎，署運司慶廉，湖州協副將張蕙，酌帶弁兵，前往嚴拏各案匪犯。著卽督飭派委各員，分案查拏，斷不准一名漏網：……」《大清文宗顯皇帝實錄》（臺北影印，一九六四），卷五八，頁一一—一二。

皆願具呈。自北鄉始，繼而東西南三鄉，五日共收呈三百八十餘紙。回城告本府曰：省中臬、運二憲已帶兵來，太老爺回明兩憲百姓俱已具呈自辦，情願完糧；只拿周祥千一人，可以不必用兵矣⑯。

然段氏之斡旋並未立卽成功。據段氏云：

隨從〔臬鹽〕兩憲〔之〕委員，以用兵可邀功。前本府羅〔鏞〕爲受百姓遭蹋，必用兵乃洩憤。蓋羅憲平日氣暴，待百姓多剛愎，故鄉民進城乘機搶掠，府署尤甚。本府〔畢承昭〕受鄉民凌辱，故更思用兵。

三月二十二日，官兵一千至南鄉，覓周祥千不得，另捕四人返。二十四，兵至姜山鎭，獲張姓某人，據云卽起草二月十九日鄉人文告者。二十六日，大兵二千五百攻東鄉石山衕，欲捕肩販頭目張潮靑、俞能貴。惟官兵爲鄉民襲擊大敗。潮州副將張蕙及隨軍之文員前知縣德成，候補知縣蔡琪，縣丞李祺，通判袁廷舉皆死之。兵勇之傷亡者數百人。而最嚴重者則爲提標參將薛元成之被俘。段氏奉命籌備是役運兵船隻事。

余侯進兵者皆已動身，始回署，略為料理衙門中事。早飯後，余出署至大街，見舖面皆紛紛閉門。余驚問何故？皆云：官兵大敗，東鄉人趕進城來，要捉臬、運二憲。余卽趕入道署，本府亦在，已先聞信，相對無言。久之，本府〔畢承昭〕乃曰：百姓到底無此

⑯《鏡湖自撰年譜》，頁五一。

大膽。梟臺曰：已有信來。本府曰：聞參將薛已被百姓捉進石山衙，恐協臺尚未死，必先有人去救出協臺來方好。不然，帶兵大員陣亡，則此案不可收拾矣。言訖，以目視余曰：非段二哥去不可(77)。

臬司及鹽運使嗣移駐紹興，以避寧郡之險。而省中派來軍隊亦於三十日拔離，據云乃因寧波乏糧，不足軍食。鄞縣大案之善後，乃由段氏及知府畢承昭主持。

段氏果敢有謀，親自至東鄉求轉圜者兩次。第一次僅帶差役一人，「執一牌，〔上書鄞縣正堂段〕如前時赴鄉者然」，主差二人以重價僱轎兩乘，至官軍大敗處附近之廟宇，名羊廟。見尚有鄉人二三百人聚廟側。段氏

逕入廟中，坐神殿前。東鄉人隨之入廟，圍而視之，亦不語。余曰：真反矣！看爾等反到何時？皆曰：非百姓反，乃官來打百姓。有邵庭彩者，為鄉民中翹楚。余問：張協臺安在？答曰：張協臺已死，棄屍河中，惟薛參將〔元成〕已被人打入水中，是我救起，今已帶往石山衙去。余曰：石山衙將薛參將擄去，果結寨以拒官軍乎？皆曰：官軍何以無辜而拿十三人，苦打成招，並欲殺之？

按三月二十六日官軍敗歸，曾俘東鄉人十三人，雖受刑，皆尚在。東鄉人乃以送回十三人爲釋放

(77) 同上，頁五一—五四。

薛參將之交換條件，約定次日午刻在羊廟交換。段氏許之。惟東鄉人嗣改變策略，要段氏次日親至石山衙，始能以十三人換薛參將⑱。

次日，段氏多携差役，押十三人至石山衙，就其地之廟宇會議。

山上人聚如蟻蛭。入廟，擁擠無坐位。神殿前有戲臺，余登臺上。人聲沸騰，要余出示平糧價，定鹽界。余謂衆人曰：爾等有言，只用一、二人說，人多聲雜，我不能聽也。時有奮臂而呼者曰：前日為糧事，是西南兩鄉人進城，我東鄉不與焉；今官兵無故而加罪東鄉，東鄉之民今亦不諱言亂矣。且糧與鹽，前者本屬兩事。今官逼民變，四鄉皆同心抗拒官兵。若欲我百姓不反，請先出示平糧價，定鹽界，歸我十三人，而後再徐議其他。

余立臺上，對衆人厲聲言曰：爾百姓與我向日無仇。我來鄞縣，不過數日，爾百姓昨日殺官兵數百人，我今一人來此，原不畏爾等殺我也。十三人已從我來此矣，爾等可一一親詢之。若說鹽界，我昔年任慈谿時，奉委查勘，即欲將肩販鹽界還爾百姓矣。無如上憲因有部案，一時未能定奪，故遲延至今，此爾百姓所共知也。至云糧價，前日鄉民進城，已將本府畢大老爺擁至城隍廟戲臺上，逼出告示。若告示可以為憑，爾等已有府尊

⑱ 同上，頁五四—五五。

告示矣，又何必索我一知縣之告示乎⑲？

按段氏處理此事之方策，主要卽平地丁折價與定鹽界二端，皆尙合公道。段氏又富機智。渠在石山衙戲臺上，卽看出叛民間態度未盡一致。兪能貴、張潮靑乃肩販之「沖鋒」，然東鄉民變之「暗中主事」乃監生李芝英，而李之看法，未必與兪張盡同。當時薛參將亦被拉至戲臺上，

頭無帽，足無履，短衣藍縷。衆百姓見薛中府〔卽參將〕，一時擁擠上臺，向薛中府指摘交加，問何以無端督帶兵勇擄我百姓，刼我財物，燬我房屋？……有兪能貴者，昨在羊廟前手刄官兵十餘人者也，登臺手挽薛中府，語刺刺不休；聞余言，推開薛中府，將用手挽余。余乃取頭上冠置席上，以手揮能貴手，大聲言曰：我如怕死，亦不來此。爾已殺死官兵，生擒參將，今復如此形狀，又欲多殺一縣官乎？監生李芝英，鹽案中謀主也，亦在臺上，以目視能貴，俯首向余曰：父臺來此，小民之福，豈敢以非禮相加？但昨日所約本當踐言，惟放回之十三人，皆言刑審太虐，人心皆恨，送薛中府回城，今日想不能矣。請父臺先自回城。余乃執李芝英之手曰：爾親送我下山。衆百姓皆息囂聲，余亦徐行，語李芝英曰：爾等欲終反乎？芝英答曰百姓抗官，出於無奈，求父臺回告上憲，官兵問罪於百姓，百姓總在此不動。余復小語云：百姓殺

⑲ 同上，頁五六—五七。

死官兵如許之多，豈能遂不問罪？但得倡亂之人到案，亦可敷衍了事。我此時原難做主，然爾百姓抗官出於無奈，此語亦足見至誠。芝英不語。余乃知李芝英之不欲終反，而百姓之解散，亦非伊不能也。行至山下，謂李芝英曰：事已如此，爾亦當早自為謀。爾且上山，我亦回城。余行後，芝英跂望余者良久⑧⓪。

不日薛參將果解歸。

段氏於四月初似即已得寧波城內外紳衿默契，願廢地丁糧折紅白封之別。渠於四月六日似曾復至東鄉，議定此後地丁折價定為每兩二千六百文，不分紅白封。四月八日起，連三日即有數鄉之人來鄞縣署納地丁錢⑧①。至四月十二日，此案有意外發展，即周祥千忽來寧波自首。段氏認為周氏為此案著名罪魁，終須究辦；惟勸知府遣人將其解往紹興，由仍在該處之臬司處置。段氏自陪周祥千至鄞縣與慈谿交界處，舟中與其詳談。據段氏自傳：

周祥千如此倔強，何以自來投案？論者謂有神助，余寧謂為人助也……曾隨祥千入城滋事者心常惶恐，欲余開征，以便若輩早日還糧，幸而無事。一日，有人寄書一函，請余開折，不具姓名。書中云：征若不開，禍猶未弭。鄞邑錢糧，向無定價。今公蒞邑，必能持平。立法既公，民情自協，有不輸將恐後者，必非人情。又鄞縣一缺，公用不少。

⑧⓪ 同上，頁五七—五八。
⑧① 參閱佐佐木正哉前引文，頁一九八。

今定每兩二千六百，無分紅白，民間既不偏枯，官用亦足開銷。卽日開征，各戶還糧，人心自定。人心既定，各安生業，卽向從周祥千入城滋事者，必不肯復為其黨羽，而周祥千之勢孤矣。祥千之勢既孤，而東鄉張愈之負隅者，猶能久踞為患哉？余卽持書至城隍廟局中予諸紳同閱，皆謂書信平允，但不知鄉間人心何如？余曰：如此定價，只恐城內大戶不願耳。諸君既謂平允，卽照所議，定日開征可矣。是以祥千見余開征，卽來投案也(82)。

按段氏於周祥千解紹興時，曾請寧波知府密稟臬司，謂「祥千罪重，原當速正典刑，特石山衕尚有張愈二犯未經弋獲，請對於周祥千暫時緩辦，使寧波人聞之益無疑惑，而石山衕黨羽更易解散。」嗣祥千至紹興，「臬運〔二司〕稟撫憲暫從緩辦，並日款以酒食焉。」鄞縣地丁依新章征收後，周氏終受刑。段氏遣人密運其柩返鄞，葬之於鄉。《咸豐鄞縣志》云：段氏卸鄞縣任後，邑人曾為之立生祠於縣南翻石渡，而附祀周祥千，乃感其獻身救鄉也。《府志》之文曰：「咸豐二年，攝令段光清從義民周祥千之請，平減糧折，邑人感之，醵錢築祠，以報其德，卽於祠之東翼，而附祀祥千焉。」(83)

按清代政策，遇有規模不大之民變，主犯必辦而「脅從」可赦。周祥千之投案，地方官對二

(82)《鏡湖自撰年譜》，頁六一。

(83) 同上，頁六一。佐佐木正哉，前引文，頁一九九，錄咸豐《鄞縣志》卷九原文。

月二十日焚署刼官案，乃得交卷。惟三月二十六日東鄉抗拒官兵，且殺官數人，其案較大。段氏乃設法捕獲張潮靑，兪能貴等二三人以交代[84]。段氏因欲探聽東鄉消息，特舉行觀風試，並藉以收各鄉士子之心。據其自述：

余乃擇日觀風，大張曉諭，課士於試館內……余扃門考試，題乃：猶解倒懸也，故事半古之人……余又命士子文成之後，地方如何安靖，各書所見以示余。遂有言及：石山衖現用鎮海孝廉某爲謀主，聲言先取寧波，再進紹興，以踞杭城；一面著人投奔廣西，以通粵匪。日揚狂言，煽惑人心。今欲離間石山衖謀主，必先收李芝英以爲內間，蓋李芝英又張、兪兩人起事時之謀主也……余知其語中竅，次日商之本府。本府言：江東外科陸姓醫生，與李芝英善……越二日，余同陸醫生會芝英於舟中，許以免罪。芝英請先定鹽界。余曰：糧價既平，鹽界自當定也。回城言之本府，先備石柱百枝，上鐫肩販地界，一面出示曉諭。余赴鄉安界之日，又與李芝英會。界定之後，李芝英仍至廟中，臥床不起。能貴就問，芝英泣曰：鹽界既定，各自安居，誰復與我同拒官兵者？我將如周

[84] 咸豐二年六月三日上諭云：「季芝昌奏：……鄞邑首犯已據鄉民縛送。〔按：首犯顯指周祥千，可見浙省並未據實奏報周祥千自首事〕……惟東鄉拒捕梟徒，負嵎不服，經該督〔季芝昌〕派委張從龍前往曉諭，解散黨與，自無須重兵圍勦……倘該梟徒等於曉諭後，仍不知感悟，必當加以兵力……能將首要各犯悉數拴獲，自可解散脅從，不致釀成大患。」《文宗實錄》，卷六三，頁三。

祥千自行投案。能貴罵曰：是中畢段兩賊之計也。芝英不語。是夜，鎮海孝廉逃歸⑧⑤。

據段氏所述，張潮青、俞能貴所以能鼓動東鄉人抗官兵，除紅白封之折價不均外，實乃因肩販引地之被鹽商侵佔。今段氏立柱定肩販行鹽之界，至次月（陰曆五月）「張潮青，俞能貴仍踞石山衕，而黨羽逐漸減少，隨從者不過十餘人。」石山衕又有監生張姓者，在橫溪地方爲典舖「公先生」，來鄞縣署向段氏告密，述張俞勢孤之情形。段氏乃「明彰賞格，專拿張俞兩人，其餘概免株連，鄉民有能擒兩犯送案者，每名賞洋八百元。」至六月初，段氏之計果售。東鄉人數百人共捉得張潮青，解縣領賞。段氏紀其事曰：

有鄉人衣服尚濕，跪余前禀曰：昨夜張潮青自石山衕潛歸，村中數百家共議，謂縣中已經出示，只須拘張俞兩人，不更連累東鄉，且有賞號，我東鄉何不拿潮青到案，以保東鄉定靖？於是合村同心，於黎明時一齊兜拿……余謂鄉民曰：我有示在此，賞洋八百，悉予爾等共分之。若再拘能貴至，更有八百元矣⑧⑥。

六月初旬，俞能貴知逆已者多，實已離東鄉他走。段氏自述：

忽有人我告，俞能貴逃至奉化海邊山上菴內，鄞縣鄉民難以往拘。余遂告辭中府（元成）……中府遂差把總領兵丁十餘人往拿。不數日果拘至，乃同先送案者皆以木櫳囚

⑧⑤《鏡湖自撰年譜》，頁六二—六三。

⑧⑥同上，頁六三，六八—六九。

之，送至省中。上憲乃將能貴妻子監禁，各犯盡行正法，將首級解回懸示，奏結了案。本府保舉實授寧波府，保余開知縣缺，以同知陞用，隨補西防同知。東鄉人以張俞雖干法紀，起初亦為同鄉，請免懸示，無使鄉民目擊心傷。余順民情，即令地保埋之⑧⑦。

吾人自晚清官紳官民關係之觀點，綜論段氏至咸豐二年爲止之服官事蹟，不能不慨嘆當時社會問題之嚴重，正義之難伸，及爲地方官者之困難。段光清與桂超萬性格未必盡同，段氏較桂氏似尤精明靈活。然此二人任地方官，折獄力求持平，施政力求爲民除患造福，殆屬可信。然當時蘇州寧波等地，不但因文風盛而鄉宦多；且因商業發達，賈人之家，或由捐納而得職銜，或因子弟中式而成「紳富」，故一般紳士勢力較大。鄉士中自不乏護持桑梓，熱心公益之人。然其中倚勢凌人，不計小民利益者亦大有人在。納錢糧之有「大戶」、「小戶」之區分，即其明證。昭文鄞縣二大抗糧案，即肇因於此。爲地方官者，能如桂超萬之倡議「均賦戶」，段光清之徵得紳民兩方同意，「平減糧折」，在當時環境下，實已盡其能爲矣。清代府縣施政，賴紳士合作之處甚多。然桂段兩人，對紳衿之爲良爲惡，尙頗能識別；對於庶民，則極力保護。此二地方官值道咸

⑧⑦ 同上，頁七二。咸豐二年七月八日上諭：「椿壽奏：……據稱鄞縣梟徒，以俞能貴為主謀首惡，與張潮清〔青〕狼狽為奸，又有該犯族人俞武相為羽翼。經該署撫督飭司道，派會署寧波知府畢承昭，署鄞縣知縣段光清等先將張潮清拏獲。俞能貴，俞武相並夥黨一百餘犯仍潛伏石山衕……六月十一日探知俞能貴在奉化焦坑地方廟內潛匿。該府縣立即會同委員營弁帶兵往拏。當將俞能貴擒獲。地方一律安謐，辦理尚為妥速。該梟匪等糾衆戕官，實屬罪大惡極。著該署撫即將首要各犯，提省嚴行審訊，盡法懲辦，以伸國法而儆刁頑……」《文宗實錄》，卷六五，頁一四——一五。

之際民變蜂起之時，在國法不赦罪魁之原則下，處置抗租抗糧，焚署戕官巨案，能盡量從寬辦結，雖未能完全護持公道，而似已屬難得。道咸之際乃清代吏治極其廢弛之時期。然吾人讀桂氏段氏之自述，可信賢能之地方官，固仍有人在也。

——原載《中央研究院成立五十周年紀念論文集》（臺北：一九七八年），頁三三三—三六四。

四、晚清督撫權力問題商榷

研究晚清政治史者，多半有一基本假定，即咸豐同治兩朝，因太平天國起事後平亂措施之結果，各省督撫權力擴張，造成「外重內輕」的局面。國人持此說最鮮明者早年有羅爾綱氏，晚近有傅宗懋先生①。吾人試翻閱任何近代史教科書之晚清部分，隨時均可發現「督撫專政」、「督撫集權」等詞。一般學生亦隨而假定民國成立後軍閥時代之起源，可以一線上溯於清末之地方權重。此說近二十年來，在美國亦甚盛行，「區域主義」(regionalism)一詞，幾爲一般治中國近代史者所公用。著名教授 Franz Michael 先生曾對「區域主義」作如下之定義：

① 羅爾綱，《湘軍新志》（長沙，一九三九年），第十三章。傅宗懋，《清代督撫制度》（臺北，一九六三年），第五章。

區域主義……〔乃指〕中國若干重要地區軍事與政治權力中心之出現，雖仍屬國家系統之內，而實已取得若干國家之重要職權……區域領袖在其鄉土組織軍隊，以基於地方之軍權與向其效忠之政治組織配合，並在所據有之區域內取得財源。此種區域性之組織乃為其領袖建立自治權力（autonomous power）之基礎②。

類似上述之歷史觀念，雖由多數學者接受，惟清末督撫權力眞相如何，則似須待十數册個案專刊出版之後，始有定論。蓋晚清自咸豐元年後，有六十年之歷史，中央與地方之關係錯綜複雜，各省情形亦未必盡同，概括之敍述誠非易事。本文之作純屬初步試探性質，僅就個人涉獵所及之奏章諭旨及重要督撫之朋僚函稿，參以近人有關之論著，試作一種較不同之解釋。至於此種解釋是否能完全成立，因牽涉之事實過多，澈底之探討，實非一二人學力所能及。著者之希望乃在提出若干問題，或足以供研究有關專題學者之參考。

關於清末督撫權力之探討，可提出兩層問題。其一爲咸同之後督撫究竟如何權重，其權重在

② Franz Michael, "Regionalism in Nineteenth-Century China," introduction to Stanley Spector, *Li Hung-chang and the Huai Army: A Study in Nineteenth-Century Chinese Regionalism* (Seattle, 1964), p.xxi. 日本中國史學者採用類似概念者甚多。例如著名教授市古宙三論太平天國平定之後政局及洋務運動之關係，曾云：「總督、巡撫は，私兵に等しい軍隊を持ち，財政も自致にするようになってしまった。……その兵とは國の兵ではなく，私の兵で，自らの實力と權威を保とうとして，洋務に當たった。」〈洋務運動と變法運動〉，西順藏他編，《講座近代アジア思想史》（東京，一九六〇），頁七八。坂野正高教授論同治朝之政局，常用「地方分權主義」一詞。見所著〈總理衙門の設立過程〉，近代中國研究委員會編，《近代中國研究》，第一輯（東京，一九五八），頁七六。

何處？其二爲咸同之後清廷對各督撫是否失去控制權，聽其「專權」或「自治」？吾人討論此二問題，自應分別兩種類型之督撫：（甲）任期不久，最多不出六年者，及（乙）任期較久，在七年—十三年之間者（其中一人任總督竟達二十五年之久）。本文雖以晚清爲題，惟討論範圍暫以一九〇〇年爲限，亦卽包括慈禧太后實主國政四十七年中之三十九年。就清代政制而言，同治一朝及光緒初期自爲極重要之轉變時期；惟其轉變之眞相與其要點所在，則似仍待縝密之分析也。

一、咸豐朝前後督撫權力概述

吾人欲明瞭十九世紀中葉以後督撫之權力，自不能不對咸豐朝以前清廷控制各省之制度，作一概述。清廷之中央集權自以皇帝及供其諮詢之軍機處爲首腦。但京中六部，尤其是吏部、兵部、與戶部，對各省皆能切實察核監督。督撫雖直接對皇帝負責而非對各部負責，而各部對督撫下屬之文武官員則不乏控制之權。各省之道府州縣除若干要缺照章依「本省題調」之外，其補用乃由吏部向朝廷推薦，或於合格人員中，抽籤決定。督撫對於道府州縣自有監督及三年「大計」考績之權，惟督撫之考語須由吏部審核，升遷黜陟，吏部依例「月選」，有調整控制之權③。同

③ 參閱織田萬，《清國行政法》中文本，（陳興年、梁繼棟、鄭箎譯；上海，一九〇六），第三編，頁七七—八三，八七—九三。友人 Thomas A. Metzger 教授所著 *Internal Organization of Ch'ing Bureaucracy: Legal, Normative, and Communication Aspects* (Cambridge, Mass., 1973)，討論吏部審查督撫考語，極有見地。應參考。

樣地，各省綠營部隊軍官中地位較高者，乃由兵部控制。至於各省所駐旗兵將官之控制權之出乎中央，自不待言。各省綠營提督總兵在咸豐朝以前似皆由兵部推薦，由諭旨任命，督撫固有權自合格之候補人員中揀選千總把總等低級軍官。但中級軍官（自副將至於守備）依例由督撫推薦之省份，並不甚多。此外，兵部總堅持各省綠營部隊依例分駐各汛，化整爲零；同時高級甚至中級軍官（自守備以上），在一省服務最多以五年爲限，難於造成地方勢力④。至於戶部對各省每年之收入與支出，自各省常年呈具之「冬估」、「春秋撥」、「報銷」等件中，亦可知其實收之大概。每年由戶部斟酌情形奏定各省負擔之實數，即除「存留」本省之外，應解京餉及應解各省協餉之數目⑤。吾人應注意十九世紀上半期，各省已常有未能依中央指撥，如數解清各餉之事。戶部亦常因各省欠解京協各餉而奏請嚴厲處分督撫藩司者。惟當時各省藩司雖爲督撫下屬，而依制同時對戶部直接負責，戶部亦可不經由督撫而直接與藩司洽商。藩司臬司運用其直接奏事之權，亦非罕有之事⑥。儘管督撫有權考核監司大員成績，藩臬兩司與督撫間畢竟尚有互相牽制之作用。這也就像總督雖然對轄境綠營軍隊有指揮之權，而綠營高級將領，猶如藩臬兩司，乃朝廷任

④ 羅爾綱，《綠營兵志》（重慶，一九四五），第七章及第十章。

⑤ 參閱彭雨新，〈清末中央與各省財政關係〉，《社會科學雜誌》，第九卷，第一期（一九四七），頁八三—八六。

⑥ 劉錦藻，《清朝續文獻通考》（一九二一前後刊行；臺北新興書局影印本），〈國用七〉，頁八二五五—八二五九。《欽定大清會典》（光緒會典，一八九九刊印），卷八二，頁一〇下—一一。參閱 E-tu Zen Sun（孫任以都），"The Board of Revenue in Nineteenth-Century China," *Harvard Journal of Asiatic Studies*, 24 (1962-1963): 192-194.

命之官，無須一切仰督撫鼻息。中央能利用各省主要負責官員間之彼此牽制，維持一種無形之均勢，督撫無論在軍事及財政方面，因是皆不能切實集權。

以上所論，乃對督撫與中央之關係而言。但是吾人尤應注意督撫之軍權財權，除受中央各部及在省其他簡命官員之限制外，同時並受所屬各下級政府單位之限制。綠營軍官於嘉道之世，已成爲腐化之利益集團。嘉慶年間白蓮教起事勉強平定之後，綠營分汛制度仍泥舊章不變。世襲之士兵未經甄別與訓練，無化弱爲強之可能⑦。督撫雖握有軍權，而僅賴此種軍隊，其實際權力實甚薄弱。至道光末年湖南廣西民變蜂起，各州縣常賴官紳招集團練勇丁保衞地方；此項團勇並非督撫直接操縱之軍力⑧。至於財政方面，督撫實際上之左右能力亦受低層組織之限制。督撫與藩司合作，固能將每年之田賦鹽稅等項，依額交解中央及受協濟之省份。督撫本人有薪俸養廉等收入，能供其官親幕友之需，且有致富之機會。惟就全省各地方之稅收總數而言，則吾人可相信事實上征收之賦稅，其絕大多數並未到達督撫或藩司衙門，而早由道府州縣各級所剝奪；而最低一層之州縣書差衙役，於收取「正常化」之陋規外，任意榨取民膏，尤難以數量計⑨。由於層層制

⑦ 羅爾綱，《綠營兵志》，第四章，第一篇。

⑧ 參閱 Philip A. Kuhn, *Rebellion and Its Enemies in Late Imperial China: Militarization and Social Structure, 1796-1864* (Cambridge, Mass., 1970), Chapter 3.

⑨ 參閱 Yeh-chien Wang（王業鍵）, *Land Taxation in Imperial China, 1796-1908* (Cambridge, Mass., 1973), Chapter 3.

度化之貪汚，賢明督撫，卽有意整頓稅收以利國計民生，事實上殊難於爲力。此種下層積習之牢不可破，乃爲督撫者必須面對之問題。

上文所論乃十九世紀上半期乃至十九世紀以前清代全盛時期之一般情況。至於太平天國戰爭開始以後，各種制度難於照舊維持，因而有督撫權力增加之趨勢。但是，吾人所注視之問題是：太平天國戰爭以後，中央與各省之關係究竟如何改變，其改變究竟至何等程度？最顯著之事實乃督撫軍權之增加。爲適應需要，當時有一種新型官軍之出現，卽所謂「勇營」⑩，如湘軍淮軍等是，自始卽由督撫支持，而終歸督撫指揮。（所謂勇營乃由朝廷詔許，由政府給餉之大枝軍隊，與地方零星之團練，不可混爲一談。曾國藩所辦之湘軍爲勇營規模最大者，同治初年有十二萬人之多。）至光緒初年，每省皆有勇營，惟其兵額則遠較湘淮軍爲少⑪。同光之際雖然八旗綠營仍繼續存在，但太平天國、捻軍以及西南西北之回民起義皆爲勇營所撲滅。自玆而後，各省鎭壓民亂維持治安者亦惟勇營是賴。勇營之制度與綠營不同。其高級將領至同治年間幾皆爲督撫所任命。勇營之軍官中最爲關鍵者乃爲「營官」，各營五百兵員一百餘名長夫，自招募之始卽由營官負責，成營後亦由其控制。營官本人則多半爲統領所選，每一統領可轄二三營至十一二營，各營

⑩ 「勇營」一詞，最先提請學術界注意者為王爾敏先生。王先生所著〈清代勇營制度〉長文，見《中央研究院近代史研究所集刊》，第四期上冊（一九七三年），頁一—五三。

⑪ 詳見下文，註㊵至㊿。

官俱由其統馭調度⑫。惟營官雖由統領任命指揮，而統領至同治年間仍由督撫揀選委派。但據筆者所知之史料，最遲至同治九年（一八七〇），督撫委派將領已須以奏摺向朝廷請示。事實上，督撫常有先派統領，再補摺請旨之事；惟統領自一省移他省，則須諭旨先事准可。督撫「札委」統領，亦須呈報兵部，惟兵部對此任命之決定權則僅以勇營統領在綠營系統內之職銜爲限⑬。

咸同以後之督撫不但軍權較大，在財政上及一般行政上權力亦增重。督撫所能掌握之新財源自以釐金爲最重要。釐金至咸豐晚年，已遍行於全國各省，於卡釐之外，更有抽取於坐賈及各行會之種種名目。各省皆設有釐金總局，其委員司事藩司雖有薦舉之力，惟總辦一缺則總由督撫札委⑭。咸豐七年，釐金制度遍及各省之際，清廷卽詔令各省每年呈報釐金收支數目一次。惟因軍務期中各省對實收情形無法詳知，請求緩報；至同治後期，戶部所收各省之釐金報告，方見齊全。惟此項報告自始卽仿照「鹽厘」舊制，僅呈報大略總數，並無造册。各省之釐金收入且不歸藩庫，而由釐金總局收存，依督撫之札命支放⑮。

⑫ 參閱羅爾綱，《湘軍新志》，第五及第七章；王爾敏，《淮軍志》（臺北，一九六七），第二章。

⑬ 詳見下文，註51及52。參閱拙著 "Li Hung-chang in Chihli: The Emergence of a Policy, 1870-1875," in Albert Feuerwerker, Rhoads Murphey, and Mary C. Wright (eds.), *Approaches to Modern Chinese History* (Berkeley, 1967), pp. 70-71, 77-78.

⑭ 羅玉東，《中國釐金史》（上海，一九三六），頁六八—七三。參閱何烈，《釐金制度新探》（臺北，一九七二），頁五七，一二五—一二八，二二九—二三八。

⑮ 羅玉東，《中國釐金史》，頁一三八—一四〇；參閱何烈，《釐金制度新探》，頁一三一—一三五。

咸同以後督撫之財權，就沿海及長江通商口岸而言，則並及於新關（或稱海關）之所謂洋稅。新關關稅依一八五八年天津條約附議之通商及關稅章程，乃由外人充任之各港口稅務司負責，於懸掛外國旗號之船隻進出口時，派員檢驗並科定應納之稅數。惟各商所交之稅款，實乃繳納於海關官銀號，即中國海關監督所指定之錢莊。海關監督常以管轄通商口岸之道臺爲之，乃由南北洋大臣會同有關之督撫向朝廷推薦，事實上亦爲督撫所控制⑯。清廷因有總稅務司之設，對於各口海關課稅之總數，每季皆經由總稅司赫德取得詳報，其用途亦由中央決定。惟除同治五年（一八六六）五月前各關所入以四成付給英法聯軍之賠款外，清廷自始即許各省留存各關所入之六成，主要乃備各省勇營之軍費。督撫經由任海關監督之海關道，須依諭旨分配洋稅之用途，然對解款起運之先後，及六成洋稅中或有未經指定用途之閒款，則不乏支配權⑰。

由於財權軍權之擴大，督撫在各省原有行政系統中之地位，隨亦增重。咸同之際用兵期中，糧道鹽法道權力增加，戰後似仍繼續，侵取藩司職權之一部分。而此等重要道缺及管轄通商口岸之海關道以及附近之地方官，朝廷似皆任各省題調。至於同治初年以後各省所設立之機器局（至

⑯ 參閱 China. Inspectorate General of Customs, *Reports on the Haikwan Banking System and Local Currency at the Treaty Ports* (Shanghai, 1879); C. John Stanley, *Late Ch'ing Finance: Hu Kuang-yung as an Innovator* (Cambridge, Mass., 1961), pp. 29-35.；王爾敏，〈南北洋大臣之建置及其權力之擴張〉，《大陸雜誌史學叢書》第一輯第七册；《清史及近代史研究論集》（臺北，無年月），頁一九三—一九四。

⑰ 海關道一職之重要，見李國祁，〈明清兩代地方行政制度中道的功能及其演變〉，《中央研究院近代史研究所集刊》，第三期上册（一九七二），頁一七一—一七九。

甲午戰前設立者有十四省之多），其總辦委員皆由督撫任命。此類總辦委員皆有正式官員資格，決不能僅以幕賓視之。然其資歷審查與升陟則不屬於吏部職權之內，吏部無從干預。藩臬兩司雖不時推薦局員，偶亦參與局事。然此類新設機關之大權，畢竟屬於督撫⑱。咸同以後，就若干省份而言，釐金與洋稅之重要性大爲提高，而仍掌田賦之藩司尚須與糧道等官分享此項收入有定額之財源。全國十八省勇營之數目不同，釐金之收入或多或少，洋稅之有無，機器局等洋務機關規模之大小亦非一律。惟一般說來，咸同以後之督撫，其權力必較咸同以前爲大，則殆無疑問。

二、咸豐、同治朝以降督撫權力之局限

上文所述與一般史家之觀念大同小異，亦皆不容否認之重要事實。然吾人茲不能不進而提出一個問題，卽儘管咸同以後督撫軍權財權增重，在省行政系統中受藩臬兩司之牽制亦較小，此等督撫是否已不再受朝廷之控制？而進一步吾人更須追問：督撫權力之加重是否造成地方專政之局

⑱ 咸同用兵之際，「糧臺」、「牙釐總局」等要缺，每有以分巡道兼之。蓋分巡道有若干地方實權，辦事較易，至光緒中葉，各省依旨設立之分巡道數目增多。分巡道之兼任糧道（或糧儲道）及鹽法道者較清初爲多。《清朝續文獻通考·職官二十》，頁八九三九—八九四〇；參閱李國祁，前引文，頁一七九—一八六；散見王爾敏，《清季兵工業的興起》（臺北，一九六三）及 Albert Feuerwerker, *China's Early Industrialization: Sheng Hsuan-huai* (1844-1916) *and Mandarin Enterprise* (Cambridge, Mass., 1858).

面，抑反有維護清廷威權之作用？在未回答諸此問題之前，須注意一重要事實，即咸同以後督撫之權力仍受省內層層單位自下而上之限制。先就軍隊而言，各省雖皆有重新訓練綠營之計畫，而事實上綠營仍爲一無用之「既得利益」集團，且仍受中央控制。但即督撫所能左右之「勇營」，本身事實上也迅速地「綠營化」，成爲一種新利益的集團，在人事上僵化，在作戰能力上大爲退化⑲。此種弊病應溯源於勇營制度本身之缺陷（其實也就是當初勇營制度之優長）。換言之，勇營之團結靈動乃基於其層層組織間之個人與個人間之關係。統馭十二個兵士之什長忠於統馭一百人左右之哨長，而哨長又忠於統馭五六百人之營官，營官多半亦只忠於原來受其拔取之統領。此中層層聯繫，除個人鄉土戚屬關係之外，尚有多年發放餉項時之恩情關係，牢不可解。洎乎同光之際，督撫之控制勇營必須經過統領營官，非得統領同意不能更調營官，非得營官首肯亦無從更調營以下之軍官⑳。督撫改組勇營之事，容或有之。然此種處置，並非易事，除因將官身故等特殊情形外，各省督撫多避免嘗試之。

再就財權而言，儘管督撫經由糧道或可牽制藩司之權，而傳統之田賦漕糧事實上已無法增

⑲ 參閱王爾敏，《淮軍志》，第四章第二節。

⑳ 光緒十一年，中法戰後李鴻章設立北洋武備學堂，延德國軍官為教習，而培植之人材淮軍各統領營官多不願用。嚴復記其事曰：「曩者法越之事，北洋延募德酋數十人。洎條約既成，無所用之，乃分遣各營，以為教習。……各統領惡其害己也，羣譟然而逐之。上游籌所以慰安此數十人者，於是乎有武備學堂之設。既設之後，雖學生年有出入，尚未聞培成何才，更不聞如何器使。」〈救亡決論〉，《嚴幾道詩文鈔》（一九二二本），卷二，頁二。

加。咸同之際長江各省有減賦之事，厥後各省賦額最多亦只恢復咸豐以前之數。地方所增之「浮收」可能甚鉅，但只供吏胥及地方官之「中飽」及必要之開銷，未能入於省庫國庫㉑。不但如此，即新開之釐金財源，至同治晚期，收數亦已穩定化，繳達於督撫所控制之釐金總局者，亦屬有限。蓋釐卡之數目與行商坐賈納釐之稅率，皆有一天然之限制，超此限度，商人必定走私漏稅，各行會亦可能拒絕包稅。而且商人實際所納之釐金一大部分爲各局卡人員所侵漁。全省總局之總辦，以及總辦所派之委員，雖時時更動，而各地局卡之書吏差役，包括「司巡」，「扦手」人等，往往因其與地方之特殊關係，非用之不可。加以全省候補人員衆多，釐金總局每成爲督撫藩司安插冗員之機構，人事費用甚高，收入之實際歸於政府者因更減少㉒。據羅玉東氏研究檔案所得數字，自一八七〇年—一八九四年之間，各省每年呈報於中央之釐金收入一般趨勢乃大約維

㉑ 據光緒十五年（一八八九年）《湘潭縣志》（第六卷頁一五—一六），該縣依例開銷（包括養廉銀在內），每年不出三千兩，而實際支出，竟達一萬八千兩以上，足見「浮收」之鉅。Yeh-chien Wang, *Land Taxation in Imperial China*, pp.56-57.

㉒ 何烈，《釐金制度新探》，頁九一引同治年間御史孫翼謀奏摺云：「釐捐之設原因軍務未蕆，暫濟軍需，非以專利權也。乃近來捐納出身人員百計鑽營，視為名利兼收之地。如蠅逐臭，如蟻附羶。甚至外省無恥官親，本地不肖生監，亦轉相援引，濫充斯選。並有游手之徒，賄通局員，給照認辦；分置卡隘，搉算錙銖。」羅玉東，《中國釐金史》，頁七七—七八，綜合中西文資料云：「湖南抽釐，自始即兼用士人。光緒元年雖有上諭各省辦理釐金分局不得用本地紳士，但湖南始終未廢除，僅於光緒季年大減委紳之數而已……〔同時〕改用司事。所謂司事者，其中多為各局卡之徵稅老手，無論何人為委員皆不能盡數撤換，蓋非此輩任事，則徵收即不能進行故也。」據羅氏研究，他省任用司事之情形亦相做。「司事之外，有的局卡尚設書辦，或字識，或清書，其職務多係繕寫或作雜事。各局卡中與司事互通聲氣而實際握有徵稅作弊實權之人員，厥為巡丁，各局卡所有查貨之扦子手，皆由此輩任之，防私與緝私亦多由此輩擔任，故此輩之地位雖低而實權足與司事相抗。」

持一個水準而已，若干省份且漸減少。此二十四年間呈報之釐金收數稍有增加者，僅有江蘇廣東二省，而此二省之特色乃利用商人包收釐金，可稍補局卡人員侵漁之弊㉓。

以上所述乃督撫之軍權財權所受其下屬層層組織之限制。但同時吾人須注意督撫之權力事實上仍受中央有效之監督與控制。關於此點，拙見與前此史家最爲不同，請試論之。

咸同之後清廷之所以能有效控制督撫，乃基於晚清政治與文化兩個最根本之事實：其一爲傳統儒家之忠君觀念之根深蒂固；其二爲朝廷對督撫之任免有絕對之權柄。忠君不但爲臣子無條件之義務，而且經宋代以降理學之薰陶，已成爲人臣者感情生活之最崇高理想。何況爲督撫者，受國恩深，擢任封圻，鮮有不以朝廷之犬馬自居，以求報答國恩者㉔。但是，即使爲督撫者，鐵石

㉓ 羅玉東，前引書，頁四一—五四，一〇九—一一六，二三八—二四一，三四七—三四八。同書附錄一，表十三、三一、四四、五三、六一、六七、七七、八九、九八、一〇〇、一〇七、一一〇、一一七、一二二及一二五。

㉔ 忠君之為傳統士大夫之絕對義務與最崇高之理想，辛亥革命五四運動以後之國人已難於想像。咸豐七八年間，江西藩司龍翰臣殉難，曾國藩輓聯云：「豫章平寇，桑梓保民，休誇書生立功，皆從二十年積累立德立言而出；翠竹淚斑，蒼梧魂返，莫疑命婦死烈，亦猶萬古臣子死忠死孝之常。」（見《曾文正公全集》，一八七六傳忠書局本，《書札》，卷六，頁三八。）下聯頗能道出忠君情感之濃厚而且自然。即有人目為德行較差之李鴻章，其精神生活除受外國侵略之刺激，而有保土衛民之志外，忠君觀念，亦極堅定。李之從軍，乃一八五三年隨兵部侍郎呂賢基返皖組勇。呂氏陛辭時，咸豐皇帝曾為之流涕。呂氏不久即殉難，李鴻章於己未年（一八五九）作詩懷悼，有「七年飄泊節旄存，追愴同袍烈士魂；諫草商量捍吾圉，伏蒲涕泣感君恩」等句。日後李氏始終忠於慈禧太后。丁亥年（一八八七）左右曾作〈中興觀聖容詩〉，自詠其雖有略似唐代節度使之地位，而心實慕主也：「北軍自將異他師，位冠荊韓地不疑；像佐班高唐節使，典章氣肅漢官儀。重瞻列廟行圖處，正值深宮側席時。駐輦尚蒙慈壽詔，久知文母是軒羲。」（《合肥李氏三世遺集》，一八九五張士珩序，《李文忠公遺集》，卷六，頁六下及一九下。）忠君之感情與絕對義務，因傳統社會之「報恩」觀念而益強。人臣「受恩深重」者，為朝廷犬馬乃極自然之事。參閱 Lien-sheng Yang（楊聯陞），"The Concept of *Pao* as a Basis for Social Relations in China," in *Excursions in Sinology* (Cambridge, Mass., 1969), pp.8-10.

心腸，全不受此種責任或感情之羈束，事實上也不致於有專權割據之心思。此乃因忠君之觀念在光緒中期仍支配整個上中層社會，不但官紳甚至連勇營將士亦皆爲傳統倫理所籠罩㉕。身爲督撫而興叛逆之念，在當時殊可謂不可思議之事。

督撫既無意或不可能叛逆，則朝廷之權必尊必大。其道理實極簡單，即督撫之任命乃由朝廷支配也。慈禧太后當權之時期，清初控制各省之嚴密制度已不能一一維持，而且爲實際行政功效起見，清廷且實行一種新政策，即重用漢人。同治朝漢人爲總督者，約比滿人多一倍，光緒元年（一八七五）至十九世紀終結之二十五年間，總督中漢人佔百分之八十一．五，滿人僅佔十八．

㉕ 勇營將領不但受傳統倫理之薰陶，且因歷受朝廷恩典，擢拔爲總兵提督等職，忠君圖報之念亦有甚濃厚者。淮軍將領周盛傳於同治十年（一八七〇）作〈盛軍訓勇歌〉，除告誡士卒莫結哥老會、莫鬧餉、勤操練等事外，最後云：「到處傳出好聲名；蔭子封妻皆有分……班師奏凱罷遠征，同沐皇家雨露恩。」周盛傳於一八七四年臺灣事起，一八八〇年中俄伊犁糾紛及一八八四年中法越南衝突，皆勸李鴻章作戰，以報國恩。翌年周氏病逝，據其子云臨終曾自語：「余寢戈枕干數十年，原以備馳驅。今天下多難，欲求一戰以報國家而不可得，又不得早告歸，盡一日雞豚之養，能不悲哉！能不悲哉！」似足見其忠孝並重之思。（見周盛傳，《周武壯公遺書》，一九〇二年俞樾序，〈卷首〉，頁五六下，〈外集一〉，頁五二下。）一八八〇年英將戈登（Charles George Gordon）被邀來華，一時謠言彼有助李鴻章叛清篡位之說。戈登或有此意，惟渠與李氏談話後，告英國官員曰："I do not consider that Li Hung-chang has the least idea of making any attempt to secure himself the control of the Emperor, though as a Chinaman, he may dislike the Manchu government. I do not believe he possesses the material physical force to succeed. I believe that if he attempted it, and did succeed, that the whole of the country could be in disorder and chaos." 見 Immanuel C.Y. Hsü（徐中約），"Gordon in China, 1880," *Pacific Historical Review*, 32.2 (1964): 162.

五。至於巡撫，同治朝漢人佔百分之八十七・三，光緒朝一八七五—一九〇〇之間，任用旗人稍多，仍不過全數之百分之二十三，漢人居百分之七十七（見表一及二）㉖。但是清廷雖然就此一方面說，略有開放政權之跡象，然同時仍維持傳統控制各省政策中最關鍵之兩點。第一點是儘管平亂時期及亂後善後時期必須用有治軍經驗之能臣，而朝廷選用此類人才爲藩臬司乃至督撫，除極例外之情形外，仍堅持科舉出身之標準。自一八六〇—一九〇〇之間被任命爲總督者，百分之八十左右乃科舉出身，而且其中功名高者居多：百分之五十爲進士，百分之十五爲舉人，百分之五爲貢生，百分之八・三爲生員。其餘則百分之五爲監生，百分之八・三爲廕生，確知其無功名者僅百分之六・七。至於此四十年內巡撫之出身亦相似；百分之八十以上乃科舉出身。其中進士百分之五十一・八，舉人百分之十四・七，貢生百分之五・九，生員百分之八・三。其餘則監生佔百分之八・三，廕生佔百分之四・七，確知毫無功名者僅百分之四。（見表三及四）此種政策

㉖ 本文所用督撫任免統計資料，原係依據錢實甫，《清季重要職官表》（上海，一九五九）編成。惟筆者於一九七二年秋訪問臺北中央研究院近代史研究所，得悉該所魏秀梅女士根據《大清歷朝實錄》等資料，對清代督撫、藩臬司之任免，研究較錢實甫為精詳。玆承魏女士慨允將所編統計之一部分，供本文之用，並代製表格，使拙著可藉以修正充實。筆者除敬佩魏女士功力之深厚外，謹此表示誠摯之謝意。魏女士所著〈從量的觀察探討清季布政使的人事嬗遞現象〉及〈從量的觀察探討清季按察使的人事嬗遞現象〉已分載《中央研究院近代史研究所集刊》第二期（一九七一），頁五〇五—五三四及第三期下卷（一九七二），頁四七五—四九六。其後魏女士彙集其研究於《清季職官表附人物錄》二冊（臺北，一九七七），貢獻甚大。關於清代初期及中葉督撫滿漢人數之比較，參閱 Lawrence D. Kessler, "Ethnic Composition of Provincial Leadership During the Ch'ing Dynasty," *Journal of Asian Studies*, 28.3 (1969): 489-511.

表一　總督旗漢任用比較表（一八六〇—一九〇〇年）

年代	一八六〇至一八七四年		一八七五至一九〇〇年	
旗漢人數及百分比	人數	百分比	人數	百分比
旗人	一二	三六・四%	五	一八・五%
漢人	二一	六三・六%	二二	八一・五%
合計	三三	一〇〇%	二七	一〇〇%

表二　巡撫旗漢任用比較表（一八六〇—一九〇〇年）

年代	一八六〇至一八七四年		一八七五至一九〇〇年	
旗漢人數及百分比	人數	百分比	人數	百分比
旗人	一〇	一二・七%	二一	二三%
漢人	六九	八七・三%	七〇	七七%
合計	七九	一〇〇%	九一	一〇〇%

表三 總督出身背景統計表（一八六〇—一九〇〇年）

出身 \ 年代 / 人數	一八六〇至一八七四年	一八七五至一九〇〇年	合計	百分比
進士	一八 漢(15) 旗(3)	一二 漢(11) 旗(1)	三〇	五〇%
舉人	六 漢(3) 旗(3)	三 漢(2) 旗(1)	九	一五%
貢生	一 漢(1)	二 漢(2)	三	五%
監生	〇	三 △漢(2) 旗(1)	三	五%
生員	一 旗(1)	四 漢(4)	五	八・三%
廕生	三 ※旗(3)	二 漢(1) 旗(1)	五	八・三%
其他	四 漢(2) ※旗(2)	〇	四	六・七%
不明	〇	一 旗(1)	一	一・七%
小計	三三	二七	六〇	一〇〇%

說明：1 監生包括捐官在內。△漢二人內，一為捐官。
2 滿洲廕生包括官學生在內。※三人內，一為官學生。
3 其他一項包括行伍出身、文童、拜唐阿和印務參領。※四人內（一行伍，一文童，一拜唐阿，一印務參領）。

表四　巡撫出身背景統計表（一八六〇—一九〇〇年）

年代＼出身＼人數	進士	舉人	貢生	監生	生員	廕生	其他	不明	小計
一八六〇至一八七四年	四七 漢(44) 旗(3)	一一 漢(8) 旗(3)	五 漢(5)	三 ※漢(2) 旗(1)	六 漢(6)	四 漢(1) △旗(3)	三 ●漢(3)	〇	七九
一八七五至一九〇〇年	四一 漢(37) 旗(4)	一四 漢(10) 旗(4)	五 漢(4) 旗(1)	一一 ■漢(9) 旗(2)	八 漢(5) 旗(3)	五 漢(1) 旗(4)	五 □漢(3) ▽旗(2)	二 旗(2)	九一
合計	八八	二五	一〇	一四	一四	九	八	二	一七〇
百分比	五一・八%	一四・七%	五・九%	八・三%	八・三%	五・三%	四・六%	一・二%	一〇〇%

說明：※其中一人為捐官。

△其中二人為官學生。

●其中一人為行伍出身，另二人為文童。

■其中二人為捐官。

□其中二人為行伍出身，另一人為文童。

▽為筆帖式出身。

乃利用科舉出身之儒者忠君觀念特別深入心坎，仍為一種以文化控制政治之政策。自太平天國戰爭開展之後，科甲人物中固然已有新型之儒將出現，讀書人中有少數不但能馭將而且能帶兵（但後者之數目實不甚多）。清廷因大亂之後各省治安問題仍嚴重，不得不用此種有治軍經驗之文人為督撫。但大體而言，清廷之政策乃在避免多用此種人物。自一八六〇—一九〇〇之四十年間，曾任總督之人物共計六十人（包括署任），其中二十二人有軍功可言，約佔全數三分之一。同時期內，曾任巡撫之人物（包括署任）有一百七十人，有軍功者則僅三十七人，不及百分之二十二㉗。且督撫中所謂有軍功者，實際軍事經驗，多甚暫甚微，無論資格與氣質，仍文重於武。整個說來，清代過去所採取之文治政策，並未改變，即所謂新型之督撫，對清室之安全亦絕無威脅。

慈禧太后及助其鞏固政權之軍機處，除利用文化及倫理為維繫外，同時更盡量利用朝廷之絕對威權，繼續執行傳統控馭各省政策最重要之一項：即除極少數之例外，督撫之人事時常予以更

㉗ 據筆者所知，自咸豐元年（一八五一）太平天國起事，至世紀終了（一九〇〇）為止，曾參與戰役而有軍功之人員在此期間內任總督者，連署任在內，計二十六人，即劉長佑、曾國藩、李鴻章、榮祿、張樹聲、沈葆楨、劉坤一、左宗棠、曾國荃、魏光燾、吳文鎔、英翰、慶端、李鶴年、楊昌濬、丁寶楨、劉秉璋、劉嶽昭、岑毓英、楊岳斌、穆圖善、陶模、恆福、潘鐸、文煜、吳棠。同一期間內，軍功人員任巡撫者，連署任在內，計四十九人，即丁寶楨、陳士杰、張曜、袁世凱、李鶴年、曾國荃、劉蓉、劉典、魏光燾、胡林翼、潘鼎新、吳大澂、李鴻章、張樹聲、江忠源、李續宜、唐訓方、英翰、王之春、沈葆楨、劉坤一、劉秉璋、左宗棠、楊昌濬、慶端、岑毓英、郭嵩燾、蔣益澧、劉長佑、徐延旭、史念祖、劉嶽昭、唐炯、韓超、劉錦棠、陶模、劉銘傳、勞崇光、吉爾杭阿、李孟羣、徐之銘、江忠義、福濟、彭玉麟（未就任）、張凱嵩、田興恕、張汝梅、李元華、蘇鳳文。此註承王爾敏先生訂正，謹此誌謝。

動，使其在一省之任期不致於過長。過去史家之所以忽視此一基本事實，乃因無人注意大多數督撫任期之統計，竟將少數任期長久之督撫，視爲普遍之現象。茲將十九世紀最後四十年（卽一八六〇—一九〇〇之督撫任期，作一分析。自一八六〇年曾國藩任兩江總督始，至同治末年（一八七四）爲止，總督之任期不出三年者計有二十七人，在三年與六年之間者計有八人，六年—九年之間者有四人，九年—十二年者三人，十二年—十五年者僅一人（見表五）。同時期內，各省巡撫任期在三年之內者有七十二人，三年—六年之間者十七人，六年—九年之間者十一人，九年—十二年之間者僅三人，而無任期在十二年以上者（見表六）。吾人再將光緒朝自元年—二十六年（一八七五—一九〇〇）之總督任期，作一統計。此時期內總督任期在三年之內者計有二十人，三年—六年之間者計十八人，六年—九年之間者七人，九年—十二年之間者有三人，十二年以上者僅一人（見表七）。同時期內，各省巡撫任期在三年以內者計一百二十三人，三年—六年之間者共四十人，六年—九年之間者僅三人，九年—十二年之間者僅一人，十二年以上者無之（見表八）。茲將一八六〇—一九〇〇，四十年間督撫之任期在六年以內者作一簡表如表九㉘：

依表九可知一八六〇—一九〇〇間大多數之督撫任期皆甚短暫，以任期三年之內者爲最多。

㉘ 表九及十乃筆者依據錢實甫《清季重要職官年表》編製，未將一八六〇—一八七四及一八七五—一九〇〇分期重複計算，故與表五—八之總數不同。

表五　一八六〇—一八七四年總督任期統計表

任期＼人數＼地區	直隸	兩江	陝甘	四川	閩浙	湖廣	兩廣	雲貴	人數合計	百分比
一至三年	四	四	三	二	四	一	五	四	二七	六二・八%
三至六年	一	一	一	〇	三	一	〇	一	八	一八・六%
六至九年	〇	一	〇	二	〇	〇	〇	一	四	九・三%
九至十二年	一	〇	〇	〇	〇	一	一	〇	三	七%
十二至十五年	〇	〇	一	〇	〇	〇	〇	〇	一	二・三%
人數小計	六	六	五	四	七	三	六	六	四三	一〇〇%

附記：1本表總督任期係由一八六〇年起算，如某總督於一八六〇年前直任職至一八六〇年，則一八六〇年以前之任期亦算，如陝甘總督樂斌自咸豐六年九月二十八日任至同治元年正月十三日，其任期算五年多。此種情形共有八人。
2任同一總督兩次者有兩江總督一人。
3一人先後兩任總督者計有七人。
4在一八六〇至一八七四年與一八七四至一九〇〇年任同一總督者有三人。

表六　一八六○—一八七四年各省巡撫任期統計表

地區＼任期＼人數	一至三年	三至六年	六至九年	九至十二年	十二至十五年	小計
山東	二	一	○	一	○	四
山西	五	二	○	○	○	七
河南	六	二	○	○	○	八
江蘇	七	一	一	○	○	九
安徽	五	○	一	一	○	七
江西	三	○	○	一	○	四
福建	三	二	○	○	○	五
浙江	五	一	一	○	○	七
湖北	八	○	二	○	○	一○
湖南	三	一	二	○	○	六
陝西	九	一	○	○	○	一○
廣東	五	一	一	○	○	七
廣西	三	三	○	○	○	六
雲南	三	一	一	○	○	五
貴州	五	一	二	○	○	八
合計	七二	一七	一一	三	○	一○三
百分比	六九・九%	一六・五%	一○・七%	二・九%	○	一○○%

附記：1本表巡撫任期係由一八六○年起算，如某巡撫於一八六○年前直任職至一八六○年，則一八六○年以前之任期亦算，如山東巡撫文煜自咸豐九年八月一日，任至十一年正月十七日，其任期算一年多。此種情形共有十五人。

2任同省巡撫兩次者有陝西巡撫、廣西巡撫、安徽巡撫各一人。其中桂、皖二撫另各一任他省。

3一人先後三任巡撫者二人，先後二任巡撫者計有十一人。

4任跨一八六○至一八七四年與一八七五至一九○○年者有十一人，其中各僅一任者有三人。

表七　一八七五—一九〇〇年總督任期統計表

地區 ＼ 任期 ＼ 人數	一至三年	三至六年	六至九年	九至十二年	十二至十五年	人數小計
直隸	四	一	〇	一	〇	六
兩江	三	一	一	一	〇	六
陝甘	二	二	二	〇	〇	六
四川	三	一	一	一	〇	六
閩浙	一	四	一	〇	〇	六
湖廣	三	二	〇	〇	一	六
兩廣	三	五	〇	〇	〇	八
雲貴	一	二	二	〇	〇	五
合計	二〇	一八	七	三	一	四九
百分比	四一%	三七%	一四%	六%	二%	一〇〇%

附記：1任同一總督兩次者有直隸、兩江總督各一人。
2一人先後四任總督者一人，先後三任總督者一人，先後二任總督者計有十一人。

表八　一八七五—一九〇〇年各省巡撫任期統計表

地區 ＼ 任期（人數）	一至三年	三至六年	六至九年	九至十二年	十二至十五年	小計
山東	七	三	〇	〇	〇	一〇
山西	一二	三	〇	〇	〇	一五
河南	六	四	〇	〇	〇	一〇
江蘇	八	二	〇	〇	〇	一〇
安徽	五	二	〇	〇	〇	七
江西	六	一	〇	一	〇	八
福建	八	〇	〇	〇	〇	八
浙江	六	三	〇	〇	〇	九
湖北	七	二	一	〇	〇	一〇
湖南	一〇	三	〇	〇	〇	一三
陝西	七	四	〇	〇	〇	一一
廣東	八	二	〇	〇	〇	一〇
廣西	一四	二	〇	〇	〇	一六
雲南	八	一	一	〇	〇	一〇
貴州	九	四	〇	〇	〇	一三
臺灣	一	二	〇	〇	〇	三
新疆	一	二	一	〇	〇	四
合計	一二三	四〇	三	一	〇	一六七
百分比	七三・七%	二四%	一・七%	〇・六%	〇	一〇〇%

附記：1光緒十一年九月五日將閩撫改為臺灣巡撫。
2新疆於光緒十年始設省。
3任同省巡撫兩次者有山西、江蘇、陝西等巡撫各一人。其中山西、陝西二撫又各三任他省巡撫，江蘇巡撫另二任他省巡撫。
4一人先後五任巡撫者有一人。先後三任巡撫者十人。先後二任巡撫者計二十九人。

表九　一八六〇—一九〇〇督撫任期六年以內者之百分比

職位／缺額及人數	總督	巡撫
缺額總數	八缺	一五至一七缺
一八六〇至一九〇〇年間任命總數	七二次	二一八次
任期三年之內者	三四人	一一七人
任期三年至六年者	二三人	八五人
任期六年以內所佔百分比	七九%	九二・六%

附記：巡撫缺額一八八五年至一八九五年為一七；一八九五年至一九〇〇年為一六。

若與任期多至六年者並算，則總督任期在六年之內者爲受任命爲總督者全數之百分之七十九。巡撫任期在六年之下者爲受任命爲巡撫者全數之百分之九十二・六。同一時期內，尤其是光緒朝，

有少數督撫曾蒙特許延長任期（見表十）：此表所列任期特長（六年以上）之總督計十九人㉙，巡撫十八人㉚，共計三十七人。以滿漢之別而言，則此三十七人中，滿人僅六人㉛；漢人有三十一人，佔絕大多數（見表十一及十二）。惟就出身而言，則任期特長之督撫與普通督撫乃出於相似之類型。任期六年以上之滿人督撫六人中，有功名或筆帖式來歷者至少有五人。任期六年以上之漢人督撫三十一人中，有高級功名之資格者至少有二十人，計進士十六人（包括翰林九人），舉

㉙ 此十九人為官文（湖廣，一八五五—一八六七）、曾國藩（兩江，一八六〇—一八六五，一八六六—一八六八，一八七〇—一八七二）、駱秉章（四川，一八六一—一八六七）、左宗棠（陝甘，一八六六—一八八〇）、瑞麟（兩廣，一八六六—一八七四）、吳棠（四川，一八六七—一八七五）、劉嶽昭（雲貴，一八六八—一八七五）、李鴻章（直隸，一八七〇—一八九五）、李瀚章（湖廣，一八七〇—一八八二；兩廣，一八八九—一八九五）、丁寶楨（四川，一八七六—一八八六）、劉長佑（雲貴，一八七六—一八八二）、何璟（閩浙，一八七六—一八八四）、譚鍾麟（陝甘，一八八一—一八八八）、岑毓英（雲貴，一八八二—一八八九）、曾國荃（兩江，一八八四—一八九〇）、張之洞（湖廣，一八八八—一九〇七）、劉秉璋（四川，一八八六—一八九四）、劉坤一（兩江，一八七四—一八七五，一八八〇—一八八一，一八九一—一九〇二）、崧蕃（雲貴，一八九四—一九〇〇）。

㉚ 此十八人為劉坤一（江西，一八六五—一八七四）、英翰（安徽，一八六六—一八七四）、丁寶楨（山東，一八六七—一八七六）、郭伯蔭（湖北，一八六七—一八七三）、曾璧光（貴州，一八六七—一八七五）、岑毓英（雲南，一八六八—一八七六）、張兆棟（廣東，一八七一—一八七九）、楊昌濬（浙江，一八六九—一八七七）、王文韶（湖南，一八七一—一八七八，一八八八—一八八九）、裕祿（安徽，一八七四—一八八五）、杜瑞聯（雲南，一八七七—一八八三）、德馨（江西，一八八四—一八九五）、劉銘傳（福建、臺灣，一八八四—一八九一）、劉錦棠（新疆，一八八四—一八九一）、潘霨（貴州，一八八五—一八九一）、譚鈞培（雲南，一八八六—一八九四）、沈秉成（安徽，一八八八—一八九四）、譚繼洵（湖北，一八八九—一八九八）。

㉛ 此六人為曾任總督之官文（湖廣，一八五五—一八六七）、瑞麟（兩廣，一八六五—一八七四）與崧蕃（雲貴，一八九四—一九〇〇）；及曾任巡撫之英翰（安徽，一八六六—一八七四）、裕祿（安徽，一八七四—一八八五）與德馨（江西，一八八四—一八九五）。

表十　一八六〇—一九〇〇年間任期特長督撫之數目

任期＼職位人數	總督	巡撫
六至九年	一二	一四
九至十四年	六	四
二十五年	一	〇

附記：參閱註㉘至註㉚。

表十一　一八六〇—一九〇〇年任期特長之總督旗漢比較表

任期＼旗漢人數	旗	漢
六至九年	一	一〇
九年以上	二	六

表十二　一八六〇—一九〇〇年任期特長之巡撫旗漢比較表

任期＼旗漢人數	旗	漢
六至九年	一	一二
九年以上	二	三

人四人。其他十一人中多半有生員、貢生等資格（確知為生員者有二人），因平亂期中有軍功而特擢為道臺、臬司、藩司而升為巡撫總督㉜。十一人中僅有軍功而無諸生資格者似僅二人（劉錦棠、劉銘傳）。至於任期最長之總督，即人所盡知之李鴻章，任直隸總督二十五年；及官文、左宗棠、李瀚章、丁寶楨、劉坤一及張之洞等六人，曾任一地之總督九年—十餘年之久。清廷之所以予不少漢人以特長之任期，一般說來，乃借重其平亂期中有治軍及籌餉經驗。由其治理重要省份，足以維持清室之安全，並解款供應朝廷不誤。左宗棠任陝甘總督十三年，即其平定陝甘回民，遠征新疆之時期。曾國荃、劉坤一任兩江總督較久，皆以其治軍理財之能力與聲名為基礎，且與當時督撫間派系之平均分配有關㉝。李鴻章之能任直隸總督二十五年則須特別解釋。李氏除以淮軍勁旅向清室效忠外，並擅長外交。自天津教案以後，李氏以北洋大臣之地位駐居天津，每遇交涉糾紛，可代總理衙門與西人談判，有緩衝作用，貢獻甚大㉞。而一八七六年後朝鮮受日本

㉜ 參閱錢實甫，《清季重要職官年表》所附〈人名錄〉中之小傳；魏秀梅，《清季職官表附人物錄》。

㉝ 清廷任命督撫時之注意派系平衡，可以財權兵權甚大之兩江總督一席為例，一八七二年曾國藩逝世後，當時李鴻章充直隸總督，其兄瀚章為湖廣總督，勢力甚重。其中一度清廷曾依李氏推薦，任沈葆楨為兩江總督（一八七五—一八七九）；惟沈氏本左宗棠力薦為福建船政大臣之人，雖為李氏同年，而不屬李氏之「淮系」。沈死後，兩江總督皆以「湘系」人物充任：劉坤一（一八八〇—一八八一）、左宗棠（一八八一—一八八四）、曾國荃（一八八四—一八九〇）、劉坤一（一八九一—一九〇二）。左、曾、劉雖依諭旨籌解淮軍協餉之大部分而始終與李氏未能合作無間。李鴻章之推薦沈葆楨，見下文，註㊆。

㉞ 參閱拙著 "Li Hung-chang in Chihli: The Emergence of a Policy," in Feuerwerker, Murphey and Wright, *Approaches to Modern Chinese History*, pp.68-104.

威脅，亦卽滿洲及整個華北受威脅。處理朝鮮問題及辦理海軍皆似以李氏爲最適宜。然李氏之二十五年任期中亦非全無風波。光緒七年（一八八一），左宗棠自新疆歸後，曾奏請在內蒙古訓練新兵。日後與李鴻章合作之醇親王，據云當時有意以左代李爲直隸總督㉟。越二年（一八八三）中法越南戰起，李氏在合肥葬母，受命赴兩廣督軍，直督之地位可能動搖。嗣以西太后認爲畿輔防務重要，張佩綸又奏薦雲貴總督岑毓英節制滇粵陸師，李氏乃得返直隸原職㊱。李氏之任直隸

㉟ 劉體智，《異辭錄》云：「左文襄西征之後，才智已竭，所謂鞠躬盡瘁是也。入贊綸扉，參預密勿，乃醇邸用南城輿論，以爲左勝於李，及見其衰憊，不免爽然若失。」（原書無出版年月，臺北影印本，一九六八；卷三，頁一九下—二〇。）按左氏於光緒六年（一八八〇）夏詔命返京，新疆戰事已告段落，卽以海防備俄自任，上奏云：「海上用兵以來，其始壞於不知洋務之人，不知彼己眞實情形，僥倖求勝。其繼壞於自負深悉洋務之人，不顧大局長久，苟且圖存，以致愈辦愈壞，無所底止。」末句顯然乃譏諷李鴻章。（《左文襄公年譜》，一八九七本，卷十，頁一六。）左氏抵京後入軍機，惟對當時俄國海路侵華之威脅，亦無善策。光緒七年陰曆二月五日翁同龢日記紀會議事：「左相亦來，議論滔滔，皆空話也。」當時卽淸流黨之張之洞亦認爲李鴻章「究是任事之人」，拒俄非由李負責不可（見李宗侗、劉鳳翰，《李鴻藻先生年譜》，〔臺北，一九六九〕，第一册，頁三二七，三五七—三五八）。惟朝廷似仍考慮左爲李替人。光緒七年二月，廷旨令左利用自西北調回之軍隊，與修畿輔水利；嗣又令其會同李鴻章與英公使商談洋藥加徵稅釐事。二事皆侵越李氏直督或北洋大臣之職權。是年九月左氏始授兩江總督兼南洋大臣，與李南北制衡（參閱《左文襄公年譜》，卷十，頁一八—二一。）竇宗一，《李鴻章年譜》（香港，一九六八）云：光緒七年四月間，因劉錫鴻彈劾，「俾鴻章將他調」。見頁一三四，惜此句無註腳。

㊱ 一八八三年陽曆五月，李氏在上海接見英國參贊格維納（T.G. Grosvenor）時，曾稱：「赴廣東督師之命，乃鴻章在北京之敵人，藉此以毀滅鴻章者。」（竇宗一，前引書，頁一四五。）李氏先奏請暫駐滬上觀變，其不願南下督師似甚顯明。陰曆五月二十日致張佩綸函云：「起不才於禮廬，隻手空拳，不知所以爲計；若以淮部尚有兩萬，則現駐要防，豈易抽調？若以鄙人素尚知兵，則白頭戍邊，未免以珠彈雀。樞府調度如此輕率，殊爲寒心……鄙人爲局外浮言所困，行止未能自決，仍候中旨遵辦。局外論事，事後論人，大都務從苛刻。孤忠耿耿，祗自喻耳。」（李鴻章，《李文忠公全集》〔南京，一九〇五〕，《朋僚函稿》，卷二〇，頁四三—四四。）張佩綸嗣上奏薦岑毓英節制越邊陸師，以爲李氏開脫。（張佩綸，《澗于集》，一九一九本；〈奏議〉，卷二，頁二八。）李氏之須聯絡淸流而自保，亦可見直督一職，維持匪易也。

總督二十五年，固爲其時常覲見慈禧太后，及與秉政親王及宮中人物聯絡之結果，然亦當時外交及軍事局勢所促成之例外情形也。

任期較久之總督中，張之洞起初並無治軍籌餉經驗。惟其自一八八四年任兩廣總督後，對此兩方面卽特別注意，表現頗佳。中法戰爭未波及兩廣本土，而日後張氏利用勇營平定海南島叛亂，攻勦廣東土匪，皆甚成功。張氏整理廣東財政，認解京協各餉，鮮有欠缺。此皆其獲朝廷信任之主要因素㊲。張氏於伊犂及越南事件，所持主戰論調深得醇親王奕譞賞識，兼以當時所謂北派軍機大臣，一八八五前之李鴻藻，及嗣後之閻敬銘、張之萬，皆推許之。至一八八九左右，張氏雖處於湘淮二系之外，已有「重臣」之地位㊳。然是年張氏調任湖廣總督，乃因其所建議之蘆漢鐵路受醇親王主持之海軍衙門接納。此議旣定，則武昌一席非張氏莫屬。日後彼發展華中餉

㊲ 參閱胡鈞，《張文襄公年譜》（一九三九年序），卷二，頁一一下—一二；Daniel H. Bays, "The Nature of Provincial Authority in Late Ch'ing Times: Chang Chih-tung in Canton, 1884-1889," *Modern Asian Studies*, 4 4 (1970): 325-347.

㊳ 《抱冰堂弟子記》（一九二八本）記醇親王支持張之洞事：「己丑庚寅間，大樞某大司農某〔大司農某指翁同龢〕，立意爲難，事事詰責，不問事理，大抵粵省政事無不翻駁者，奏咨字句無不吹求者。醇賢親王大爲不平，乃於曩所議奏各事，一一皆奏請特旨准行，且事事皆極口稱獎。」……並作手書與樞廷諸公曰：「公等幸勿藉樞廷勢恐喝張某。又與大司農言曰：如張某在粵有虧空，可設法爲之彌補，不必駁斥。其實……戶部有案，固無所謂虧也。然賢王之意，則可感矣。」《張文襄公全集》，卷二二八，頁二八—二九。參閱李宗侗、劉鳳翰，《李鴻藻先生年譜》，上冊，頁三一〇起；《張文襄公全集》，卷二一五，頁一一—一一。

源，報效不缺，而重整勇營，鎮壓長江流域哥老會變亂及反教運動。張氏之久任湖廣總督，亦因清廷倚賴甚深，辛丑（一九〇一）政局變動之前已然也㊴。

上文討論晚清督撫之任期，及少數例外人物久任之原因。茲再進而論清廷控馭督撫（包括任期長久之督撫）所用之方法。蓋朝廷有任命權在握，對各省之軍政財政固不乏控制之術也。

就軍事制度而言，清廷雖不能不倚賴勇營以維持各省治安，但並不希望勇營數目膨脹，而實盡量使之減少。同治晚期，各省勇營之數目已須向兵部經常呈報。依同治十年（一八七一）諭旨之規定，勇營數目每省可酌留三四千人，最多不得超過八千人；僅極少數特別重要之行省，勇營人數可較多㊵。光緒四年（一八七八），又有諭旨令各省裁汰勇營額十分之一。當時督撫多遵命而行，惟李鴻章、沈葆楨以直隸兩江防勇一二年來本已裁減逾十分之一，懇求暫不再減，以應治安需要，蒙旨准許㊶。整個說來，光緒初年勇營之數目已不再膨脹。根據光緒六年（一八八〇）

㊴ 參閱李國祁，《中國早期的鐵路經營》（臺北，一九六一），頁七九—八五；胡鈞，《張文襄公年譜》，卷二，頁二二—卷四，頁一一。

㊵ 劉錦藻，《清朝續文獻通考》，卷二〇二，〈兵一〉，頁九五〇五。

㊶ 光緒四年陰曆五月兵部戶部會同議奏：「各省留防勇丁均應酌量裁減，請旨飭下各該省督撫通盤籌畫，悉心稽核，總期省一分軍餉卽紓一分民力，統限於文到一月內將所有防勇陸續裁汰，以半年為限，統裁十分之一，將來報銷時，戶部卽照此次所定限期減成核算。」見李鴻章，《李文忠公全集・奏稿》，卷三二，頁二一。李鴻章、沈葆楨奏請除兩年來已裁勇額外，稍緩再裁。見《清朝續文獻通考》，卷二〇三，〈兵二〉，頁九五〇七。兩廣總督劉坤一遵命裁減之奏，見《劉忠誠公遺集》（一九二一版），《奏疏》，卷一三，頁六三。

之資料，直隸江蘇兩省之營勇（包括「練勇」）各有二萬二千人；四川有一萬二千九百人；湖南有九千五百人；湖北有九千人。但其他各省之勇營人數則較少：福建、山東、山西三省各僅五六千人；廣西、廣東、浙江三省則各僅四五千人，均在同治十年諭旨範圍之內。光緒八年（一八八二）諭旨曾有「現在各省尚存防勇二十餘萬」一語，大致最多亦不過如此㊷。分佈十五省及新平定之新疆，爲數實非衆多。光緒九年（一八八三）因中法在北越衝突，復有添募營勇之事，但兩年後戰事結束，清廷又諭令裁減㊸。

吾人應注意上述之數字，乃包括兩個最重要之勇營集團——湘軍與淮軍。曾國藩之湘軍人數最多時有十二萬人，惟同治三年（一八六四）南京攻下後卽幾乎全部遣散。至同治晚期，僅存劉松山所部之「老湘營」，約三千人，參加勦捻及平回之戰事㊹。左宗棠自同治四年（一八六五）移師陝甘以至後來出師新疆，連舊部及在湖南新募勇營計僅五萬人或稍多，多半由太平天國戰爭期中之舊將士統率。光緒六年（一八八〇），新疆戰事結束時，左氏所部之勇營已遠不及五萬人。左氏本人東返時，其部隊有遺散者，有留駐屯墾者，僅留主力萬餘人由劉錦棠統率，另有若

㊷ 日本陸軍省（福島安正編），《鄰邦兵備略》（第二版，東京，一八八二），卷三—四。《大清歷朝實錄》（東京，一九三七—一九三八），〈光緒朝〉，卷一五六，頁二下。

㊸ 參閱王爾敏，《淮軍志》，頁三五七—三六一。

㊹ 羅爾綱，《湘軍新志》，頁四三—四五，二〇四—二〇九。

千分駐新疆陝甘，而隨左氏本人東歸至沿海者，僅三千餘人而已㊺。嗣後光緒八九年間（一八八二—一八八三）左任兩江總督，由其舊日將官新募湘軍十四營（八千餘人）；日後並另招五千人，參與中法臺灣之役㊻。光緒十年—十六年間（一八八四—一八九〇）曾國荃任兩江總督時，除仍用駐江蘇之淮軍外，並用「老湘軍」及新招之「新湘軍」。迨一八九一年劉坤一任兩江總督後，劉氏自部之湘系將領又組新軍。駐蘇防勇（不包括練軍在內），大約維持三十五營，約共二萬人㊼。

光緒初年由李鴻章擔任聯絡之淮軍，數目亦與湘軍相似。淮軍於同治初年一度總數達七萬人，惟光緒六年（一八八〇）李任直隸總督時，已減至四萬四千五百人。當時李氏受命於天津教案軒然大波之後，負責畿輔之防務，惟依旨駐防直隸之淮軍，尚不及全軍之三分之一，計一萬三千五百人。其餘之三分之二以上則依旨分佈四省：陝西二萬人，江蘇四千五百人，湖北三千五百

㊺ 左軍五萬人之約數，乃根據朱文長先生之研究。見 Wen-djang Chu, *The Moslem Rebellion in Northwest China, 1862-1878* (The Hague, 1966), pp. 105, 183. 參閱羅正鈞，《左文襄公年譜》（一八九七本），卷四，頁一八，二〇，二四；卷六，頁四五；卷七，頁一三下。一八八〇左氏所部軍隊情形見左宗棠，《左文襄公全集》（一八九〇本），〈奏稿〉，卷五六，頁四—一〇，二〇—二一。隨左氏東返至張家口者僅其「親軍」馬步二千人（由王詩正統率）及營官劉璈、王德榜各率所領五百人。見羅正鈞，《左文襄公年譜》，卷一〇，頁一六下。

㊻ 《左文襄公全集．奏稿》，卷五九，頁三七—三八；卷六一，頁一—三；卷六三，頁二八，三七。光緒十年左氏舊部王德榜曾新募四五千人赴廣西參加越戰（同上書，卷六二，頁二四）。

㊼ 同上書，卷六三，頁二六；曾國荃，《曾忠襄公奏議》（一九〇三本），卷二三，頁三，六，三一—三三，四五，五一；卷二八，頁一三；《劉忠誠公遺集．奏疏》，卷一九，頁四六，五五，五七；卷二〇，頁一五—一七，二一，五四—五五；卷二二，頁五，一三—一四。

人，山西三千人㊽。除駐江蘇及山西之部隊由該省支放餉需外，其他各省之湘軍仍由李氏奏定之餉源供給。但若就各省淮軍之控制權而言，則各該省之督撫有權指揮考核，僅於更換防地或任命新統領時依慣例與李鴻章函商，或通知之而已㊾。光緒四年（一八七八）諭旨裁減天下勇營，至

㊽ 王爾敏，《淮軍志》，頁三五二—三五五。參閱拙著："Li Hung-Chang in Chihli: The Emergence of a Policy," pp. 75-78.

㊾ 拙著上引文，pp. 78-81。同治十一年，曾國藩逝世後，李氏與署兩江總督何璟商蘇境淮軍之調布，足見李氏雖出主意，而權實操於兩江：「銘軍調回徐州，原請由師相〔曾國藩〕酌量撤留。唐提督〔定奎〕甫經到防，尚未議及。將來應否酌撤幾營，暫留幾營，俟秋後察商妥辦。振軒〔張樹聲〕與省三〔劉銘傳〕、俊侯〔唐定奎〕至好，該軍情形亦熟，計其展　覲回淮，當在夏秋，弟再與之面商，令其蒞任，隨時請示籌辦何如？俊侯奉諱，先經奏留陝營，嗣回徐固請終制。弟曾咨請師相奏留，以資熟手，似尚未及核辦。此次金陵進謁時，果否議及，是否由尊處附奏，便中　示知。」（《李文忠公全集・朋僚函稿》，卷一二，頁一二—一三。）一八七五—一八七九年間沈葆楨為江督時，關於淮軍人事，常與李商，例如，一八七六年李曾向沈建議劉玉龍礮隊歸吳長慶節制。（同上書，卷一六，頁一六下。）惟自湘系人物左宗棠、曾國荃、劉坤一任江督後，淮軍雖仍駐防吳淞口一帶，而實際已非李氏所能支配。左宗棠於一八八一年奏請江蘇淮軍由江省就近放餉（《左文襄公全集・奏稿》，卷五九，頁九）。淮將之在江蘇者，其在綠營系統中之地位，有無升為提督總兵之希望，須由江督保舉，平常亦由江督監察。曾國荃光緒十五年（一八九〇年陽曆一月）論江蘇湘淮勇營，曾奏稱：「伏查駐紮江蘇留防海防水陸各軍，係前督臣曾國藩暨直隸督臣李鴻章等從前舊部居多，其從前統領營哨各官，雖係久經戰陣，老於營務，深恐日久玩生，漸滋流弊，至虛冒額數，剋扣餉項，尤為軍營惡習……臣等每見各統領管帶，莫不以此告誡，而申儆之……仍一面懍遵聖訓，隨時嚴查。嗣後各統領營哨等官如有前項情弊，自當據實從嚴奏參。」（《曾忠襄公奏議》，卷三一，頁二八下—二九。）劉坤一光緒十七年（一八九一）蒞兩江任不久，即作函告誡淮軍將領曹德慶（肯堂）：「淮軍本無湘營習氣，近日紀律亦欠謹嚴。並聞貴部不無浮言，自係騶從未在營中之事，要亦不敢不達清聽。外間頗謂貴部多有缺額，人數不過六七成，且剋扣薪糧，弁勇極其困苦，倘遇有事，難期飽騰。又偏裨不和，各懷意見，士卒不皆精壯，並有匪徒混跡其中。此等悠謬之談，原不足信，所慮萬有一失，務須留意稽查，認真訓練之。其幫辦、幫帶及營哨各官，如有年力衰邁，性情乖張者，亟應革退，另行挑補，不可過於遷就。」（《劉忠誠公遺集・書牘》，卷九，頁二四下—二五。）淮軍之在蘇者，實早由江督監察矣。

光緒六年（一八八〇）淮軍總數仍餘四萬八千餘人。駐防直隸者約二萬五千人，駐防江蘇者約一萬人，其餘各營仍分佈於湖北、山東、山西，人數較前爲少。中法戰爭起後淮軍增至七萬九千餘人，但戰後則裁減至六萬人左右，其中一部分駐防山海關關外沿海一帶。儘管清廷倚賴淮軍爲海防柱石，淮軍自同治四年（一八六五）大部分調離江蘇省後，從未專駐一省或一區域，而且從未駐防其初期主要兵源之安徽省㊿。

清廷除調節軍隊數目與防區分佈外，尚有其他控馭勇營之辦法。其一爲使勇營之軍官與綠營制度發生不可解之聯繫。勇營雖非綠營，而自湘軍興起之始，勇營將士之立功者可由曾國藩、胡林翼奏保頒予綠營官銜，有時也竟予以綠營實缺。勇營統領可任綠營制度下之總兵，甚至提督。勇營營官可任綠營之游擊、參將，甚至副將。此等官職當時文人或不重視，但對出身貧賤之勇營

㊿ 王爾敏，《淮軍志》，頁二五七—三六一；參閱《李文忠公全集・奏稿》，卷四二，頁五四。淮軍將士雖以淮南人為主，惟平吳之役，除用湘人如郭松林等為統將外，且常吸收太平軍降將降卒（參閱王爾敏，〈咸同之際江南官紳誘降太平軍之經營及其意義〉，《國立臺灣師範大學歷史學報》，第一期〔一九七三〕，頁一八〇—一八四）。日後，淮軍平捻，不但招募淮北人為兵士，且廣招徐州一帶及河南山東人入伍；迨同治七年捻軍平定時，據云淮軍部隊有十之七八乃潁州、亳州人者。（參閱：Siang-tseh Chiang, *The Nien Rebellion* 〔Seattle, 1954〕, p. 112 所引《勦平捻匪方略》，卷三一七，頁二四—二五之數字。）日後淮軍駐防各地亦有隨時就地添補者。光緒九年（一八八三）中法戰爭期間，曾將前裁槍隊二成，一律補足，由衛汝成至徐州、潁州一帶招募（參閱周盛傳，《周武壯公遺書・卷首・年譜》，頁五三）。足證後期淮軍之絕難稱為「區域性」之軍隊也。

將士則吸引力極大。蓋綠營軍官在社會上原來頗有地位，卽綠營之空銜已較勇營之哨長乃至營官之名號榮耀，何況能得綠營實缺，則實餉在握，又可致富。勇營統領寧棄原職赴他省充總兵提督者，頗不乏人。經督撫之奏求與清廷之特准，勇營統領在一省中兼任綠營總兵提督者亦有之。事實上，卽勇營之中級軍官亦常兼綠營中級官職，協助訓練綠營部隊，編組所謂「練軍」[51]。至光緒初年，各省督撫常具奏薦舉已有綠營虛銜之勇營軍官以補綠營實缺，惟此項實缺則仍歸兵部控制甄補；官至總兵提督則可由軍機處遇缺先行題奏。督撫之推薦綠營提督總兵，多以署任方式，在特殊情形下，可由諭旨特准。但兵部之遴派綠營大員，督撫一般皆遵依，最多只能奏請各省互調，以求本省用較適其意之人。勇營將領之補用爲提督或總兵，亦須依例赴京陛見，叩謝天恩

---

51 參閱羅爾綱，《湘軍新志》，頁一七三——一八一；《周武壯公遺書·卷首·年譜》，頁一五起；卷二下，〈御兵編〉，頁一起。同上書關於淮軍將士由保舉得綠營或實職之材料甚多。玆舉光緒初年周盛傳呈李鴻章之〈請保游擊稟〉為例：「竊閱邸抄，見北塘營游擊史宏祖開缺。伏思此缺關係海防，中堂量能授職，自有權衡，豈敢妄參末議。惟卑部員弁隨征髮捻，承辦城工屯墾各事，辛苦十有餘年，雖蒙中堂復加保擢，職位已崇，從未得有副參游實缺。前年冬申送留直副將萬勝林履歷，當以該員從戎日久，辦事實心，懇請儘先補用，以資鼓勵，奉批准另册存記，遇有副參游缺出，儘先補用等因。此次北塘游擊之缺，可否懇請卽以該員請補，出自逾格隆施。該員樸幹勤誠，有為有守，實堪重任。且留直補用，與例相符。倘蒙俞允，卑部員弁見同儕中得有實缺，益當奮勉，以求報稱，斯則鼓舞將士之大端也。」（卷二下，頁七。）

⑫。諸此制度，介乎新舊之間，使兵部仍能部分控制各省勇營軍官，尤能使勇營軍官在在不忘朝廷之威權。

清廷不但能調節督撫之軍權，對各省之財權，事實上亦能控制。換言之，即督撫所能掌握之新財源，朝廷亦有辦法使其繳出一部分，甚至一大部分。太平天國起後，各省田賦收入減少，商稅與捐輸增多，而各省之軍費無從預定，諸此情形使戶部對各省實有款項之多寡，難於作一準確

⑫ 兵部之仍操綠營中級將士補用之權，同治初年卽甚顯明。當時吏部曾奏定：「除攻克城池，斬擒要逆，不准越級保升，及免補免選本班。」李鴻章自同治元年起，平吳戰事，屢獲大勝，而其保舉淮軍將士越級升擢，屢遭部駁。同治五年李氏奏稱：「疊准部咨，有助勦解圍而議駁者，有以奮勇壘戰，首先登城，加考而仍駁者。」（見《李文忠公全集・奏稿》，卷一〇，頁三三。）勇營將領補充綠營實缺之方式，可以周盛傳為例。周氏於咸豐十一年（一八六一），在合肥一帶領導練勇，由皖撫福濟等保之為把總千總。日後加入淮軍赴上海，「擢游擊，留兩江補用。」同治二年（一八六三）太倉克復後，「擢參將加副將銜」，並恩賞「勳勇巴圖魯」名號。翌年，淮軍克復常州，周氏冒傷領隊登城，經李鴻章特保，「以原官交軍機處遇缺先行題奏，並加提督銜，得旨　俞允。」迨同治六年（一八六七），勦捻有功，奉旨補授廣西右江鎮總兵實缺。惟准其暫不赴任，仍隨李鴻章勦捻攻回，於同治九年（一八七〇）後，督師直隸，開創馬廠練兵及督兵士建造天津新城事。然周氏之名位仍為「廣西右江鎮總兵」，俟光緒元年，李鴻章始奏請將其廣西右江鎮總兵實缺改由天津鎮總兵陳濟清充任，而周氏則調充天津鎮總兵。（陳濟清本兩廣總督劉長佑舊部，「一轉移間，人地各得其宜。」）至同年陰曆十二月，李鴻章始以新城工竣之功，請旨將周盛傳「交軍機處另行存記，遇有提督缺出，先行簡放，以為專閫出力者勸。」然由總兵升提督畢竟不易，至光緒四年（一八七八），淮軍將領有「記名提督」之虛銜者，已有十四人之多，李氏只得彙保其皆堪勝專閫，「仰懇天恩　俯准存記簡用」。厥後李氏於光緒六年，奏調淮軍宿將湖南提督李長樂為直隸提督，而廷旨命周盛傳為湖南提督，而李鴻章則奏請其以湖南提督之地位，暫留直隸，處理海防及隄工要事。直至光緒十一年（一八八五）周氏逝世時，仍膺此職銜。見《周武壯公遺書・卷首・自敍》，及《李文忠公全集・奏稿》，卷三三，頁五〇；卷三七，頁一六；卷五三，頁四八；卷五四，頁二五。參閱《劉忠誠公遺集・奏疏》，卷一二，頁五一；卷一六，頁二四—二五。

之估計。然清廷仍非無法令各省解款至京師及協助軍務危急、需款迫切之省份。清廷過去令各省解款至京師及協濟各省，乃用「撥」的原則，撥款數目乃基於各省所呈報之「春秋撥」、「冬估」及常年「報銷」之各項數字[53]。至咸同年間則因釐金捐輸之興起，各省情勢又不穩定，例行之財政報告失去意義。於是清廷乃改「撥」之原則爲「攤」之原則，即不論各省實存銀兩若干，中央根據粗略之估計，仍令各省向軍事需要迫切之省份，供給「協餉」，而同時爲應清廷本身之需要，攤派各省應解至北京之款項。例如「京餉」一項，向由戶部按年依各省收支實情，指定撥款數目。至同治二年（一八六三），則由諭旨向若干財源較裕之省份，攤派額數，令其解交[54]。逮同治末年光緒初年十七省皆有京餉之攤額，天下總額（包括各關攤款）共八百萬兩。但除此之外，各省續被攤派解交北京之款項尚有「固本京餉」、「內務府經費」、「東北邊防經費」、「籌備餉需費」及另增之「內務府常年經費」等，凡五種。據彭雨新氏之研究，連同數目最大之「京餉」，此六項攤款在甲午戰爭之前，常年應由各省交納總額一千零十七萬兩，各海關交納總

---

[53] 彭雨新，〈清末中央與各省財政關係〉，頁八三—八六。

[54] 《清朝續文獻通考·國用七》，卷六九，頁八二六一引同治二年上諭：「戶部奏，酌撥來年京餉開單呈覽一摺。歷來京餉，向係預撥各省地丁鹽課關稅雜款，以備次年開放之用。咸豐十一年以後，每年均撥七百萬兩，責令分限解齊。惟山西年清年款。他省多不能依限報解，且有逾限不解者……京餉關繫緊要，豈容任意拖延。現經戶部奏請：豫撥同治三年京餉，擬在地丁鹽課關稅等項內共撥銀五百萬兩，限明年五月前解到一半，十二月初全數解清，係斟酌各省緩急情形辦理……倘再任意截留改撥，藉詞宕延，定將該將軍〔督撫〕等從重懲處。」

額三百五十九萬兩，總計一千三百七十六萬兩[55]。儘管光緒年間各省釐金收入相當穩定，而海關洋稅且年有增加（以光緒十七年〔一八九一〕爲例，各省釐金收入呈報中央者計一千四百四十餘萬兩，海關洋稅共二千三百五十萬餘兩）[56]；然各省關攤交中央之款項，已佔釐金洋稅兩項總數三分之一弱。不但如此，卽在同治中期太平天國及捻軍平定之後，中央仍年年不斷令較富裕之省份維持或增加協餉及攤款，以應繼續不斷之軍事需要及宮廷需要。左宗棠之勦平回亂，遠征新疆，以及後來中法戰爭，設立海軍衙門，建置北洋海軍，修築頤和園，皆另向各省攤款；其一部分名爲協餉，實亦攤款也[57]。各省督撫對朝廷攤款及協餉之命，常因實在無力解付而不得不奏請減少或延緩。吾人如憶及督撫財權之受低層勢力之限制，當能體會其苦衷。然朝廷倘再三重申原命，尅期索餉，則督撫若不設法籌解，殊不能不慮及其本人之地位。蓋各省之攤款協餉是否如期交足，戶部吏部皆備案，可以決定督撫任期之久暫也[58]。此種攤款制度缺點甚多，清廷與督撫

[55] 彭雨新，前引文，頁九一。

[56] 見何烈，《釐金制度新探》，頁一七四。

[57] Wen-Djang Chu, *The Moslem Rebellion in Northwest China*, pp. 100, 110-111, 117-118, 122. 包遵彭，《中國海軍史》（臺北，一九五一），頁二〇九—二一五。參閱羅玉東，〈光緒朝補救財政之方策〉，《中國社會經濟史集刊》，第一卷，第二期，頁一九〇—二四一。

[58] 例如，同治五年（一八六六）關於攤派各省固本京餉之上諭云：「自奏文日起，或一月一解，或兩三月一解，總須按期趕到，不准稍有拖延。如該督撫等任意遲逾三月不解，卽由戶部指名嚴參，照貽誤京餉例議處。」《劉忠誠公遺集・奏疏》，卷三，頁四〇下。又諭旨有明責司道各官而實責成督撫監督者。例如光緒十年皇太后旨云：「此後凡有戶部指撥各項餉需，無論各省藩運司道監督等，如能照數批解無誤，由部題奏照軍功例優獎。其有支吾推諉遲誤者，由部嚴參。」《清朝續文獻通考・國用八》，卷七〇，頁八二六六。

奏章諭旨來往之間難免討價還價；最後獲准交納之數目常較原攤者爲少⑲。但此種制度雖甚欠整齊合理，而自清廷言之，目的則已達到，卽各省之釐金關稅中央亦得大量享用。根據羅玉東氏搜集之數字，各省釐金之用途，自同治以後供應中央需要者不斷增多。以江蘇省爲例，同治十三年（一八七四），江蘇釐金供本省及他省勇營之需者佔該省全部釐金支出之百分之五三・八，惟至光緒二十年（一八九四），此項開支僅佔全部釐金支出之百分之二十三・五；而此外該年度江蘇釐金有案可稽之用途悉與朝廷之命令有關，包括京餉等之額解，內務府所需，及予各省之協餉⑳。

⑲ 督撫對朝廷攤派款項還價及遲延多有限度。例如，同治六年（一八六七）劉坤一在江西巡撫任內，因該省「疊遭兵燹，民氣未舒」，懇免追交同治三四兩年之京餉，同時則擔承「自〔同治〕五年爲始，所收漕折，先儘京餉，照數報解，不得稍有稽緩」。又例如光緒二年（一八七六），劉坤一任廣東巡撫，奉命籌解左宗棠出關所需餉銀，該年尚應解五十萬兩；而劉氏力陳廣東釐金收入多已依諭旨撥借他用，並引廣東藩司詳稱：「釐金一項，除撥解京餉及本省兵餉外，僅餘銀九十餘萬。此外太平關稅，洋藥釐金兩項，每年約解司銀三十餘萬。而本年奉撥吉地工程，內務府經費，京餉，固本京餉及南北洋海防費，滇黔協餉約需銀一百一十餘萬，又本省善後局巡防經費約銀七八十萬。量入爲出，已屬不敷。加以本年應行追還洋款除解外，尚有二十萬八千餘兩之多，不容稍有蒂欠。所有欠解前項奉撥西征出關餉銀，實屬力難兼籌。惟念左宗棠懸師深入，須賴士飽馬騰，無論如何爲難，總當勉力設措。茲在於藩庫各項內籌備銀一十萬兩，復會商運司國英在於運庫各項內籌備銀一十萬兩，共銀二十萬兩，作爲起解奉提出關餉需之款，於光緒二年六月十三日給交甘省委員候補知縣向世永解赴西征糧臺查收，轉解左宗棠行營備用。」可見劉氏雖未能解五十萬，而終須解二十萬也。《劉忠誠公遺集》，卷三，頁一三下；卷一一，頁二三下—二四。

⑳ 同治十三年，江蘇釐金開除各項總共二、五八六、八九一兩，其中「本省軍費」佔一、三八四、二四四兩之鉅。洎光緒二十年，該省釐金開除各項總共二、七九三、〇三二兩，而本省軍費僅佔六五八、五二〇兩。光緒二十年，江蘇釐金其他支出大宗者有：解戶部款五一一、三三三兩，皇室用費六四五、八四五兩，協款一八四、八三三兩，海防經費三五一、九六五兩，歸還內外債六〇、〇〇〇兩，鐵路經費二四、三〇〇兩，皆依中央攤派之款項。羅玉東，《中國釐金史》，頁四九〇—四九一。

一八九四年釐金收入據報在一百萬兩以上之各省份，有若干省用於勇營之釐金數目仍多。如江西省「本省軍費」該年佔全部釐金支出之百分之八十二・九六，湖北省則佔百分之七十八・二五。惟其他釐源亦豐之省份則用於「本省軍費」之釐金，僅佔總數之較少部分。如浙江佔百分之三十九・九。江蘇僅佔百分之二十三・五，已見前述。廣東省釐金之用於本省軍費用者則低至釐金支出總數之百分之九・六而已[61]。羅玉東氏所製之各省釐金用途表中，除「本省軍費」一項及數目甚小之「本省行政費用」（以及僅偶爾有之且數目亦甚少之「解藩庫」）外，其餘若不解京卽依朝廷命令協濟他省。儘管此種官方數字僅能代表各省釐金實際支出之一部分，惟解京及協餉二事總是事實，亦可見各省釐金收入之一部分確受中央支配，非盡由督撫控制也。

就沿海及長江各省而言，勇營之經費除釐金外，並依賴海關洋稅。洋稅收入之總數總稅務司經常有報告，清廷完全明瞭，其用途更易控制[62]。咸豐十年後至同治四年，各關洋稅之四成乃留

---

[61] 光緒二十年，江西、湖北、浙江、江蘇、廣東五省釐金開除總數及其中「本省軍費」之開支，列表比較如下：

	釐金開除總數	本省軍費開支
江西	一、〇八四、五四四兩	八六九、九二一兩
湖北	一、五八四、六三六兩	一、二三九、九二四兩
浙江	一、九三〇、七二二兩	七七一、〇七六兩
江蘇	二、七九三、〇三二兩	六五八、五二〇兩
廣東	一、五〇五、七八四兩	一五〇、〇〇〇兩

見羅玉東，前引書，頁四九〇—四九一，五一〇—五一一，五三三—五三六，五四三，五八一—五八二。

[62] 海關總稅務司，除經常奏報稅收確數外，並刊印《通商各關華洋貿易總冊》及英文本之 *The Returns of Trade at the Treaty Ports of China.*

爲英法賠款之用。同治五年五月，此項賠款全部償清，所謂各關「四成洋稅」依奏案改爲專款解京中戶部。惟清廷亦間有准許各省動用此款一部分之事，如上海天津之機器局，同治十三年福建臺防借款，左宗棠西征光緒三年戶部特撥款項，以及淮軍駐防關外經費，清廷認爲乃要需，皆曾特准動用此款㊸。但同時各省對各關收入所餘之六成，卽所謂「六成洋稅」，亦非完全能任意取用。前述清廷對各省之攤款，各關於六成洋稅內須攤解京師者，每年卽有三百五十九萬兩之多㊹。此外，平定新疆及中法戰爭所需亦多賴於六成洋稅。自咸豐十一年（一八六一）至光緒二十年（一八九四）之間，清政府爲軍事、宮苑等工程，及賠款等需要，曾以海關關稅擔保舉借外債二十七次。此三十三年內，由各關關稅分攤清償之款數，計共一千七百二十餘萬兩㊺。自同治末年（一八七四）至光緒二十年（一八九四）之間，全國有案可稽之釐金總收入略有減少。惟此二十年間海關洋稅之數目幾乎加倍，自一千一百五十萬兩左右增至二千二百五十萬兩左右㊻。清廷

㊸ 參閱王爾敏，《清季兵工業的興起》（臺北，一九六三），頁七九及八六；湯象龍，〈民國以前關稅擔保之外債〉，《中國社會經濟史集刊》，第三卷，第十一期（一九三五），頁九；C. John Stanley, *Late Ch'ing Finance: Hu Kuang-yung as an Innovator*, pp. 83-84.

㊹ 彭澤益，前引文，頁九一。

㊺ 湯象龍，前引文，頁四一—二一，及附表。

㊻ 全國有案可稽之釐金收入總數同治十三年為一四、八六七、〇〇〇兩；光緒二十年為一四、二六九、〇〇〇兩。（此二十年中，全國釐金收入最高之年度為光緒七年，達一五、六六五、〇〇〇兩，最低為光緒九年，計一三、四九七、〇〇〇兩。）海關關稅總數同治十三年為一一、四九五、二七二兩，少於該年釐金收入總數，惟至光緒六年卽增至一四、四七二、七六六兩，較該年釐金收入總數為多。至光緒十七年海關收入總數增至二三、五一八、〇二一兩，光緒二十年略減，仍達二二、五二三、六〇五兩。何烈，《釐金制度新探》，頁一七三—一七四。

所確知而能控制之財源，乃日益增多。

清廷既握有攤派、指定協餉、及以淮許洋稅爲擔保借用外債之權，則其對勇營之控制——尤其是對於人數衆多勇營集團之控制——亦隨之加強。蓋就督撫之觀點而言，人數不出數千人之勇營集團或不難以一省之財源供應，然衆達數萬之龐大勇營集團，則非由清廷指派各省協濟，實無法維持。左宗棠之平定陝甘新疆，若非朝廷力予支持則必無成功之望。雖然受命協濟之若干省份，並未一一依期交足，但在同治五年（一八六六）至同治十三年（一八七四）之九年間，各省及各關解交左氏之協餉平均每年約四百餘萬兩；而自光緒元年（一八七五）至六年（一八八〇）之六年間，各省及各關解交左氏之協餉（包括爲清還左氏洋債而解交之各關協餉），平均每年八百萬七千餘兩[67]。左氏湘軍必須仰賴朝廷向各省加施壓力，方得存在，實爲極顯明之事。同樣地，李鴻章若非由朝廷予以支持，淮軍亦早不能維持。事實上，淮軍因屢次裁減，欽定之餉額亦隨而減少。同治晚期，淮軍每年額餉總數三百八十餘萬兩，至光緒十三四年（一八八七—一八八八）之間，已減至二百五十萬餘兩，而實收常不及此數[68]。淮軍餉源半數左右乃出乎江蘇省之釐

[67] 據左氏奏報，自同治五年（一八六六）秋至同治十二年陰曆年底，勦回軍餉，除陝甘當地餉源不計外，共收到三一、九八三、一一〇兩。（見 Wen-djang Chu, *The Moslem Rebellion in Northwest China*, pp. 113-114.）厥後左氏出兵新疆，需款益鉅，據其兩次奏報，光緒元年正月至六年年底之六年間收到各省關協款、戶部解款、及華洋商借款共計五二、三七五、八四八兩（《左文襄公全集·奏稿》，卷五五，頁五三；卷五九，頁二一）。

[68] 光緒十三年，淮軍所收各處解款高達二、五〇五、五六〇兩。惟光緒十四年僅收二、四二六、九八二兩，光緒十五年僅二、一二六、一二五兩。見王爾敏，《淮軍志》，頁二七六—二七七，二八二—二八四。

金（包括鹽釐）；若干學者乃認爲李氏同治初年任督撫時必曾在蘇建立其個人之權力基地。此說亦非完全無憑，蓋李氏當初之幕僚日後在江蘇任職者甚多，如上海道、江蘇釐金總局委員等缺，常由其舊幕屬充補⑲。惟李氏對蘇省之能有影響力，其關鍵並不在於少數舊部屬之充任上海道等職，實在於李氏與朝廷之關係。蓋上海道及江蘇釐局人員乃由兩江總督江蘇巡撫所任命，洋務人才如馮焌光、劉瑞芬等歷任督撫固須借重，而同時彼等之被重用，亦因李氏能經由中央促使江督蘇撫與其合作。曾國藩任江督時，曾李私人關係密切，合作無間。惟曾氏同治十一年（一八七二）逝世後，李氏則須設法經由軍機處中之恭親王與沈桂芬，影響繼任江督之人選。該缺暫由何璟等署任後，光緒元年經李氏密薦，由沈葆楨繼任⑳。沈李之間一般說來，合作頗爲密切。惟江蘇巡撫之缺，清廷則自有主張。同治末年（一八七四），蘇撫由與李關係甚疏之吳元炳繼任，而光緒七年（一八八一）又由與李交惡之衞榮光繼任㉑。光緒五年（一八七九），沈葆楨逝世，是後江督皆由湘軍系之大員充任：劉坤一（一八八〇—一八八一）、左宗棠（一八八二—一八八四）、曾國荃（一八八四—一八九〇）、劉坤一復任（一八九一—一八九四；一八九六—一九〇二）。左宗棠與劉坤一在當時派系競爭中，乃與李處敵對地位。但雖然如此，左與劉仍必須會同

---

⑲ 參閱 Spector, *Li Hung-chang and the Huai Army*, pp. 131-133. 王爾敏，前引書，頁二六八—二六九。

⑳ 《李文忠公全集・朋僚函稿》，卷十四，頁三二，三四；卷一五，頁一，七，一五；王爾敏，前引書，頁二六六，註㊼。

㉑ 參閱王爾敏，前引書，頁二五六。

蘇撫按年接濟李鴻章淮軍之額餉，蓋此餉乃奏定有案，受中央之支配也。其實李鴻章在貧瘠之直隸省，除淮軍不計外，所有自強事業自機器局以至於北洋海軍，若非中央支持，決無法創辦與維持，李氏之地位實際上半爲中央官，其處理外交，負責畿輔防務，聯絡各省淮軍，皆執行北洋欽差大臣之職權⑫。李氏善於應付京官，甚至經由醇親王與海軍衙門而對慈禧太后之建造園囿有切實之貢獻⑬。此皆其權力根源所在。李氏連任直隸總督二十五年之久，乃一極特殊之事實。然吾人固不能因此卽稱李氏爲「區域」之領袖，或爲一「專權」而「自治」之總督也。

事實上，不但李鴻章之情形特殊；其他久任總督之人，如左宗棠、李瀚章、劉坤一、張之洞⑭，其地位與背景雖各不同，而其對清廷各有重要之貢獻，則無二致。若僅以「專權」與「自治」之督撫視之，殊有誤解，對於彼等之眞正作風與政績，實無法進一步研究。督撫之久任者如劉坤一、張之洞等爲數實不多。且卽此等久任之督撫，其所轄之地方官大多數仍由朝廷任命。晚清督撫對於道府州縣之人事，控制權實僅較咸豐朝前略增而已。咸豐年間，太平天國威脅最大

⑫ 參閱前引拙文 "Li Hung-chang in Chihli: The Emergence of a Policy," pp. 68-81.

⑬ 參閱包遵彭，《中國海軍史》，頁二一二—二一四。

⑭ 李國祁先生研究劉坤一任江西巡撫時期（一八六五—一八七四）之政績，其結論之一為劉氏在財政上「雖然能滿足中央政府本身及各省協濟軍餉的需要，但對於一般人民則殊少實利。」（見李國祁，〈同治中興時期劉坤一在江西巡撫任內的表現〉，《國立臺灣師範大學歷史學報》，第一期〔一九六二〕，頁二六〇）。Daniel H. Bays 先生研究張之洞任兩廣總督時期（一八八四—一八八九）與中央之關係，認為張氏及其僚屬與地方紳士合作乃無可奈何之事，而其權力之主要來源乃慈禧太后之支持。Daniel H. Bays, "The Nature of Provincial Authority in Late Ch'ing Times,"（見上文註㊲）pp. 344, 346.

時，清廷對若干省份督撫之委署地方官或保舉地方大員確曾將舊例放寬。咸同之際，督撫委署州縣，凡遇「終養、改教、撤回、降補、迴避」等五項雜缺，皆可爲之；而「丁憂、參革」兩項遺缺，且歸軍功人員專補。但同治七年，即捻軍平定之年，吏部奏定「丁憂」一項仍歸部選，軍功之缺數因而減少。次年上諭令吏部議定章程，軍功人員凡非科目出身，及曾任實缺道府者，不准保爲藩臬兩司⑮。至光緒初年，吏部復定新章，對委署及保舉軍功人員更加限制。向例地方官「實任調署別缺」，州縣與佐雜並計，准佔全省官額十分之二。光緒二年（一八七六）改定督撫委署「有人之缺」，不得逾州縣與佐雜總數十分之一。翌年則又限制軍功人員補充實缺之機會，規定州縣缺出，如屬「參革、終養、降補、修墓」等項，皆歸部銓選⑯。督撫即能久任，其用人大權除例由本省題調之地方官外，實僅限於通商口岸附近之道府州縣，以及新設之機關，如釐金總局機器局等而已。任期長久之督撫行爲是否合例，亦常遭各部挑剔，奏請處分⑰。朝廷雖倚任甚殷，而實仍控制之。即李鴻章、劉坤一、張之洞等重臣，亦斷不能謂有「專權」或「自治」之地位。

然則絕大多數之典型督撫，任期不出三年或六年，彼等之「專權」或「自治」之程度又何

---

⑮ 盛康輯，《皇朝經世文續編》（一八九七版），卷二一，頁二〇，三一下。

⑯ 同上書，卷二一，頁二九下，三一上。

⑰ 參閱上文註㊳。

如？咸同以降之督撫，因有勇營，釐局及其他新設機關，由其統馭，可由其安插之具有候補資格之文武人員，數目自較前爲多。再加上財政上改「撥」爲「攤」之制度變化，督撫對於公款上下其手，亦較前爲便利，諸此皆屬事實。然一般典型督撫，雖然官高位顯，富與貴俱來，然在下層軍事財政機構皆已結成牢不可破之利益集團之情形下，督撫欲滿足朝廷之冀望而得久任，亦必心思勞瘁，成功不易⑱。吾人可斷言晚清一般之督撫絕非野心勃勃之半軍閥，有心專權自治。無論其志向在於造福生民，抑僅在於維持個人權位，總須一方面與勇營統領營官合作，以求地方安謐，另一方面設法儘可能整頓釐金雜稅，以應付朝廷之攤派。吾人與其說咸同以後督撫專

⑱ 四川省光緒元年至二十六年（一八七五—一九〇〇）總督更調六次，任川督者計七人。任期最長者為丁寶楨（一八七七—一八八六）及劉秉璋（一八八六—一八九五）。在此二十五年間四川省財政收入增加約一倍（自四、四八二、〇六三兩增至八、七二二、九三七兩）；雖田賦之「浮收」頗有增加，而主要新增之稅源為鹽稅鹽釐，及洋藥稅及洋藥釐金，亦即歷任督撫新設機構征收所得。惟新增財源之見於數字者，大多皆依廷旨協濟他省。根據宣統元年編製民國四年出版之《財政說明書》，四川省一八七五、一八八六及一九〇〇，三年財政開支項目可分析如下：

	一八七五	一八八六	一九〇〇
解京	一、一〇五、四三〇兩	一、一九五、四三〇兩	九六六、〇〇〇兩
協濟他省	一、二五一、五〇〇兩	二、〇八八、〇〇〇兩	二、八九〇、六六七兩
攤還外國賠款	—	—	六六六、六六六兩
本省用途	二、一二五、一三三兩	二、四九七、三六一兩	四、一九九、六〇四兩
總計	四、四八二、〇六三兩	五、七八〇、七九一兩	八、七二二、九三七兩

此項資料之分析乃根據 S.A.M. Adshead, "Viceregal Government in Szechwan in the Kuang-hsü Period (1875-1909)," *Papers on Far Easten History*, 4 (1971), pp. 41-52.

權，實不如說咸同以後各省地方勢力因有勇營及釐金之發展而愈形加強。所謂區域主義即英語之regionalism，實不如改稱爲地方主義，即英文之 localism。蓋咸同以後各省勢力之眞正成長，固不在督撫之專權，而在下層軍事與財政制度之變化也。

——原載《清華學報》新十卷第二期（一九七四年），頁一七六—二二三，修訂本載《中國史學論文選集》第二輯（臺北：幼獅，一九七七年），頁八四五—八九五。

論商人

五、近世制度與商人

余英時先生的《中國近世宗教倫理與商人精神》是近年史學界一部大著作，對中唐以來的思想史和社會史都有最重要的發明，對清代及近代史的研究，啓發甚多。玆就筆者近來讀到的清代商人會館碑刻資料，摘錄若干則，以爲余先生論點的佐證。並請略論近世商人興起的制度背景，以供讀余先生新書者參考。

余先生所論的中國入世宗教及商人地位與精神，自清代而言，在制度上有其基礎。最重要的私有財產制在家族禮法裏生根滋長。明清法律對於「分家財」及「產」和「業」的規定雖然極爲簡單，其肯定私有財產制是沒有問題的。學者研究清代契約及有關分家的文件，發現律例以外有習慣法。契約和分家文件同受人尊重。契約無論是「紅契」（有官府蓋印的契）或「白契」（卽

未由官證實者），只要有合乎程序的居中、見證，宗族及法庭基本上皆承認其效力①。財產私有制和中國家族制度分不開，亦與源流深遠的倫理傳統分不開。

中國的私有財產制明末以降更爲牢固，和宗族組織的發展有關。中國人自遠古已「聚族而居」，古書裏有不少關於宗族的理論。西漢以降有士族的發展，強宗大族與讀書之士結合，取得「仕宦世家」的地位。宗族的理想制度宋代儒者多所討論，元末明初少數家族已設義田、祠堂等。但是具體而複雜之近世宗族制度（包括祭田、祠墓、宗祠、族規、族塾等）必待商人財富增加、及商人宗族觀念加強後始得擴展。這一點筆者目前僅能作爲假設提出②。根據日本學者多賀秋五郎發表的數字，他曾研究中國宗譜一千二百二十八件，其中知其屬於明代者共十三件，知其屬於清代者則有八百九十二件③。多賀氏所謂宗譜包括族譜、家譜、家乘、通譜等。現存屬於明代之宗、族譜必較上述數字爲多。但在其他數字未確定前，多賀氏的統計是值得參考的。

---

① 方豪先生於一九四六年於南京地攤購得一批清代所傳江南產權與商人的文件，包括產業契據，後分題摘鈔，刊於《食貨月刊》復刊第一卷第四期至第二卷第七期（一九七一年五月至一九七二年十月）。方先生鈔出六篇後「知〔此六篇之〕文件實出自安徽省休寧縣。……」近十年來有大批臺灣公私收藏歷史上產權文件之複製，內包括華南清代資料。請閱：王世慶主編、張偉仁等序，《臺灣公私藏古文書彙編》。此編乃影印，有目錄，我見到第一至第十二輯（一九七七年起）；第九輯包括加州胡佛學院東亞圖書館所藏廣東文契。關於中國習慣法，目前之研究及稍前之日本著作，玆不一一列舉。

② 伊利諾大學歷史系周啓榮先生自清代學術思想史入手，研究宗族制度之理論與實際發展，不久當有專刊問世。

③ 多賀秋五郎，《宗譜の研究（資料篇）》（東京：東洋文庫，一九六〇年），頁五八。

晚明以降的宗族對於商人是重視的。嘉靖年間的安徽徽州休寧汪氏族譜載有該族遠祖汪體仁（南宋紹熙元年、一一九〇年進士）所遺家訓，他的「十三世孫」汪尚和於正德癸酉（一五一三年）讀到家藏之本，「奉刻西門宗祠之壁」。汪體仁是該宗第一個進士，但是他的遺訓裏說④：

> 吾累者雖不能取功名富貴，以榮其親；而皆能勤于生理，隨分有成，亦粗足以慰吾心。

遺訓後面又說：

> 孜孜為學，期取科第而榮其親，性弗明者使之治生理，以裨其家而無後負于平生所望之意。

這裏雖然說「性弗明者」才治生，但卻承認「裨其家而無後負于平生所望」的重要性，其訓商人也可以崇奉。

中國雖然一向重視家和族，但是北宋歐陽修等的宗族思想，似乎到了晚明才開始發展爲牢固的複雜制度。嘉靖十二年（一五三三）有一本在休寧流傳的《新安休寧嶺南張氏會通譜》，在凡例裏說⑤：

> 譜圖之列，所以明世次，別親疎也。舊譜六世為圖，旁無小傳，則小宗失序，行實無稽。今定五世為一圖，放歐〔陽修〕譜例，下注小傳，放《史記》年表、《唐書》世系

④ 原件刊於同上，頁六〇一—六〇二。

⑤ 同上，頁八四一。

表例，旁注世次，所以明繼先也。

關於徽州商人的史料中常說到商人致富之後在家鄉「敬宗收族，嘘植貧寒」，而且負起有關宗族設施的責任，「建合宗之祠，任勞不惜」⑥。商人與宗族之間的密切關係，晚明已在江南一帶發端，但似乎要到清代才普遍於江南及若干地區。這個假設能否證實，要看進一步的研究了。

近世中國制度還有幾方面對商人有助力。明清政府的商承制（特別是鹽法），使商人有成爲巨富的機會。兩淮等處設有鹽運使，招徠商人奉引行鹽。「引」是官發的專賣證。運銷的區域雖經指定，但除交引稅和捐獻之外，運銷之利是商人的。明代山西商人之興起，早期是因爲有「開中法」：商人在北方邊境駐軍處納粟（有時也納茶與布），便可領引在兩淮、河東販鹽。謝肇淛《五雜俎》卷四，有著名的引句論晚明商人的財富：「富室之稱雄者，江南則推新安（徽州），江北則山右（山西）。新安大賈，魚鹽爲業，……山右或鹽、或絲、或窖粟。」所謂魚鹽其實是指鹽。汪道崑（一五二五—一五九三）所撰傳記中的人物就有好幾個是大鹽商。例如：「吾郡中稱閭右世家，首東門許氏，……以鹽筴賈。」又「邑中以世業顯者莫如諸程，有開必先則（鹽祭酒）長公以也」⑦。萬曆《歙志》說徽州大賈有黄氏、汪氏、吳氏：

---

⑥ 張海鵬、王廷元主編，《明清徽商資料選編》（合肥：黃山書社，一九八五），頁一三五引《歙事閒譚》；頁一二八引《橙陽縣志》。

⑦ 汪道崑，《太函集》，萬曆辛卯（一五九一）自序，卷二九〈許長公傳〉；卷三二〈程長公傳〉；卷五四〈明故處士谿陽吳長公墓誌銘〉。

邑〔指歙縣〕之鹽筴祭酒而甲天下者，初則有黃氏，後則汪氏、吳氏，相遞而起，皆由數十萬以汰百萬者⑧。

引句說的「鹽筴祭酒」乃指鹽商的「總商」。鹽商而爲總商，不但要有企業能力及衆商的擁護，而且要有鹽運使的信任。汪道崑記其祖父汪玄儀之拔擧爲兩浙鹽總商⑨：

〔汪玄儀〕遂起鹽筴，客東海諸郡中。……公少文辭，然徒以口德自重。部使者〔鹽運使〕視鹽筴，必召公畫便宜。有司籍名，遂以公為鹽筴祭酒。

汪道崑記休寧商人孫次公爲鹽商總商：「爲賈人祭酒，顧獨折節，以然諾重公卿間。」⑩汪氏又記有嘉靖萬曆間歙縣商人吳伯擧在揚州擢任兩淮鹽總商時之活動⑪：

伯擧〔吳伯擧〕慷慨持大體。諸吳有不決，率片言折之。往往居賈人間，諸上賈西面事之，為祭酒。其居賈故久，握算故長。獨內外應解紛、結客、課子，日不暇給。則傾橐而授掌計，伯擧受成。

明清時代商人地位之鞏固又須自科擧、功名等制度來看。能爲鹽商且任總商的商人，畢竟少

⑧ 萬曆《歙志》，卷十。轉引自藤井宏，〈新安商人の研究〉，《東洋學報》，卷三六，一至四號（一九五三—五四），引句見第三號，頁三四五。

⑨《太函集》，卷四三〈先大父狀〉。

⑩ 同上，卷七一〈孫次公徽會記〉。

⑪ 同上，卷一五〈贈吳伯擧序〉。

數，但有餘力延師課子的商人則數目衆多。在教育子弟、爭取功名的機會上，商絕不在士之下。據原錄自北京歙縣會館觀光堂的名單，有清一代僅歙縣一縣本籍與寄籍，到光緒甲辰（一九〇四年）爲止，拔取舉人約近千人，進士二百九十六人⑫。按現有統計清代全朝出進士較多之（杭州府）仁和、錢塘兩縣，共有進士七五六人，（蘇州府）長洲、元和、吳縣三縣共有進士五〇四人⑬。蘇杭是商業最發達的區域。功名繁盛必亦與商人財富有關係。

我們要注意晚明以降的商人對傳統儒士文化是認同的。汪道崑說：「良賈何負閎儒！」這是商人的新自覺。但是，汪道崑先後又說⑭：

> 若以舍賈而來，必不以趨賈而去。（〈太學生潘圖南傳〉）
>
> 使吾以儒起家，吾安能以臭腐為粱肉？使吾以賈起富，吾安能以質劑為詩書？（〈明故禮部儒士孫長君墓誌銘〉。按末句「質劑」一詞作券據解，似指貸款業，包括徽州商人常操之典當業。）
>
> 夫賈為厚利，儒為名高。夫人畢事儒不效，則弛儒而張賈。旣則身饗其利矣，及為子孫計，寧弛賈而張儒。（〈海陽處士金仲翁配戴氏合葬墓誌銘〉）

往前看，汪道崑的理想應該是家有四子，分立儒賈。就如汪氏所記徽商吳姓（次公）有四個

⑫《明清徽商資料選編》，頁五〇〇—五〇四，引《歙事閒譚》。

⑬ Ping-ti Ho, *The Ladder of Success in Imperial China: Aspects of Social Mobility* (New York: Columbia University Press, 1962), p.254.

⑭ 分見《太函集》，卷三〇、五〇、五二。

兒子，取名曰：大繼、大純、大縉、大紳。吳次公老病時曾說：

> 大繼當室。大純佐之。大縉業已游成均、治經術，大紳從之。四者左提右挈，以亢而宗，而翁瞑矣（〈吳田義莊吳次公墓誌銘〉）⑮。

用現代的話來說，這些碑誌應代表一種終極的關懷，意義的歸宿。無論從仕、從商，皆承認家族、仕途、儒學的意義；而商爲正業之一，且爲維持生理之重要職業，乃不可缺。余先生所論的晚明觀念，「士商異術而同志」，可自汪道崑所撰傳記中再舉兩例證明⑯：

> 〔金仲翁〕呼二子前，命長子曰：「茂，爾當室，第卒業子舍中。」命次子曰：「芝，爾攝賈而儒，毋隊世業。」（〈海陽處士金仲翁配戴氏合葬墓誌銘〉）

> 伯子希周請服儒，命之儒。仲子希召請服賈，命之賈（〈吳太公暨太母合葬墓誌銘〉）。

自商人的制度環境言，我們似應強調捐官制度，明代已啓其端，至清代而擴展，晚清尤盛。明正統十四年（一四四九）土木之變後，朝廷爲財政之需要而「令生員納粟入國子監」。明初國子監乃眞正的太學，此後便難於維持。明代「監生」可以補低級官職，也有商人子弟經此途徑得到實缺，其中必有人視捐官爲利藪。汪道崑文集裏有一些商人自我批評的話，可見中國近世官商之間的分別趨於模糊，對於行政的素質，有各種不同的影響⑰：

⑮ 同上，卷五六。
⑯ 分見同上，卷五二、五七。
⑰ 分見同上，卷十八、四五。

幸而以貲通籍，得請一官，奉檄而行，奄有民社；視簿領如左券，納苞苴如子錢。（〈蒲江黃公七十序〉）

〔兩浙鹽商總商原籍山西太原〕王君名全，字守一，季年以貲賜級承事郎。……諸豪賈借資貴人，往往傾下賈。承事主退讓，恥千貴人權。于是縉紳大夫皆願請交承事（〈明承事郎王君墓誌銘〉）。

清代捐納的例更寬。自康熙朝始，不但賣監生，不時也賣實缺。據嘉慶三年（一七九八）的《滿漢文武官生名次錄》，該年除監生之銜外，出售低級京官一千四百餘職，省及地方三千餘職⑱。這種制度和宋代以來愈爲顯明的「胥吏衙役」制度同爲清代行政上的大問題，大多數商人是受這些制度之苦的。

以上討論的捐納、鹽法等是清代所繼承而擴大的「弊政」，有理想的學者、仕宦深表不滿，但在君權泛濫下無從改革。中國制度見於典章者多半是皇權之下建立的制度。但是近世商人有沒有他們自己的制度呢？除了個別營業的組織之外，就要看會館的歷史了。會館是同鄉人士在異鄉城市建立的組織。北京的會館最早可推至明永樂朝，本來是同鄉仕宦公餘聚會之所，後來才變成試館、行館，供赴京考試的士子住宿，及候補、候選等官停留⑲。這種會館雖然有由商人創辦的

---

⑱ 引自 Ping-ti Ho, *The Ladder of Success*, pp. 47, 366.

⑲ 何炳棣，《中國會館史論》（臺灣學生書局，一九六六），頁一一—二一。

痕跡，但是根據何炳棣先生研究的《歙館錄》，乾隆六年（一七四一）重訂的館章說：

> 創立之意，專為公車及應試京兆而設。其貿易客商自有行寓，不得於會館居住以及停頓貨物，有失義舉本意。

何先生認爲乾隆初年歙館雖爲試館，但平時的管理乃委諸「在京殷實有店業者」，而平時歙商亦未嘗不能利用會館的種種便利⑳。

近年學者研究會館歷史，有新的統計，表示清代在北京的許多會館，大多數雖以省、府、縣名館，而其中絕大多數仍應士子及官員旅京之需。同時則有工商會館的出現。北京、蘇州、漢口、上海等城市，且確有可考其爲商人會館者。如果所有的會館都算在內，則明代北京有四十一個，蘇州有三個，其他不詳。清代在光緒年間（宣統及不詳者不計）北京有三百八十七個，蘇州有四十四個，漢口有二十一個，上海有十九個㉑。這中間依碑刻資料考其爲「商人會館」，且有創建時期可考者，北京、蘇州、上海的統計表可供參考㉒：

---

⑳ 同上，頁一八—一九。

㉑ 呂作燮，〈試論明清時期會館的性質和作用〉，《中國資本主義萌芽問題論文集》（江蘇人民出版社，一九八三），頁一七五—一七七，一七九—一八一，一八六—一八九，一九四—一九六。

㉒ 此表錄自許滌新、吳承明，《中國資本主義的萌芽》，《中國資本主義發展史》第一卷（北京：人民出版社，一九八五），頁二九〇。

商人會館創建時期

創建時期	北京	蘇州	上海
明代	3	2	
康熙	4	8	1
雍正	3		
乾隆	3	8	3
嘉慶	4	2	1
道光、咸豐、同治、光緒	1	8	10
合計	18	28	15

此表中所稱「商人會館」，並不包括乾隆晚期以降始多見於資料之商業及手工業「公所」。會館、公所兩詞原可會通。但稱公所者到了道光以降漸多爲行業的組織，常仍以地方幫爲主，但鄉土性漸沖淡。茲另表介紹關於蘇州、上海商業「公所」之統計（其中不包括前表所列之「商人會館」，亦似不包括「手工業性」之公所）㉓：

㉓ 同上，頁二九七。同書有〈蘇州、上海手工業性公所名錄〉，除碑刻外，兼用文獻材料。自乾隆至光緒末，蘇州建有此類公所二十九個，上海建有十二個（其中乾隆朝建者蘇州、上海各僅一個）。同上，頁二九九—三〇〇。

蘇州、上海（商業）公所

創建時期	蘇州	上海
乾隆	1	6
嘉慶	5	2
道光	15	4
咸豐	5	2
同治	16	8
光緒	15	1
合計	57	36

會館、公所在商業上的職能包括聯鄉誼，通行情，避免同業競爭，儘可能議訂價格、統一度量衡。這些情形，在這裏不多論。概括言之，商人會館大多是中、小商人的組織，其眞正成爲職能全備的組織，爲期較晚。大城市裏的商人會館，雖然各認鄉土，但不是宗族直接參與的組織。祀祖事先之禮不在會館行之。商人會館須與官有聯繫，早期且常有由官倡立者。但是到了十八世紀後期，主要模式是由商人公立。商人會館的董事早期就叫做「公直」，是要爲會館的公務盡心的。商人會館立了許多石碑，也就是近世中國在制度上有創新的證據。本文僅摘鈔一些北京與蘇

州碑刻資料㉔，舉例略述商人會館崇奉之民間宗教，碑刻中所見之義、利、公、私觀念，以及商人會館制度的演變。明代的資料極少，晚清又太多。摘錄資料不但以北京、蘇州爲限，且以清代初葉、中葉爲限。

一、民間宗教

商人會館供奉之神明，除極少數同時奉「鄉賢」（如下文將提到之潮州商人附祀韓愈，徽州商人附祀朱熹）外，正供似皆爲朝廷與仕宦認爲無礙之神靈，可總稱之爲「正神」。最重要的神，如關帝、天后、眞武，明清兩代皆見於祀典㉕。仕宦所祭之先師、社稷等，商不能祀。商人會館之秉承民間傳統，乃極自然之事。

北京、蘇州有些商人會館，可以追溯到明末、清初，主要的證據是明末、清初該行幫等商人所祀的廟宇，後來重修，立有碑石。北京現存最早的一個商人會館石碑是在山西商人顏料會館舊

㉔ 李華編，《明清以來北京工商會館碑刻選編》（北京：文物出版社，一九八〇）；江蘇省博物館編，《江蘇省明清以來碑刻資料選集》（北京：三聯書店，一九五九）；蘇州歷史博物館、江蘇師範學院歷史系、南京大學明清史研究室合編，《明清蘇州工商業碑刻集》（江蘇人民出版社，一九八一）。另有上海博物館圖書資料室編，《上海碑刻資料選輯》（上海：人民出版社，一九八〇）。本文未用。

㉕ 《大明會典》（萬曆十五年〔一五八七〕本，臺灣東南書報社影印），卷九三—九四；《大清會典》（光緒二十五年〔一八九九〕本，臺灣中文書局影印），卷三五—三六。

址（亦即桐油行舊址）發現的，名曰〈重修廟宇碑〉（康熙十七年、一六七八）。碑上說㉖：

> 于是敬卜吉期，重修大殿。設□〔殘缺一字〕關聖、玄壇、財神于左，真武大帝居中，葛、梅〔葛洪或諸葛亮、梅福〕二仙于右，為衆人所頂禮。

後來乾隆六年（一七四一）重修戲臺、罩棚等，主其事的商人六人（不列職銜）追憶該行幫的歷史㉗：

> 我行先輩，立業都門，崇祀梅、葛二仙翁，香火悠長，自明代以至國朝，百有餘年矣。……每歲九月，恭遇仙翁誕辰，獻戲設供，敬備金錢、雲馬、香楮等儀，瞻禮慶賀。

商人對其環境之未能控制可以自山西桐油行被冒充牙行之人逼擾之事見之。乾隆癸酉（一七五三年）之〈公建桐油行碑記〉云㉘：

> 如顏料行桐油一項，售賣者惟吾鄉人甚夥。自生理以來，絕無開行店□〔缺一字〕，亦絕無經濟評價，必本客赴通〔州〕自置，搬運來京，報司上稅，始行出賣。其由來固匪伊朝夕也。無何，有網利傅天德者，既不開行，又不評價，不知執何年月日之帖，平空索取牙用，揑詞疊控，嘵嘵不已。幸蒙　都憲大人，執法如山，愛民如子，無事聽斷之

㉖《明清以來北京工商會館》，頁一。
㉗同上，頁一—二。
㉘同上，頁二—四。

煩，而宵小之奸洞悉。牌批云：「凡一切不藉經紀之力者，俱聽民自便，毋得任其違例需索，擾累舖戶，致于未便。」煌煌鐵案，炳若日星，不數日而弊絕風清，冰消瓦解。誠哉定國復生，尤矣龍圖再世。

嘉慶二十四年（一八一九）再修仙翁廟時，碑文中提及會館。所云舊有碑記，似即指康熙十七年現存最早之碑文。新碑曰㉙：

舊有平遙會館，乃吾鄉顏料一行祀神之所，創建年月有碑記可考，無庸縷述焉。館之後院，正殿為真武宮。關聖帝君、玄壇、財神列于左；梅、葛仙翁列于右。神光顯赫，靈佑昭彰。錫玆祉福，吾鄉在京商賈，托庇寧有窮哉。其東南前院北殿則火帝星君神也。上應天宿，下蔭民生，鄉之人得安居廛市，從不遭回祿災者，未必非祀事孔明之報也。

商人會館所拜的神不限於祀典，有時而且很特別。但總應「不列於淫祀」，不應入「邪」。山西潞安府銅、鐵、錫、炭諸商曾前後修建伏魔殿、佛殿，又於乾隆十一年（一七四六）修建原來殘破的爐神庵。此庵「僅存前明張姓碑版，初不詳其創建所由。詢庵所得名，則以供奉李老君像，故爐神之。」㉚當時任御史的孫嘉淦作〈重修爐神庵老君殿碑記〉云：

㉙ 同上，頁四一七。
㉚ 同上，頁四〇。

予思先王神道設教，使百姓由而不知。後世求福情勝，不核祀典，往往創為臆說，曰某事某神司主，某業某神主之。支離附會，其可笑如老君之為爐神，何可殫述？然苟其不列于淫祀，類足以收攝人心，生起敬畏。而移其敬畏神明之念，貨力不私，以急公上；勤孝養時；鄉里匱乏，固其所優為。則吾鄉人之共成此舉，其可嘉止自有在。

孫嘉淦自儒學及朝廷之立場，說明老氏之說，雖爲異端而「無大謬」。老子「心超萬物，絕無所絲毫芥蒂於于名、利者。」但是信老子爲爐神，反足證老子並非無意於塵世，蓋：

丹爐之說，固不足信，卽有其求。當夫青牛仙去，方將□〔殘一字〕名養拙于無何有之鄉，廣漠之野。而猶寓意塵世，博後來崇奉，棲神紅爐赤燄間哉。此其老掌故，學有本原，必無大謬於聖人之道，又可知也㉛。

孫嘉淦的碑記最後說：「老君自可有世祀，而祀老君者，不必其在爐神也。」這表示近世的三教互相包容，多所融滙。商人崇奉的民間宗教雖有創新，但其與基本倫理不背，似可從本文所討論之史料中見之。

二、義與利

㉛ 同上，頁四〇—四一。

商人會館有祀老子而無祀孔子，當然是因爲祀典規定惟有官能主持祀孔，但亦符合士商異業的原則。商人宗教絕不反對儒家倫理，但可供奉財神，言「義中之利，利中之義」，與程朱道學之嚴辨義、利，理、欲，表面上不同。此點康熙五十四年（一七一五）廣州商人在北京創仙城會館時建立的石碑言之最暢。該館「首事」李兆圖、馬時伯兩位商人請御史張德桂撰碑記。張德桂在碑上說㉜：

余問二子，厥館所由？李子曰：由利。鄉人同為利，而利不相聞，利不相謀，利不相一，則何利？故會之。會之則一其利，以謀利也，以是謂由利也。馬子曰：由義。鄉人同為利，而至利不相聞，利不相謀，利不相一，則何義？故會之。會之則一其利。以講義也，以是謂由義也。

這些話未必是李、馬兩位商人的話，但卻反映當時設立仙城會館的主要目的，就是要由同鄉、同業公議貨價；同時抵制官設牙行之評定價格。碑記的下文說：

非斯館也，為利者方人自爭後先，物自徵貴賤，而彼幸而為贏，此無所救其絀，而市人因得以行其高下刁難之巧，而牙儈因得以肆其侵凌吞蝕之私。則人人之所謂利，非即人人之不利也耶？亦終于忘桑梓之義而已矣。惟有斯館，則先一其利而利同。利同則義

㉜ 同上，頁一五—一六。

洽，義洽然後市人之抑塞吾利者去，牙儈之侵剝吾利者除。是以是為利而利得也，以是為義而義得也。

這一段話對於「物自徵貴賤」的市場狀態有一點模稜兩可。會館商議物價，可以使市人不能「行其高下刁難之巧」。但是市人還不能算是「私」。那些和胥吏衙役有勾結的牙行人等「侵凌吞蝕」，才是不道德的私。會館商人利同則「義洽」，然後「市人之抑塞吾利者去，牙儈之侵剝吾利者除。」這一種公、私之辨是就會館商人的立場訂立的。義是「桑梓之義」，包括上述同鄉商人「利同則義洽」的共同利益，亦應包括控制吏、役、牙儈的營私。

自商人會館看來，同鄉的同業要能共同合作才能以公護私。雍正五年（一七二七）山西河東煙商創河東會館，奉祀火德眞君、關聖帝君、福財之神。到了乾隆戊寅（一七五八），因「惡徒強欲私抽稅用事，合行不忿〔服〕，同舉公直〔董事〕。」乾隆二十五年（一七六〇）的〈重修河東會館碑記〉㉝，文末刊刻該館公直八人，副公直十二人，幫公直八人，散公直六十六人的姓名。另有「外行施財花名」二十六名，募化人五十五名。外行施財人中有「稅局郭樹言、張同杰」二人，共施銀二十五兩。這兩個人似是河東會館與稅局的新聯繫。乾隆三十五年（一七七〇）該會館的〈建立罩棚碑序〉㉞裏說該館「前有行規，人多侵犯」，茲則與「郭局」（指由郭

㉝ 同上，頁四六—五〇。

㉞ 同上，頁五〇—六〇。

樹言主持的稅局）議定：

同立官秤一杆，准觔拾陸兩。凡五路煙包進京，皆按觔數交納稅銀，每百觔過稅銀肆錢陸分，□□〔殘二字〕輕重，各循規格，不可額外多加觔兩。

到了乾隆四十四年（一七七九）又有碑文㉟記近事：

去年易州煙莊牙儈為奸，行中不通交易者幾乎經年。卒賴　三聖〔似指火神、關帝、財神〕之靈，其人自來懇請定為章程，永歸平允。行中同人欣喜過望之無已也，願出囊金，重新神宇。

撰碑文的刑部主事山西平陸人范三綱加按語，把儒家的天人觀念和民間信仰的「神與人共助」，聯起來講：

天之所助者順也，人之所助者信也。如諸公之同心和氣，而不涉于私，神與人共助之也。

神廟獻祀是吉慶的事。除祀神外，商人會館又常設「義園」、「義塚」，供同鄉之歿於當地者暫厝或永葬。上文已述徽州歙縣明代嘉靖年間早有「歙館」，專爲「公車及應試京兆而設」。現存北京石碑中有下列三座，可惜因原碑字跡模糊而未能錄印於選編，其碑名如下：〈歙縣會館

㉟〈河東會館碑記〉，同上，頁六〇—六一。

義園告示碑〉（乾隆三十四年、一七六九）、〈歙縣會館義阡碑〉（乾隆五十年、一七八五）、〈重修歙縣會館碑記〉（嘉慶十九年、一八一四）㊱。

義園、義阡之重要可自浙江紹興銀號商人在北京所創正乙祠的碑刻裏見之。正乙祠於康熙六年（一六六七）創祀。康熙五十一年（一七一二）建造「集議之所」前，已經置有義塚。這一年的〈正乙祠碑記〉說㊲：

> 吾越介居浙東，山深土瘠，其民淳樸無文。然安力作而務居業，不肯少休，以自窘其中，蓋其俗使然也。其世家巨族，讀書而務實學。而其次者，則商賈江湖，以阜其財。而其又次者則操奇贏，權子母，以博三倍之利。逐所便易，則不憚涉山川、背鄉井，往遠至數十年而不返。

因爲有長住遠地的人，同鄉的厝地、墓地乃有需要。晚清同治四年的〈重修正乙祠碑記〉追憶康熙六年以後之事㊳：

> 正一祠：浙人懋遷于京者創祀之。以奉神明，立商約，聯鄉誼，助游燕也。每至春秋假日，祀神飲福，冠裳畢集，獻酬□〔殘一字〕緒，相與為歡。其能敦桑梓之誼者，猶莫

㊱ 同上，附錄，頁二〇三—二〇四。

㊲ 同上，頁一〇—一一。

㊳ 同上，頁一一一—一一二。

如建立義園一事。

三、商人會館之制度化

茲請就蘇州碑刻資料，討論清代中葉商人組織的新動向，及會館董事等的職守觀念。蘇州是江蘇省、一府、三縣的都會，商多而官亦多。商人會館立碑，似應先有官府的默契。但是儘管如此，我們仍認爲會館立碑，有爲商人保障自由的作用。商人會館有鄉土觀念，同時有行業的自覺。會館的幹事稱「公直」，或稱「董事」，職責所在，應公直無私，勿負委託。

蘇州的嶺南會館明末卽已建立。最早的碑刻是雍正七年（一七二九）的〈廣業堂碑記〉㊴。碑中說：

> 嶺南會館之建，始於有明萬曆年間。至康熙丙午歲（一六六六），廓而新之。其制中建武帝大殿，棟椽軒豁，制度焜煌矣。但傍僅數宇以為棲息。……康熙戊戌（一七一八）蒲月，帝君嶽降辰祝餘福，集議於殿右更建客堂，……設薄沿簽，踴躍勷事。

撰這一篇文字的人是候選儒學訓導、進士鄭彪。鄭氏於雍正己酉（一七二九）「假旋抵蘇州」，

㊴《江蘇省明清以來碑刻》，頁三三七—三四〇。

住在「嶺南館之廣業堂，與同鄉戚友促席道故」。而同鄉們拿出重修會館名簿，請他作序：

> 余閱冊中，或仕或商皆欣然解助。遂樂為志之……嗣是而仕與商，廣其業于朝市間，則聲名文物將與姑蘇並垂不朽矣。

碑志以後有助金者題名。兩個官（山東武定州正堂何多學、江南金山衞正堂蔡國玖）有頭銜而未書明捐多少；而其他出資的都是商號或商人，捐銀六兩至六十六兩的有十五家；捐銀一兩至五兩的有二百零十家。這是一個很典型的小商人會館。這種會館數目在清代初葉、中葉增多。起初通常要請一個有官職、功名的人來領頭題名。但是到了乾、嘉之際，蘇州出現由眾商或董事「公立」的會館石碑，這就很有意義了。

蘇州的潮州會館可溯源於明末在南京的同名會館㊵。

> 國初始建于蘇郡北濠，基址未廣。康熙四十七年〔一七〇八〕，乃徙上塘之通衢，列層五楹。……敬祀　靈佑關聖帝君、　天后聖母、　觀音大士，已復買東西旁屋，別祀昌黎韓夫子。

觀音與關帝、天后同供於正殿，而「鄉賢」韓愈卻只別祀而已。商人會館的宗教顯然有超越的成

㊵〈潮州會館記〉，《江蘇省明清以來碑刻》，頁三四〇—三四五。碑中提到乾隆南巡，曾有兩次，卽於辛未、甲辰（誤印為甲寅）年，道經蘇州上塘。第一次「眾商跪迎于門外，……與情鼓舞。」第二次，「敬設歌臺燈彩，眾商踴躍輸將，輸誠歡慶。」

分。但是現有碑記（乾隆四十九年、一七八四）中注重的卻是塵世的事：設董事，立規條，保障商人的現世利益。

這一篇碑文付刻時，該會館的董事是一個潮州人的進士，名馬登雲。馬氏是一七七二年的進士，但因「銓選有待，暫歸舊里」，於一七八一年出任蘇州潮州會館之職。但是碑文是由「潮郡七邑衆商萬世榮公記」。馬登雲書全碑之大部分，並撰〈後序〉。但是後序之後有〈後跋〉，由一個長輩商人姚振宗「識並書」㊶，顯然最有力量。姚氏說：

辛丑〔一七八一〕冬，延請漢階馬老先生〔登雲〕主館，凡契卷參差，規條紊淆，無不恢復整頓，今已三載矣。更代屆期，議將祀產基址，詳勒貞銘，以垂永遠。余愧無文，未敢贅言。第數年間，俱游吳下，衆商等以余癡長，令襄是事。

這一座碑上刻的「潮州會館祭業」卻是由糧戶萬世榮署名的㊷。這一份祭業是該會館全部房地產契約的清單，附每年應完漕糧稅額。有了這一座石碑，潮州會館每年應交的稅糧較有範圍，產業多了一層保障。

更可注意的是這一篇碑文中要求該會館的管理此後「恪守前規」，用現代的話說就是制度化：

㊶ 同上，頁三四五。
㊷ 同上，頁三四四。

> 議定規條，將歷置房產，設立册簿。所有現帶租銀，征收以供祭祀，餘充修葺諸款動用，並襄義舉。延請董事經理，三年一更，七邑輪舉。一應存館契券，遞交董事收執。先後更替，照簿點交，永為定例。

董事責任很重，應有的資格和素質，碑文裏著重地說：

> 所以敦請董事，必擇才具賢能、心術公正之人，綜理巨□〔殘缺〕，其責鄭重。我郡同人互相勉勵，善保始終，尤會館之第一要務也㊸。

四、制度化與商人信仰

上述潮州會館的模式，到了十八世紀末，有許多蘇州商人會館也都採用。此處只能抽檢個案，舉江西會館為例，並略論徽州商人在蘇州晚出的會館。

雍正十二年（一七三四）的〈江西會館萬壽宮記〉㊹是一個同鄉御史寫的。但是這個御史卻承認建會館官最多只能提倡而已，要有商人集資，才能實現。

> 國朝甲子〔一六八四年〕間，是時開府余公籌劃基址，頗費經營。只緣規制逼隘，未盡

㊸ 同上，頁三四〇。

㊹ 同上，頁三五九—三六〇。

周詳。迨至丁亥歲〔一七〇七〕，吾婣翁李公修水先生總藩，〔再議募建未即成功〕……我輩同鄉挾資來遊此地，各貨雲集，慷慨持躬之風，郡郡皆然。歷年以來，白麻一貨盛行於蘇。唯吾君子皆有心人，公議白麻每擔抽貲肆分。是時衆志同心，踴躍從事，一歲之內即可集貲八百兩有餘。不數年共勷盛大，非曩日逼隘之規制矣。

到了嘉慶元年（一七九六）立〈重修江西會館記〉碑㊺時，雖然曾向十幾個大小官員募捐，而碑記僅由「倡捐董事」兩人自署。

江西會館供奉的是旌陽許（遜）眞君，也就是唐代及北宋的「孝道」、南宋以降的「淨明忠孝道」所奉祖師，應屬道教而實倡忠、孝。上述雍正十二年的碑記裏說：

真君獨以一儒者，躬修至德。道氣淩雲，長蛟降伏。凡屬水鄉，咸沾過化存神之妙，其功不在禹下。是蓋純忠孝、節義、經濟。……垂忠垂孝，開千百年綱常名教之宗。

但是嘉慶元年的碑文（兩個董事自署名的）卻比較樸素，似乎強調許眞君「實爲江右福星」，在江西有許多人相信，故應崇奉，且藉以聯鄉誼：

旌陽許仙真君，蓋江右忠孝神仙也。而實為江右福星，直省府以及各鎮莫不建立廟宇，崇祀聖象。凡所以專其誠敬，而鄉人亦時借以敘桑梓之義焉㊻。

㊺ 同上，頁三六〇—三六六。
㊻ 頁三六與三五九—三六〇比較。

據嘉慶元年的碑文，萬壽宮曾於乾隆壬戌（一七四二）和辛巳（一七六一）重修。到了癸丑年（一七九四）再籌修建時便由「倡捐董事」負責「經營籌畫」，而仕宦之「官于斯客于斯者」（包括曾在會館住過的同鄉仕宦）亦「捐資斧、踴躍相從。」碑文所附捐單有各級官員十六人共捐七百餘兩。而商人或商號出資者一〇九人，雖然多數人出資十兩以下，而疏貨商幫捐一千二百兩，江西南城縣商幫捐一千六百兩。

董事兩人對他們的責任似有明確的觀念。他們相信會館重修成功便是「神佑」的表徵：

> 乙卯（一七九五）之秋，厥工告竣，煥然改觀，所謂有舉而弗廢也。　神佑故至此□〔缺一字〕余等矢公矢慎，圖始圖終，未敢稍存怠志㊼。

五、制度化與商人地位

玆請舉乾嘉之際徽州商人在蘇郡的會館爲例。安徽寧國府的仕、商康熙三十六年（一六九七）已在蘇州創宛陵會館。徽州人似乎也可能於乾隆朝已在蘇城創「新安會館」㊽。該館到了道光十二年（一八三二）才在碑刻資料裏提及；那時似爲二十八家棉布舖號所組成㊾。早在乾隆三

㊼ 同上，頁三六一。
㊽ 呂作燮，〈試論明清時期會館〉，頁一八六—一八九。
㊾ 《明清蘇州工商業碑刻集》，頁八〇。

十五年（一七七〇），蘇州徽商中的澇油、蜜棗、皮紙三幫要在蘇城建一個名爲「徽郡會館」的組織；但是其他徽商未能眞正合作，興建有困難。當時澇油、蜜棗、皮紙三幫選委董事二十人，其中潘維長列第三名，似乎實際負責推動。他在〈修建徽部會館捐款人姓名及建館公議合同碑〉（乾隆三十八年、一七七三年）裏說⑳：

緣我等公同創立徽郡會館，敬奉　先賢朱夫子。在吳邑閶五圖地方。數年以來，大殿猶未建造，乃因後殿左右缺凹兩間。

後來有人購買鄰居之屋，捐贈這兩間地基。但是建造計劃雖有上述三幫和三十幾個人一兩到六兩的捐款，因爲有許多同鄉的議論，建郡館、祀朱熹的事在蘇州城也就沒有下文了。留下來的只是這一座〈建館合同碑〉，主要目的是釐清捐款數目。

蒙諸公以維長等為人正直，秉公無私，承委之後，競競業業，懼無以副諸公之望。……彼時諸君踴躍樂從，輸者雲集。第其間有批輸卽付出者，亦有先付其半而後找完者，亦有未經付者。揩載昭然，本無私意。乃人心不一，好為譏評。批輸之後，或有以為借公事而飽私囊，致令已捐者遲廻，未捐者氣阻。若不急將已收、未收，注疏詳明，與支存開載明白，使羣疑釋而物論已，不幾以急公之心而蒙害公之謗乎㉑？

⑳《江蘇省明清以來碑刻》，頁三七七—三八〇。
㉑同上，頁三七七。

明末以降徽州巨商的遺跡，在他們故鄉的宗族設施中，昭然可見。他們早期有無關於商人會館的活動，仍待研究。但是徽商活動推廣到蘇州府屬的重要市鎭，至少中小商人需要官府的明文保護。住在昭文縣的徽商早設有梅園公所，「置地厝棺，以安旅骨」。乾隆六十年（一七九五）又建存仁堂「以爲徽人寄棲醫病之所」。但該地似有治安問題。有十二個仍寄徽籍但捐有職監的商人向昭文縣具呈㊷：

惟虞私約無常，客居招侮，業經具稟詳憲，蒙批准勒石示禁遵守等諭。

在蘇城初未實現的徽州全郡會館後來卻在吳江縣盛澤鎭實現。盛澤鎭是絲織品貿易中心。嘉慶十四年（一八〇九），徽州所屬六邑在盛澤鎭的商人購地建殯舍，「旋議增建殿宇、會館」。盛澤鎭來自寧國府旌德縣的商人已先有會館，但因「地隘水沖，正欲卜地遷地」，乃議合併，所謂「古云：四海之內，皆爲兄弟，何況毗連鄰郡耶？」㊸其實蘇州城自康熙以來已有其他省份的商人會館，至少名義上以一省爲範圍，如前述之江西會館及乾隆年間建立的陝西會館及全晉會館㊹。徽商能六邑共處一館，並收容旌德縣，已屬難能了。

盛澤鎭的徽寧會館有正殿三間，正供關帝等神，另有殿東「行館」，供朱熹：

正供威顯仁勇協天大帝神座，東供忠烈王汪公大帝神座，西供東平王張公大帝神座。殿

㊷《明清蘇州工商業碑刻集》，頁三四九—三五〇。
㊸ 同上，頁三五五—三五七。
㊹ 同上，頁三三一—三三七。

之東建造行館，供奉紫陽徽國朱文公[55]。

這個徽寧會館到了道光十二年（一八三二）才有碑，由「徽寧兩郡七邑董事公立」；列有姓名歙邑十八人、休邑十二人、婺邑三人、祁邑四人、黟邑二人、績邑六人、旌邑十人。「共捐總數及會館基地一應公產，另勒碑石。」各邑捐款數目，自嘉慶十三年至道光十年，總數爲一七、四六三、三〇〇文。地基及公產清單附有糧稅數目[56]。

除了上述兩碑外，盛澤鎭徽寧會館同年又立一座碑，仍書名「徽寧七邑董事公立」，但有歷任御史、翰林院編修、實錄館纂修、順天鄉試同考官的程邦憲所撰碑文[57]。這一座碑象徵商人雖然有自己的會館制度，仍需要仕宦的認可和保護。

但從程邦憲所撰的碑文看來，仕宦對於商人的宗教和制度是贊許的。程文對該館的供祀，略加評論：

中為殿以祀關帝，東西供忠烈王、東平王。朔望香火，歲時報賽惟虔。殿東啓別院，奉紫陽朱文公。以皖人有遷居隸籍于吳，及僑居而遂家焉者，俾其子弟有所矜式，故謹祀焉[58]。

---

[55] 同上，頁三五五。
[56] 同上，頁三五八—三五九。
[57] 同上，頁三五六—三五七。
[58] 同上，頁三五七。

這等於說：商人虔誠崇奉關帝、忠烈王、東平王等神，並無不可。朱子只是子弟的矜式而已。因爲會館是商人在這一代，這一地的組織，一般本不必祀朱熹。徽商既認朱子爲婺源人，祀朱子也無不可，可以使子弟猶如在本鄉讀書，有所矜式。

程邦憲對商人捐資組織會館，只有贊許：「一切公需，資費較鉅，皆賴同鄉竭力襄助。而其中遷居入籍諸君，猶能敦念本根，仍以鄉誼，咸預斯舉。」程氏自己是徽州人，贊成建徽郡會館。但是他又是翰林院編修，做過御史、同考官，也就不自覺地論到仕宦和商人志同道合之處：

諸君子篤故土之念，勤修善之緣，願力旣堅，永期勿替。益以邀神祐之庥，而宏富有日新之業，尚何廢之不舉，何難之不易耶？記有之曰：合志同方，營道同術。願與諸君子共勉之而已[59]。

這段話所講的「合志同方，營道同術」，顯然是從仕宦的儒學觀點，認爲仕與商既道相同、志相同，其術亦無不同。這似乎比晚明時代所說的「士商異術而同志」，更進一步。仕宦撰如此措辭的會館碑文，其重視商人可知。

——原載余英時，《中國近世宗教倫理與商人精神》（臺北：聯經，一九八七年），卷首，頁二二五—五三。

[59] 同上。

六、唐廷樞之買辦時代

一

唐廷樞（字景星）乃同治光緒年間中國新興之企業家。渠以通事買辦出身，受李鴻章之付託，經營輪船招商局及開平礦務局，爲官督商辦時代中國第一等實業人才。一八九二年唐氏逝世後，其至友徐潤（字雨之，亦買辦出身）於開平局公事房檢出一八七八年上海英文《遠東月報》（*The Far East*）所載唐氏小傳譯文，日後徐氏自訂年譜時，曾錄全文，玆節錄其首段如次①：

① 《徐愚齋自敍年譜》（一九二七前後出版），第五七至第五八葉。徐潤（英名 Ahyune 或 Yuchee）於一八六一至六七年間充英商寶順洋行（Dent & Co.）買辦，該行倒閉後，專營寶源祥茶棧。一八七三年徐隨唐入招商局，爲會辦。唐於一八七七年兼任開平礦務局總辦，徐亦於一八八一年爲該局會辦。

唐景星君以一千八百三十二年（道光十二年）生於廣東省香山縣地方。其早年教育自一千八百四十二年（道光二十二年）至一千八百四十八年（道光二十八年）得受之於香港馬禮遜教科學〔The Morrison Educational Society School〕，繼進英國教會學堂。由是於一千八百五十一年（咸豐元年）充香港巡理廳翻譯，二年後升正翻譯。一千八百五十六年至一千八百五十七年之間（咸豐六七年）代理香港大審院華人正翻譯。於一千八百五十八年（咸豐八年）為上海稅關副大寫，一千八百五十九年至一千八百六十一年（咸豐九年至十一年）當正大寫及總翻譯之職，後由乃兄茂枝君接辦。為因怡和行東聘請代理該行長江一帶生意。一千八百六十三年（同治二年），卽為怡和行總買辦，至一千八百七十三年（同治十二年），斯時又兼當協和機器輪船公司〔The Union Steam Navigation Company〕、北清機器輪船公司〔The North China Steamer Company〕、華海機器輪船公司〔The China Coast Steam Navigation Company〕之董事。此三公司幸得唐君之卓力而能成功者也。伊又於上海絲茶兩業會館並各善堂均為董事。一千八百七十三年（同治十二年）奉直隸總督李公鴻章之命而為中國招商局總辦。此缺現仍充當。伊乃一花翎二品銜福建候補道。 如是可見其早年之機遇若何廣大，深謀遠慮而能善用之也。

按唐氏任招商局總辦後之事蹟，近人著述中已可窺其輪廓②。惟其於一八六三至一八七三年間爲怡和洋行買辦之經驗，則世人罕有能言之者。買辦今日已爲一政治名詞。然吾人研究近世中西經濟關係與文化關係，仍不能不以十里洋場之通商口岸爲出發點。唐景星必爲當時買辦界之傑出人物無疑。然當時上海洋行制度，經濟環境，自唐氏供職怡和十年之經驗中，亦可睹其梗概。是則本文之作，固不僅爲提供唐氏個人之傳記材料而已也③。

二

同治元年怡和洋行上海買辦係由粵人林欽（字暢鐘，英名 Acum）充任④。林與唐同籍香山

---

② 請閱 Ellsworth C. Carlson, *The Kaiping Mines (1877-1912)* (Cambridge, Mass., 1957); Albert Feuerwerker, *China's Early Industrialization: Sheng Hsuan-huai (1844-1916) and Mandarin Enterprise* (Cambridge, Mass., 1958). 參閱拙稿 "Steamship Enterprise in Nineteenth-Century China," *Journal of Asian Studies*, 18(4) (August 1959).

③ 二十世紀初年之買辦制度，近人頗有著述，惟皆未用洋行檔案材料，請參閱 Kuang Yun Pao, "The Compradore: His Position in the Foreign Trade of China," *Economic Journal*, 21(84) (Dec., 1911)；內田直作，〈買辦制度の研究〉，《支那研究》，47-49 (1938-39)；根岸佶，《買辦制度の研究》（一九四八）；上坂酉三，《中國交易機構の研究》（一九四九）。內田直作先生曾著〈洋行制度の研究〉，《支那研究》，五〇（一九三九）及〈在支英國商社怡和洋行之發展史〉，《支那研究》，五一（一九三九），為研究中國洋行歷史之先驅。

④ 怡和洋行檔案中文文件盒內有紙片上書〈Acum's address 林欽字暢鐘，香山人，在澳門上麻灣涌外煲村居住。〉關於怡和洋行檔案，請閱楊聯陞先生所著〈劍橋大學所藏怡和洋行中文檔案選註〉，《清華學報》，新一卷第三期。

縣。唐之與怡和發生關係，想係由林介紹。唐初爲怡和辦事，乃代理性質，經常乘坐怡和輪船，至長江三口，兜售貨品。一八六三年冬唐氏任買辦前，怡和行東信件中，提及唐(Tong Kingsing)者，至少有下列兩則⑤：（本稿所引英文信件、拼音及文法錯誤，未予改正，以存其眞。）

James Whittall (*Shanghai*) *to Alexander Perceval* (*Hongkong*), *April 8, 1863.*

As to his 〔Herbert Magniac's〕 bartering goods against native produce consigning it to Tong Kingsing for sale at the different ports on the Yangtze, I do not think it is worth the trouble of risk and I shall not sanction it. Tong Kingsing is to be down next trip of the *Express* 〔Jardine, Matheson & Co.'s Yangtze steamer〕 to give me a statement of what he has been doing for us up to date. The Compradore 〔Acum〕 leads me to expect a very favourable result.

J. Whittall to Herbert Magniac (*Hankow*), *April 9, 1863.*

I do not think there can be much harm in trusting Tls. 20,000 to the man you

⑤ 本稿所引英文材料，除另說明外，俱見劍橋大學所藏怡和洋行檔案「函件部分」，「未裝訂之遠東各地函件」(Correspondence Section, Local unbound)。怡和檔案中函件，所謂公函 (public) 及私函 (private)，分卷保存。所謂私函，多爲各行東之親筆函件，本文所引大多屬於此類。所謂公函則指並非由私人署名之行內來往函件。怡和與其他商號洋行來往函件，亦多存此卷內。此種分類並不嚴格，「公函」卷內有私函，「私函」卷內亦有公函。但無論「公函」「私函」，皆按年分與發信商埠分盒存貯，知發信日期，則覓檢甚易也。

name accompanied by your compradore to do the best he can 〔purchasing tea〕 for us in the country, for which purpose, as I have already advised, I have requested Tong Kingsing to secure a quantity of copper cash and ship it to you by the first opportunity…The proposal you make to barter goods against native produce, forwarding it to Tong Kingsing for sale will I am sure never answer and I do not wish you to entertain it on any account. It will be months before we find how the transactions really stand and the result I am very doubtful about.

林欽充任怡和買辦，甚得行東之信任。惟林氏早已致富，於買辦職務外，兼營絲棧茶棧，自內地收運貨物，售予洋商，固不限於怡和一行。至是則絲茶事務冗繁，於怡和帳房辦房職務，無暇兼顧，乃介紹唐景星接任。唐時年方三十，英文程度必在林欽之上無疑，但據怡和上海行東機昔（William Keswick）之函件，怡和對唐氏之主管該行帳房，似不如對林欽氏之信任，其故或以唐氏不如林氏之殷富歟？（按此函中之Tonkin，即唐景星。Aleet⑥似亦怡和前買辦，營絲茶業，與林唐友善。）

---

⑥ 本文所述與唐景星同時之上海華商，如 Aleet 等，多僅知其洋行英名，一時未能盡考其姓氏為憾。

W. Keswick (Shanghai) to J. Whittall (Hongkong), Sept. 27, 1864.

You have been somewhat erroneously informed about the state of my Books. The fair Cash Book, it is true, is far behind, but still it is up to the end of July, and is now in the course of being copied. The rough one is written up to last night—by Tong Kingsing, who writes English well. A Cash Book is kept which every morning is written up, and this book is frequently examined by me, though I must admit, hitherto not daily. A form such as the one enclosed is handed me every morning with the balance of Coin and Silver distinctly stated and as no payment is ever made without my signature and knowledge, I of course know pretty correctly the position of the Cash. There are vouchers for everything, and as little as possible, indeed I may say nothing, is left to my Compradore.

W. Keswick to J. Whittall, July 9, 1865.

Acum has nearly 18 months been of little use as a Compradore & has virtually ceased to be one, having put Tonkin 〔sic〕 in charge of the treasury. He 〔Acum〕 is at present in the silk districts and I give him as much business as possible. Aleet and he are working together and have bought a fair quantity of silk for us. I

am not altogether satisfied with Tonkin (the man who knows English so well) and I am quietly taking as much from under his control as possible. I think the new system I am pursuing with our Cash will answer well. I of course still allow the Compradore Cash for all moderate payments & receipts.

Edward Whittall (Shanghai) to J. Whittall (Hongkong), November 24, 1866.

There is a great deal of distrust among the Natives, and there are several defaulters. Preston, Breuell & Co.'s compradore has absconded⑦ and the Compradore of the French Bank has been mixed in some unpleasant business. So I shall come to the conclusion to trust Chinese as little as possible. I have therefore opened a current act 〔account〕 with the Oriental Bank and already placed a lac 〔100,000〕 of Taels in their hands. They will receive all Freights, Insurance Premiums &c, & with the Compradore I will have merely a small balance for mere trivial expenses & receipts.

---

⑦ 一八六六年 Preston, Breuell & Co. 買辦 Chen Feng（卽 Afun）欠債事，詳 *North-China Herald* 一八六七年一月份。*North-China Overland Herald and Market Report*, Jan. 8, 1867 載有 Afun 一八六五年初任該行買辦時由二友具結之保證書英譯。

一八六五年六月，機昔依絲商 Ekee 之提議，與之合創舊式中國錢莊，英名 Ewo Bank。怡和庫中現欵，多由其收存生息，唐景星所掌現銀，因更減少。按 Ewo Bank 資本三十萬兩，怡和洋行出十萬，Ekee 等出二十萬。惜 Ekee 於一八六六年末破產，該錢莊亦歇業⑧。關於 Ewo Bank 之材料，附誌如次：

W. Keswick (*Shanghai*) *to J. Whittall* (*Hongkong*), *Feb. 18, 1865.*

The Native Bank I spoke to you about I am endeavouring to bring into shape, and in a few days hope to report progress. My intention is to limit the *capital* to 3 lacs [300,000], of which we supply one & 2 natives the remaining 2 lacs. The more I think over & study the project the more impressed I become with the advantages such an establishment well conducted will afford us. I have secured the services of a very experienced Native and in April the Bank will probably be opened…

W. Keswick to J. Whittall, June 29, 1865.

---

⑧ Ekee 林姓（即 Lin Chee Qui 或 Lin Chequi），自少年在怡和供職，惟同治年間未為怡和買辦。當時上海租界會審公堂訊問林氏之情形，見 *North*-China Herald。怡和檔案中關於此案之材料甚多。徐潤《自敘年譜》云：「同治六年丁卯……冬間市面大不靖，有某姓壞事，倒至四五十萬之多，錢業各家，無不被累。」未知是否指林氏。見徐《年譜》，第十四葉。

Instead of keeping all our cash with the Compradore, I have transferred to the Ewo China Bank the custody of most of our money on the understanding that we receive interest at the rate of 8 per mil 〔0.8 per cent〕 per 30 days on all sycee in the Bank's possession and pay the same rate on all sycee for which we overdraw our account. I consider this a very good arrangement and one by which we shall reap the advantage & profit hitherto derived by the Compradore alone when the Treasury was well filled. It is also a check on the Compradore and I think it very desirable that he should have as little cash under his care as possible.

W. Keswick to J. Whittall, Dec. 2, 1865.

Mexican Dollars are today worth Tls. 72.8 〔per hundred〕. I quite expect to see this coin advance very considerably in value before long, as it is now becoming scarce in consequence of the large sums shipped to your port and to India. The purchase I alluded to in my letter of the 30th ultimo is bearing interest and will I doubt not continue to do so. This is arranged through the Ewo Bank, and as the sums are distributed in small amounts, and only to good

people, I conceive there is no danger.

W. Keswick to J. Whittall, Feb. 12, 1866.

Our Ewo Bank shows a profit of about 2½ p〔er cent〕 per month since it was opened. The year will run on until 30th June so as to make it accord with our Commercial Year, and there is every reason to believe the establishment will continue to be a great success.

E. Whittall (Shanghai) to J. Whittall, Jan. 3, 1867.

〔Ekee's failure.〕 I think the best plan is to put the matter in the hands of the Consul, for Ekee is our debtor as you will observe from the enclosed account about Tls. *67,000* and the only dependencies at credit are the Tea & Silk shipped to England on his account, to which has been added the difference between the contract price of the Green Tea & what it sold for, also our profit said to have been made & 〔?〕 our interest in the Ewo Bank; —the account has been roughly drawn out, but on the whole I think it is pretty correct, and I regret that our loss is so much more than I at first estimated…I have already informed you that I have closed up the Ewo Bank. I could not have done

otherwise for the schroffs all left and there was nobody to look after it.

怡和洋行購辦絲茶，多向林欽、Aleet 等及其他素有密切關係之商人訂購。（除此二人外，尚有 Yakee, Yowloong, Ekee 諸人，怡和行東信件中時常提到，請參閱本文附錄二。）此等商人類皆能操洋涇濱英語，與怡和過去又有關係，怡和向其定貨，想唐景星未必分沾佣銀。惟據一八七〇年左右之材料（詳見下文），當時唐氏曾與林欽及 Aleet 合營 Hsin Sun On 茶棧，並開設 Taiwo, Taising, Chingyih 錢莊三家，唐氏任買辦後，仍與林欽等合作，殆無疑義。

舶來品之推銷，洋藥一項，除由華商逕至香港購買外，多直接由停泊吳淞江之躉船船主，售予華商。即棉紗棉布之銷售，怡和理論上亦不承認買辦有向買主抽取佣銀之權。事實如何，自當別論⑨。

一八六五年後，怡和買辦常年經費定爲五千七百四十四兩，其中唐氏本人薪水一千五百兩。（據唐氏一八六八年十月八日信，一八六五年年終，行東曾允另貼經費二千兩。）但規例雖然如此，而凡由買辦經手之生意，暗中抽取佣金，恐仍難免。輸入輸出貨品之價格，英籍大班尙頗知

---

⑨ 按同治年間上海各洋行在原則上不承認買辦有抽取佣銀之權，固不僅怡和一行。一八六四年十一月，上海買辦五十二人曾聯名上書上海西人總商會（Shanghai General Chamber of Commerce），請其承認抽取若干項佣銀（"certain commissions"）之權，但經西商鄭重考慮之後，於翌年總商會年會議決不予承認。據商會年會紀錄："On the opinions of various members expressed in writing, the Committee framed their reply, to the effect that it was beyond the province of the Chamber to give an authoritative sanction to the practice of charging commissions, nor could it recommend it."（見（*NCH*, Oct. 1, 1864 及 Aug. 26, 1865.）

悉。但洋行如欲於絲茶之外，染指中國土貨貿易，則買辦上下其手之機會必多。此點怡和行東 Francis Bulkeley Johnson 氏一八七一年八月十七日函，言之甚明⑩。

W. Keswick (Shanghai) to J. Whittall (Hongkong), April 10, 1865.

I am taking care that no money beyond a fixed amount is advanced by the

---

⑩ 按上海各洋行關於買辦薪給或佣銀之辦法，各有不同。怡和一八六五年前後雖不承認唐景星有抽取佣銀之權，惟至一八七一左右，則似承認該行天津買辦唐茂枝抽取佣銀之權。茂枝為景星兄，於一八七一至一八七三年間充怡和天津代理處之買辦（代理處之制度與上海分行自未必同）。一八七五年唐茂枝於上海美國領事館法庭 Liu Sunkee 控旗昌洋行（Russell & Co.）一案，出庭為證人，茲節錄其供詞如下：

The testimony of Tong Mowchee in the case of Liu Sunkee v. Russell & Co. before U.S. Consular Court, July 2, 1875. (NCH, Aug. 28, 1875.) I am Messrs. Jardine's compradore at Shanghai. I was compradore for them at Tientsin from 1871 to 1873. The commission allowed to compradores on piece goods is one per cent. for his guarantee on sales, besides brokerage, 10 cash per piece, and difference of scale 1/2 per cent. The one per cent. is clear. The allowance on general merchandise is 2 per cent., but of that he would pay about 1/2 per cent. to the broker, while difference of scale would leave about one per cent. net to him. Difference of scale means the "Chin-pin" for weighing sycee used by Chinese and Foreigners. A new "Chin-pin" is used by Chinese, but Foreigners use the old one, which makes the difference. On opium, the buyer pay〔sic〕Tls. 5 per chest, the whole of which is at times taken by the compradore. At other times, to make the sales look well, he will allow Tls. 2 to go to the price, taking Tls. 3 for himself. Some hongs pay salary as well as commission. I was allowed Tls. 1,800 per annum for myself and staff, with Tls. 300 rent for〔a〕hong in Tientsin……I got 2 per cent. also on passengers and Chinese freight. There are no charges upon those to the compradore—they are all clear. While I was at Tientsin, there was no rule as to payment of compradores. Each foreign hong made its own agreement. It would be a very good salary for a compradore to clear Tls. 1,000 a year, having all his expenses of all kinds paid.

Compradore 〔Tong Kingsing〕, & you may rely on every endeavour being used by me to keep down expenditures as much as possible.

W. Keswick to J. Whittall, December 2, 1865.

I have spoken to Tong Kingsing about the allowance to the Compradore's establishment, and I find Tls. 5,744 is the sum required to keep it in perfect working order, including Tls. 1,500 for his own salary. I think it would be better to allow this fixed charge than to admit a right on the part of the Compradore to exact Commissions from the Natives trading with us, & I shall be glad to receive your sanction to this arrangement.

F.B. Johnson (Shanghai) to W. Keswick (Hongkong), July 1, 1868.

As a rule I do nothing in Opium through Tong Kingsing, but on a special occasion like that of the last trip of the *Glengyle* it was necessary I should employ his services, & my allusion to him was intended as a simple explanation of the cause why I did not close my time bargains.

F.B. Johnson to W. Keswick, Aug. 17, 1871.

We rely upon your prompt & accurate advice upon all subjects of interest

connected with markets and otherwise, but I am not sanguine of making business, unless it be connected with freighting steamers, successful. The "squeezes" placed upon the transactions in Native produce here by the Compradore & his staff & those imposed at your end render foreign competition with the Native dealers almost impossible. The exceptional advantages afforded by our steamers may however be in our favour in the case of grain & I beg your careful attention to the market.

F.B. Johnson to W. Keswick, Sept. 27, 1871.

My observations with regard to the Native staff were not intended to convey the impression that there is any conspiracy to keep us out of business in coast shipments, but to imply that there is a system of percentages levied here & in Hong Kong which places us at a disadvantage compared with the Native trader. Foreigners will probably be unable to cope with the difficulty until they learn the language, & looking to the future of the firm, I believe that the success in China of those who are to follow us will in no slight degree depend on their acquirement of the Native tongue.

但洋行買辦個人營利之機會，似尚不以抽取佣金爲限。買辦既代洋行收存銀錢莊票，借用未到期之莊票，用以抵押週轉，或竟先支兌，以濟絲茶錢莊業務之需，當不難辦到。一八七一年怡和上海行東 Johnson 任內，卽有此事被發現。當時因市上有無稽謠言，謂怡和洋行卽將歇業，結果禍及林欽、唐景星等合辦之錢莊，大受各種債權者之壓力。此三家錢莊在滬信用素著，惟其資本一大部分當時已投資內地茶葉，尚未運到，錢莊乃有倒閉之虞。唐氏不得已乃向 Johnson 氏借欵求救，同時亦只好承認怡和帳房之莊票，已逕支兌八萬兩之多！此事經過，Johnson 氏一八七一年六月一日信內所述最詳：

F.B. Johnson (Shanghai) to W. Keswick (Hongkong), June 1, 1871.

On the morning of the 29th, before I knew of any difficulty, I had transferred from Tong Kingsing's hands, of the balance of Cash in the Treasury Tls. 57,000, Tls. 50,000 to the Oriental Bank, & when later in the day I heard of the run upon the Native Banks & that it had been met I did not feel there was ground for want of confidence. Early however on the 30th Tong Kingsing applied to me for assistance & on investigating his accounts, I found to my surprise & dissatisfaction that though the small Cash balance in the Treasury was available, of the Bank orders *not due*, which he had collected to the extent of Tls. 95,000,

about Tls. 80,000 had been discounted & were not forthcoming. I was informed that three Banks, "Taiwo", "Taising" & "Chingyih" having made large advances upon Tea in the country, which was not available 〔,〕 had been for a week past subjected to pressure from all who had claims upon them, & that this "run" had in the first place arisen from an absurd rumour which has lately been extensively circulated among the Chinese to the effect that Mr. Jardine having lost some millions the House here is about to close. There is no doubt as to the credence which the rumour received for the Chinese have even been removing the goods held in storage at our wharves & we with difficulty allayed the injurious panic by offering to advance 75% of the value of such goods at a low rate of interest. All foreigners here have been aware for some time past of the existence of the report.

My first business was to investigate the pecuniary position of Tong Kingsing & the Banks & having ascertained as fully as the nature of the case admitted that they were solvent, I saw that there was no alternative but to render whatever assistance might be necessary & I telegraphed to you for the authority

to do so. Your reply I received as I expected & for it please accept my thanks. I advanced Tls. 30,000 in addition to the Tls. 80,000 wrongfully appropriated & engaged to find a further sum of Tls. 20,000 on the 31st, but of this only Tls. 10,000 were found requisite, making Tls. 120,000 in all—On the strength of assurances given me as to the Tea actually in Hankow for sale I took drafts on that place for Tls. 30,000 in part payment, and I have further received from Tong Kingsing sundry shares & title deeds of property in this place & Chinkiang for Tls. 50,000, & for the remaining Tls. 40,000 I hold the promissory notes of the Banks endorsed by Aleet & Tong Kingsing.

Stating the matter in this way it would appear that we are still largely uncovered, & of course while there is a possibility that the statements made to me are fraudulently erroneous, or sanguinely conceived, I shall be extremely anxious but I have every reason to believe that we are quite safe. I have ascertained that the Banks have no more engagements to meet & David Maclean has made enquiries for me through the Hongkong & Shanghai Bank Compradore, which are satisfactory so far, that the Banks are stated to possess a fair amount

of Capital, & their business to be not unsound—that is to say they are not known to have made losses. I have a statement before me of Tong Kingsing's and Aleet's current assets & liabilities showing a surplus of over Tls. 90,000 in addition to the securities placed in my hands, & to property of Aleets here, valued at Tls. 20,000, which stands in James Whittalls name.

The explanation of the whole affair is a very simple one however unsatisfactory it may be. Aleet, Acum & Tong Kingsing through the agency of the three Banks referred to & by means of Aleet & Acum's partnership in the old established Tea Hong, known as "Hsin sun on" have been doing a large business in the purchase of Tea up country. This season they have 7 Hongs each producing at least 2 chops—For many years Aleet received very large advances from us, & I have no doubt that our Cash balances in Tong Kingsing's hands also facilitated their financial arrangements. During the last two years our advances to Aleet have been very small, & we have kept no Cash balances in the Compradore's hands. Nevertheless, the business in the country has been continued on the same scale, & when real pressure occurred the breakdown came.

We shall have to wait for about two months before our advances are closed, that is to say until the 14 chops of Tea have been sold, but I am led to believe that the greater portion will be redeemed in the course of six weeks—in point of fact we are in exactly the same position as we used to be years ago when we made large advances.

The appropriation of Bank orders by Tong Kingsing is not to be justified by any explanation & you are aware that the question of the custody of these Bank orders has often been discussed in the firm. For the future however I have arranged that all Bank orders shall be handed to the Cashkeeper who will transfer them to our Bankers for collection though, as the Oriental Bank refuses to undertake such business without a heavy & special charge, & as Paterson's Compradore knows nothing about the position of the Native Banks, we shall have to open an account with the Hongkong & Shanghai Bank which I propose to do at once. It is also clear to my mind that the system of advances to the Chinese for up country purchases must be finally abandoned for there is never any profit obtained upon them worth the risk. We encourage the Chinese middlemen to

raise the prices of the leaf against us in the Country, not only to the extent of our advances, but by promoting their credit outside, & however cautious we may be, we cannot avoid every now and then being made the subject of a heavy loss. We arrived at these conclusions last year & there cannot be a doubt on the subject in view of the present circumstances…p.s. Tong Kingsing is to close his connection with the Native Banks & his Capital in them is to be withdrawn.

據此信記載，林欽、Aleet 及唐景星合營之 Hsin Sun On 茶棧，是年於內地產茶地區，立有茶莊七所，規模不小。（袁祖志《滬游雜記》記有上海謙愼安茶棧，設於珊記碼頭，似卽 Hsin Sun On）⑪。當時唐氏得怡和續予借欵後，曾交出其本人所置上海鎭江房地產契約，南潯號（Nanzing）輪船及其他股票，共值六萬二千兩，以爲此五萬兩借欵之抵押。此外據唐與 Aleet 二氏交予怡和之資產清單，除欠項不計，上述之六萬二千兩亦不計外，尙值九萬兩以上。惟是時唐氏個人財產數目究竟如何，尙待考也。唐、林及 Aleet 此次錢莊危機前後共欠怡和十二萬兩，六個月內，淸償九萬兩，見 Johnson 信件（請參閱下文第三節）。

F.B. Johnson (Shanghai) to J. Whittall (Hongkong), June 10, 1871.

---

⑪ 按《滬游雜記》成於光緒二年，卷四列有茶棧二十餘家，僅謙愼安與 Hsin Sun On 音近似。

I have now the pleasure to state that advices from Hankow inform me of due honour being accorded to the drafts for Tls. 30,000 taken from Tong Kingsing & I am moreover pleased to say that Teas have arrived the proceeds of which will probably enable the Banks to repay a further sum of Tls. 40,000 next week.

F.B. Johnson to J. Whittall, June 13, 1871.

I have received payment of a further sum of Tls. 20,000 on Aleet & Tong Kingsing loan account & the whole account will be settled in order as arranged.

F.B. Johnson to W. Keswick, July 10, 1871.

Tong Kingsing will pay Tls. 20,000 a/c of the late loan per this mail & Tls. 20,000 per the next mail, which will reduce the advance to Tls. 30,000 for which I shall hold securities valued at Tls. 50,000.

F.B. Johnson to W. Keswick, Oct. 6, 1871.

Title deeds of Property at Hongkew producing Tls. 2,000 per an 15,000

D^{d} of Property in the name of Mr. Cowei producing Tls. 900 p. annum cost Tls. 6,375 6,000

D^{d} of property at Chinkeang in the name of J. Whittall costing

with land & Houses Tls. 18,000

Rental (besides premises occupied by Hung King Heng) Tls. 1000	14,000
8/16 〔?〕 of Steamer *Nanzing*	15,000
Sundry shares	12,000
	Tls. 62,000

The above secures advances to TKS of Tls. 45,000.

The other outstanding claim is Tls. 20,000 secured by Aleet, Acum & TKS 〔partnership〕 note. This amount is to be repaid in six weeks.

唐氏充怡和買辦，個人營利之機會雖多，然因職務牽連而擔負之責任，亦殊重大。怡和洋行香港及華南各口買辦，與唐關係似不深。但華北長江各口買辦，則似以唐爲頭目。怡和漢口買辦，一八六七年前後似尚由前漢口買辦 Yowloong 氏擔保，惟一八六八年漢口代理怡和生意之 Jerdein & Co. 買辦 Achew，因擔保莊票而受累，則歸唐氏負責。蓋當時外人與華人涉訟，由外人控華人，固可向中國官吏施用壓力（上海且有會審公堂之設），而向華商追還債欠，終非易事，不如責成買辦擔保，亦可使買辦與華商交易時，自知謹愼也。按 Achew 擔保之莊票，乃漢口海關官銀號 Shingyuetah 或作 Shingyueteh 所發，原債於五年後唐氏親自赴漢口追還。另有唐氏代人受累之事一則，見下文第三節唐景星一八六八年十月八日致機昔函。

F.B. Johnson (Shanghai) to J. Whittall (Hongkong) Feb. 19, 1867.

〔The default of the Hankow Compradore.〕 I very much fear that the weight of the loss will fall upon Yowloong, for experience shows that when a defaulting Native allows the claim upon him to be brought before the authorities, he has either got nothing or has placed his property safely out of foreign reach.

F.B. Johnson to W. Keswick, Feb. 21, 1867.

The acceptance of Bank orders in payment for goods & opium is sufficiently dangerous at this port where there are Banks of undoubted wealth, but at Hankow where there is scarcely an establishment of respectability the risk is very great.

Tong King-sing (Shanghai) to Jardine, Matheson & Co., (Shanghai) Aug. 22, 1868.

In consideration of your having released Achew, Compradore to Jerdein 〔sic〕 & Co. Hankow, from the Custody of the Mandarins, and since you have agreed to press your claim for the Tls. 4,000 on the Shingyuetah Bank and Ahone the real debtors, I hereby bind myself, that should you not be able to recover through H.B.M.'s Consul the whole of your claim or any part thereof from the

said Bank and Ahone, to pay you on behalf of Achew the whole or such portion of the claim that may be unsatisfied in installments of one thousand taels each in every six months commencing the 31st December 1868.

F.B. Johnson to R. Anderson (*Hankow*), *June 18, 1872.*

Our compradore Tong Kingsing proceeds to Hankow today for the purpose of recovering if he can a claim which he guaranteed for us some years ago upon one of the Hankow banks which failed—the Shing Yue teh 〔sic〕 Bank… We released Achew the compradore from liability because Tong Kingsing paid us but he (TKS) now stands in our shoes & we have the right to claim payment of the orders on his behalf now that I understand the Hankow authorities are prepared to discharge all the liabilities of the Shinyueteh Bank of which these orders form a part.

唐氏除上述掌理帳房辦房及擔保之任務外，對怡和各種生意，凡與華商有關者，皆有探取消息、助行東籌算之責任。一八六八年 F.B. Johnson 氏就任怡和上海行東，對唐之辦事能力及商業眼光，均甚賞識。茲將 Johnson 氏信件中，提及唐氏擔任探問商情及供給意見之零星材料，選錄如下：

F.B. Johnson (Shanghai) to W. Keswick (Hongkong), May 20, 1868.

I find that I can occasionally invest our Cash balances in Chinese Bankers orders at short dates say 3-7 days at rates of interest varying from 12%-15% with I think perfect safety as I should not discount the paper of any one Bank to a greater extent than Tls. 10,000 or 15,000. I was offered today Tls. 50,000 in such orders of 4 separate Banks. But as the business is new I do not like to accept it without your authority though it was forthwith taken by the Hongkong and Shanghai Bank at 14%.

I am aware that the success of such business will depend upon the acumen & trustworthiness of our compradore & as we are obliged to hold in the transaction of our import sales a fair sum in Bankers orders it is perhaps prudent to avoid any larger risk, but our surplus funds offer the inducement & I shall be glad to know what you think of it.

Memo by Tong King-sing (Shanghai), Sept. 6, 1868.

The Costa Rica brought

50 Boxes treasure for

J.M. & Co. 〔Jardine-Matheson and Company〕 &
200 Boxes" for
O.B.C. 〔Oriental Banking Corporation〕
Present quotations

Mex. $74.40

Car. $77.20

These prices remain firm
at present on the supposition that the O.B.C.'s
treasure is in bar silver and
not in Mex. dollars, but
if it turns out to be
dollars, the market will
decline.
Patna is quoted at Tls. 4.64 quiet
Malwa Tls. 4.95 quiet

F.B. Johnson to W. Keswick, Sept, 11, 1868.

I enclose a memorandum drawn up by Tong Kingsing regarding the production of Native Opium, which seems trustworthy in its information excepting only as regards the important point of quality. I have no doubt that it is very difficult if not quite impossible to collect true statistics as to the supply likely to compete with Indian drug this year or next, & meanwhile the fact that prices are rising seems to indicate that the receipts in Hankow are falling off, but there can be little doubt that the prohibition against the cultivation of the poppy plant has been withdrawn & that at the present range of prices the Native Crop is likely to present an annual increase which will seriously interfere with the importation of foreign kinds.

Tong King-sing to W. Keswick, Feb. 24, 1871.

The information you instructed me to obtain for Mr. Whittall touching the rent of the Chinese property on London Mission ground in the British concession is per list enclosed.

I am not quite sure that that is the property in question but as the Chinese houses are situated immediately on the south and west of the Union Chapel and

being the only houses in that locality from which Messrs. Hogg Bros receive the rent at present, I presume this information is what is wanted.

F.B. Johnson to W. Keswich, Sept. 27, 1871.

Your remarks about Sugar have my attention but really you must not blame us for the result of the parcel of Sugar ex *Kiusiu*…Tong Kingsing tells me that he distinctly told Singham the sugar was not worth Tls. 27 here & advised him to have nothing to do with it.

F.B. Johnson to W. Keswick, Oct. 4, 1871.

I am glad to see a firm market for Rice [from your telegram], & I immediately replied that the *Peiho* is in Chinkiang, to leave for your port not later, I hope, than Saturday. I sent Tong Kingsing to Chinkiang two days ago to look after our interest & to take care that the quantities contracted for shall be delivered equal to muster for prices are up fully 20 cents & advancing.

F.B. Johnson to W. Keswick, Oct. 4, 1871.

I have no further advices about Rice at Chinkiang excepting that prices have advanced and I am doubtful if we shall obtain the quantity I hoped for…The

Peiho left last night for Chinkiang & I hope she will meet with quick despatch. Canny & Co. will forward you a B/lading & Invoice for about 10,000 peculs shipped by Tong Kingsing on j/a 〔joint account〕 with ourselves in the forehold… Tong Kingsing has only a small interest in the venture, the carrying out of which is entrusted to the Chinkiang Hong with which he is connected & he is very desirous that the supercargo shall have full direction in the matter of sales.

F.B. Johnson to W. Keswick, Jan. 16, 1872.

We ship to you only 2388 bags of Rice by this boat for at the rates you quote, it appears to me there is little or no profit shown. Tong Kingsing tells me that cargo rice ex *Peiho* shipped by our godown man exactly the same as ours was sold at Canton @$2.54 equal to $2.48 net but he gets back the bags & I make this price fully 5 cents better than your sale.

按怡和洋行於各種貿易業務外，並致力於中國各通商口岸之商貨保險業，及輪船運輸業。唐氏對怡和輪船業之貢獻，詳下文第四節。茲先將有關唐氏爲怡和保險業兜攬生意之材料，附誌如下。(按怡和經理之 The Union Insurance Society of Canton 或稱 Canton Insurance Office，歷史悠久，可追溯至一八〇五年在廣州創辦之 The Canton Insurance Society，至同治年間，

其股票聲譽卓著，華商每爭購其一股半股。一八六六年怡和另創 The Hongkong Fire Insurance Co.，亦任華商附股，專保火險⑫。）

F.B. Johnson (Shanghai) to J. Whittall (Hongkong), Nov. 16, 1867.

〔The shares of the Canton Insurance Office.〕 I hope to allot the 10 shares you place at our disposal for Shanghai in a way to increase business here. Overweg & Co. have applied for one & A. Wilkinson & Co. for another, & I propose to give one to Tong Kingsing who is exerting himself to obtain China business.

F.B. Johnson to W. Keswick, May 8, 1868.

In addition to the number of shares 〔of the Hongkong Fire Insurance Company〕 mentioned in our official 〔letter〕 as being arranged to be allotted to Chinese, Tong Kingsing expects to dispose of about 30 say in all 50 shares.

F.B. Johnson to W. Keswick, Dec. 29, 1868.

〔Business of the Canton Insurance Office.〕 I have previously called your attention to what I cannot but consider the only true remedy for this not very satisfactory

---

⑫ 關於怡和兼營之保險業，參閱 G.C. Allen and Audrey G. Donnithorne, *Western Enterprise in Far Eastern Economic Development: China and Japan* (New York and London, 1954), p.120.

position, viz. a wider distribution of shares among junior shipping firms & Chinese Hongs, & I do not think we shall hold our own here unless the Constituency be strengthened. Tong Kingsing seems to be doing what he can to influence Chinese business & I shall be glad if you will take into consideration some plan for giving to him or any other influential Native a share in the profits on premia which he may collect for the office.

F.B. Johnson to W. Keswick, April 18, 1872.

Tong Kingsing is anxious to have two or three shares in the Canton Insurance Office for division among Amoy hongs who have been contributing largely to the China & Japan & Chinese 〔Insurance〕 Offices. He offers to give up half of his own share to one of them & hopes you will have a few more at your disposal.

三

怡和檔案除行東信件中關於唐氏之材料外，尚有唐氏爲買辦時致該行東之親筆英文信若干

件，尤足珍貴。其中一八六六年一月四日及一八六九年一月五日兩函，詳述當時典業鹽業情形，足以補晚清官書筆記之所遺。另有一八六八年十月八日一函，對唐氏之買辦職務及個人投資活動，亦多啓示。

唐氏雖洋行買辦，仍難免於爲中國傳統企業機會所吸引。渠一八五八年前在香港時，曾投資香港澳門當舖兩家，歷四年之久，每年獲利百分之二十五至四十五之多。一八六六年上海縣城內有當舖一所，原爲 Takee 氏所有（按 Takee 想即曾任怡和買辦，後爲華爾常勝軍理財之楊坊，時已逝世⑬），其後人有意將其出租。唐景星與林欽計議，決定租辦，因向怡和提議，由怡和投資十萬兩，林氏投資五萬兩，另由怡和借唐五萬兩，（年息一分至一分二釐），以爲唐氏之投資。據唐氏估計，二十萬兩之資本，足以經營三十萬兩之典當生意，每年可獲利百分之四十。蓋上海當時合格之當舖似僅有兩家，營業較有把握也。唐氏致機昔信中，對典業情形，所述頗詳：

Tong King-sing (Shanghai) to W. Keswick (Shanghai), Jan. 4, 1866.

In looking over the books of the old pawnshop inside the city, I find the business came to an average of 20,000 Tls. a month or 240,000 per annum. The amount limited for pawn was to 10 Tls. only. If the trade had been carried out beyond

⑬ 參閱外山軍治，〈上海の紳商楊坊〉，《東洋史研究》，新一卷四期（一九四五）。怡和檔案中關於楊坊之材料，尚待研究。

that limit no doubt a far more extensive business could be done.

The old shop charged three rates of interest i.e. 1^{60} 1^{80} & 2 per cent, but Takee proposed to charge 3 all round.

The expenses of the old shop was 2,000 Tls. for rent & 5,000 Tls. for wages and expenses per annum, but the latter amount can be reduced.

The old shop had a capital of Tls. 150,000 but the time of expiration was limited to 30 months and therefore the goods accumulated swallowed up the whole capital.

When Takee built the new pawnshop, he intended to take goods in pawn for one year only and if we do the same we can carry out the business into a much larger scale with a similar capital.

The business of the old shop ceased in September 1864, the goods 〔unredeemed〕 taken in pawn in the previous month will run therefore to January 1867.

The stock now unredeemed amounts to Tls. 35,000 and the proprietors have agreed to forfeit all the back interest on these goods.

If no amount is limited to articles taken in pawn, it is generally believed that

though with an interest of 3 per cent (the same rate which pawnbrokers charge at Hongkong & Canton) the business will come up to Tls. 300,000 per annum, and a Capital of 200,000 Tls. will meet the demand, for while some goods are taken in pawn other goods are being redeemed at the same time.

A business of 300,000 Tls. at an interest of 3% per month will give 96,000 Tls. 〔sic〕—allowing 16,000 taels for expenses & insurance will show a net return of 80,000 taels or 40% for the money laid out.

I was owner of two pawnshops at Hongkong for four years and got every year 25 to 45 per cent for my money—there being then 8 to 10 pawnshops in the colony.

At present there are 15 pawnshops in Hongkong and 24 in Macao while in Shanghae there is only one proper pawnshop besides the one mentioned above.

Judging from my own experience I really think that the new pawnshop will pay well—but in commencing a business of this kind, we should always be economical in our expenses, for however small the business may be no pawnshops can lose any money as long as the expenses are not large. Takee may perhaps take 2400

Tls. rent for the new shop and for the first year we can limit the expenses to 3600 Tls. making in all Tls. 6,000.

A return of the trade will be made out and sent to the proprietors at the end of every month and a report made out at the end of every year. Should the business turn out so poor that it is not worthwhile to continue the shop can cease taking in goods and at the expiration of 12 months such goods if not redeemed can be sold to close accounts.

To carry out this business, we propose that you should lay out Tls. 100,000 and own 1/2 of the shop. Acum will lay out 50,000 Tls. and own 1/4 and to remunerate me for past losses and allow me some chances in future you will kindly lend me 50,000 taels at an interest of 10 or 12% per annum so to enable me to hold the other 1/4 share. These sums are only paid to the shop in installments as the business advances.

We will get a good man to take charge of the shop under the immediate superintendence of Acum and myself.

The former proprietors have called for an immediate reply. I beg you will

consider the business well to-night and let me know your decision to-morrow morning for there are sundry matters to be arranged with these people and we don't like to do anything till you have given us your consent.

當時機昔頗以唐等所見爲然，經與怡和香港行東 James Whittall 函商後，決定借欵十萬兩，由林唐及 Aleet 合夥承受，而怡和本身則未投資。該當舖名 Ken Yue，怡和所借十萬兩，乃於一八六六年二月至五月間交唐等。一八六七年二月唐景星向該行報告營業成績尚佳。惟怡和政策似有改變，一八六七年下半年向唐等索還前借 Ken Yue 欵項，而該當舖不知何故日就衰敗，不久竟遷揚州，易地開業。唐等當舖項下所借怡和欵項，至一八七〇年春還清。

W. Keswick (Shanghai) to J. Whittall (Hongkong), Jan. 6, 1866.

I further have to enclose a letter about a shop Takee for some time kept for making advances on property. The document explains itself. I think such an establishment is evidently calculated to meet the expectations of those interested in it, and I believe the results mentioned in the letter might safely be relied upon. Please let me have an *early* answer.

W. Keswick to J. Whittall, Jan. 20, 1866.

The pawnshop business I have not yet finally concluded, but if undertaken at

all it must be on a larger scale than Tls. 50,000 for the first year. My opinion is that if we adopt the scale mentioned in Tong Kinsing's 〔sic〕 letter, and limit or extend the business accordingly as it may appear desirable throughout the year, we shall best promote the success of the undertaking & secure safety in it. There will be no difficulty in obtaining Insurance against fire. I have gone all over the building. It is an admirable one.

W. Keswick to J. Whittall, May 17, 1866.

The Ken Yue establishment is doing well and to date I have paid to it a lac 〔100,000〕 of Taels. The Insurance is in perfect order.

E. Whittall (Shanghai) to J. Whittall, Dec. 9, 1866.

…I cannot find out how the Ken Yue Establishment is getting on, although assured by Acum that it is doing well. I hope you will not advance it any more money.

E. Whittall to J. Whittall, Dec. 26, 1866.'

…All these Anglo-Chinese arrangements terminate to the loss of the foreigner & I hope you will send instructions to do away with our interests in the Ken

Yue establishment, which I cannot make any head or tail of at present, & while Tong Kingsing is absent I cannot get any explanation, as Acum does not seem well up in it, and all I can get from him is, it is doing very well &c &c &c.

F.B. Johnson to J. Whittall, Feb. 18, 1867.

I enclose Tong Kingsing's report on the Ken Yue Establishment for the first year⑭, the result of which so far as I can see from a cursory glance at the figures is not unsatisfactory.

J. Whittall to W. Keswick, Aug. 5, 1867.

I am trying to arrange the Ken Yue establishment. Acum & Aleet are very willing to arrange matters & talk it over, but the money is not easily obtainable evidently.

F.B. Johnson to W. Keswick, Aug. 14, 1867.

Ken Yue establishment.

Whittall took down with him Tong Kingsing's proposal for the settlement of

---

⑭ 怡和檔案中報告書備忘錄與信件分卷保存。筆者一九五五年在劍橋時，報告書備忘錄尚未整理就緒，難於檢覓。臆想此二類下，當有其他關於唐景星及其所營企業之材料，實有翻檢之價值。

this advance, which was accepted subject to an increase of the payments proposed to be made on the 4th Febry next of Tls. 10,000, say from Tls. 27,000 to Tls. 37,000. On receipt of further advices from Whittall or yourself I will have a formal agreement & deed of mortgage executed.

F.B. Johnson to W. Keswick, Jan. 24, 1868.

Aleet & Acum will be prepared to pay the large instalment due upon the Ken Yue advances after the New Year.

F.B. Johnson to W. Keswick, Feb. 6, 1868.

Aleet & Acum have paid Tls. 27,000 on account of the Ken Yue Establishment which is Tls. 10,000 short of the promised amount & I have granted them an extension of time to complete their agreement as they have to realize shortly a large portion of the lapsed securities.

Aleet will go down on the *Suwonada* in the course of a few days & I have granted Tong Kingsing three weeks leave of absence to visit Canton on family affairs. Acum will act for him the while.

F.B. Johnson to W. Keswick, Oct. 15, 1868.

I have to advise the receipt from the Ken Yue establishment of Tls. 10,000 to the credit of our loan. The concern is not doing so much business this year as last & the money cannot be employed.

F.B. Johnson to J. Whittall, Jan. 14, 1870.

The *Ken Yue* loan will be reduced before the New Year by a payment of Tls. 30,000.

F.B. Johnson to W. Keswick, March 4, 1870.

The loan to the Ken Yue Establishment has been reduced to Tls. 20,000, which will be paid off in a few days & the account closed.

一八六九年初，唐氏對另一種舊式企業，發生興趣。先是唐氏友人名 Yakee 者（渠亦怡和前買辦），曾購兩淮鹽引，自揚州運鹽至漢口，獲利竟達百分之六十⑮。唐氏決定向怡和借欵承運。據唐氏估計自揚州購鹽四千包（每包九十斤），價共五千五百兩，約計有三千六百石運至漢口，可得價一萬二千六百兩，卽淨利二千六百兩。唐氏信內稱，第一次運鹽四千包之前，須交執照費約三千兩；四千包鹽運抵漢口後，又須納稅四千五百兩。

⑮ *North-China Herald* 一八七五年一月二十八日有華商 Yakee 喪事新聞一則，謂氏享年六十八歲，曾任怡和買辦，後營絲業而致巨富，曾捐官職而戴有紅頂云。

Tong King-sing (Shanghai) to F.B. Johnson (Shanghai), Jan. 5, 1869.

Touching the subject of the salt trade which we mentioned yesterday I beg to lay before you the following general statement.

The quantity of salt for Hankow limitted 〔sic〕 by the Chinese Government is 960,000 bags. These are divided into 240 licenses each representing 4,000 bags of 90 catties net per bag.

To lay the 4,000 bags salt down at Hankow an old license holder can do it for Tls. 5,500. The Govt. duty on the 4,000 bags payable on delivery of the salt is Tls. 4500—making in all Tls. 10,000. The fixed price on salt at Hankow is Tls. 3½ per picul—or 3600 piculs 12,600 giving thereby a net profit of Tls. 2,600 or 47% on the outlay.

To the new comr 〔comer〕 the profit is not so large for he will have to buy a license for Tls. 3000 or thereabout—therefore for the first year he gains nothing except the value of the license such value may either increase or diminish in accordance to change of time. Salt is loaded at Yangchow in Novr & December for consumption in the Spring months at Hankow & again in April & May for the

autumn demands. The number of days a salt junk takes to reach her destination being from 1 to 2 months. Sales are always made through the Govt: one junk after the other in accordance to their dates of arrival and can be stored in salt godowns at a small expense.

The only risk is accidents of the river which we have very seldom heard of as far as salt junks are concerned. The country is now nearly all quiet and demand for salt is increasing every day—the fact that salt could not be sold less than 8 or 10 months last year 〔1867〕 while in 1868 large quantities have been sold shortly on arrival shows that such is the fact.

Yakee has made 60% profit in the salt trade in 1868 〔and〕 he has assured me that the low exchange of copper cash & the low rate of freight at the present time has already laid foundation for a good year for 1869. And he believes present licenseholders will without any interruption enjoy the benefit of that trade for many more years to come yet.

I have written to Yakee for further particulars & will be able to give you the exact estimate in detail in a few days.

時 Johnson 氏亦以唐等所見爲然，據其一八七〇年三月十六日信，頗有意由怡和出資二萬兩，另借唐等二萬兩，以供購引運鹽之需。（按怡和滬行投資及出借巨欵，例須由香港行東核准，Johnson 氏之主張由怡和直接投資二萬兩，未知是曾否實現。）唐等爲鹽商至少有三年之久。一八七一年年初，Johnson 與唐等議定怡和於鹽業項下借唐氏等之二萬兩，改充揚州當舖之用（見上文），鹽務亦似非興旺。是年九月間，唐氏於鹽業項下仍欠怡和二萬兩。

F.B. Johnson (Shanghai) to W. Keswick (Hongkong), Jan. 4, 1869.

The business of salt between Chinkiang and Hankow was very profitable last year & Yakee I understand made 60% upon his advances. The foreign Banks are not making loans to Chinese for this purpose & I think there is good to be done if you will entertain an operation. Tls. 20,000 are due for the Ken Yue concern in February & I propose to loan this sum to Aleet, Acum & Tong Kingsing jointly at a good rate of interest & to invest a further sum of Tls. 20,000 on our own account. I have great confidence in Aleet's caution and trustworthiness of which we have had much experience lately. The minimum result is calculated at 30% per annum.

F.B. Johnson to W. Keswick, March 26, 1870.

On the 31st inst. all our old loans to Chinese will be cleared up excepting the Salt venture & Tls. 15,000 balance of Ken Yue advance. The Pawnbroking establishment has been transferred to Yangchow & to secure this balance which is to be repaid in the course of the year I am to have the title deeds of property placed in our hands yielding a rental of Tls. 2400 per annum.

Tong Kingsing's balance of Tls. 6,000 will also be cleared off. The arrangement made by Whittall for the termination of the Ken Yue business is thus forestalled.

F.B. Johnson to W. Keswick, Sept. 27, 1871.

Aleet contract account is closed & I do not think Yowloong owes us anything. Outstanding accounts with our Native friends now are

Old loan Tong Kingsing Tls. 15,000 secured by Land & House property

Loan to do 〔ditto〕 a/c Banks 1871 30,000 secured by sundry properties & *Nanzing* valued at Tls. 50,000

and TIs. 20,000 Aleet, Acum & TKS P/N 〔partnership〕. The last item I am surprised to find outstanding. It was distinctly arranged with me before I left that the Salt adventure was to be closed last China New Year, & I cannot find

out that any alteration was sanctioned by you. The Salt adventure is closed & the amount is supposed to be invested in the Pawn Shop at Yangchow. Aleet is unquestionably good but if a fire were to take place at Yangchow we might have trouble. I have insisted that rather than let these accounts remain unpaid at the end of the year both the Chinkiang & Yangchow businesses are to be closed. Meanwhile we have securities worth more than Tls. 50,000 in our hands and if you succeed in receiving $14,000 in Hongkong we shall be quite covered in any event having Aleet still to fall back upon.

自本節所述信件，可知唐氏及其友人，對傳統企業機會，屢曾嘗試。惟上海 Ken Yue 當舖未成功，揚州運鹽，獲利亦似未能久。據 Johnson 一月二十五日信，一八六八年左右唐氏及其友人，對鎮江附近之石墨礦，表示興趣，有與西人合營之意，惜是時清政府未允商人開採耳。

F.B. Johnson (Shanghai) to W. Keswick (Hongkong), Jan. 25, 1869.

Sometime ago, when Mr. Canny was down here, he asked me to advance the requisite funds to secure the control of the ground on which the Graphite mineral was found & I consented to do so, provided our risk should be very small. Tong Kingsing's friends had already been buying some portion of it &

therefore through the two parties the control of the district would come into our hands…The only risk we run is that we may not be allowed for some years to come to dig, but eventually the permission must be granted, and when we gain it, the value of the purchase money can be recouped in a few days as the Graphite lies on the surface. The Chinese interested applied some time ago to the Viceroy for permission to work the mines, but the answer was that the whole question was now under discussion at Peking, & the decision cannot 〔sic〕 be deferred.

怡和檔案中另有一八六八年十月八日唐氏致機昔（時任香港行東）長函一件，亦甚有趣。此函主要目的，乃請求減銷唐當時所欠怡和欵項之一部分。函中曾述及唐氏致欠之緣由：(一)怡和前曾由唐氏擔保，以一萬二千兩巨欵借予唐友三人，其中一人爲唐之親戚。想此三人亦商人，因營業失利而陷於苦境，至一八六八年，所借怡和欵項，僅清償七千四百十九兩。此事上海會審公堂既不能解決，餘債遂由唐負擔。(二)唐雖任買辦，爲怡和職員，但代怡和購貨仍有以出資包辦方式出之者。一八六三年九月唐任買辦後，與林欽同爲怡和購辦棉花，曾交予上海花行 Taiwo 及 Fooklung 定洋共計一萬八千兩。不意上海花價因受美國內戰後英印棉荒之影響，至是突然暴漲，該二花行未能交貨而倒閉。唐林所付定洋因而無著，其虧損固與怡和無涉也。（據徐潤自

傳，當時唐辦購棉花乃以唐所營之脩華號出面⑯。）

Tong King-sing (Shanghai) to W. Keswick (Hongkong), Oct. 8, 1868.

Uneasiness of mind has compelled me to lay before you this address. I mean I always feel uneasy whenever I see my name put down in your balance sheet as a debtor to your firm for Tls. 7,000 and Tls. 6008.27.

With regard to the latter amount I may remind you that you had done the greatest kindness in advancing, at my request Tls. 12,000 to save the lives of 3 innocent men, one of whom was my relation. These three men whom you saved had at various times paid you on a/c Tls. 7419.63. They are quite poor just now and though you had taken securities from them, the Mandarins feel rather reluctant to force the sureties to pay up, under the circumstances the whole amount falls on my shoulder and though Mr. Johnson had several times pressed upon the mixed court 〔sic〕 to carry out it's 〔sic〕 decision nothing has been done yet for the Magistrate said there was no use to get blood out of

⑯ 見徐《年譜》，第十二葉。

stones. I will do all I can in getting the Court to lay hold of anything belonging to these people, but I fear I cannot do much good. Wishing to have this amount wiped out from your books at once, I beg you will in consideration of these hard circumstances, wave 〔sic〕 the interest only, for, however the case might be, I cannot ask you to receive anything short of the amount you had actually paid out at my sole request, and I will get the balance of Tls. 4,580.37 paid up by the end of next month.

With regard to the Tls. 7000 I must again bring forward the old cotton question. You remember immediately on my taking the compradoreship in Sept. 1863 when the price of cotton was advancing in a fearful state you ordered me and Acum to contract for 20 to 30,000 bales at Tls. 16 to 17 per pecul. We did so but had to pay two taels bargain money per bale before the cotton hongs would sign the contracts. About 2 months after these bales were contracted the price of cotton went up to Tls. 20—Tls. 22—in consequence of this most of the cotton hongs failed and among them were 2 of our largest contractors viz Taiwo who owed us Tls. 14,000 and Fooklung who owed Tls. 4,000. An action

was entered in the Mixed Court by your order and Taiwo was sent into the city but up to the present time we had not received anything on account beyond the taking possession of a house in the country, value about Tls. 400, which I have allowed the Rev. Mr. Muirhead to make use of it 〔sic〕 as a chapel. These two sums amounted to Tls. 18,000 and you having refused to pay the whole or part of it, Acum and myself were compelled to share the loss. Not wishing to disappoint you Acum paid up his half say Tls. 9000 and the other Tls. 9000, though it stood in your books in the joint name of Acum and myself, was due by me alone. In the end of 1865 you allowed me Tls. 2,000 for extra expenses for that year and I paid that amount in on a/c—thus leaving the present sum of Tls. 7,000 outstanding. Had I saved anything during the last 3 years I would have with the greatest pleasure paid it on a/c but you know very well that what 〔sic〕 hard time we had, and that there was not the slightest chance for me to save money. I have now filled my present office for five years (the worst times at Shanghae) and have lost more money than I have made but at the same time I am happy to inform you that I dont owe any

one money except to you, while on the other hand people owe me several thousand taels, most of which is by persons who had been connected with your firm either in trade or in employment and I have found 〔sic〕 extremely difficult to get my money back. To replace myself in the proper footing I have worked hard indeed. Whenever I have a few minutes to spare I always work for my native friends who all make me as their representative in business connecting with Foreign houses. To watch their interest I have been requested by them to accept a directorship in the Union S.N.Co. and the North China Steam 〔sic〕 Co. and by doing so I dont only get an income of about Tls. 1000 per annum which is a great help to my family, but it gives me a full knowledge of what is going on outside. I have been always aiming at something which I can feel proud to offer to your firm, but have not yet succeeded and I have every hope that something will soon be under my command. You may rest sure that so long as I have the honor 〔sic〕 to be in your service I will do my best in looking after the interest of your house and I can say that ever since I entered the service I might have a little error in my judgment, but I never have robbed

or squeezed you in the slightest degree as most of Chinese servants do. Having received a thorough Anglo-Chinese education I consider squeezing an Employer is a sinful & mean act.

Not wishing to occupy your precious time with any further explanations of my private matters and views, I have to cut short by stating that it is not my intention to put away the Tls. 7000 aside altogether, but under the hard circumstances above stated I am compelled to ask you to give your kind consideration to the matter of the "heavy loss on Cotton" which was brought upon me to bear not from want of judgement or neglect, but from the unexpected failures of all the cotton hongs, and see after all whether you cannot condescend to strike away Tls. 4,000 in order to assist me to bring this unpleasant matter to a prompt settlement.

Awaiting your instructions through Mr. Johnson.

此信中最可注意者，似爲唐氏與當時兩英商輪船公司之關係。按唐氏所稱之 The Union Steam Navigation Co. 乃英商 Glover & Co. 於一八六七年創辦，資本十七萬兩；The North-China Steamer Co. 乃原籍日耳曼之英商 J.F.H. Trautmann 所營惇裕洋行（Trautmann &

Co.）創辦，資本十九萬四千兩。唐景星爲二輪船公司股東所推選而爲兩公司之董事，此似表示唐個人於二公司必有相當之投資，渠殊不願向機昔直言。至於唐受華商擁戴，其人望之高，可以想見。（據徐潤自傳，唐於同治年間並任上海絲業公所，洋藥局，茶業公所及各善堂之董事，並曾與徐潤叔侄等，合創廣肇公所，爲旅滬粵商最重要組織之一⑰。）

四

本文介紹唐景星買辦時代，注重唐氏於怡和洋行擔任之職務，及其個人經營之企業。迨一八六九年至一八七二年間，唐氏之買辦職務與個人投資似皆漸以輪船業爲中心。一八七三年夏，唐景星入招商局後，李鴻章致沈葆楨書稱唐氏爲「精習船務生意之粵人唐丞廷樞」，殆非過譽⑱。（按同治年間，上海官吏爲籌餉而勸請買辦捐納之事，屢見不鮮。唐氏曾捐有候選同知虛職。）

⑰ 徐潤《年譜》紀廣肇公所創立情形如下：「同治十一年壬申……附記：先是余與葉顧之，潘爵臣二觀察合買二擺渡地方吳宅一所，計地基十畝，價銀三萬一千兩，未幾諸同鄉創議〔sic〕公所，時葉顧之觀察權知上海縣，同與是議。先四叔榮村公唐景星諸公創捐集款，設席於余之寶源祥號。是晚諸同鄉頗贊成葉公建議，將余三人合置吳宅產業照原價出讓，作公益之用……此後凡廣〔州〕肇〔慶〕兩府之事，俱歸公所經理，聯鄉里而禦外侮，公益誠非淺鮮。」（徐《年譜》第十六至第十七葉。）徐潤之叔榮村為寶順洋行老買辦。葉顧之即葉廷眷。

⑱ 《李文忠公全集・朋僚函稿》，卷十三，第十三葉。

上述唐氏於一八六七年至一八六八年被舉為 The Union Steam Navigation Co. 及 The North-China Steamer Co. 之董事。是後不久，怡和洋行亦有擴張其輪船業之計劃。一八六九年，怡和行駛中國沿海之輪船（除行駛印度香港間之輪船不計外），僅兩艘。上海行東 Johnson 氏認為是業大有可圖，屢次提議購置新船，但皆因香港行東 Whittall 氏之反對，而未能實現。蓋怡和行於世界各地皆有聯絡，不乏投資機會，是時仍認為中國沿海之輪船業，利潤未必最高最穩也⑲。

但 Johnson 氏擴張船務之志甚堅，一八七〇年七月乃慫恿唐景星等備資三萬兩，向 The North-China Steamer Co. 購南潯號輪船，交怡和代理，由怡和抽取毛利百分之五為佣銀。（先是煙臺某華商曾於一八六八年購輪船飛龍號，英名 Dragon，由唐景星作介，交怡和代理。）唐氏以買辦之地位，竟能協助怡和解決輪船業資本問題，無怪乎 Johnson 氏之器重也。時 The North-China Steamer Co. 因惇裕洋行經理不善，一八七一年初，該輪船公司董事會通過改聘怡和為代理，是後由怡和經理行駛中國沿海之輪船（連同該行原有自置之兩艘在內），計有六七艘。一八七三年冬，Johnson 與交怡和代理各輪船之所有人商洽，決定合組 The China Coast S.N.Co.，創辦資本三十二萬五千兩，華商股份至少有六萬五千兩。新公司董事三人，唐景星佔

⑲ 本節所述怡和及其他英美洋行輪船業之情形，請參閱前引拙著 "Steamship Enterprise in Nineteenth-Century China." 另見拙著 *Anglo-American Steamship Rivalry in China, 1862-1874* (Harvard University Press, 1962)，見下文頁五二六，註②。

其一席。

F.B. Johnson (Shanghai) to W. Keswick (Hongkong), Feb, 8, 1870.

I don't think it probable that the North China 〔Steamer〕 Company can survive under its present management six months longer unless freights improve materially which is not likely to be the case, & I want to be prepared to act when the occasion for interference arises. The shares are held I believe to the extent of about 1/3 by Trautmann & Co. mortgaged to firms in London, 1/3 by Chinese whom Tong Kingsing can influence & the remainder by the officers of the steamers & outside people here.

F.B. Johnson to W. Keswick Feb. 16, 1870.

I have made a verbal arrangement with the owners of the *Dragon*, to run her under our flag & she will leave for Chefoo & Tientsin next week. We are to receive 5% commission on gross earnings & ordinary wharfage charges…The nominal owners are Holmes & Co. but the real owners are the Chinese Hong of some standing in Chefoo & Tientsin whom Tong Kingsing believes to be in a position to meet any deficiency.

F.B. Johnson to J. Whittall, July 11, 1870.

The Native shareholders of the North China S.Co. have purchased the *Nanzing* for Tls. 30,000 & concession of their shares, insurance being paid to 30 April next, the boat to be placed in our hands, we are to receive 5% commission on gross earnings & not to come under advance.

F.B. Johnson to J. Whittall, Sept. 1, 1870.

The *Nanzing* arrived yesterday with a good freight list of Tls. 2,300 & returns to-morrow with a full cargo. You will understand how it was that Mr. Trautmann brought this company 〔North-China Steamer Co.〕 to ruin when you hear that the expenses of this boat have hitherto averaged 7,000 taels per month, while they are now about 4,500.

F.B. Johnson to W. Keswick, Aug. 30, 1871.

The consignment of the Steamer *Norna*, owned as you are aware by Chinese, has been offered to us through Tong Kingsing & I have accepted it subject to your approval.

F.B. Johnson to J. Whittall, Oct. 2, 1872.

I have called a Meeting of the North-China Steamer Co. for the 11th instant. I have arranged to allot 350-400 shares〔of the projected China Coast S.N.Co.〕to Tong Kingsing & his native friends and the only question remaining is as to the prices at which *Sin Nanzing & Yuentsefei* are to be taken over.

唐氏爲怡和買辦，怡和輪船攬載華人商貨，皆由其主持。（按當時天津、漢口等埠華商購辦洋貨，多派人至上海購買，以其較外埠洋行所售爲廉也。至於中國土貨，更多由華商購運，得輪船運輸之便殊多。）一八七〇年，怡和辦房附設"shipping agency"即由唐景星主持。時天津怡和代理處之買辦爲唐兄茂枝，呼應亦便。怡和洋行一八六七年後，因與美商旗昌洋行（Russell & Co.）有約，十年內不染指長江輪船生意。惟至一八七二年則因爭取漢口天津間俄商磚茶之聯運生意，乃暗助 Morris, Lewis & Co. 之輪船兩艘，發展長江業務。一八七二年唐氏曾至漢口，由其遴選掮客一人，常住怡和代理處，協助攬載事宜。

F.B. Johnson (Shanghai) to W. Keswick (Hongkong), Feb. 21, 1870.

I have arranged with Tong Kingsing to establish in connection with his office a shipping agency on the premises which involves no expense to us & I think will work well.

F.B. Johnson to J. Whittall (Hongkong), June 22, 1871.

With regard to the 〔Jardine〕 agency at Tientsin, I imagine that the increased efficiency of Mr. 〔Charles〕 Forbes's management is due in no small degree to Tong Kingsing's staff & if Livingston & Co. are to continue to act for us I should propose that they take over and pay our Chinese employees.

F.B. Johnson to R. Anderson (Hankow), June 18, 1872.

It is also desirable that we should have a Native Agent in Hankow to look after the Tientsin freight. Russell & Co. are taking all the through cargo from us and if Tong Kingsing asks you to arrange for a native broker to live upon your premises to assist in the management of our cargo, I think you will find it serves your purpose as well as ours to enter into some such arrangement.

唐氏除爲怡和擔任攬載事務外，因其熟悉華商貿易情形，關於航線之開闢及輪船之調度，Johnson 氏亦常倚重唐氏意見。一八六九年後，怡和極力經營上海至北洋三口間之航路，但曾依唐氏建議，以輪船一艘，專走上海福州。此外，怡和滬行並常視貿易之需要，間或派船南駛廣州汕頭。Johnson 氏策劃籌計，實賴唐氏爲之臂助。

F.B. Johnson (Shanghai) to W. Keswick (Hongkong), Nov. 9, 1869.

The *Kiusiu* returned from the North today & I shall despatch her again promptly

for Newchwang. On her return I propose to send her to Hong Kong for alterations & to be renamed, but possibly a trip to Foochow may intervene. Tong Kingsing has just returned from that port & reports very favourably of the chances of at least one of the new steamers paying well on that line.

J. Whittall (Hongkong) to W. Keswick (Shanghai), Jan. 24, 1871.

Tong Kingsing's idea about circulating the *Kiusiu* to leave from Canton after China New Year for Tientsin is noted, but already I hear the above steamer & another have forestalled her. However, if she conveys the rest of the Bean cake to Swatow, I do not see that we can do better than lay her on also.

F.B. Johnson to W. Keswick (Hongkong), Aug. 30, 1871.

Tong Kingsing tells me that we can engage through cargo to Manila for the *Peiho* via Amoy either by our direct boats from here or by the *Yuentsefei* & Lapraik〔Douglas Lapraik & Co.〕boats.

唐氏對怡和船務，既有如斯之貢獻，其本人之投資活動，似亦漸注重輪船業。一八七〇年七月唐氏與友人合夥購買南潯號，已見前述。此後三年內，唐氏除於 Union 及 North-China 二公司仍附股外，並投資其他由外商出面經營之輪船至少兩艘。一八七二年，由 Morris, Lewis &

Co. 經理之長江輪船洞庭號，英名 Tungting，船主 D.R. Spedding 似爲主要股東，唐氏亦附股焉。此外，美商瓊記洋行（Augustine Heard & Co.）經理之蘇晏拿打號（Suwonada），唐亦曾附股。按唐氏前此投資典業鹽業，皆似未能持久，玆則對新興之輪船企業，興趣倍增。此似表示晚清通商口岸新式企業，並非全無發展之機會也。

按上述瓊記洋行之蘇晏拿打號乃於一八六五年購置，股東美商十二人，華商十人。唐氏初未附股，惟嗣後唐友 Echow 將所購股分轉讓唐氏。該輪由瓊記經理，行駛港滬間，惟於一八七〇年後連年虧本，至一八七二年底，瓊記竟有請股東分攤虧項之議。筆者曾於哈佛大學商學院瓊記洋行檔案中檢出一八七三年一月六日瓊記行東 Robert Inglis Fearon 氏紀唐氏及其友人來訪之談話，字裏行間足見 Fearon 氏對唐氏印象之深⑳。

Robert I. Fearon (Shanghai) to Albert F. Heard (Hongkong), Jan. 6, 1873.

On Saturday, old Yuechong, Guan Sung, and Tong Kingsing (JM & Co.'s compradore, present owner of Echow's share) came to talk about the *Suwonada* a/cs. Tong Kingsing, who speaks English like a Briton, was spokesman and he said that he had been requested by the others to express their views on the subject,

---

⑳ Heard Collection, HM-43, Baker Library, Harvard University.

> which briefly were they did not think it fair that they should be called upon to pay anything now, in addition to their previous heavy losses. They had put their money into the *Suwonada* on the representation of Mr. 〔Albert F.〕 Heard & AH Co.'s compradore that the steamer would probably pay large profits, whereas years had passed with a contrary result.

按 Fearon 氏此信作於一八七三年一月六日。五個月內，唐氏卽應直隸總督李鴻章之招，出任輪船招商局之總商，旋受札委爲總辦。按李氏之屬意於唐氏，似乃由上海縣葉廷眷及津關委員粵人林士志之介紹。唐曾於是年五月赴津謁李，歸後卽辭怡和買辦職務。唐氏之買辦時代至一八七三年六月初而結束。唐氏與怡和仍維持友好關係，上海買辦之缺由其兄茂枝接充㉑。

唐氏之買辦背景，對於官督商辦企業早期歷史，自極重要。惟本文所述唐氏任職怡和洋行之經驗，於中國近代社會經濟史，亦不無意義。唐氏出身教會學校，自詡曾受「澈底英華教育」（見上文一八六八年十月八日致機昔信），其胸襟與造詣當與同治年間上海一般買辦不同。但本文所述唐氏之買辦職務及個人投資活動，亦足以反映當時通商口岸華商企業之概況也。

㉑ 唐氏任招商局總辦後，招商局與怡和輪船屢次約定齊價，合作尚洽。怡和檔案中並存有一八七三年六月後唐氏致怡和之信件若干封。其中最有趣者爲一八七三年十一月十三日致 Captain C. J. Bolton 信，請其赴英代購輪船，內容顯示唐氏對輪船機器頗爲熟悉。另有一八八四年五月十日致怡和洋行信。時徐潤已破產，影響唐之個人經濟狀況，唐氏又一度向怡和借款，以濟急需。

附錄一

按唐景星未爲怡和任職前，於一八五八至一八六二年間充上海海關翻譯及大寫之職，曾著《英語集全》一書，英名 *The Chinese and English Instructor* by T'ong Ting-kü，同治元年廣州緯經堂版，紐約哥倫比亞大學中文圖書館善本室藏有一部（六册兩函）。此書爲一中英語彙，彙會話教科書，凡當時通商日用字句，所收至爲完備，其中五金、通商稅則、雜貨、各色烟、絲貨、數目、尺寸、斤兩、茶價、官訟、人事、疋頭問答、賣茶問答、租船問答、僱人問答、買辦問答、看銀問答、管倉問答、出店問答諸章，對於研究當時商業名詞，價值甚大。全書所有名詞字句，皆中英對照，並附漢字粵音之中文切音。例如：「鷹銀，又曰新銀，又曰英洋，Ying ngan or San ngan or Ying yéung—Mexican dollar 覓思根打鏬」；「四工銀，又曰光洋，Szk'ung ngan or Kwong yéung—Shanghai dollar 卡嘮厘士打鏬，又曰上海打鏬」（見卷三，第二十四頁。）

此書雖於一八六二年前編製，但對本文所述之同治年間洋行制度亦不無參考價值。茲將原書卷六〈買辦問答〉一章全錄如後。（粵音羅馬化及英語漢文切音從略。）

買辦	Comprador
你算清數唔曾	Have you made up your accounts
唔曾	Not yet
你幾時就俾得過我	When can you let me have it
遲兩日添	Two days more
未士某某俾了銀未	Has Mr. paid his money
佢明日就俾	He will pay tomorrow
叫看銀去收銀	Send the schroff for the money
佢更好同兩個管店去	He better take two coolies with him
要看佢兌過的銀	See that the money is weighed
若係唔得夠	If there is anything short
我要佢補足	I will make him pay the difference
交呢條單	Pay this bill
叫佢寫番條收單	Take his receipt
入我名數下	Put it in my own account
莫入公司數	Don't put it in the house account

我冇〔無〕銀交呢條單	I have no money to pay this bill
我俾一張唎你去銀行收	I will give you a check on the bank
呢條單交得銀未	Can I pay this bill
呢吓唔交得	Don't pay it just now
我要看過數	I want to examine my accounts
咁我話知來人明日來吰	Shall I tell bearer to come tomorrow
多煩你嚹	If you please
你總數幾多	What is the total of your accounts
我呢吓唔知	I don't know just now
著唔著	Is it correct
你有幾張啞吖紙	How many orders have you got
我未有數過	I have not yet counted them
你必要穿埋呢的啞吖紙	You must file all these orders
你去同未士某某對過數	Go over your accounts with Mr.
佢話佢好多事	He says he is very busy
等佢閑就對	Do it when he has time

我對過呢條數咯	I have gone over these accounts
對過著唔呢	Do you find them correct
掙十個銀錢數	There is ten dollars difference
你算盤在邊處	Where is your counting board
小心算過呢條數	Examine these accounts again carefully
呢吓著咯	Is it all right now
算清舊數	Square the old accounts
今日起過新數	Begin a fresh account to-day
你個個禮拜要算數	Make up your account every week
你該要清清楚楚	You ought to be very particular
你呢的數總倒亂	You mix up your accounts
來數上埋一邊	Put all the receipts on one side
交數上過一邊	Put the payments on another side
將來數除去交數	Deduct the payments from the receipts
你就知存數尾數幾多	You will know the balance in hand
所有銀兩放入銀倉	Put all the money into the treasury

按此書卷首附英文說明，稱 "It 〔this book〕 is written by the author, a native of Canton province, in the Canton dialect, chiefly to suit the Canton people who have transactions, or are connected with foreigners," 並謂 "the book is not only useful for Chinese to learn English, but at the same time it will enable foreigners to learn Chinese."

按此書卷首有羅敦策題字，張玉堂及吳湘序。唐景星草書自題序文，有「洋務中人，多來問字，余見煩擾，用輯此書以作閉門避煩之計」語。卷首並有「羊城唐廷樞景星甫著，兄〔廷〕植茂枝，弟〔廷〕庚應星參校，陳恕道逸溪，廖冠芳若谿仝訂」字樣。刊刻裝訂，皆頗精雅。

附錄二

同治年間，與怡和滬行交易，代其購辦絲茶之華商檔案中最常見者有林欽〔Acum〕, Aleet, Ekee〔Lin Chee Qui 或 Lin Chequi〕, Yakee, Yowloong 諸人。其中林欽 Aleet, Yakee, Yowloong 四人皆怡和前買辦。Ekee 亦至少一度在該行任職。至於向怡和滬行購辦舶來品之華商，似以德盛（Tucksing）爲最重要㉒。德盛一八六七年一

㉒ 一八六七年十二月二十四日 Tucksing 致機昔信，英文簽名旁有德盛鈐記。

月十五日及十九日致怡和兩函，由 H. Attai 簽名，英文雖有文法錯誤，亦尚可讀。Attai 其亦買辦出身乎？怡和檔案中關於華商與洋行交易之材料，極爲豐富。近聞英國學者對怡和檔案有大規模研究計劃，甚望其能對怡和與華商企業之關係，作進一步之研究也㉓。

W. Keswick (*Shanghai*) *to J. Whittall* (*Hongkong*), *April 1, 1864.*

I partly promised Old Ateong Tls. 20-30,000 for investment in Ningchow…Aleet is making arrangements for the new Pingsueys.

W. Keswick to J. Whittall, May 21, 1864.

There is a general impression among Chinamen that the market will open at fairly moderate rates and both Ekee & Yakee are sanguine they will be able to do some good in the country. I have arranged with both these native friends to purchase through them in the country provided prices show an inducement and to the former I yesterday made an advance of Tls. 40,000 to send into the

㉓ 關於十九世紀中國的買辦商人，現有郝延平先生之英文著作：Yen-p'ing Hao, *The Comprador in Nineteenth-Century China: Bridge Between East and West* (Cambridge, Mass.: Harvard University Press, 1970); *The Commercial Revolution in Nineteenth-Century China: The Rise of Sino-Western Mercantile Capitalism* (Berkeley: University of California Press, 1986)。大陸史家汪敬虞、張國輝、聶寶璋諸先生之研究亦甚深入，本文僅爲此項研究之篳路藍縷而已。

interior.

W. Keswick to J. Whittall, June 4, 1864.

Ekee will start this evening for the interior taking with 〔him〕 a large amount of money on his own account, and to see to the investment of the Tls. 40,000 I have already advised you I had advanced to him for Silk on our account. He is hopeful of being able to lay down No. 3 Tsatlee at Tls. 355 p. picul & under.

W. Keswick to J. Whittall, Sept. 6, 1864.

Yakee will be my principal man this year, & with Ekee and Aleet I should have no difficulty in buying very largely in the country for sale in the market & for shipment to Hong Kong.

E. Whittall (Shanghai) to J. Whittall, Oct. 25, 1865.

Ekee has 5 Bales of thrown Silk, which he says he contracted with you for at Tls. 540 per pecul 〔sic〕. Mr. Bates however values it at only Tls. 490. It will be shipped in time for the next mail!

W. Keswick to J. Whittall, Nov. 27, 1865.

Ekee on behalf of some Chinamen has given me an order for 100 chests Patna to be purchased on your market on the best terms at which it is procurable, so long as you do not pay more than $560 per chest. $5,000 bargain money will be deposited with me, and for the cost you will please value upon me in the event of your thinking it right to execute this order.

W. Keswick to J. Whittall, March 21, 1866.

Before giving definite limits to Yowloong and our other Native friends about the prices at which to go to the country, I will await later home intelligence.

W. Keswick to J. Whittall, May 17, 1866.

〔We hear of〕 extravagant prices of leaf in the Inland markets, and that it was said a few chops of fine Tea would cost laid down at Hankow Tls. 40–41 p. picul. Yowloong had instructed his Agents to wait for a decline, and I am happy to think that we are not interested at what appears such ruinous rates. The three chops purchased at Lapsakee can do us no harm, and I believe Aleet & Ekee have been equally cautious.

W. Keswick to J. Whittall June 30, 1866.

On account of contract Silk, I have advanced Tls. 298,700 & for purchases in the interior I have paid to Ekee, Yakee & Hunzing, Tazung 〔?〕 & Aleet Tls. 350,000.

E. Whittall to J. Whittall, Jan. 12, 1867.

Tucksing account goes down by this opportunity. As far as we have been able to make it out, there are 66 Bales of Grey Shirtings of which we can find no trace up here, and possibly they may belong to Ekee although he seems to know nothing about them.

H. Attai for Tucksing (Shanghai), to J. Whittall (Hongkong), Jan. 15, 1867.

On my arrival here I find that all my account with Messrs. Jardine, Matheson & Co. of this place has been settled & paid as well as all the late accounts, except

60 Bales of satin no account sales yet

19¢ 〔packages〕 Am: 〔American〕 flower cloth not sold

5¢ Paikee not sold

making 84 Packages altogether, but I have paid Tls. 5,000 on the above 60

Bales of Satin.

With regard to the Insurance business, Premiums have been made about Tls. 30,000 about one year and half and account of the Insurance for last year has also been settled and paid.

I now return you many thanks for your past favours which you have kindly favoured me for about 15 years and which I trust you will continue the same.

H. Attai, for Tucksing, to J. Whittall, Jan. 19, 1867.

Since my arrival here, I see Business many alterations 〔sic〕 *Patna opium* at present are 〔sic〕 very saleable in Foochow, Shanghae and Hangchow, but Malwa are not in demand in these ports.

Malwa opium Traders in Shanghai have shipped regularly to Tientsin, Newchwang and Chefoo. These three ports every year increase in imports of this drug as sales are very well there.

F.B. Johnson to J. Whittall, May 18, 1867.

I have offered to advance Aleet $20-30,000 at interest for three months at one per cent per month, provided he will take Ekee hong & materials in the Fychow

district for the season at a rental of Tls. 1,000.

F.B. Johnson to J. Whittall, May 20, 1867.

I have arranged to-day with Aleet to advance him Tls. 25,000 for purchases of Fychow teas on our account—to be fixed in Ekee's godown…

Acum will go into the Silk districts to-morrow & as we have no later news from Europe, I have decided to place $80-100,000 at the disposal of himself & Aleet for country purchases, indicating Tls. 480 as the highest price we should care to pay but limiting them to Tls. 500 as the boundary beyond which we desire not to be interested. I think we can arrange with Tazung to have 500 Bales ready for the two first steamers without advance provided the price will suit him & ourselves on the market opening in the interior.

F.B. Johnson to J. Whittall, May 22, 1867.

As arrangements with Tchoping had really been made for up country operations in Silk, I have thought it advisable to carry them out through him to a certain extent, & I have to-day advanced him $50,000 making with the amount at the disposition of Aleet $123,000 in all.

Tucksing to W. Keswick, Dec. 24, 1867.

I take the liberty to write you these few lines, and hope you are in a state of good health and prosperity.

By this opportunity, my Inspector of Opium (Ah Chie) is proceeding down to your port per str. *Ganges*, who will reside in Ho Lee Hong, for the purpose of purchasing opium there; now I will therefore respectfully beg you to advance him money against shipment on opium, which is to be shipped in your own Steamer for Shanghai. Also the same to be insured in your respective 〔sic〕 firm, by so doing 〔sic〕, I shall feel gratefully obliged.

F.B. Johnson to W. Keswick, Jan. 31, 1868.

Aleet intends to visit the South by the next mail Steamer & will of course see you. He has done our small business both in Tea and Silk particularly well during the current season & I have great confidence both in his straightforwardness & in the sources of his information. His accounts have always been most punctually closed.

F.B. Johnson to W. Keswick, March 16, 1868.

I arranged with him 〔Yowloong〕 for the purchase in the country of Congous to an extent similar to that undertaken last year, & I specially instructed him to provide his first chop as speedily as will be compatible with careful preparation of the leaf.

F.B. Johnson to W. Keswick, April 28, 1868.

Acum has been to Keukeang 〔Kiukiang〕 & made arrangements for a hong in the Loongkong District which 〔is〕 offered to us, & I have agreed to preparation of two chops on House account.

Aleet carries on the Pingsuey hong at his own risk under advance from us at 10% p. annum, we to have the refusal of the chop on arrival.

F.B. Johnson to W. Keswick, May 19, 1868.

In Tucksing's hands now remain only the venture in Copper cash, the sale of which I expect to be reported by next steamer on profitable terms. I have arranged to join him in another venture in Nankeens.

F.B. Johnson to W. Keswick, May 26, 1868.

Acum left yesterday for the silk districts with $100,000, & I have enjoined him

to be exceedingly cautious.

F.B. Johnson to W. Keswick, March 6, 1869.

Tucksing's purser with agents of several of the largest opium hongs left for Hong Kong last night to purchase Malwa.

——原載《清華學報》新二卷第二期（一九六一年六月），頁一四三—一八〇。

論自強

七、變法的挫折——同治六年同文館爭議

現在史家慣稱的自強運動，在十九世紀六十年代就出現了不少相當突出的方案。從一八六一年開始，「自強」一詞在諭旨，奏摺和時人的文章中經常出現①。有識之士已認識到中國需要改革，纔能應付「數千年來未有的變局」②。但是怎樣才能達到「自強」的目標呢？要有效地學習西方的科學技術便需要相當程度的制度上的變革。

① 參閱拙著（與郭廷以合撰），〈自強運動：尋求西方的技術〉（Self-Strengthening: The Pursuit of Western Technology），收入《劍橋中國史》（*The Cambridge History of China*），*Volume 10, Late Ch'ing 1800-1911*，(Cambridge University Press, 1978)，頁四九一—五四二。參考王爾敏，〈中國近代之自強與求富〉，收入《中國近代現代史論集》（臺灣商務印書館，一九八五年），頁一—三六。

② 參閱王爾敏，〈近代中國知識分子應變之自覺〉，收入《中國近代思想史論》（臺北：華世出版社，一九七七年），頁三八一—四四〇。

郭嵩燾、馮桂芬和李鴻章的言論，表示少數士大夫因嚮往西方技術，而不惜倡議對神聖不可侵犯的科舉制度進行調整。郭嵩燾一八五九年年初上〈請廣求諳通夷語人才摺〉，力言學習外國語文之重要③。馮桂芬的《校邠廬抗議》（一八六一年左右脫稿）卻提議科舉制度下的考試一半的名額應錄取學習西洋技術的人才④。李鴻章在一八六四年春致恭親王奕訢的信中，雖然沒有說明科舉應錄取多少技術人才，但是他主張科舉應「專設一科取士」，鼓勵「製器之器」的技術，「士終身懸以爲富貴功名之鵠，則業可成，藝可精，而才亦可集。」⑤同年，他在上海設同文館，不但教外國語文，還教數學和科學。一八六六年，左宗棠在福州開辦船廠，也特別注意兼學西藝，最先設立的就是教西學的「求是堂藝局」。這些構想表示自強運動從一開始就不僅注重軍事工業，而且注重科學技術，也有人主張教育政策上相當程度的變法。後來一八七二年容閎帶領第一批中國學生三十人赴美留學，也是這個政策的一部分⑥。科學教育的推動是當時自強思想的一個主要課題，但是爲什麼自強運動自六十年代起辦到九十年代中日戰爭時爲止，中國接受西洋科技的成績還是那麼薄弱呢？

③ 見郭嵩燾，〈請廣求諳通夷語人才摺〉，收入《近代中國對西方及列強認識資料彙編》，第一輯，第一分冊（臺北：中央研究院近代史研究所編，一九七二年），頁六七〇。

④ 馮桂芬《校邠廬抗議》（臺北：文海出版社影印本，一九七一年），卷二，頁四二。

⑤ 《籌辦夷務始末》（以下簡稱《始末》）（臺北：國風出版社，一九六三）同治期，卷二五，頁一〇。

⑥ 容閎（Yung Wing），《西學東漸記》(*My Life in China and America*, New York: Henry Holt and Company, 1909)，頁一八四。

這個問題的答案很複雜，其中牽涉一個互相聯鎖的歷史現象，卽當時的思想和政治對於接受西洋科學與技術的障礙。推動科技和改革科舉的新政策與儒家偏重德治的傳統在當時似有矛盾，因此在推行時受到衞道之士的猛烈攻擊。我想這是自強運動史的一個主要問題。

一八六七年（同治六年），京師同文館增設天文算學館。當時在北京主持軍機處和總理衙門的奕訢和文祥試圖利用「天文」、「算學」這兩個在傳統學術裏還有一點地位的名目來提倡西洋科學技術，希望能獎勵願意學習西法的儒者，藉以提高科學在教育政策和行政制度中的地位。這可以說是一個極重要的變法方案。但因爲大學士倭仁等的反對，結果這一個重大的改革並沒有依原議施行。依據史料分析這一次倡議變法遭阻撓的經過，可以加深我們對於晚清歷史的認識。

一、同文館爭議的背景

京師同文館早在一八六二年就由總理衙門奏請設立，但當時設立的目的只是訓練中外交涉需用的外語人才而已。當時同文館只是一個學習英、法、俄三國語言文字的學校，並沒有計劃敎授西洋科學技術。上面已略述過，一八六四年李鴻章在上海辦同文館，一八六六年左宗棠創福州船廠及附設學校，都曾上奏朝廷，說明學習西洋科學技術的必要，得到朝廷的許可。早在左宗棠在福州籌辦求是堂藝局時，奕訢和眼光極爲尖銳的滿族政治家文祥就已經對擴大同文館的問題，作

過一個非常重要的構想。他們這個構想當時可能受兩個外籍顧問——丁韙良(W. A.P. Martin)和赫德（Robert Hart）的影響。丁韙良是一位曾爲總理衙門翻譯《萬國公法》的教士，曾把一架電報機搬到總理衙門裏來安設，請文祥等大臣驗看。一八六六年赫德到英國休假一年，奕訢和文祥囑咐他在歐洲爲同文館物色數學和物理的教師。但是奕訢和文祥的目的不僅是在同文館附設一個新學校，他們的大目標是要慈禧太后和地位崇高的翰林院承認科學技術是一門應重視的學問，使一般士大夫尊重科學技術的價值。

一八六六年十二月，奕訢和文祥關於同文館增設天文算學館所上的第一篇奏摺，只建議鼓勵有舉人或貢生資格的人（無論已否服官）申請入天文算學館。但是一八六七年一月二十八日，奕訢、文祥等又上一篇奏章，進一步建議鼓勵有進士資格的人，尤其是翰林院中地位很高的文人學者申請入學。「今擬推廣，凡翰林院庶吉士、編修、檢討，並五品以下由進士出身之京外各官，俾充其選。」這些人在天文算學館讀了三年之後，將會得到「格外優保」的升官機會。「今議此項人員，均准各按升階，格外優保班次，以示鼓舞而廣招徠。」

查翰林院編修、檢討、庶吉士等官，學問素優，差使較簡。若令習此項天文、算學，程功必易。又進士出身之五品以下京外各官，與舉人、五項貢生事同一律，應請一併推廣招考，以資博采。是否有當，伏乞皇太后皇上聖鑒，訓示遵行⑦。

⑦《始末》，同治朝，卷四六，頁四六—四八。

這個建議在十九世紀六十年代提出，是一個了不得的大事。如果眞能推行，我們可以想像整個教育制度和行政制度都會受到影響。我想這個提案和戊戌變法時期關於教育及考試制度和文官制度的變法方案，是可以比擬的，本文故以「變法的挫折」爲大標題。

但是這種建議能否付諸實施呢？這當然要看提案在政治上能不能得到大力支持，而能否在政策上突破，這就牽涉到當時統治階層中某些分子的思想和態度了。

我們都知道，慈禧太后於一八六一年自熱河行宮回京政變成功後，取得了「垂簾聽政」的大權。聽政之初，她和在政變時幫助她的奕訢是合作的。但是當時北京大官中有一批原先受到咸豐皇帝看重的道學家。如咸豐皇帝早年的太傅杜受田（一七八七—一八五二）是一個崇信程朱思想的理學名臣。咸豐皇帝十分尊重杜受田引進的一批和他思想接近的人。祁嶲藻（一七九三—一八六六）擢拔爲領班軍機大臣，就可能經過杜受田的推薦。祁嶲藻在學術方面主張融滙漢宋——一方面尊重宋學的研究內心修養，另一方面注重漢學的經學考證⑧。十九世紀四十年代（道光朝的晚年），祁嶲藻已經是軍機大臣。他和道光皇帝寵信的穆彰阿，常常在政見上不合。咸豐皇帝把穆彰阿罷免了。祁嶲藻做了幾年領班軍機大臣，在他一八五五年退休以前，曾推薦幾位和他思想相近的人做內閣大學士，最重要有翁心存（一七九一—一八六二）、周祖培（一七九三—一八六七）和賈楨（一七九八—一八七四）。他們構成一個把理學思想抓得很緊的政治集團。一八六一

⑧ 參看徐世昌輯，《清儒學案》（天津，一九三八年版），卷一〇七，頁一九。

年慈禧垂簾聽政以後不久，翁心存去世。但他的兒子翁同龢（一八三〇—一九〇四）於一八五六年考中狀元，入翰林院，官升得很快。周祖培和賈楨做內閣大學士，並無決策之權，但他們在北京及各省官吏中威望極高。他們做過各部尚書，也曾擔任外省學政或翰林院內部考試的監考。有許多京官都算是他們的學生，也很尊重他們的思想及政見。

慈禧的地位本來就是靠她和同治皇帝的母子關係。她當然特別看重以忠孝倫理爲中心的儒家思想。辛酉政變後，她很快地看清了當時官僚的思想和態度，學會利用思想來控制政治。因此，不久她便任命當時的理學大師蒙族人倭仁（一八〇四—一八七一）爲都察院左都御史，也就是御史的領導官員。次年（一八六二），倭仁升任內閣大學士，同時爲同治帝的教師。另一位「德高望重」的理學家李棠階（一七九八—一八六五）本來已經退休住在河南，現在被慈禧叫來代替倭仁領導都察院，又受命爲軍機大臣。李棠階並不像是玩弄權術之人。從他的日記（《李文清公日記》，至同治四年爲止，民國初年出版）可以看出，他的確對程朱的修身思想身體力行。慈禧要他做軍機大臣，似乎是用他作爲一個象徵，表示朝廷傾向正統的程朱思想。

到了一八六五年，慈禧統治下的兩個派別已經形成。一八六五年四月，慈禧親自擬了一個文句不通、別字連篇的上諭，叫周祖培、倭仁等內閣大學士替她修改，由內閣宣佈，責備奕訢貪污和侮慢皇帝，把他所有職務都撤去。當時宗室親王中還有人替奕訢說話，慈禧於發上諭後十天又恢復奕訢軍機大臣和總理各國事務大臣的職位。但是一八六一年政變後慈禧爲奕訢設的「議政

王」尊職，則取消了，實際上削弱了奕訢的地位⑨。慈禧雖然一時還不能不用奕訢處理平定捻亂的軍務和有關西洋各國交涉的事務。但經過這一次罷黜，奕訢的氣燄就大不如前了。接著在一八六五年冬天，慈禧任命一個旣懂得政治同時又是理學家的李鴻藻（一八二〇—一八九七）做領班軍機大臣，而且還任命他做同治帝的主要教師，由翁同龢和徐桐做他的助教。從此李鴻藻便成爲慈禧朝廷中衞道派的領袖，而他的朋友倭仁便是這一派的理論權威。一八六七年同文館爭議起時，李鴻藻雖然丁憂告假，但仍住在北京，經常接近翁同龢等人，商量對付奕訢的策略⑩。

二、倭仁與同文館新計劃的挫折

總理衙門一八六六年十二月和一八六七年一月關於同文館增設天文算學館的奏摺獲得了慈禧的批准。諭摺公佈後，北京的官僚們，包括李鴻藻這一派，一時似保持緘默。到了三月初，掌山東道監察御史張盛藻上奏就同文館的計劃陳述意見，認爲自強不必依賴洋槍輪船，所需要的只是「練兵籌餉」和綱紀整肅、刑政嚴明的吏治。這位御史把天文學和數學僅僅看作一種「機巧」，

⑨ 參看吳相湘，《晚清宮廷實紀》（臺北：正中，一九六一），頁一〇二—一一一，及插圖十。
⑩ 李宗侗、劉鳳翰著，《李鴻藻先生年譜》（臺北：商務印書館，一九六九），上册，頁一五四—一六〇。

他特別憂慮的是這兩門學科對「士習人心」有害。在他看來，技術知識和良好的道德品質似乎是不能共存的。這位御史對同文館要以「厚給廩餼」和「優予獎掖」的辦法來引誘人研習天文算學，尤其不滿。他建議仍由原有的欽天監考取一些無意正途科舉的年輕人，兼習中、西法：「設立專館，止宜責成欽天監衙門考取年少穎悟之天文生、算學生，送館學習，俾西法與中法，互相考驗。至輪船洋槍，則宜工部遴選精巧工匠；或軍營武弁之有心計者，令其專心演習，傳授其法。不必用科甲正途官員肄習其事，以養士氣而專責成。」⑪慈禧接到這一篇奏章後，表面上還是替奕訢辯護，在諭旨上說：「朝廷設立同文館，取用正途學習，原以天文算學，為儒者所當知，不得目為機巧。正途人員，用心較精，則學習自易，亦於讀書學道無所偏廢，是以派令徐繼畬總管其事，以專責成；不過借西法以印證中法，並非舍聖道而入歧途，何至有礙於人心士習耶？」⑫

諭旨既然不反對，到了三月中旬，還有人到總理衙門去投考同文館的天文算學館。奕訢和文祥的計畫好像很有希望。但是三月二十日，慈禧看到了內閣大學士倭仁的奏摺。倭仁以他理學大師的地位，大聲疾呼：「竊聞立國之道，尚禮義不尚權謀；根本之圖，在人心不在技藝。」在倭仁的眼光裏，科學與技術簡直就是異端的「術數」。他說：「古今來未聞有恃術數而能起衰振弱

⑪《始末》，同治朝，卷四七，頁一五—一六。
⑫《始末》，同治朝，卷四七，頁一六—一七。

者也。」再進一步，他攻擊學習技術而「奉夷人爲師」，認爲這是卑鄙之至的行爲⑬。慈禧把這篇奏摺公布了，而奕訢、文祥畢竟不是理論家，答辯時只能採取現在所謂「實用主義」的論調。那時還沒有「中學爲體，西學爲用」這一套比較有說服力的理論。（馮桂芬的《校邠廬抗議》中雖然有近似的說法，但講得不夠鮮明，書也還沒有出版。）奕訢和文祥根據他們在英法聯軍期間親歷的經驗說：「僅以忠信爲甲冑，禮義爲干櫓」，既不足以辦外交，「折衝樽俎」；更談不到禦外侮，「制敵之命」。他們引用了曾國藩、李鴻章、左宗棠等人在建議創辦軍事工業和科技學校時所說的話來反駁：「該督撫等所論，語多激切，豈故好爲辯爭？良由躬親閱歷，艱苦備嘗，是以切實不浮，言皆有物。」⑭曾、李、左難道都背叛儒家的忠信禮義嗎？

奕訢當時的威望還很高，一時贊助倭仁的奏章好像僅有一兩篇上到皇宮，由慈禧決定公布⑮。但是舉足輕重的倭仁又上一篇奏摺，力言「奉夷爲師」的結果，一定是「未收實效，先失人

---

⑬《始末》同治朝，卷四七，頁二四—二五。

⑭《始末》同治朝，卷四八，頁三—四。

⑮一八六七年五月一日通政使于凌晨上摺反對同文館增設天文算學科目，認爲這個新設施「其果能得力與否尚不可知，而先令臣子別戶分門」；「爭端啓則朋黨必成」。後來六月二十三日又有直隸州知州楊廷熙上摺請撤消同文館，「以杜亂萌而端教化，彌天變而顧人心。」見中國科學院近代史研究所編，《洋務運動》（上海：人民，一九六一），第二冊，頁三九—四〇，四三—五〇。

心」，對國家危險更大⑯。慈禧把倭仁這一篇奏摺也公布了。倭仁這兩篇奏摺在北京士大夫中起了極大的作用。儘管倭仁的祖先是蒙古人，他卻是一個政治地位崇高的程朱理學大師。倭仁做過都察院、翰林院的領導官員，又曾以內閣大學士的地位教同治皇帝讀書⑰。他這兩篇反對同文館教「術數」及「奉夷人爲師」的奏章發表了之後，許多曾經報考同文館天文算學館的人都顧慮會被同僚和同鄉恥笑，而不預備去考試。北京士大夫中有人組織非正式的團體，誓言不受同文館「格外優保」的誘惑，還有人在門口貼對聯諷刺同文館要「孔門弟子」向「鬼谷先生」學習⑱。到了四月末，奕訢、文祥知道進士、翰林甚至舉人都不會來投考北京同文館，只好放棄這個希望，降低目標。他們向慈禧上一個奏摺說：「當御史張盛藻條奏此事，明奉諭旨之後，臣衙門投考者尚不乏人；自倭仁倡議以來，京師各省士大夫聚黨私議，約法阻攔，甚且以無稽謠言煽惑人心，臣衙門遂無復有投考者。」他們只好請慈禧准許僅就願報考的人，依原來計畫，舉行一次考試⑲。

這一次爭議的結果是大家都知道的。入學考試半年中有九十八人報名⑳，但是前來應考的七

⑯《始末》同治朝，卷四八，頁一一—一二。

⑰參看張灝（Chang Hao），〈倭仁的排外作用〉（The Anti-foreignist Role of Wo-jen, 1804-1871），載《中國論集》（*Papers on China*），卷十四（一九六〇），頁一—二九。

⑱趙中孚輯，《翁同龢日記排印本附索引》，㈠（臺北：成文出版社，一九七〇年），頁三七二，「同治六年二月二十四日」。

⑲《始末》，同治朝，卷四八，頁一四。《翁同龢日記排印本附索引》，㈠，頁三七〇—三七三，三八四。

⑳蘇精，《清季同文館及其師生》（臺北，一九八五），頁四八。

十二人中有許多是年老失業者。據當時一個外國人的觀察，他們是一些「衰頹無能的人，爲著總理衙門對同文館學生發給的優餼而不顧他們的名譽。」㉑這七十二人中有三十人錄取，但最後畢業的只有五人。同文館後來雖然也出了一些好學生，但他們多係總理衙門奏請自上海同文館轉來的漢族青年，其中不少是上海一帶商人和低級士紳的的子弟。我們應注意奕訢、文祥並不因倭仁批評「奉夷爲師」而不用外國專家。一八六八年，赫德從歐洲延聘了兩位教員到北京。原來在北京的傳教士丁韙良升任爲總教習。丁韙良計畫一個八年的學制，除必修外國語文外，還教授數學、物理、化學等科目，到一八七二年又加上生理學和人體解剖學。但同文館科學方面的教學，因爲一般學生程度低，慈禧的態度又冷淡，發展畢竟是有限的。同文館培養出來比較好的學生，後來多半在總理衙門和清政府一八七七年以後在外國設置的使領館工作㉒。直到戊戌變法時期，清政府才眞正再考慮關於教育制度的改革。

三、思想與政治——一個分析

㉑ 譯自畢乃德（Knight Biggerstaff），《中國最早的現代化官立學校》（*The Earliest Modern Government Schools in China*, Cornell University Press, 1961），頁一一九，註四七。

㉒ 同上，頁九四——一五三，〈同文館〉章。

我們在分析上述具體事實時，首先要指出思想和態度在當時的確是一個不容忽視的力量。倭仁的論調當然也反映了當時北京許多官僚的切身利益，但同時卻代表儒家思想中的一個主要流派。當時翁同龢的朋友中，就有人在談話中表示輪船算學是可以學的，但是氣節廉恥究竟比輪船算學更爲重要㉓。這一種理論有深厚的背景。倭仁反對「奉夷爲師」，怕士大夫的忠君觀念可能因此動搖。同時倭仁又是一向憑借程朱思想反對法家思想的。他的文集裏就有文章讚揚朱熹對法家的批評，認爲管仲、商鞅重武輕文的政策並不能眞正有助於國家富強㉔。他在關於同文館的第二篇奏摺中，也承認如果能做到中國士大夫不至爲夷人所用，算學並不是完全不可學；但是如果是在求利祿和有損「志行」的情形下學算學，那就會有損害人心的危險，不如不學之爲愈了㉕。奕訢和文祥建議用利祿的動機來鼓勵進士翰林學西洋科學，的確關係到中國政治傳統的一個難題。倭仁在他關於同文館的第二篇奏摺裏說：「夫利之所在，衆所必趨，既有薪水，又得優保，人亦何樂而不從？」㉖倭仁是講「義利之辨」的，反對用高官厚祿來引誘進士翰林學習西洋科學，因此他認爲在這種情形下願學西法的人可以說是無「志行」，不是禮義之士。倭仁這一種見解反映當時士大夫的一般想法。連具有開明思想的郭嵩燾聽到北京有這一次爭議時，也認爲專用

㉓《翁同龢日記排印本附索引》，㈠，頁三七〇，三七二，三七七。
㉔倭仁，《倭文端公（艮齋）遺書》（臺北：文海影印，一八九四年版），卷下，頁二二—二三。
㉕《始末》，同治朝，卷四八，頁一一—一二。
㉖同上。

「正途人員，以資肄習」一條「必不可行」㉗。其實儒家素來就不能不講利祿。整個考試制度，從一方面來說，就是用利祿來籠絡和控制知識分子。怎樣才能既用「利祿」鼓勵人學習，而又維持士大夫的道德呢？這的確是儒家傳統的一個兩難問題。

至於奕訢和文祥，他們代表的是晚清的經世思想。儒家傳統中一向含有一些講求實用的因素。鴉片戰爭以前，在學術上又有經世學派的興起㉘。魏源在一八二六年代賀長齡擬的《皇朝經世文編》敍文中，就說「善言心者必有驗於事」，「善言古者必有驗於今」等話，強調理論要用實踐來檢驗㉙。魏源等思想家又主張在「王道」的範圍內談富強，而且主張要調融公私，除弊興利㉚。可惜的是這一派的思想，到了十九世紀六十年代還沒有在儒家的哲學和經學方面，發展成一套爲人普遍接受的理論。奕訢和文祥好像並沒有特別研究魏源的思想，但是他們也主張「學期適用，事貴因時」，基本上是實事求是。他們說：「夫天下之恥，莫恥於不若人。」英法聯軍打到北京，迫簽條約，這是中國的大恥。若要報仇雪恥，空言是無用的，最切實的策略就是學習西洋科學技術。他們認爲，當時中國的工匠很難於學西洋科學，必須由儒者來領導：「匠人習其事，

㉗ 見《郭嵩燾日記》，第二冊（湖南人民出版社，一九八一），頁四三三。

㉘ 參閱中央研究院近代史研究所編，《近世中國經世思想研討會論文集》（臺北，一九八四）。

㉙ 賀長齡編，《皇朝經世文編》（臺北：國風出版社影印，一八七三年版），〈敍〉。亦見《魏源集》（北京：中華書局，一九七九），上冊，頁一五六。

㉚ 魏源，《古微堂內外集》（臺北：文海出版社影印，一九六四），《內集》，卷三，頁二—三；《外集》，卷七，頁二三。亦見《魏源集》（上），頁一六六—一六八；（下），頁四三一。

儒者明其理，理明而用宏焉。」㉛奕訢和文祥不是理論家，並沒有將科學的「理」和理學的「理」互相比較。至於「義利之辨」的問題，他們也就只好不提了。

這裏當然有一個關鍵的政治問題，就是慈禧太后的態度。很明顯，慈禧並沒有給奕訢和文祥充分的支持。慈禧也裝著並不完全聽從倭仁的意見。例如，倭仁第一篇奏章中曾說，要學算學，「天下之大，不患無才」，何必要請西洋人來教？慈禧就給倭仁一點難堪，在諭旨中叫他另辦一個算學館，專請中國數學家來教，同時任命倭仁爲總理衙門大臣之一㉜。倭仁無法交卷，也不願參加總理衙門的工作，就只好裝病告假。其實當時慈禧對倭仁也有所不滿。因爲一八六七年三月十二日，倭仁和兩個幫助教皇帝讀書的官員，徐桐（一八一九—一九〇〇）和翁同龢，聯名上了一篇奏摺，勸兩宮太后不要帶同治帝常去各親王府上看京戲㉝。慈禧看了這奏章，當然不高興。但是她並不因此就贊成奕訢的整個建議；關於天文算學館，她最後決定「就現在投考人員，認眞考試，送館攻習。」至於鼓勵進士翰林報考，上諭裏一字不提㉞。這也就是說：儘管慈禧表面上反駁了倭仁幾句話，給他一點難堪，她基本上還是支持倭仁，反對奕訢的。

我們不要忘記，慈禧本人的利益和儒家正統教條是一致的。她必須維護忠孝等倫理思想，對

㉛《始末》，同治朝，卷四六，頁四六。

㉜《始末》同治朝，卷四八，頁一五。

㉝《翁同龢日記排印本附索引》，㈠，頁三六九。

㉞《始末》，同治朝，卷四八，頁一五。

於講禮教講得最有力的程朱學派，她是要尊重的。慈禧並不願意反對倭仁對儒家文化的解釋，因爲她自己垂簾聽政的地位，以至滿族人的統治地位，都是倚賴儒家忠孝思想和禮教來支持其合法性。但是我們從研究歷史的立場看來，奕訢、文祥、曾國藩、李鴻章這些人又何嘗攻擊忠孝和禮教呢？曾國藩難道不是講程朱思想，提倡「禮學」嗎？慈禧爲什麼不採取比較接近實用主義的儒家經世理論呢？我想除了因爲當時經世思想在理論上還不夠鮮明，還不足與正統宋學抗衡外，更重要的是慈禧的政治動機——這就牽涉到政治史和思想史關聯之處了。慈禧對於奕訢之受倭仁攻擊是不會不高興的。她當時的願望就是要削弱奕訢的威望和權力。一八六八年九月她在一篇諭旨裏說：倭仁和奕訢兩個人是當時責任最重的臣子——一個是皇帝的義理導師，另一個是領班的軍機大臣㉟。慈禧把倭仁的名字列於奕訢之上，這是有政治意義的。

同文館爭議過了三年多就發生天津教案。李鴻藻這一派的道學思想便應用到外交政策上去。此後慈禧鼓勵「清議」攻擊洋務派比較緩和的外交政策。到了一八八四年中法戰爭期間，慈禧利用清流黨攻擊奕訢，取得了完全勝利，免除了奕訢在軍機處和總理衙門的職務。中法戰爭後，慈禧統治下的派別政治又換了一種形式，倭仁早已逝世，連李鴻藻也可以不必用了。這是後來的事。但是我們研究同治朝和光緒朝初期變法自強挫折的原因，可以從一八六七年同文館爭議中找

㉟《大清穆宗毅（同治）皇帝實錄》，㈧（臺北：華文書局影印，一九三七年版），卷二三八，頁一七。這篇上諭通發京外各官，更見其政治意義之大。

到一個有關鍵性的案例，藉以說明阻礙歷史進展的一些因素。同治六年同文館爭議以後，有一些政治家是懂得科舉制度的弊病的。李鴻章於光緒元年（一八七五）致江西巡撫劉秉璋的信裏說：

> 試帖小楷，毫無與時務，此所已知者也……近人條陳變通考試亦多術矣，皆被部駁。吾姑發其端，以待當路之猛省而自擇。其執迷不悟者，吾既言矣，無可駁也㊱。

到了光緒初年，京官裏的保守派已頗有勢力，保守主義和當時的政治互相爲用。李鴻章因爲要保持他的職位，已不能大聲疾呼了。士大夫中的變法論調已經銷沉。卻有一個買辦商人鄭觀應，著書立說，鼓吹範圍甚廣的變法。這就難能可貴，引起我們注意了。

——英文原題 "Politics, Intellectual Outlook, and Reform: The T'ung-wen Kuan Controversy of 1867," 收於 Paul A. Cohen and John E. Schrecker (eds.), *Reform in Nineteenth-Century China* (Harvard East Asian Monogragh, 1976), pp. 87-100. 中文本原載《復旦學報》，一九八二年，第五期，頁八〇，九七—一〇一；修訂本載《蔣慰堂先生九秩榮慶論文集》（臺北，一九八七年），頁四一三—四二四。

㊱ 李鴻章，《李文忠公全集》（南京，一九〇五）《朋僚函稿》，卷十五，頁四；參閱本書〈代序〉。

八、鄭觀應《易言》——光緒初年之變法思想

鄭觀應，原名官應，字陶齋（道光二十二年即一八四二年生）①，乃光緒初年上海重要買辦之一。渠籍廣東香山縣。父文瑞（字啓華，號秀峰），雖科場失意而「藏書頗富，手自校讎」，

---

① 鄭氏生卒年月尚待確考。惟據其所作〈妾趙氏墓銘〉，鄭氏自稱四十一歲尚無子，而「是年壬午」因堂上盼孫綦切而納妾。見《盛世危言後編》（一九二一左右出版），卷十五，頁四九下。壬午即一八八二年，是則鄭氏當生於一八四二年。又《後編》卷八所刊〈覆考察商務大臣張弼士侍郎函〉，鄭氏自稱「年二十六，寶順洋行停業。……年三十二上海太古洋商創設輪船公司。……年四十二，奉督辦粵防彭剛直公奏調赴粵差遣」，考之所云各事之年代，亦皆吻合。（詳見下文，註③。）《後編》刊有「待鶴老人八十小影」，大致為一九二一年所攝。《後編》定本付印時，鄭氏仍健在，友人郝延平先生代製《後編》全書之縮影膠片，並惠示其新書 Yen-p'ing Hao, *Bridge Between East and West: The Comprador in Modern China* (Cambridge, Mass., 1970) 之全稿，及所著 "Cheng Kuan-ying: The Comprador as Reformer," *Journal of Asian Studies*, XXIX, No. 1 (November, 1969) 之原稿，謹此誌謝。

設帳課徒爲生②。

觀應幼讀詩書，且曾一度參加考試。惟「年十七，小試不售，卽奉嚴命赴滬學賈，從家叔秀山學英語。」秀山乃一買辦，觀應嗣入英商寶順洋行（Dent and Company）供職。同治六年（一八六七年）寶順洋行倒歇後，鄭氏仍留滬經商，歷任和生茶棧、和生祥茶棧、公正輪船、榮泰駁船公司等職，皆與洋行業務有關係；至同治十二年（一八七三年）乃受聘爲英商太古洋行（Butterfield and Swire）之買辦。至光緒八年（一八八二年）鄭氏始離洋行，充李鴻章所創辦之輪船招商局幫辦，旋升會辦③。

鄭氏雖久任職洋行，而對國家局勢則始終關懷。尤可貴者，鄭氏能利用其與外人接觸之經

② 《後編》，卷十五，頁四九。

③ 《後編》卷八，頁四二下—四三載有鄭氏〈覆考察商務大臣張弼士侍郎〉函，自述其早年經驗如次：「昔官應年十七小試不售，卽奉嚴命赴滬學賈，從家叔秀山學英語，入寶順洋行管絲樓，兼管輪船攬載事宜，從英華書館教習傅蘭雅讀英文夜館，開江西福州攬載行。年二十六，寶順洋行停業，當上海和生茶棧通事。旋承辦和生祥茶棧，代理兩湖江西徽州茶客沽茶。洋商士多達〔Stoddard〕等舉官應爲公正長江輪船董事，兼做榮泰駁船公司。年二十九和生祥茶棧停業，當揚州寶記鹽務總理。年三十二上海太古洋商創設輪船公司，聘爲總理，兼管棧房，開漢口、四川、上海太古昌攬載行，又開牛莊、汕頭、廣東、北永泰字號，代客辦貨。年三十七奉北洋大臣札委總辦津滬電報滬局。次年武進宮保〔盛宣懷〕與官應等招股承買津滬電線，並推廣江浙閩廣長江等處電線；稟請北洋大臣在滬創設機器織布局、造紙局、船塢、開墾公司、蠔利公司。年三十九辭太古輪船公司總理，奉北洋大臣札委會辦輪船招商局，遊歷各埠，兼到南洋考察商務，與唐君景星合辦天津沽塘耕植畜牧公司。」按此信所述事實之年份次序，有欠準確之處。鄭氏之在寶順洋行被派任絲樓及攬載事務，據徐潤自訂年譜，乃於一八六〇年開始。見徐潤著，《徐愚齋自敘年譜》（一九二七年出版）頁六。又據《盛世危言後編》所載標明年月之當時信件，鄭氏奉李鴻章札委辦理津滬電報滬局，乃光緒七年（一八八一年）五月事；其就任招商局幫辦，乃光緒八年（一八八二年）年初事。請閱《後編》，卷十，頁二及九；卷十二，頁一。

驗，及在上海閱讀新刊書報之機會，再益以其本人之觀察與運思，而形成一套救時之方案。所著《盛世危言》（可能乃於光緒十九年，即一八九三年初刊）④爲晚清變法運動重要書籍之一，久爲習中國政治史者所熟知。

《盛世危言》雖至光緒中葉始完成，而遠在同治年間，鄭氏已開始撰著救時之論說。《盛世危言》初刊〈自序〉（作於一八九二年），述及十九年前，著者曾有《易言》一書問世：

> 應與中外達人傑士游，三十年於茲矣。每於酒酣耳熱之餘，側聞偉論。且閱歐洲名儒各種著述及各日報所論安內攘外之道，振觸於懷，隨時筆記，參以管見。歷年既久，積若干篇，猶慮擇焉不精，語焉未詳，待質時賢，以定去取；而朋好見輒持去，猥付報館，復載《中西聞見錄》中。曾以全稿郵寄香港，就正王子潛廣文，廣文竟為付梓。旋聞日本朝鮮為之重刊。竊懼醜不自匿，僭且招尤，復倩沈穀人太史、謝綏之直刺，將原稿三十六篇并二十篇，仍其名曰《易言》，改〔原用筆名〕杞憂生為慕雍山人，意期再見雍熙之世。迄今十有九年，時勢又變⑤。……

嗣後於光緒二十一年（一八九五），鄭氏復出版《盛世危言增訂新編》，其〈凡例〉中云：

---

④《盛世危言》之初刊本，筆者僅見到哈佛燕京學社圖書館所藏之光緒二十二年（即一八九六年）成都翻刻本。夏東元先生近年考定《盛世危言》之最早版本為一八九四年之五卷本；請閱下文，〈代跋〉，頁六〇三。

⑤錄自《盛世危言增訂新編》（一九〇〇年重印本）卷首，〈盛世危言初刊自序〉，頁二下—三。

是書隨時增删，就正有道，分贈同志，以資磨勵，本不欲出以問世。溯自同治元年，承江蘇善士余蓮村先生改正，卽付手民，名曰《救時揭要》，先傳至日本，卽行翻刻。同治十年又將續集分上下本，名曰《易言》，寄請香港印務局王子潛廣文參校，不期亦付手民，風行日韓。光緒元年遂倩沈穀人太史、謝綏之直刺删定，亦名《易言》，印數百部，分贈諸友。光緒十九年續集，尤多博訪通人，同心參訂，改名《盛世危言》⑥。

筆者於五〇年代研讀《盛世危言增訂新編》，對於《救時揭要》及《易言》，卽極嚮往。惟遍詢臺灣及美國各圖書館，皆無所獲。一九六〇年友人入江昭氏返日度假，懇其在東京尋覓，而是年秋季，入江氏返美，卽以《易言》之縮影膠片見惠，云原書乃東京東洋文庫主任市古宙三氏所藏。市古氏慨允複製以公同好，筆者至以爲感。

按市古氏所藏之《易言》，乃光緒六年（一八八〇年）香港中華印務總局所刊。著者筆名杞憂生，全書三十六篇，分上下二卷，連序跋在內都一百十四頁。一九六一年，市古氏在《和田博士古稀紀念東洋史論叢》中發表〈鄭觀應の《易言》について〉一文，據其研尋，《救時揭要》日本似無存本，而《易言》流傳之版本，則有七種之多，計有：

（一）《易言》，二卷二册，光緒庚辰（六年，卽一八八〇年）夏中華印務總局刊（市古氏

⑥《增訂新編》，卷首，〈凡例〉，頁二。

藏）。
（二）《易言》，二卷二册，朝鮮刊，刊年不詳（靜嘉堂文庫藏）。
（三）《易言》，二卷二册，朝鮮寫本（靜嘉堂文庫藏）。
（四）《管刻易言》，二卷二册，光緒十二年（一八八六）八月管可壽齋刊印（靜嘉堂文庫藏）。
（五）《管刻洋務抉要易言》，二卷二册，光緒乙未（二十一年，即一八九五年）六月管可壽齋鉛印（東京大學東洋文化研究所及國立國會圖書館皆藏有）。
（六）《盛世危言續編》，三卷三册，光緒乙未夏月上海賜書堂校印（靜嘉堂文庫藏）。
（七）《盛世危言續編》，四卷四册，光緒丙申（二十二年，即一八九六年）上海書局石印（佐佐木正哉氏藏）。

《易言》留日版本雖有七種之多，而據市古氏之比較，與其本人所藏之一八八〇年香港刊本內容皆相同，僅序文之年月及跋文之有無，後四種與前三種不同而已。所謂《洋務抉要易言》及《盛世危言續編》乃坊間趨時求利之翻印版本而已。市古氏斷言此七種版本皆乃根據鄭氏於《盛世危言增訂新編》凡例中所云之一八七一年之《易言》初本，蓋全書都三十篇，署名杞憂生；而非鄭氏所云之一八七五年二十篇删本，署名慕雍山人者。市古氏並推測《易言》一八七一年初

本，可能乃於一八八〇年初次刊印⑦。

筆者近重整舊業，繼續研讀有關晚淸自強變法之史料，因而將所藏市古本《易言》之膠片，重讀一遍，對於市古氏《易言》乃一八八〇年初次刊行之論，極爲欽佩。惟此書撰寫之年代，似仍有可討論之處。而不論《易言》繫年應爲一八七一年或一八八〇年，其反映同光之際之變法思想，價值之高，殆無疑問。市古氏對《易言》版本問題，已提出討論，對於《易言》及《盛世危言》二書之關係並計畫另文探討。惟《易言》本身之內容，及其所反映之光緒初年之自強變法思想，則似尚無人研究。筆者爰不辭譾陋，而有斯篇之作。

一、市古本《易言》繫年

市古氏所藏《易言》乃一八八〇年刊印，此點絕無疑問。市古氏認爲此本乃根據所謂一八七一年之《易言》三十六卷初本，而非根據所謂一八七五年之十二卷刪定本⑧；此點亦能成說。惟筆者則認爲《易言》究竟有無一八七一年之原本，殊有疑問。且就市古本《易言》之內容而言，

⑦ 市古宙三，〈鄭觀應の《易言》について〉，《和田博士古稀紀念東洋史論叢》（東京，昭和36年出版），頁一〇七—一一五。

⑧ 同上，頁一一三。

其必爲一八七九年（甚至爲一八八〇年年初）增刪重寫之稿本，則絕無疑問。研究中國近代思想史者應以同治末年光緒初年思想史之材料目之，而不應以同治年間思想史之材料目之。

按鄭觀應於著《易言》前，曾著《救時揭要》一書，其刊行年代最晚應爲同治十二年（一八七三年）。市古氏曾發現同治十三年正月出版之《中西聞見錄》（丁韙良 W.A.P. Martin 主編，印於北京）第十九號轉載《救時揭要》之論說一篇，題爲〈擬請設華官於外國保衞商民論〉。《中西聞見錄》之編者附按語云：

> 《救時揭要》一書於去歲刊自上海待鶴齋，意在杜絕販賣人口，禁止吸食鴉片，而旁及他務，均中當時利弊，且與《中西聞見錄》所論者適相符合。茲特節錄一條，以廣見聞⑨。

待鶴齋乃鄭觀應齋號，此書乃鄭氏所著無疑。惟《救世揭要》是否於一八七三（或一八七二）年刊本之前，尚有刊本，果如鄭氏日後所云「同治元年承江蘇善士余蓮村先生改定，即付手民」，則尚待考耳。

一八七三年《救時揭要》雖已刊行，而鄭氏對當時時局問題繼續注意，其所關切之問題，除

---

⑨ 同上，頁一一四。

《中西聞見錄》編者所云之販賣人口、吸食鴉片外，益加擴大⑩，而其所主張之方策，亦更具體而有系統。市古本《易言・自序》云：

往余於同治庚午辛未（一八七〇——一八七一年）間，端居多暇，涉獵簡編，偶有所見，隨筆劄記。內之積感於寸心，外之睠懷於大局，目擊時艱，無可下手，而一言以蔽之曰：莫如自強為先。自強之道，不外乎此數大端而已。因是宏綱鉅目，次第敷陳，自知但舉其略，語焉不詳。積若干篇，存之篋衍，徒自考鏡，未嘗敢以論譔自居。而朋好見輒持去，雜付報館，近又闌入近人所刻《聞見錄》中。醜不自匿，嘗用蹴然⑪。

按此序文之末有「光緒元年暮春之初鐵城杞憂生自序於上海待鶴齋」字樣。所云有文「闌入近人所刻《聞見錄》」可能即指同治十三年正月號《中西聞見錄》自《救時揭要》轉載之〈擬請

⑩ 《盛世危言後編》，卷一五，〈雜著〉，刊有〈救時揭要序〉。據此序，則《救時揭要》之着重點乃在勸人為善積德，而敷陳時政利弊，僅附帶為之。序文首言人心為禍福之本源：「天道至公，應物無迹，栽者培之，傾者覆之。天心也，人心也。人心能合乎天心，天心自默鑒乎人心也。是故經天緯地，赴湯蹈火，無不由乎一心。為聖為賢，成仙成佛，亦無不恃乎一心。三教經書，無非治此心也。」序末云：「與其飽食終日，無所用心，貽畢世無窮之悔，何如一心向善，積現前莫大之功？試觀世上郭家金穴，鄧氏銅山，過眼雲煙，而今安在夫？乃知世家巨族，綿延弗替，歷百世而未艾者，固無不固本導源，由陰騭中蓄積而來，其故可深長思矣。僕家貧作賈，負米娛親。普濟有懷，恨乏點金之術；顯揚未遂，徒深投筆之悲。惟是庭訓夙承，不敢自〔棄〕；性耽鉛槧，大義初通。摭拾羣言，編成一集。研性理則輯道言精義，論感應則集福報諸書。又復觸景傷時，略陳利弊，隨所聞見，並入斯編，於末俗人心或可稍裨萬一，是則區區之心所深慰也夫。」（見《後編》，卷一五，頁三下——四。）案鄭氏自幼即耽「仙經」及「勸戒諸書」，終生對道教有興趣。請閱下文〈論社會福利〉節。

⑪ 《易言》（一八八〇年香港出版），〈自序〉，頁一下——二。

設華官於外國保衞商民論〉。是則鄭氏心目中，《救時揭要》與《易言》似二而一，一而二也。然據序中所云「積若干篇，存之篋衍，徒自考鏡」，則鄭氏於已刊之《救時揭要》外，必另有存稿。據此序，鄭氏於一八七〇—一八七一年間，似已有另撰《易言》之意，惟當時仍不過「隨筆劄記」而已，未必有《易言》刊本。日後鄭氏所云「同治十年將〔《救時揭要》〕之續集分上下本，名曰《易言》」，固未言立卽刊印也。但《易言》自序之日期爲光緒元年（一八七五年）。至遲至是年，《易言》初稿當已有眉目。

然《易言・自序》雖作於一八七五年，而市古本之定稿則必曾經過嗣後三四年間之增刪。《易言》三十六篇中，可能有若干篇係以《救時揭要》爲基礎重寫，且必有一八七一年左右之文稿，其顯係同治年間所作之文句仍存。例如〈論吏治〉篇述及粵捻戰爭，有「軍興以來」字樣，不似光緒初年手筆⑫。〈論書吏〉篇有「比來胡文忠辦理鄂省軍務，所立釐局悉屏書吏而任官員」句⑬。按胡林翼於同治元年逝世，是篇若作於光緒初年，則似不應有「比來」之詞。又如〈論商務〉篇論星加坡、舊金山閩粵商賈甚多，「倘中朝亦簡派領事人員，顯示無循，隱資控制，則華人有恃無恐，籌劃愈工。」⑭按中國駐星加坡領事館，於光緒二年（一八七六）年奏准

⑫《易言》，上卷，頁四六下。
⑬《易言》，下卷，頁四二。
⑭《易言》，上卷，頁一一。

籌備，翌年（一八七七年）正式設立；是篇若草於一八七七年之後，則措辭必不同。惟市古本《易言》雖有若干篇爲同治年間作品，而其中之大多數則必於光緒元年—五年（一八七五—一八七九年）間增訂。下舉數例，足以爲證：

（一）〈論船政〉篇云：「往年中國特設輪船招商局，奪洋人之所恃，收中國之利權，洵爲良策。無如造船各廠，不能造新式之船，價比外洋更貴，所以〔招商局在各船廠〕租造者，至今尙屬寥寥。」⑮按招商局自一八七三年成立後，數年內皆曾考慮向馬尾船政局租購新製之輪船，但因船不合用而僅借用一二艘。鄭氏此節箚記，當成於光緒元年之後。

（二）〈論邊防〉篇云：「日本蕞爾一邦，明時屢受其患。近來崇尚西法，予智自雄，妄思蠢動，迫高麗以建商埠，脅琉球而爲附庸；近且夷之爲縣，改號沖繩，遠交近攻，得寸進尺。」⑯按日本改琉球爲沖繩縣乃光緒五年（一八七九年）春之事。此文定稿，當在一八七九—一八八○年間。

（三）〈論交涉〉篇云：「至於軍機大臣及南北洋大臣，尤貴洞悉各國情形，思深慮遠，非先充出使大臣之任，亦必須久辦總理衙門事務者乃能勝任裕如。」〈論借款〉篇云：「朝廷惟諭飭駐英公使逕向勞士齋乃德〔Rothschild〕，博令〔Baring Brothers〕等大銀行熟商，則行息不

---

⑮《易言》，上卷，頁二九。

⑯《易言》，下卷，頁一下。

過五六釐，可籌巨款。」⑰按中國初次派遣出使英國大臣在一八七六—一八七七年間。鄭氏〈論交涉〉、〈論借款〉兩文，似為厥後之作。

依上述證據，市古本《易言》雖或有若干篇似為舊稿，而其大部分必經於一八七九年前後重訂。〈論邊防〉、〈論交涉〉等篇即或於光緒元年已有初稿，亦必經嗣後增補也。

鄭氏又云，《易言》稿成後曾寄香港王韜，請其閱正。惟鄭氏究竟於何年將《易言》稿寄王氏，則有疑問；是否只寄一次，亦難斷定。市古本《易言》刊有王韜所作之序文與跋文。王序首句云：

《易言》一書乃杞憂生盱衡時事，思挽時局，幽愁積憤之所為作也。凡目有所觸，耳有所聞，默識於心而深思其故，一旦恍然有得，因揭其要，以質於世……其曰《易言》者，謙詞也。嘗從七千里外，郵筒寄示。余讀未終卷而竊歎杞憂子為今之有心人也⑱。

按序末有「光緒元年花朝日天南遯窟老民王韜拜序」字樣。上引之句且隱示《易言》與《救時揭要》之關係，亦似足徵王氏對鄭氏過去著作，非不熟悉。惟市古本《易言》同時並刊王韜之跋，乃一八八〇年所作，跋末有「光緒六年歲次庚辰中元節日天南遯叟王韜跋」字樣。據此跋則王氏於前一年（一八七九年）始得讀《易言》，與序中所言矛盾：

---

⑰《易言》，下卷，頁九及五三。
⑱《易言・序》，頁一。

去年春，余將有東瀛之游，杞憂生之友忽以書抵余，謂當今有杞憂生者，天下奇士也。胸懷磊落，身歷艱辛，上下三千年，縱橫九萬里，每當酒酣耳熱之際，往往舉杯問天，拔劍斫地，心有所得，筆之於篇。此《易言》上下二卷固其篋裏秘書，枕中鴻寶也；非先生則不敢就正焉。余乃受而讀之⑲。

按王韜確於一八七九年春赴日本。市古本《易言》乃由王氏所主持之香港中華印務總局出版，且由王氏自任校訂之責，上下卷末皆有「天南遯叟讐校」字樣；而序與跋矛盾，王氏竟任其印行，殊爲可異。惟王韜所著《弢園尺牘續鈔》刊有王氏致鄭陶齋觀察信一封，則可證《易言》之定本（卽市古本），王氏於一八七九或一八八〇年始讀到，玆全錄如下：

承示大著，經濟宏深，識高見卓，洞垣一方。陳同甫無此精詳，賈長沙遜玆剴切。設使措而施之於日用，均可坐言起行。十讀三復，佩服無量。夫著書在通時適用而已，文詞其末也。輓近文人動矜奧博，而宣尼辭達之旨亡，著書之本意亦晦。《易言》一書遣詞命句，純祖陸宣公奏議。歐、宋修《〔新〕唐書》，不尚駢儷，而獨收宣公所作，則亦未足爲病也。

拙撰《火器略說》，近以活字板印行，乃二十年前舊作也。邇來日俄有事，購置火器，

⑲《易言・跋》，頁一下。

絡繹於道。竊以為行陣之間，非徒恃器，而專在乎用器之人。施放之秘，測量之要，彈丸火藥輕重之數不可不講。否則差以毫釐，謬以千里，故出此書以問世，藉投時好。是書說簡而明，法詳而備。營中員弁誠能手持一篇，奉為圭臬，庶幾有準有則無所偏倚。習之於平日，自能用之於臨時，安見不能出奇制勝，以收效於疆場也哉？滬上風景近日如何？當益增熱鬧。惜弟不能假翼凌風，揮鞭縮地，與君一醉於紅蕤小閣中也。拈毫一笑，聊寄相思⑳。

按此信所云之《火器略說》乃王韜於同治初年所撰，惟至光緒六七年間（一八八〇年—一八八一年）始在香港以活字版印行。書末有一八八〇年及一八八一年王氏自跋兩篇。一八八〇年跋，作於春二月，中云：「此書甫成，余即繕寫眞本，上呈豐順丁大中丞（日昌）……今春搜諸敝篋，忽得初次草稿，乃釐訂增損，付之手民。因嘆書之顯晦存亡，亦有數然。」㉑《火器略說》若於一八八〇年付印，則王氏致鄭氏信當屬是年。信中所云：「邇來日俄有事，購置火器，絡繹於道」，乃指一八七九年日本併琉球爲沖繩縣，及同年秋崇厚與俄訂立等於割讓伊犁之條約，引起清廷對俄之備戰行動。是則此信之作，必在一八七九—一八八〇年之間也。

⑳ 王韜著《弢園尺牘續鈔》（一八八九出版），卷二，頁一下—二，〈與鄭陶齋觀察〉。《續鈔・自序》云所收乃辛巳至戊子間之書信。辛巳為一八八一年，豈王氏於一八八一年始讀《易言》耶？

㉑ 王韜著《火器略說》（一八八一年出版），〈再跋〉。跋末有「庚辰二月」字樣。友人 Paul A. Cohen 教授惠示其所藏《火器略說》，謹此誌謝。

依上述證據，市古本《易言》王韜遲至一八七九—一八八〇年間始讀到，殆無疑問。惟《易言》一八七五年鄭氏作自序時之初稿全稿，是否曾寄王氏閱讀，由其草序後寄還鄭氏，則依王氏此信，吾人仍不能言其必無其事。至於《易言》除由王韜在香港刊印之三十六篇市古本外，是否另有二十篇之刪訂本，則近年已證實確有之，卽上海淞隱閣排印之《易言》二十篇，已由夏東元先生重印於《鄭觀應集》。夏先生斷之爲一八八二前後刊印之書。（請閱本文「結語」）。

二、《易言》之變法思想

據上述討論，市古本《易言》乃一八七九年左右經鄭氏增刪後之定本。研究中國近代思想史者似應以光緒初年之史料目之也。按《易言》書名取「言之非艱，行之惟艱」之意，而其中心思想爲自強與變法。鄭氏自序述《易言》撰寫之緣起云：「內之積感於寸心，外之睠懷於大局，目擊時艱，無可下手，而一言以蔽之曰：莫如自強爲先。」㉒而全書之首篇則力言中國有求變通之必要。鄭氏認爲無論就「天道、世運、人事」而言，中國已處於「不能不變，不得不變」之境。

夫天道數百年小變，數千年大變。考諸上古，歷數千年以降，積羣聖人之經營締造而文

㉒《易言・自序》，頁一下—二。

明以啓，封建以成。自唐虞迄夏商周閱二千年，莫之或易。洎秦始皇併六國，廢諸侯，改井田，不因先王之法，遂一變而為郡縣之天下矣。秦以後雖盛衰屢變，分合不常，然所謂外患者不過匈奴契丹，西北之塞外耳。至於今則歐洲各國兵日強，技日巧，鯨吞蠶食，虎距狼貪。環地球九萬里之中無不周游販運，中國亦廣開海禁，與之立約通商，又一變而為華夷聯屬之天下矣。是知物極則變，變久則通，雖以聖繼聖而興，亦有不能不變，不得不變者，實天道、世運、人事有以限之也。況歐洲各國動以智勇相傾，富強相尚。我中國與之並立，不得不亟思控制，因變達權㉓。

按光緒初年討論變法之重要人物，除在華外人不計外，尚有王韜、薛福成兩人，而郭嵩燾氏於一八七七年出使英倫後，其致朋僚書信中亦有關於變法之新意見。惟鄭氏以其爲買辦商人之經驗，及其久住上海之見聞與閱讀之機會，對於所謂「華洋聯屬之天下」有其獨特之見解，而其所提出之救時方策，著重點亦與王、薛、郭諸氏非盡相同。本文之目的在於介紹《易言》之內容，故請先就鄭氏此書所提出之方策，加以分析。讀者固不妨就下列諸論點，與王、薛、郭三氏之思想互相比較也。

㉓《易言》，上卷，頁二。

(一) 論西洋富強之原由

吾人於未討論鄭氏之自強變法思想前，須先對《易言》一書所表達之關於西洋及華洋關係之概念，作一檢討。鄭氏雖能操英語，似仍未能大量閱讀英文書籍㉔。惟其久居上海，「日與異國人相接」，對於西洋之工商業、律法，以及教育制度、行政制度，皆有具體之認識。且其態度開明，當時在華外人編撰之報紙雜誌，如《北華捷報》(*North-China Herald*) 之中文版《新報》(一八六二年創刊)㉕，林樂知 (Young J. Allen) 創辦之《教會新報》(一八六八年創刊，一八七四年擴大爲《萬國公報》)，丁韙良主撰之《中西聞見錄》(一八七二—一八七五年間出版)，及一八七二年創刊之《申報》，鄭氏必曾瀏覽。《易言・自序》云：

泰西人久居中國，亦時時申其論說，作局外之旁觀，因下箸而借箸。蓋所謂事雜言龐，莫甚於玆矣。夫寰海既同，重譯四至，締構交錯，日引月長，欲事無雜，不可得也。異族狎居，尊聞狃習，彼責此固，我笑子膠，欲言無龐，不可得也。雖然，必有一是焉。

㉔ 鄭氏自稱除從其叔秀山學英語外，並曾「從英華書館教習傅蘭雅讀英文夜館」。(見上文，註③。) 按傅蘭雅 (John Fryer) 乃於一八六五至一八六八年間任教英華書館 (The Anglo-Chinese School)；請閱 Adrian Arthur Bennett, *John Fryer: The Introduction of Western Science and Technology into Nineteenth-Century China* (Cambridge, Mass., 1967), pp. 7-14.

㉕ 《新報》一八六六年十一月至一八六八年五月乃由傅蘭雅主編。時鄭氏適從傅氏習英語；見註㉔。

江海不以大受而拒細流，泰華不以窮高而辭塊壤。今使天下之大，凡有心口，各竭其知，各騰其說，以待輶軒之採，芻蕘之詢，不必謂言出於誰某，而但問合於時宜與否，應亦盛世所弗禁，大雅所不斥也㉖。

按鄭氏雖對西人各種言論皆願意考慮，而其對於西洋之興趣，則集中於各國所以致富強之原由。鄭氏深知西洋各國對外發展之傾向，及其與中國利害衝突之處；惟對西洋文化則具同情之了解，除軍事技術與工業技術之外，對於西洋各國商人企業之貢獻，學術教育之造詣，以及法律政治制度之成就，皆一一論及。《易言》首篇首段云：

泰西有君主之國，有民主之國，有君民共主之國，雖風俗各有不同，而義理未能或異。其初開國，立規模，制禮律，何嘗無非常之士集思廣益，以期長治而久安？然考其時數，審其盛衰，知強富有由，洵非一朝一夕之故也。

昔英境分為七國，各有酋長，皆蠢爾野蠻，甚至殺人以祭，剖心以卜，暴戾恣睢，無復人理。迨羅馬統轄英地，政教漸開。未幾北狄作亂，禍被全歐，勢成割據。其後英法鬬戰，延及百年，用是苦心焦思，始製巨艦大砲，狎風濤之險，備戰守之方。西班牙檢出西半球，悟地體圜轉之理，遂開海道以連於亞洲之東南洋。及華盛頓崛起自立，合衆部

㉖《易言・自序》，頁一。

以挫強英，於是英人乃東併五印度，直逼東洋諸國。每經一戰，局勢詭變，人材挺生，各國皆發奮有為，講武通商，力求強富。旣而拿破崙第一興於法國，用兵精銳，窮全歐之智力以相競，卒莫敢攖其鋒焉。近百年來，輪船駛於重洋，火車馳於陸路，而電線遙接於數萬里外，頃刻通音。以至耕織開礦及製造槍砲等事，悉假機器為用；疑有鬼神之助，以洩造化之奇。此彼所恃以雄峙海外，虎視宇內者也。然皆積百年研究之功，始得一旦貫通其學。神而明之，存乎其人，非偶然矣㉗。

按鄭氏於咸豐晚年同治初年，值英法聯軍及嗣後淸廷借西兵助勦太平軍之際，住居上海，對於西洋武力及軍器之威脅，感受甚深。且因供職洋行，日與外商接觸，對於工商業及私營企業制度之爲西洋富強之基礎，尤爲明悉。惟鄭氏除其一己經驗之外，尤能進一步論及西洋富強之學術基礎及政治基礎；舉凡歐美各國之學校制度、議會制度，以及有關人道及人民福利之種種設施，皆注意及之。《易言》一書所提供之中國自強變法方案，固基於當時國際環境及中國內部情形之需要，而同時亦以鄭氏對西洋之新認識爲根據也。

㉗《易言》，上卷，頁一—二。

（二）論中國之國際環境

鄭氏對西洋文化雖有相當同情之了解，惟對歐洲各國之對華政策，則存警懼之心；對於中外條約之種種不公平之規定，尤感憤懣。鄭氏之變法思想雖一部分乃針對中國內政之弊端，與外來之侵略無關；然外來勢力之曾予鄭氏以莫大之刺激，則絕無疑問。

（甲）論各國之窺伺中國

按鄭氏雖認爲西洋文化有其優長之處，然同時並認爲西洋各國「智勇相傾，富強相尚」之結果，益以通商牟利之需要，則必爲向外發展，佔人土地。〈論邊防〉篇分析一八七九年左右中國之國際環境如下：

> 蓋歐洲各國，外託輯和，內存覬覦，互相聯絡，恃其富強。其顯而易見者，如越南則為法人所偪。既設埠於西貢，復屯兵於東京；割其三省之賦以充歲幣，更立六條之約，藉充保護，儼若庇諸宇下，無殊併入域中。而暹羅之奔覺，緬甸之郎崑，早為英人設埠通商，且欲議建鐵路，達於滇粵邊境，以便陸路通行，尤為深謀莫測。日本蕞爾一邦，明時屢受其患，近來崇尚西法，予智自雄，妄思蠢動。迫高麗以建商埠，脅琉球而為附庸，近且夷之為縣，改號冲繩，遠交近攻，得寸進尺。若中國返其積弱，將中立以伺西人之短長；倘中國不能自強，將效尤而分西人之利藪；眈眈虎視，不可不防。俄國地廣

兵強，志在兼併，方諸列國，無異嬴秦。觀其用兵於回部以西，恣其蠶食；通市於回部以北，潛欲鯨吞；復乘髮逆披猖，遂與喀什噶爾酋長霍壁立約通好，俾彼恃有外援，甘心叛逆，抗拒天朝。由是據伊犁，併霍罕，心懷叵測，更宜思患預防，善為之備。彼英人知其意之所圖，故於印度之北阿富汗邊境，籌議劃疆，蓋亦先事而預為之計也。俄人又欲由惠遠城設立電報，越蒙古諸邊直達京都。由此觀之，舉凡藩屬要荒，半為外邦侵佔，藉此窺伺中原，積久生變，遂可長驅直入矣。

夫中國自開海禁，藩籬盡撤，尤屬古今之變局，宇宙之危機也。濱海之省，廣東則香港一島已屬英吉利，澳門一島亦屬葡萄牙；其餘南北各口，綜計〔十〕三埠，彼此通商，而洋人之心猶以為未足也。閒嘗盱衡時勢，各邦俱存封豕長蛇之志，而中國尚乏折衝禦侮之謀。所冀當道諸公，勵精圖治；凡有利於軍務國政者，一洗因循觀望之習，而立長駕遠馭之方，毋使環而相伺者之得狡然以逞也㉘。

(乙) 論通商條約

鄭氏不但認爲西洋各國對華「外託輯和，內存覬覦」，而對各國在華之通商傳教活動，頗多憤懣之處。〈論交涉〉篇云：

㉘《易言》，下卷，頁一—二。

中國自與外洋立約通商以來，濱海之區，悉開口岸；上自官商教士，下自兵役匠工，紛至沓來，履跡幾徧。而傳教則許入內地，游覽則給予護符；無論微員商賈，與有司接見，悉禮若嘉賓，無或簡慢。竊謂中國之待洋人已如是其忠且敬矣。雖有時變生意外，釁起無端，半由於教堂恃勢欺人，小民積憤旣深，羣思報復。然一經稟訴，查辦維嚴，則中國之於洋人誠無所負也。若洋人能返己自思，謙以持躬，恕以接物，中外一體，開誠布公，不存欺藐之心，悉泯彼此之見，我華人有不休戚相關，憂患與共哉㉙？

按鄭氏久居上海租界，深悉當時中外通商條約，予洋人利便之處甚多。洋商良莠不齊，常有利用領事裁判權欺凌華人之事；而協定關稅之稅則，與西洋各國本國施行之稅則決不相同。諸此鄭氏曾於〈論交涉〉、〈論稅務〉中詳述，玆舉例如次：

如輪船於河道港口，駛行無忌，恒與華船相撞。小則船具毀壞，大則人貨俱沉。被控到官，仍復強詞申辨，或咎華人不知趨避，或誣華船桅燈不明，改重從輕，苟且結案，而華人之身家性命，盡付東流，負屈含冤，無可控訴。又如往來孔道，馬車馳驟，行人偶不及防，無論蹂踐死傷，竟策馬揚鞭，不顧而去。倘旁人阻止，與之理論，反謂車來當讓，大肆咆哮；卽使扭赴公堂，亦僅以薄罰完結。又如洋行所僱華人，每月工金多寡，

㉙《易言》，下卷，頁五。

固有定約，給發亦有常期，而往往借釁生端，多方扣減；少不稱意，卽行毆逐。甚至持槍恐嚇，偶一失檢，釀成命案；及事經官府，又復委曲調停，僅援悞傷之條，予以薄罰。而尤為慘酷者，則莫如粤省奸匪與洋人串通，散佈四方，拐誘鄉愚販賣外洋，永為奴僕。聞古巴、秘魯、亞灣拿等處，歲中可陷華人以千萬計，其殘忍刻薄，旣大傷天地之和，其暗騙明欺，復顯背中西之約。惜路隔重洋，無人查辦，莫為發其覆而斥其奸耳。至於貿易一途，華人欠洋人之帳，則必須控官追索，家產封填，甚且擾及鄉鄰，押其同族。而洋人若有折閲，雖饒私蓄，亦不過循例報窮，將家具拍賣攤派而已。且外國於中國進口之貨，稅從其重；而洋貨之進口，稅欲其輕。又華人到其國貿易，須照例納款，按名報繳，歲有常規；而洋人在中國經商，並無此費。試將中外接待情形，兩相比較，直有雲泥之隔，豈徒厚薄之分？是洋人先自薄待乎華人，又何怪華人之歧視乎洋人也㉚。

(丙) 論傳教

通商條約之下，洋商藉勢凌人之事如此。而教士雖慈善爲懷，其行動亦有失檢之處。鄭氏對教士中之介紹西方知識，辦理慈善事業者，頗爲欽慕；對於西洋各教派之源流，亦能辨識。然鄭

㉚ 《易言》，下卷，頁六—七。

氏認爲敎士中必有爲各國之政治工具者。〈論傳敎〉篇云：

竊謂外國傳教之士，實中國召釁之由也。洋人之到中華，不遠數萬里，統計十餘國，不外通商傳教兩端。通商則漸奪中國之利權，並侵中國之地。傳教則偵探華人之情事，欲服華人之心。陽託修和，陰存覬覦，互相聯絡，恃其富強，致華人謀生之計日窮，而教民交涉之案迭起。其中煽害，倍甚通商㉛。

鄭氏對敎士入內地後不願受地方官約束，及中國人入敎者之倚賴敎士勢力作奸犯科，尤爲憤懣：

今中國旣許洋人傳教，不得不按照條約為之保護；而各教士所到之處理應歸地方官約束，不干預公事，任意妄為。無如中國莠民，每倚進教為護符，作奸犯科，無所不至。或鄉愚被其訛詐，或孤弱受其欺凌；或強佔人妻，或横侵人產；或租項應交業主，延不清償；或錢糧應繳公庭，抗不完納；或因公事而藉端推諉，或因小憤而毆斃平民，種種妄為，幾難盡述。傳教者又往往不知底細，受其瞞聳，反以先入之言，為之私心袒護，出面扛幫；常有被控在官，匿不到案，甚至犯法旣經議罪，竟公然縱之出洋，致令無處緝兇，案懸莫結。而地方官凡遇教民交涉之案，恐啓釁端，先存戒愼，又不知外國律

㉛《易言》，下卷，頁九。

例，辦理茫然，遷就定讞。是以平民受屈，伸理無從，積怨日深，羣思報復。以致折教堂，辱教士，及民教互鬬之案，層見疊出。雖迭經大臣查辦，或以相距太遠，未悉隱情，或以律例不同，各執一是，訊斷殊形周折，定案每致稽延。彼遂恃強，多方要挾。有司既已革職，復請添開口岸；首犯既已抵罪，恣情另議賠償。蔑理背情，殊乖和約㉜。

（三）論外交對策

基於上述事實，鄭氏乃認為當時中國實遭遇三千餘年以來所未有之危機。鄭氏之言曰：「今泰西數十邦叩關互市，與我中國立約通商，入居內地，此乃中國一大變局，三千餘年來未之有也。」又曰：「方今中外通商，華夷錯處，小則教堂滋事，各省糾纏，大則兵船示威，多方恫喝；誠歷代未經之變局，亦智人難測之危機。」㉝然則國人應如何求一有效之對策乎？《易言》全書主要內容著重自強與變法，惟鄭氏同時亦主張求外交上之對策，以應付急變，並求中外條約之逐漸修正。鄭氏認為中國首應放棄傳統「定於一尊」之世界觀，積極參加國際社會。但鄭氏亦深知外交策略之有日而窮，中國惟有力圖自強，始能禦侮。

㉜《易言》，下卷，頁一〇。

㉝《易言》，下卷，頁一四下及頁二一下。按中國之處於三千年來未有之變局，李鴻章於一八七二年起，即屢言之。見李鴻章，《李文忠公全集．奏稿》卷十五，頁四五；卷二四，頁一一。

（甲）論加入國際社會

鄭氏認爲無論就事理或就當時局勢而言，傳統「定於一尊」之觀念，皆非放棄不可。而所謂夷夏之分，與事實不符，亦應修正：「夫地球圓體，旣無東西，何有中邊？同居覆載之中，何必強分夷夏？」〈論公法〉篇云：

我中國自謂居地球之中，餘概目為夷狄，向來劃疆自守，不事遠圖。通商以來，各國恃其強富，聲勢相聯，外託修和，內存覬覦，故未列中國於公法，以示外之之意。而中國亦不屑自處為萬國之一〔而〕列入公法，以示定於一尊。正所謂孤立無援，獨受其害，不可不幡然變計者也。

且中國輿圖未富。古之時，如兩廣、兩湖、吳越，皆屬蠻夷；匈奴、烏桓、西羌，半為戎狄。至漢始南達交趾，東徑樂浪，編為郡縣。歷元明以至本朝，匈奴、西羌等地，悉隸版圖，而朝鮮、安南，又為藩服；幅員之廣，亘古為昭。而地球九萬里半屬外夷，非謂中國正統一方，遂不必考其政事之得失，強弱之何如，自足以駕馭邊陲，使四夷賓服也。卽使懷柔有術，亦當如《春秋》書法，不以國小異其辭。

夫地球圓體，旣無東西，何有中邊？同居覆載之中，何必強分夷夏？如中國能自視為萬國之一，則彼公法中必不能獨缺中國，而我中國之法，亦可行於萬國。所謂彼教之來，卽引我教之往；風氣一開，沛然莫禦，庶幾聖人之道，施及蠻貊，凡有血氣者，莫不尊

親，文教之斁於是乎遠矣㉞。

按鄭氏雖認爲西洋各國講武通商，稟性侵略，而同時亦指出各國皆承認國際公法爲其行動之規範。「各國之藉以互相維繫，安於輯睦者，惟奉《萬國公法》一書耳。其所謂公者，非一國所得而私；法者，各國胥受其範。然明許、默許、性法、例法，以理義爲準繩，以戰利爲綱領，皆不越天理人情之外。故公法一出，各國皆不敢肆行，實與世道民生，大有裨益。然必自視其國爲萬國之一，而後公法可行焉。」㉟鄭氏爰建議遣使西洋各國，與之「立約要盟」，並改訂有關之法律，俾與公法大略不悖，以減少各國侵凌之藉口：

為今計中國宜遣使會同各國使臣，將中國律例合萬國公法別類分門，同者固彼此通行，不必過為之慮；異者亦各行其是，無庸刻以相繩。其介在同異之間者，則互相酌量，折衷一是。參訂既妥，勒為成書，遣使往來，迭通聘問，大會諸國，立約要盟，無詐無虞，永相恪守，敢有背公法而以強凌弱藉端開釁者，各國會同得聲其罪而共討之㊱。

（乙）論積極外交

中國倘放棄其傳統之天朝觀念而承認國際公法，是否卽能恃以保障疆土，維護利權？鄭氏

㉞《易言》，上卷，頁三下—四。
㉟《易言》，上卷，頁三。
㊱《易言》，上卷，頁四。

雖認爲中國應避免國際上之孤立，而對傳統之「以夷制夷」政策，則認爲其未必可靠。依鄭氏之分析，西洋諸國中，惟美國與中國素無嫌猜，可能相助，而其他各國則對中國皆有野心。〈論邊防〉篇云：

> 查立約諸國，最強者莫如英，而美法與俄皆堪頡頏。然英人險詐，法人鷙猛，勢力相敵，跡其離合，實係安危。俄則地據形勝，兵嚴紀律，惟以開疆拓土為心，向為諸國所忌，而尤為中華之所患，宜外與聯和，內嚴防守，不可或忽也。美國秉信守禮，風俗龐厚，與中國素無猜嫌，當相與推誠佈公，力敦和好。有事則稍資臂助，無事亦遙藉聲援。若日本則器小易盈，夜郎自大，中國仍當嚴備；設重兵於沿海，以杜其機心，駐欽使於藩邦，以通其聲氣。如有蔑法背約等事，則遣使折之以理，使其有所懾伏，不敢肆行。守在四夷，道不外於此矣。或謂俄羅斯毘連之國，歐洲如英普，亞洲如日本波斯，犬牙相錯，中國宜遣使通好，寄以腹心，有事則協力以拒之，計亦良得。所慮者，各國藐視天朝，難資得力耳㊲。

按〈邊防篇〉論保衛中國疆土之法，最主要者有三端。一爲「廣造水雷，多製鐵艦，訓練水師，以資戰守」㊳。足見鄭氏雖重視外交，而尤重視軍事。其他二端雖爲外交對策，亦皆積極之

㊲《易言》，下卷，頁三—四。

㊳《易言》，下卷，頁三下。

策略。一爲「劃清疆界，載諸和約，以免侵佔」。換言之，卽採取外交先著，將疆界劃分清楚，見諸約章，以杜各國野心：

我朝藩屬多荒邈之區，既已立約通商，開設口岸，惟宜往來貿易，彼此相安，豈容包藏禍心，得隴望蜀？今中華疆域，洋人履跡殆徧，教堂滋事之案，指不勝屈。或以相距太遠，未悉隱情，或以不諳西文，未能審辦，彼遂恃強蔑理，逐漸要求。今宜申劃郊圻，將中國疆界繪圖註說，載存和約，與各國申明條例，無論內外，不得侵佔，倘渝此約，各國得申其罪而致討之。中國復奮發自強，則苞桑永固矣㊴。

其次則應「遣使屬國，代爲整頓，以資鎭撫」。換言之，鄭氏建議清廷改變傳統不干涉藩邦內政外交之政策，俾能有助其富強禦侮，藉收控制之效：

高麗、越南等國，向來恭順，藉作屏藩。宜愼簡大臣前往，審其利弊，察其形勢，如通商開礦等事，可資富強者，令其國次第舉行。倘或巨款難籌，則中國先為措撥，按年清償。若各國已建有埠頭，則為派領事，練水師，俾資保護，萬一有警，可收指臂之助，而為脣齒之依。惟是開辦之初，經營匪易。然得一二明敏之員，任其艱難，致其誠款，語以長治久安之策，示以一勞永逸之謀，各國自必樂從，不數年而效可睹矣㊵。

㊴《易言》，下卷，頁四。
㊵《易言》，下卷，頁四下—五。

（丙）論華洋爭端及治外法權

鄭氏論外交政策，於鞏固疆界及避免孤立二事之外，並主張利用公法及西洋法律，採取行動，俾得隨時解決中外關係所引起之糾紛，避免不必要之衝突。鄭氏反對軟弱之「羈縻」政策，但同時亦反對盲目之「攘夷」政策。〈論交涉〉篇云：

> 中國好言勢者，專事羈縻，而於國計民生未暇兼顧，雖不至於開釁，然習於疲薾，不知振作，如患瘵疾，妄用補劑，而此身漸弱矣。好言理者，激於忠義，專主攘夷，而於彼此情形，未能統籌，措置失宜，每至決裂，如患瘍毒，常施攻伐，而元氣日衰矣。方今辦理洋務，雖不越理勢二端，然當權其輕重，度其緩急，如勢足固不能以違理，勢不及尤當折之以理。彼有所請，可許者則應之，勿事因循。不可許者則拒之，更宜直捷。倘依違莫決，聚訟紛紜，致洋人引為口實，多方恫喝，反覆要求，而結案或議罰賠，或開商埠，使後之辦理者莫所適從，更形棘手。所貴權宜應變，酌中用和，立一公允通行之法，庶中外遵守，永遠相安㊶。

按鄭氏認爲中外糾紛所以不易解決，癥結在於西洋人所享之法權。〈論交涉〉篇云：

> 夫河港中禁輪船飛駛，街道中禁馬車馳驟，無事則禁攜軍器，用人則禁扣工資，而販人

㊶《易言》，下卷，頁七下—八。

出洋，尤干例禁，泰西各有律法，按籍可稽。倘華人理直氣壯，援萬國公法反覆辦爭，堅持不撓，彼雖狡獪，亦當無可措詞。惟查中西立約之時，以中國法重，西國法輕，判然各異；故議交涉之案，如華人犯罪，歸華官以華法治之；洋人犯罪，歸洋官以洋法治之。顧有時華洋同犯命案，華人則必議抵償，並施撫卹，無能免者；至洋人則從無論抵，僅議罰鍰。若過持公論，爭執條約，而洋官反暗中廻護，縱遣回國，究詰無從，非特輕法未加，抑且無法以治，此尤事之不平者㊷。

鄭氏於光緒初年草《易言》時，尚未要求立卽廢除領事裁判權，蓋鄭氏深知中國法律之弊病，認爲立卽取消治外法權，洋人必不心願，各國政府亦必不允。在此種情形下，最好之辦法應爲由清政府聘請諳悉中西法律之通達之士，制定新法律，以處置涉及華洋關係之案件，「權宜應變，酌中用和，立一公允通行之法，庶中外遵守，永遠相安。」〈論交涉〉篇爰提議：

查西國構訟，兩造俱延狀師赴質，審或不公，狀師可辯其是非，駁其枉直；必須水落石出，疑竇毫無，問官始克定讞。竊謂中國此時亦須參仿辦理。倘有通西律，嫻清例，其人品學問素為中西所佩服者，大吏得保奏於朝，給以崇銜，優其俸祿，派往總理衙門及南北洋大臣處差遣。其律法參用中西，與洋官互商，務臻妥善。如猶以為不合，卽專用

㊷《易言》，下卷，頁七。

洋法以治之。以洋法治洋人，使之無可規避；以洋法治華人，罪亦同就於輕，庶幾一律持平，無分畛域。遇有交涉事務，秉公審斷，按律施行。每年終將各案如何起釁，如何訊問定讞，刪繁就簡，勒為成書，以備各國公覽，兼資華人考證。則是非枉直，開卷了然；詭詐欺凌，奸謀莫逞。既不失講信修睦之誼，亦可見準情酌理之施。海隅蒼生，並蒙其福㊸。

依玆所論，鄭氏雖未呼籲立卽廢除治外法權。然其所建議之由華官採洋律審理涉外案件，目的乃在於廢除治外法權。而鄭氏所主張之「以洋法治洋人，使之無可規避；以洋法治華人，罪亦同就於輕」，固中國法律改革之先聲也。

（丁）論遣派公使領事

鄭氏所建議之積極外交政策，除上述各點外，並著重派遣使領人員常駐外國。〈論出使〉篇云：

查泰西之例，凡各國通商所在，必有公使以總其大綱，有領事以治其繁劇。又慮其威權之不振，勢力之少衰，而商賈保護或有未周也。於是簡其水師，盛其兵船，往來游歷，以資鎮撫，而備緩急。遇有事端，則悉心辦理；或有未協，轉請各國官商妥為裁奪。此

㊸《易言》，下卷，頁八。

其大致也㊹。

按〈論出使〉似以同治年間舊作爲底稿，而修改於一八七六年，煙臺協定之前；當時清廷尙未派公使常駐外國。鄭氏之言曰：「中國旣與歐洲各國立約通商，必須互通情款。然無使臣以修其和好，聯其聲氣，則彼此扞格，遇有交涉事件動多窒礙。是雖立有和約，而和約不足恃也。雖知有公法，而公法且顯違也。是則使臣之責任不綦重哉？」㊺然鄭氏除希望使臣能折衝樽俎，挽回利權之外，並希望朝廷能派遣地位較高，「膽識兼優」之官吏出洋，使之能多了解西國政敎風土，可對中國將來之國策有所補助。鄭氏曰：

春秋時，賢士大夫必周知列邦政教之隆替，民情之向背，俗尚之好惡，國勢之盛衰；必也全勢在胸，然後能體國交鄰，事大字小。今泰西數十邦叩關互市，與我中國立約通商，入居內地。此乃中國一大變局，三千餘年來未之有也。而詞臣每鄙洋務為不屑談。竊謂嗣後各國使臣宜兼二三品京卿，其膽識兼優者，方膺簡命，駐劄外洋。庶幾於各國政教之殊，得而察之；洋人製造之巧，得而知之。卽其風土之詭異，人情之醇詐，與夫物產之蕃滋，皆得詳訪而備記之。外洋情形瞭如指掌，是一舉而數善備焉㊻。

㊹《易言》，下卷，頁一四。
㊺《易言》，下卷，頁一三。
㊻《易言》，下卷，頁一四下——一五。

然此外尚有一必須派遣公使領事之急迫原因，卽國家對於住居外洋之人民應加保護。鄭氏對出洋謀生之商民，極爲關心：

邇來中國商民出洋貿易傭工者，不可勝計。洋人每以為主客不敵，肆其欺凌，無由伸理。似宜照泰西之例，凡有華民寄居之地，亦設公使領事。遇有欺凌等事，照會其地有司，悉遵公法，以審是非，援和約以判曲直。倘華人有滋事不法者，亦循法懲辦。庶貿易者旣安其生理，傭工者復免其摧殘，顯以盡保衛商民之道，而默以寓守在四夷之規。卽各邦亦得以坦懷相與矣㊼。

然中國卽設公使領事於華民所居之各邦，是否卽能保證其必不受人欺凌摧殘？是則須視中國之國力何如，自強是否有效。鄭氏受西洋在華砲艦政策之刺激，建議由政府鼓勵華僑設立團練，以求自衞，並派遣中國兵船出洋巡遊，以爲其聲援：

星加波、檳榔嶼、新舊金山等處華人多則數十萬，少亦不下數萬，皆造有會館，立有董事。尤應分設領事，以撫循之；結納董事人材，令其團練壯丁，協同操演。擇其尤者，咨請總理衙門給以頂戴，獎以銀牌；鼓勵優則思奮發矣。

若外洋各華商欲請中國兵船巡遊各埠，以為聯絡而助聲威者，其兵船經費卽由華商公

㊼《易言》，下卷，頁一四。

派。庶華商得兵器之衛護，兵船賴華商之捐資，由此行之，則中外兩有裨益矣。惟是愚所慮者，住居外洋之華民先有輕視中國之心，而反求庇於洋人。會館董事每自結黨羽，爭誇雄長，不願受華官之約束以致侵奪其權；故華官之前往者，輒多掣肘；此蓋逆料我國家戰艦不能遠行，兵威不能遠布，故有此欺藐也。誠能一旦振作有為，又何虞哉⑱？

（四）論國防與兵制

鄭氏雖希望清廷採取積極外交政策，以解決華洋糾紛，挽回國權，惟深信外交策略有日而窮，欲求其有效，必須中國先能刻刻自強。〈論公法〉篇云：

況歐洲各國動以智勇相傾，富強相尚。我中國與之並立，不得不亟思控制，因變達權。故公法約章宜脩也，不脩則彼合而我孤。兵制陣法宜練也，不練則彼強而我弱。槍砲器械宜精也，不精則彼利而我鈍。輪船火車電報宜興也，不興則彼速而我遲。天球、地輿、格致、測算等學宜通也，不通則彼巧而我拙。礦務、通商、畊織諸事宜舉也，不舉則彼富而我貧。噫！世變無常，富強有道。惟準今酌古，勿狃於陳言，因時制宜，勿拘於成例。力行旣久，成效自徵⑲。

⑱《易言》，下卷，頁一五。
⑲《易言》，上卷，頁二下—三。

鄭氏之自強方案，表面上似僅注重西洋器械與技術之輸入。然鄭氏雖認爲有接受西洋器械與技術之必要，而細考其論說，則實著重參考西洋制度，改變中國傳統制度。玆請先論鄭氏關於國防及軍制之意見。

（甲）論海防

鄭氏既認爲歐洲各國及亞洲之日本隨時有覬覦中國之意，於中國禦侮之道，乃深切注意，而對於海防問題，尤憂心焉。〈論水師〉篇云：

從前髮捻披猖，迭經統兵大員倍加整頓；陸軍則精練湘淮，水勇則兼資閩粵，用兵二十稔，大難卒平，非不立有良規，收其成效。無如後先異致，今昔不同，外患日深，強鄰日偪；若復膠於舊制，罔變新章，恐以之制陸地則有餘，以之禦海防則不足也。何則？方今口岸通商，防閑盡潰。凡所謂天生險阻，足以固吾圉而控遠人者，皆有洋船駐泊，出沒無常；而關河之要害，海道之情形，較之內地兵民，尤為熟悉；直不啻寢我臥榻，據我戶庭，在中國幾無可守之區，更無藉守之具矣㊿。

海防之問題既如此嚴重，中國自不能不藉西法以求抵禦。鄭氏云：「彼〔疑當作猶〕乎惡虎豹而服其皮，取其溫暖也。斥夷狄而師其法，取其利用也。」㉛鄭氏認爲欲整頓海防，必須採取

㊿《易言》，下卷，頁一六。
㉛《易言》，下卷，頁一六下。

下述步驟：㈠倣築西式砲臺。「查西國砲臺之式，下廣上銳，或作尖錐三角形。臺上四面安砲，迤邐起伏，首尾相顧；臺下環之以池；其制與中國砲臺迴異……竊謂嗣後沿海要隘，築臺必照西式之堅，製砲必如西法之精；守臺必求其人，演砲必求其準，使與外洋之水師輪船表裏相資，奇正互用。」52 ㈡購製海軍船艦，及水雷等具。「查前代但言海防，在今日當言海戰。考攻敵之具有四，曰鐵衝船，曰鐵甲船，曰轉輪砲船，曰蚊子船。守險之具亦有四，曰砲臺，曰水雷，曰水中衝拒，曰浮鐵砲臺。鐵衝船宜於水戰，轉輪砲船宜於肆擊，鐵甲船蚊子船宜於攻堅……而守險之具又須視口岸之所宜。無水雷則砲臺不能守，無衝拒則水雷無所依；舉凡難設砲臺之區，又須恃浮鐵砲臺，卽以鐵甲戰艦環峙海中，以資捍蔽，上置轉輪巨砲，隨岸上下循環策應，相需爲用，乃能相濟以成。」53

鄭氏認爲中國海岸應設海防四重鎭：「直奉東三口爲一鎭，江浙長江爲一鎭，福建臺灣爲一鎭，粤省自爲一鎭。」「編分四鎭各設水師，處常則聲勢相聯，緝私捕盜；遇變則指臂相助，扼險環攻。」四鎭之中，直奉東三口尤其重要。「夫津門爲京畿屏蔽，而要口則在奉東。咸豐十年英法犯津，其兵船輜重皆分駐於威海崆峒各島。今津門雖屯勁旅，而奉東二口並無牽綴之兵，是北洋之防未固也。……爲今計宜合直奉東三省之力，以鐵甲船四艘爲帥，以蚊子船四艘、輪船十

52 《易言》，下卷，頁一七。
53 《易言》，下卷，頁一七下—一八。

艘爲輔，與砲臺相表裏。立營於威海衞之中，使敵先不敢屯兵於登郡各島；而我則北連津郡，東接牛莊，水程易通，首尾相應。彼不能赴此而北，又不便舍此而東。就令一朝變起，水陸夾攻，先以陸兵挫其前鋒，後以舟師搗其歸路；即幸而勝我，彼亦不敢久留，敗則隻輪片帆不返。則北洋之防固矣。」[54]

惟鄭氏雖重視戰具與技術，而對爲中國海軍基礎之制度與人才，則尤其注意。鄭氏之言曰：「蓋洋人之所以雄峙海外，虎視宇內者，非徒恃其船砲之堅利，將領之精銳，而後能軍也。蓋先由養兵餉足，志專一而心不紛，而後能令出惟行，令行而後能少以制衆也。」而大海「浩無津涯，非練習多年不能測淺深而定方向，即如江面得力之將弁，用之海上，亦恐遷地弗良。」[55] 清廷如欲辦理海軍，必須先特派統理海防水師大臣，由其指揮各省水師提督。更「考取水師中善於管駕，精於武備者，分爲統帥」，而同時愼選有航海經驗之閩廣寧波沿海之人，依照西法，加以訓練：

> 我皇上鑒前毖後，思患預防，遏已著之兵端，消未形之邊禍，惟有設立四鎮，特考取水師中善於管駕，精於武備者，分為統帥，督練水師；加其廉俸，重其委任。而各省之水師提督，可以另派一統理海防水師大臣，專一事權，遙為節制。時其黜陟，察其材能；

---

54 《易言》，下卷，頁一八—一九。

55 《易言》，下卷，頁二〇。

事不兼攝乎地方，權不牽掣於督撫。優其爵賞，重其責成，取西法之所長，補營規之所短；除弊宜急，立志宜堅；用賢期專，收功期緩。行之以漸，持之以恆。至輪船管駕將官，必須洞悉測風、防颶、量星、探石、辨認各國兵船、識別各口沙礁者，方膺是任；兵弁亦須選年富力強及沿海熟識水性之人，配入輪船，隨時操演，拾級而升。槍砲務求其準的，不事虛機；駕駛務極其精明，不求速效。更採西國水師操練之法，輪船戰守之方，砲位施放之宜，號令嚴齊之訣；截敵人之奔岸，練水面之陣圖。察益加察，精益求精，庶幾將盡知兵，士皆用命。振亞夫之旂鼓，豈徒破敵於寰中？麾允文之艨艟，不且爭雄於域外哉[56]？

(乙)論火器與將才

鄭氏雖強調海軍之重要，惟亦深悉陸軍為作戰之根本，而海陸作戰同賴乎火器之優良。鄭氏對西洋新式軍械頗為認識。〈論火器〉篇列舉西洋新砲式，尤贊德國克鹿卜所製之十二磅彈小鋼砲，「砲體輕則易於運動，砲質堅則經久如新，子路準則易於傷人，砲身長而膛有來復螺紋逼子運行，則命中而及遠。」至於砲彈，則「所用開花彈皆煉雙層鐵體，外裹四銅箍，已遠勝於裹鉛之彈。況他彈僅炸四十餘片，雙層之彈可炸百數十片，計藥不過一磅，其力竟及於數十里之

[56]《易言》，下卷，頁二〇下—二一。

遙。」洋槍則「從前皆用前膛。自美國林明敦後膛來復槍出，各國皆改制倣效，未幾德之馬體尼槍，英之馬體尼亨利槍，接踵而出，同製異名。今德國又新出後膛茅塞槍，裝放愈便，每分鐘可放二十子至二十二子，遠及一千九百邁路，允爲洋槍之冠」。至於槍彈，則須用「子藥」，且須「外加銅托，方無遲悞之虞，斷不宜用紙托以圖省費」。鄭氏指出清政府過去購買外洋軍火常爲奸商所愚，所購不精，且有彈藥與槍砲未能配搭之事：「竊謂嗣後各省籌防，須派精明諳練之員，采擇槍砲，方不至爲奸商中飽，爲窳器混充。蓋一砲有一砲之性質，一槍有一槍之規模。彈固分大小尖圓，藥亦判銖兩輕重，尤宜使歸一律，庶免配搭錯誤，臨事倉皇。」57

鄭氏認爲中國爲求長久自立起見，必須自圖製造新式武器，但認爲當時中國各機器局船政局所造之槍砲與輪船，多屬舊式，未必合用。「每製一器，造一船，我方詡爲新奇，彼已嗤爲陳腐。邯鄲學步，何能精妙入神？惟有竭慮殫思，標新領異，進而彌上，青出於藍，或不致倚人爲強而籌邊有備耳。然而不特此也。國家整軍經武，其所用槍砲必須預定其數，先行製造，操縱自如。若一一仰給於人，購諸外國，倘一朝有事，局外之國或謹守公法不肯出售，或敵國行賄反間，絕其來源；只奮空拳，何能禦敵？惟有懸不次之賞，求絕詣之人，鑪錘在手，規矩從心。庶幾讐服百蠻，永清四海矣。」58

57 《易言》，下卷，頁二二—二四。原文「一千九百邁路」疑有誤；「邁路」或指「邁得」(meter)。

58 《易言》，下卷，頁二四。

惟鄭氏雖重視武器，而尤重視人之因素，換言之卽將官與士兵之品質。鄭氏認爲軍隊之作戰能力，首賴爲將者之領導力與機智。

古人有言：「兵在精而不在多，將在謀而不在勇。」是以甘寧百騎，能刼曹營，背嵬五百，可摧金虜，皆由養勇於平日，故能敵愾於臨時。又曰：「置之死地而後生，處之危地而後安。」故項籍之破釜沉舟，而強泰銳挫。淮陰之背水列陣，而趙國鋒摧。蓋必士卒有忘生敢死之心，斯為將者乃克操出奇制勝之策耳。

又讀蘇洵所著〈心術〉，有曰：「夫惟義可以怒士，士以義怒，可與百戰。」凡戰之道，未戰養其財，將戰養其力，旣戰養其氣，旣勝養其心。夫將欲智而嚴，士欲愚。智則不可測，嚴則不可犯，故士皆委己而聽命，安得不愚？惟其愚而後可與之皆死。昔孫子之教吳宮，穰苴之斬莊賈，田單之卻燕軍，勾踐之破夫差，其術不外乎此。

今之戰事雖與古異，戰之心法仍與古同。所謂聚不義之人，激不平之氣，授之凶器，使之殺敵也。然欲令不義者轉而效忠，非術以制之，蔑以濟矣。故為將者，規天時，察地理，揆形勢，審機宜，運以精心，貞以定力，然後可以將兵。兵法曰：「殺士卒之半者，威加海內，殺十之三者，力加諸侯，殺十之一者，令行境上。」夫豈真嗜殺為哉？不過能制其死命之意也。故欲制敵人之死命，先制我軍之死命。能與我俱死，而後可與之俱生。

遍來用兵，全恃火器。彼此鬨擊，往往稍挫前鋒，難資後勁。善將兵者，雖戰陣之頃，瞬息千變，運用之妙，存乎一心。如陸營選北人充之，則騎射是其所長。水軍擇南人充之，則行船是其所習。然後汰其怯弱，選其精強，再參以兵法陣圖，奇正縱橫，窮研嫻習。一經臨敵，先列砲車，環於三面。前隊衝鋒，奮施火器；繼以步隊，伏於兩翼，使之前後策應，廻合自如；雖彈如雨驟，砲若雷轟，惟有進前，萬無退後。能制我軍之死命，故克制敵人之死命也59。

近代戰爭中將才既益加重要，然則如何始能訓練將才，選拔將才？凡為將者必須「洞悉山川形勢，由何處進剿，何處安營，何處設伏，何處可斷其糧道，何處可絕其援師，地勢敵情，瞭如指掌，繪圖錄示，使營中上下無不周知，洞若觀火，朗若列眉；其心先已有恃而不恐，以故戰無不勝，勦無不克。將兵之本以此為先，而練器、練陣、練兵，猶為末著。查當日普兵破法，自統帥偏裨以迄隊長，人人夾袋中皆有法國地理圖一冊，以為指南。舉凡山川城市，險要之所在，兵糧之所聚，戍守之所嚴，若者難攻，若者易取，披圖具載，先已了然於胸中，上下一心，卒成大捷，此明驗也。」60然欲求為將者之能富有學識，兼有韜略，平時須加訓練選汰，而最好辦法，莫如採取英國制度。鄭氏云：

59 《易言》，下卷，頁二五—二六。
60 《易言》，下卷，頁二六—二七。

考英國弁兵之號令視十將軍，十將軍之號令視大將軍，以次遞傳，嚴明齊一。將軍又以時按行各部，而策其勤惰焉。英之將士，平時多令學古兵法，設立韜略館四處，其極大者在英倫都城之和立次等處地方。又有武書院，隨營之醫生、工匠、弁兵，皆在其中。凡武職官員皆從韜略館出，其兵弁技藝工夫皆從武書院出。而軍裝一律鮮明，軍器並皆堅利，在中國未嘗計及，似不欲以此律諸兵勇也㉑。

（丙）論軍制與民兵

按上述鄭氏論將才與戰事，認爲「將欲智而嚴，士欲愚」，頗有受中國傳統兵家影響之處。惟鄭氏進而論軍制及兵士來源等問題，則受西洋尚武精神及徵兵制度之影響。英法聯軍之役後，英法正規軍隊駐上海者有三千餘人，「軍裝一律鮮明，軍器並皆堅利」，其觀瞻氣象，頗予青年之鄭氏以深刻之刺激。鄭氏對國人之輕視軍士，則殊慚愧。〈論練兵〉篇云：

嘗見身充行伍者，號衣垢敝，槍械朽銹。平時循例擺隊，尚不足以壯觀瞻，一旦臨陣衝鋒，更不足以昭神武。軍容不整，識者憂之。今夫定天下以武功，而治天下以文德。處治平之世而黷武，適爲禍亂之階；當戰守之世而尚文，亦屬危亡之漸。夫儒以治天下，農以養天下，工商以給天下，而無兵以衛天下，不能一朝居也。矧外患內憂之際，積薪

㉑《易言》，下卷，頁二八。

厝火之時乎㊷？

鄭氏既認爲「當戰守之世而尚文，亦屬危亡之漸」，並認爲「無兵以衞天下，不能一朝居也」，然則當時之兵制應如何始能改善？鄭氏首認爲淸政府之經制軍，必須整頓。鄭氏並不主張廢除八旗綠營，但認爲綠營須逐漸改組，俾「收勇丁之實效」。〈論民團〉篇云：

> 我朝八旗兵制，深合三代遺風。綠營兵額五十餘萬，誠使將領得人，固足以戰無不克，攻無不取，以威民而懼戎。迨承平日久，營規廢弛，兵氣不揚，故髮逆之亂，幾二十年，陷竄十餘省而藉以次第蕩平者，全賴勇丁之力，文士之謀。至綠營額兵，則幾如虛設。故言者有裁兵併餉之議，有以勇改兵之謀，意非不良，似尚未折衷於一是。誠能不拘資格，妥定新章，如綠營官兵有出缺者，即選哨官勇丁充補；凡緝捕彈壓等事，釐定規制，以專責成，仍不失綠營之舊規，而得收勇丁之實效。更新去故，反弱為強，特轉移間事耳㊸。

同時則除出缺由勇丁充補外，綠營原有額兵，須「嚴加挑選」，凡不合格者，應「悉行淘汰，就地另募壯丁補充」。而營兵之餉，則應較前加倍，以益士氣。〈論練兵〉篇云：

> 有治法尤貴有治人。務宜愼選將材，任以軍事。將額設水陸營兵嚴加挑選，分為三等。

㊷《易言》，下卷，頁二八下。

㊸《易言》，下卷，頁二九下—三〇。

其慣於駕駛，能辨風雲沙線者為一等；精於韜略，能識山川形勢者為一等；膂力過人，工於槍砲擊刺者為一等。不能入此三等者悉行裁汰，就地另募壯丁補充。無論鹽販漁戶，以及好勇鬭狠之徒，棄之悉為莠民，訓之可成勁旅。復汰額兵之疲弱者，以兩兵之餉，併給一兵。雖〔僅〕實得一兵之用，較之委靡不振，坐糜軍餉者，其得失為何如耶？查綠營舊制，馬兵月餉二兩，步兵一兩五錢，守兵一兩，非特無以贍家，抑且不足自顧。其入籍者悉老弱無聊之輩，無赳桓壯健之夫。承平日久，戰陣不經，或舊額虛懸，或餘兵頂冒；營伍之廢弛，由積漸使之然也。能勿亟加教養，使行伍重整，壁壘一新乎[64]？

至於中央軍制及京畿兵額，鄭氏之建議曰：

我朝兵額滿洲披甲前鋒護軍驍騎校巡捕步軍等營十二萬，綠營健銳火器等營三萬。神機營則選鋒之軍兵，數較兩漢唐宋元明不為甚少。八旂之制，寓兵於民，其法本善，乃太平久而銳氣銷，有兵之名，無兵之實。今欲其強而有用，宜設總理京營滿漢戎政，以王貝子領之。設參贊戎政一員，以忠勛威望漢大臣當之，軍事專以委任。其統領統帶互用滿漢能員。綠營則須足七萬人之額，時加訓練。滿營則復國初八萬之舊，必經遴選，然

[64]《易言》，下卷，頁二七—二八。

後入營。此外則簡精銳以充軍實，汰老弱以充屯田，營制一視湘淮，步伐各遵西法，賞罰必信，教養兼施[65]。

按上述鄭氏提議之選練「莠民」入正規軍，及京畿防衛重用漢大臣，皆相當大膽之主張。惟中國卽採取上述步驟，是否卽能強兵禦侮？鄭氏除建議整頓綠營及加強京畿防務外，更進一步主張基本制度上之重要改革。其一爲改革武科考試：

> 武科選舉，不諳營制，而所習之技勇刀石，又不適於用，遠不如勇丁之合宜。今可於武試中別立新章，曰：能熟知韜略，暢曉戎機也；能明地理之險阻戰守也；能製舟艦槍砲機器也；能造碉堡營壘橋梁也；能演放槍砲命中及遠也。如此庶朝廷得收取士之功，武科不致無人才之嘆[66]。

鄭氏不但主張改革武科，以訓練軍官，培養將才，而基於其對於西洋徵兵制度之知識，大膽提出訓練民兵之主張，以改進兵士之素質。鄭氏對太平天國戰爭中江南若干處民團禦寇之事蹟，頗爲稱道。「如湖州之趙忠節，紹興之包義士俱自捐軍餉，訓習民團，或力守孤城，或捍衛一鄉，賊雖四面環攻，數年不潰，卒之糧盡援絕，守義捐軀，以上報乎國家。而溧陽金壇之間所練團勇，在江以南頗有悍名，誠使處處團防，村村聯絡，則髮逆何至披猖若是？」[67]然鄭氏關於民

---

[65]《易言》，下卷，頁二八下—二九。

[66]《易言》，下卷，頁三〇。末句原文似有脫誤。

[67]《易言》，下卷，頁三〇下。

兵之主張，實乃受西洋制度之影響，主張實行徵兵制。〈論民團〉篇述德法美之制度如次：

> 考德國軍制，民除殘疾即充伍籍。先舉攻守之法，數年然後入羣，遇有出師，責無旁貸。年二十始籍於軍，三年充戰兵，四年充留後守兵，又五年退入團練營，每歲兩次演操，萬一戰兵不敷，仍備調遣。年至五十，止守本國，不列戰兵，其傳教及文學富貴人，不入兵籍，如事值危急，出而教練，或充守兵一年，餘則團練以保地方。法國章程，凡部民應效力者，悉籍為兵，不准出資僱代，自二十歲至四十歲均充行兵或守兵。各兵分隸各羣後，當行兵五年，當戰兵四年，當留兵五年，當戍兵六年。戰兵者，二十歲以上至二十四歲壯丁也。留兵者，已曾經歷行陣退老休息也。行兵戍兵均隨時派駐各隘者也。除疲癃殘疾，不入兵籍外，更有免充兵丁數條。如無父母之長子，例應留養幼弱者免之。寡婦之子，或其父出外而子須留養其母者，免之。父年七十以上，子當留養，或長子長孫長曾孫均免之。兄弟兩人，長者免充；或其兄業已當兵，其弟亦免之。兄弟或有當兵受傷陣亡者，俱免。如已入水龍會及出外貿易者，亦免之。美國之民，皆習武藝，有警則人盡可將，人盡為兵。蓋泰西各大國，不獨寓兵於農，且寓兵於士工商賈，緩急徵調，頃刻可集數十萬。兵費不糜而兵自足。昔普國君臣，臥薪嘗膽，國人亦莫不知兵，卒以勝法。英俄各國，近復效之，精益求精，爭雄海外[68]。

[68]《易言》，下卷，頁三〇—三二。

按傳統之團練乃由地方紳士招募，由官提倡，而非國民兵役。且團練之壯丁皆農民，而鮮出乎「士工商賈」。鄭氏爰建議由官出面，設局訓練「什長」，由其訓練各地居民，「使人盡知兵，同心用命」。此種制度下所產生之民兵，可由地方官選拔為將士，而民兵中之「未嘗學問者」則應經常聽講鄉約，以激勵其「忠義之心」。蓋鄭氏之目的「乃士皆勁旅，人盡知方」，所建議之制度與傳統之團練頗不同也：

今朝廷誠能諭飭各直省督撫將軍都統慎擇知任事之員，認真教習；沿海州縣邊疆等處，次第舉行；先選什長百人，設局訓練，教以刀矛槍砲四種；一俟學成各教其所轄之十人。十人學成則各自教其家之人，使人盡知兵，同心用命；悉歸地方官管轄，時同委員校閱，察其賢否，予以黜陟。如有才識過人，防禦得力者，因材器使，或保官職，或給頂戴，以資鼓勵。而民兵之未嘗學問者，宜設塾師，五日赴局聽講鄉約一次，並談兵法陣圖及古來名將事蹟，禦敵立身等事；使忠義之心，油然而生，咸思感奮。倘有寇警，隨時隨地有司可以檄調。誠如是則士皆勁旅，人盡知方，轉弱為強，在此一舉耳。曷不試而行之也哉⑲？

（五）論富國與保民

⑲ 《易言》，下卷，頁三二。

按鄭氏雖鑒於中國禦侮問題之嚴重，力言必須整頓海防，改革軍制，然渠認爲國家職責並不限於維持國防而已。鄭氏心目中，富國強兵乃互相爲用之政策，而富強之最終目的乃在於「保民」。鄭氏曰：「原夫經世之道，保民莫先於富國，保富莫要於強兵。」又曰：「非富無以保邦，非強並無以保富；相需爲用，乃能相濟有成焉。」⑳

惟鄭氏受西方影響，其所謂「保民」與傳統之概念，略有不同。鄭氏本人業商，對於商人極寄同情；其行文時，「保商」「保民」二詞，每互相換用，而同時鄭氏對農工之福利，亦甚關心，其同情固不限於商人也。此外則鄭氏雖著重保民，而同時並倡言賴民力以圖富強。其論軍制之主張訓練民兵，及其論工業化之主張積極鼓勵私人企業，似皆超出傳統經世學者之範圍。

（甲）論稅務與商業

按鄭氏不但深悉歐洲各國武力之強，對於各國之護商政策，尤爲敬佩。〈論商務〉篇盛讚英國對商人之重視與鼓勵，認爲英國富強之「冠於歐洲」，端賴乎此：

原夫歐洲各邦以通商為大經，以製造為本務，蓋納稅於貨而寓兵於商也……查英國進口之貨稅，較出口倍重，而本國之船鈔比他國稍廉，便商家而暢銷路。惟歲核各商所盈之利，約八十分取一，略如中國戶稅。所賜商賈寶星，及其他表記，沕之用器，以為光

⑳《易言》，下卷，頁二一下；上卷，頁一四下—一五。

榮。其歲入有常，三百磅以下不稅。如有關於商務者，必使議政院官商議覆，務期妥協，而後施行。並設商務大臣專理其事，是以利權獨擅，日臻富強。所有商埠要區，俱設公使領事，屯泊水師兵船，以資護衛，而壯聲威。遇有事端，恃為挾制，或請開口岸，或勒免釐捐，誅求無厭，必遂其大欲而後已。初英國在印度等處租地開埠，志在通商，其後覬覦併吞，倚為外府，而富強遂冠於歐洲[71]。

英國之護商政策如此，而中國則何如？中國與西洋各國訂立條約時，進出口貨稅規定皆極低。「維時當事不知中國稅額較之各國有輕至四五倍七八倍者，故立約如此也。」迨太平天國戰事起後，政府爲應急需，創立釐金之稅，而戰後仍繼續征收。「最旺之時，通計海內歲收不下二千萬；今雖稍減，亦有一千五百萬。」[72]鄭氏承認粵捻之所以得削平，惟釐金是賴，「商賈以販運爲生，若賊匪未靖，道路不通，銷貨必遲，故莫不情殷報效。」而戰後田畝荒廢，錢漕難收，各種善後自強設施，亦須倚靠釐捐：「軍務雖平，而防營尚不可撤，田賦猶未復原；一切善後事宜，尚須布置，即製造輪船槍砲，悉賴釐金彌補，去之則半籌莫展，百事俱弛。」但居承平之日，釐金無論對洋商華商，皆究屬不利，而對華商則摧殘尤甚。「釐卡委員或辦理不善，或因兵燹時設卡過多，洋人遂執洋貨免釐之說以爲要挾，顯違條約，欲撓我國自主之權。」依據天津條

[71]《易言》，上卷，頁九下—一〇。

[72]《易言》，上卷，頁五。

約，洋商另交「半稅」之後，卽可免釐，而華商反未能享此優待。華商欲避釐，則必須向洋商買「稅單」，託其庇障。海關之稅雖「因此而旺」，然此固詭寄影射之不法行爲也[73]。〈論稅務〉篇云：

咸豐八年十一月中西重訂條約，始定洋貨土貨願一次納稅，可免各口征收者，每百兩徵銀二兩五錢，給半稅單為憑，無論運往何地，他子口不得再徵；其無半稅單者，逢關過卡，仍照例納稅抽釐。斯乃體恤洋商，恩施格外，較之華商，其獲利厚矣。故華人之點者，每每串通洋人，互相蒙蔽。有代華商領半稅單而取費者，有代洋商用洋船裝運洋藥各貨者，有代用護照包送無運照之土貨者。譸張為幻，流弊滋多。洋稅釐金，交受其困[74]。

鄭氏認爲爲顧全守法華商之利益起見，釐金應以裁撤爲是。而同時則應提高輸入品之關稅，以保護華商。「華商之守分者，不能獲利，多依附洋人而變爲奸商，反不如裁撤釐金，倍增關稅；其販運別口者仍納半稅；則洋人無所藉口，而華商不至向隅。」[75]至於提高關稅，則應特別注重進口稅。鄭氏「曾考泰西各國稅額，大致以值百取二十或取四十爲制，最多則有值百取百

[73] 《易言》，上卷，頁五下—六。
[74] 《易言》，上卷，頁六。
[75] 《易言》，上卷，頁六下。

者，又有全不取稅者，蓋於輕重之中，各寓自便之計……今宜重訂新章，仿照各國稅則，加徵進口之貨，並重稅煙酒鴉片虛費等物，以昭平允。又如珠玉錦繡珍玩，非民生日用飲食所必需，雖倍稅加釐，無損於貧民，無傷於富室。且統計我國之所無者，則輕稅以廣來源，有者則重稅以遏去路。權其輕重，衞我商民。倘慮率爾更易，齟齬必多，惟於期滿換約之時，重定稅則，據理力爭，務使之就我範圍而後已耳。」⑯

（乙）論國際貿易（附論航權）

鄭氏雖極關心國內貿易之發展，惟對涉外之商務，特別注意，甚憾國人鮮有經營國際貿易之志，尤憾政府之未能盡提倡保護之責。鄭氏認爲華洋通商，既已成局，「既不能禁止通商，維有自理商務，核其出入，與之抗衡，以期互相抵兌而已。」⑰〈論商務〉篇云：

中國出洋之貨，以絲茶為最大宗。今印度等處皆植桑茶，所出與中國相仿，洋人悉往購辦。故年來中土之貨未能暢銷，後或並此而失之，中國之利源不幾竭乎？宜令地方官廣勸農民於山谷間地遍種桑茶，勤加經理。其繅絲製茶之法，尤須刻意推求；如有勝於尋常者，優加奬賞。務使野無曠土，農不失時，則出數愈多，其價可減。酌為銷售，用廣招徠，將不特國課可增，而民財亦可阜矣⑱。

⑯《易言》，上卷，頁七，另見頁八下。
⑰《易言》，上卷，頁一〇。
⑱《易言》，上卷，頁一〇下。

鄭氏認爲中國商人應設法參加國際貿易，與西人競爭，而政府尤應予以扶掖，以期挽回利權。此即鄭氏日後著《盛世危言》時所揭櫫之「商戰」之論，而《易言》中已有雛形。〈論商務〉篇云：「中國商民，株守故鄉，乏於遠志，求如洋人之設公司，集鉅款，涉洋貿易者，迄今尚鮮其人。去款日多，來源日絀，竊慮他日民窮財竭，補救殊難。」⑲至於海外之華僑，則多就地營生，對於中國與各國間之貿易，鮮能顧及；惟望日後由政府提倡，或能兼及此道耳：

今閩粤人之賈於星加坡、舊金山各處者不下八十萬人，其中或住經二百餘年，或隸入英美等籍。然皆奉大清之正朔，服本朝之冠裳，足徵聲教覃敷，龐乎莫外矣。倘中朝亦簡派領事人員，顯示撫循，隱資控制，則華人有恃無恐，籌劃愈工。舉凡外洋之貨，我華人則營運之；中土之貨，我華人自經理之。擴其遠圖，擅其利藪，則洋人進口日見其衰，而華人出洋日徵其盛，將富國裕民之效，可操券而得焉。所慮者，志無洋人之堅貞，財遜洋人之豐厚，偶有盈絀，便思改圖。惟賴在上者，扼其利權，神其鼓舞。凡中西可共之利，思何以籌之；中國自有之利，思何以擴之；西人獨攬之利，思何以分之。扼此三端，則利權可復矣⑳。

鄭氏除對國際貿易，特別嚮往外，因其個人職務關係，對於外國在華之輪船企業，特別注

⑲《易言》，上卷，頁一〇。
⑳《易言》，上卷，頁一一。

意。鄭氏認爲華商資本有限，難與外國航運公司競爭，須由政府設法挽回航權，華商始能發展輪船企業。長江巨利，外船航行尤應禁止之：

西人多財善賈，利之所在，必爭趨之。若華人亦設公司，造商船，力與爭雄，媢商減價，拚折資本，勢必彼此虧絀，無裨大局。欲救其弊，須開其源。按公法例載凡長江內河，如歐羅巴之來因河，多拿江，盡人皆得開設船行，以其分屬於各國也。美國之米西昔比江帆輪之利，土著擅之，以專屬於一國也。他如巴西之阿麻沈江，雖發源於秘魯，入巴西，支分派別，兼注依瓜朶耳國，委內瑞拉國，以貫注巴西數千里之遙。昔有客請立船行而執政拒之，嗣因商旅蕭條爰除前禁，以廣招徠，操縱之權仍自掌之，不以假人也。若夫中國之長江，西導岷峨，東注滄海，源遠流長，如美國之米西昔比江，絕非巴西可比。今長江二千數百里有奇，洋船往來，實獲厚利；喧賓奪主，殊抱杞憂。宜俟中西約滿之時，更換舊約，另議新章，凡西人之長江輪船，一概給價收回。所有載貨水脚因爭儎而遞減者，酌復其舊，則西人罔敢異詞。更於長江上下游，間日開行輪船，以報市價。如是則長江商船之利悉歸中國獨擅利權。當道其有意乎？為國為民，胥於是乎在矣⑧①。

⑧① 《易言》，上卷，頁一一下—一二。

按鄭氏此文似乃作於一八七三年輪船招商局創立之前。嗣後鄭氏於光緒初年作〈船政篇〉時，乃提及「往年中國特設輪船招商局，奪洋人之所恃，收中國之利權，洵爲良策」[82]。惟鄭氏深知招商局與西商輪船公司競爭之困難，其廢除外人在華航權之主張，不但不因招商局之創立而改變，而似益趨堅定。

（丙）論工礦

鄭氏認爲中國不但應發展商業以富國裕民，且應利用西洋技術以求生產及運輸交通之改進。〈論商務〉篇不但力言宜鼓勵華商國際貿易及收回航權，並建議發展華商紡織工業，俾與舶來品競爭：

> 中國東南各省多種棉花，西北廣牧牲畜。若用機器，以製造洋布羽毛呢絨等物，則一夫可抵百夫之力，又省往返運費，其價較外洋倍賤，而獲利倍豐。或疑用機器以代人工，恐攘小民之利，不知洋布呢羽，本出外洋，無礙民業。仿以行之，本以分彼之利權耳[83]。

鄭氏雖注意紡織工業，惟認爲當時中國之急務乃發展礦業，蓋以礦產爲天地自然之大利，而煤鐵尤爲工業之本也。〈論開礦〉篇云：

> 夫五金之產，原以供世上之需。若棄之如遺，則在天為虛生此材，在人為棄貨於地矣。

---

[82] 《易言》，上卷，頁二九。

[83] 《易言》，上卷，頁一〇—一一。

居今日而策國家之富強，資民生之利賴，因地之利，取無盡而用不竭者，其惟開礦一事乎？查英國版圖不及中國數省之地，顧能富甲天下，雄視六合者，蓋格致之士能知五金之礦隨處皆有；因地制宜，按法開採，不惜經費，不畏艱難，事則必底於成，物則各適乎用。製機器代人力以省工，建鐵路資轉運以省費，故能普美利於無窮也[84]。

鄭氏認爲中國之礦藏富源，數千年來，大多爲人忽視。「雲南出銅，山西出鐵，湖南江西出煤，齊魯荆襄出鉛，臺灣出硝，此數處者，人皆知之。其實五金煤鐵等礦各省各處皆有。特以地產之深淺，體質之純雜，層次之厚薄，礦穴之狹寬，人不得而知之。今已知而開採者，大抵不過萬分之一。即礦苗已露之處，又不知如何成色，且多封禁未開，其巖穴深藏，未經透露者，尙不知凡幾。」鄭氏爰建議「專請西國頭等礦師，設法偵探；確有把握，或議以民採官收，或由部議刊給礦照，准民間具領開採，仿商民納帖開行之例，取地中之所有，供人世之所無，計無有更便於此者」[85]。

按鄭氏認爲中國提倡礦務，應由朝廷採取主動，「通飭各省地方官查驗確實，設法招商。」同時鄭氏並希望政府予商人以協助，甚至「派撥防營勇兵，一體開採，既可彌補巨款，啓無盡之財源，又可弭息奸謀，消未來之隱患」[86]。惟鄭氏建議之著重點，乃在動員商力，由商人經營各

[84]《易言》，上卷，頁一二下。
[85]《易言》，上卷，頁一三。
[86]《易言》，上卷，頁一五。

礦。所云「或議以民採官收，或由部議刊給礦照，准民間具領開採，仿商民納帖開行之例」，其意在此。各廠負責之「總辦」，似應由商出身，須由其「躬親確探，因地制宜，或專用西法，或專用中法，或參用中西，視其水口之遠近，審其挖礦之井道，覈其成本，籌其銷場……」。至於礦廠內部之管理，鄭氏則認爲應立一「永遠遵行之法」：

該廠或按年季核計出礦售銷實數，除提出成本利息及納稅開銷之外，所贏餘利，以十分之二歸於廠主；十分之五勻分各執事，以抵薪金；十分之三給各礦夫，以充犒賞。每年將進支數目，張貼工廠，使外內共知共見，疑義毫無。庶幾在廠諸人，均有後望，上下一氣，無荒無怠。工勤弊絕，利藪斯開⑰。

鄭氏認爲中國提倡礦務，應特別注重煤鐵礦，與傳統之政策不同。蓋「中國民生之用，首在銅鉛，蓋因各省鈔局鼓鑄停爐，而奸民又往往私鎔制錢，改鑄器皿，以致錢源愈缺，日用不敷；其次則在金銀；其次在煤鐵。夫煤鐵之礦，雖獲利較他礦稍差，而不得不開者，實以非煤火不能化汽而動機，非精鐵不能製器而利用。故泰西自煤鐵礦開，而後以之製造槍砲則日益新奇，以之製造舟車則日益利便，以之製造耕織等器則日益精工。各邦遂漸臻富強。西人謂一國盛衰，可以所產各礦定之，誠不謬也」⑱。

⑰《易言》，上卷，頁一三—一四。
⑱《易言》，上卷，頁一四。

（丁）論鐵路輪船

按鄭氏之工業化方案，除發展礦業外，最注重建築鐵道及製造輪船。「夫水則資舟，陸則資車，此民生自然之利也。西人本此意而精求之，水則製火輪船，陸則製火車路，以便來往，以利轉輸，誠亘古未有之奇製也。」[89]鄭氏深知鐵路之軍事價值，認為中國若無鐵路，則東北對俄，西南對英，皆無備戰之可言：

> 嘗聞德法搆兵時，德所以勝法者，非德兵果精於法兵，亦藉電信與火車之行軍迅速耳。當兩國未戰之先，德提督向法使言曰：「如果欲戰，我國可於十四日中在邊境集軍十萬，糧械俱備。」後果克踐其言，大獲全勝。從前英俄交戰，俄軍輒敗；彼時若鐵路先成，則勝敗尚難逆料。可知兩國交戰，總視何國能尅期集兵速而且多者，即操勝算。若敵人壓境而無鐵路，非但兵不易集，糧不易徵，未免部署倉皇，軍情危急矣。今俄國精於製造。如自彼國至中華地界築成鐵路，一旦用兵，不過半月可達。中國既無此路，則徵兵調餉，動需歲月，未及齊集而敵已過境矣。英國若於印度築鐵路至雲南邊界，則行兵不過五日可到。與言及此，曷勝悚懼[90]？

然鄭氏雖深明鐵路之軍事價值，而對其經濟上之價值，則尤注重。蓋鐵路之益，徧及於商戶

---

[89]《易言》，上卷，頁一五下。

[90]《易言》，上卷，頁一六。

與農民，誠富國裕民之要著也：

中國版圖廣大，苟非仿造火車鐵路，則相距萬里之遙，安能信息遽通，不違咫尺？大則轉餉調軍，有裨於國計；小則商賈貿易，有便於民生。而且郵傳信息，不慮稽遲；警報徵調，無虞舛悞。況中土沃壤倍於歐洲，只為山險路遙，轉運不便；而農民亦不知製器，因地之利以謀贏餘，僅樹藝五穀，供日用所需而已。使載物之器良便，而運物之價又廉，一切種植，立可以此之有餘濟彼之不足，而獲利恆得倍蓰。數年之後，民間蓄積自饒，當不僅如古人所云，餘三餘一已也。卽或旱乾水溢，偶有偏災，亦能接濟運糧，藉甦民困。昔美國西北之余山郡，地多瀕海，曠邈無垠，當道於數年前開設火車鐵路，近通東郡，遙接金山。由是百貨流通，商賈輻輳，戶口增至十有八萬，有册可稽。此富庶之明效大驗也(91)。

鄭氏認為中國興建鐵路，「當以京都為總滙，分支路以達各省。務使首尾相應，遠近相通，或有礙於廬墓者，當迂迴以避之，庶免滋生事端，阻撓大計。而於各州縣偏旁之地，亦築車路，多備馬車以資轉運往來，如輪船之有駁船，費雖多而利甚普。苟能舉辦，則水路有輪船，內地有鐵路，有事則便於策應，無事則便於商民，利何如也。」至於建造鐵路之費用難籌，鄭氏則認為

(91) 《易言》，上卷，頁一五下—一六。「余山郡」可能乃「金山郡」之誤。

不妨「先擇要道，小試其端，俾民習於見聞，知其利益，然後招商承辦，逐次推廣。今漕糧改行海運，較前已捷；而當事者慮海道不靖，欲復河運舊制。與其費鉅款以復河運，何如移此款以開鐵路之爲愈也」(92)。惟鄭氏雖希望由政府供給一部分資本，而同時則認爲以由「民間認造」爲最宜。商民投資，其「官利」不妨由政府予以保證也：

官之與民，聲氣不通，每畏官之無信。如民間有認造火車路者，特免其捐輸，並保其五厘出息；如官利不足，每年由該省地丁項下扣足，以昭大信，而廣招徠。憶中國初議造輪船時，聚訟紛如，幾於中止，幸當軸者毅然舉辦。故今商船砲船，月盛日新。凡漕糧之轉運，兵糈之徵解，商旅之往來，貨物之流通，無不輪船是賴。且海盜因以歛戢，洋面藉以晏安。矧鐵路之利倍於輪船者乎？倘亦力持其議，任謗任勞，事不難集。然需費甚鉅，須仿西法自造，乃爲善計，若購之西國則失利於先。惟自造而自用之，然後行止之權，自我而操，工費之需，不流於外。省之又省，精益求精，庶中國富強之轉機，在此一舉矣(93)。

鄭氏雖認爲鐵路之利最爲廣溥，而對於江海輪船亦甚注意，認爲船政之利，「上則固我疆圉，屹雄鎮於海防，次則富我商民，通外洋之貿易」(94)。鄭氏主張設法與各國交涉，收回長江航

(92)《易言》，上卷，頁一六—一七。
(93)《易言》，上卷，頁一八下—一九。
(94)《易言》，上卷，頁二七下。

權已見上述。渠進一步乃提議加強中國之輪船製造設備，俾能自製合用之商船與兵船。「查西洋船制，有商船，有兵船；以兵船之力衞商船，卽以商船之稅養兵船，所以船雖多而餉無缺。」[95]鄭氏認爲當時政府雖已設福建船政局（馬尾船廠）及江南製造局之船廠，而所製輪船不但缺點甚多，而且近於不兵不商之列——「欲合商船兵船而參用之，故運載旣不逮商船之多，戰守又較遜兵船之利，兩求其便，轉覺兩失其宜。」鄭氏認爲閩滬兩局似不妨專造兵船，俾能有成：

竊謂嗣後各廠宜擇請著名西匠，仿造新式槍砲，上等戰船，方為有濟。以華匠雖粗窺其奥窔，不過仿其規模，成本固多，成功又緩。迨中國造就而西人已另有新硎，一律更換。若欲神明變化，必須上等華匠及習算之學生，親赴外洋各廠，參互考證，乃能自出胸裁，戛戛獨造。現在出洋肄業幼童，其中不乏聰穎之人。擬飭管帶各員，分別察看。有能通製造之法者，優給廩餼，奏保官職，令其竭慮殫心，精求絕技；他日藝成返國，因心作則，用廣其傳，庶不致倚人為強，虛糜巨款。將來辦有成效，拾級超遷，洊陞總辦，則工匠之賢否，經費之多寡，燭照數計，洞悉隱微。然後造藝用人，無欺無濫；窮神達化，乃能頡頏西人[96]。

至於商船，鄭氏則認爲應由華商設廠營造，較由官廠製造爲有把握。閩滬官局過去曾試造商

[95] 《易言》，上卷，頁二八。
[96] 《易言》，上卷，頁二七下—二九。

船，惟「不能造新式之船，價比外洋更貴。所以租造者至今尚屬寥寥，蓋洋廠機器日新，價廉功倍，以故羣商就價趨赴外洋。」中國若欲與洋廠競爭，須鼓勵華商自辦船廠，蓋商人爲求利潤，必視造船業爲「身心性命之圖，製造必精，程功必速，成本必廉，虛費必省也」。與其官辦，實不如藉資商力而由官提倡也。〈論船政〉篇云：

> 往往有華商集資附入西人公司股份，不願居華商之名者，一則因華商創始不得其人，官亦不為提倡，再則歸官創辦，不能昭大信而服商人。贏則借事勒捐，虧則多生枝節。誠能祛其畏官之隱衷，予以謀生之大道；准由公正精明之商總，精擇洋匠，開設船廠，實力監工。彼將視為身心性命之圖，製造必精，程工必速，成本必廉，虛費必省。官局商局，並行不悖，將見源源租造，迭出不窮。商船既盛於懋遷，兵船可資其接濟。興商務即以培船政，權商船即以養兵船。強富之基，不外是耳⑨⑦。

至於商辦船廠未興之前，爲維持已建官廠起見，應停止修建舊式水師船隻，並酌減各省綠營兵額，以樽節之款，供製造新式兵船之用：

> 若夫目前權宜之方，補救之策，如直奉東楚江浙閩粵等省，各調輪船一二號，供給歲費，藉其資助，出洋巡緝，亦可稍紓廠力。不知節於此仍費於彼，行之暫難矢諸常。惟

⑨⑦《易言》，上卷，頁二九。西洋各國即軍械亦由民間設廠製造，鄭氏頗為贊許。見上卷，頁二六下。

有察飭沿海各省水師舊式之舢板、紅單、艇船、拖船等，一律撤裁，不准再造。又酌減各省綠營兵額，以餉力併養輪船，或能經久不匱⑱。

(戊) 論電報郵政

鄭氏除力言火車與輪船之重要外，對於新式通訊設備——電報及郵政——亦極注意。電報之神奇，鄭氏至爲嚮往：「夫世之至神至速，倏去倏來者莫如電。藉電以傳信，則其捷也可知。昔有美國之士，好學深思，精於格致，得引電之法以利世用。此電線之所由昉焉。今泰西各邦，皆設電報，無論隔山阻海，頃刻通音，誠啓古今未有之奇，洩造化莫名之秘。」鄭氏力言電報在軍事上及商業上之價值，並謂政府經營電局，對財政亦有裨助：

> 兩國搆釁，賴電報以傳遞軍機，則有者多勝而無者多敗。商賈貿易，藉電報以通達市價，則無者常絀而有者常贏。強富之功，基於此矣。卽以英國而論，其電報設於王家，商民欲通電報者，收回工費。每年所入，除電線局開銷餘資，藉充國用。至本國有軍機密事，分文不費，其利豈不溥哉？
>
> 然此猶言承平時耳。若兩國交戰，出奇制勝，則電報更為要圖。昔年普法搆兵。普人於行軍之處俱設電線，而法人所設之電線，悉為普人所毀，是以法敗而普勝也。夫中國建

⑱《易言》，上卷，頁二九下—三〇。

都北方，至極南之地相距萬里，其他多距數千里。燃烽置戍，僅能告警而弗克通言；設卒傳號，輾轉間關而多舛悞。卽令沿海要害，有砲臺而無戰舶，則砲臺亦孤立無徒；有戰船而無電線，則戰船亦應援莫及。若敵人偵知我戰船之所在，合兵圍擊，無電線以通傳各省，何能倍道來援？一船有失，費固不貲，而各處又為之奪氣。查津沽為水道入京門戶，宜先由海底建一電線，通兩江吳淞等處；由是而閩浙粵東，凡屬海疆，悉勅下大吏，揆度地勢，次第舉行，則宸居雖遙，儼如咫尺矣[99]。

按電報之利，兼及軍事與商業，而郵政之益則以利便商民爲主。傳統之驛站制度，主要乃爲政府傳送公文，而一般商旅所用之信局則設備不周，常不可靠。鄭氏〈論郵政〉篇云：

夫朝廷之詔旨，臣工之章奏，文武之照會咨稟，寮寀之案件關移，凡有涉於政事者，無不形諸公牘。要件則用馬遞，常事仍由驛站；如慮時稽道阻，又復專弁飛賫。故古者旣設行人之官，復置郵傳之驛，皆所以布德音，集衆議，達下情焉。至商旅工役人等，出謀衣食，欲報平安，或飛信以達價值，或具函以滙款項，雖由各信局分別寄交，每有浮沉，無從追究。近來通商各口信局附由輪船，已較往時便捷。然僅能施於輪船所到之處。若關河阻隔，則驛使難逢。且華人寄跡外洋，如新舊金山、星架坡，東南洋各島，

[99] 《易言》，上卷，頁一九—二〇。

中外隔絕，病苦難知，使中國亦仿照西法，遍設書信館，雖萬里如在一堂，何致受外人欺凌，情難自達哉⑽？

鄭氏述西洋郵政制度云：「泰西各國，其前亦如中華，設站專送公文，不寄私信。迨乾隆年間上下院會議，謂此法止便於國，未便於民，因於國中城埠鎮鄉，凡商民聚集之區，遍設書信館，統以大臣，派員經理。凡公文私信，莫不通傳，罔有歧視。近日上海復設工部局，總理其事。日本亦仿而行之。其經費所從，即出自商民之信資，而公文往來，資以津貼。每年除支繳外，所餘巨款，悉歸國用。而商民私信，無論遠近，隨時往返，從無失悞，取資極廉。其利國便民也如此。」⑾

中國設立郵政，因書信須能達外洋，故須與各國合作。鄭氏謂郵政「須與泰西諸國聯爲一氣，乃爲緊要關鍵。總期利民益國，經始得人。若徒存中外之見，作畛域之分，值今之勢，爲今之人，必有所不能者矣」⑿。

（己）論墾荒

按鄭氏之富國方策，除以強兵禦侮爲目標外，並注重「保民」與「裕民」。其所謂保民或裕

⑽《易言》，上卷，頁三三下—三四。
⑾《易言》，上卷，頁三四。
⑿《易言》，上卷，頁三四下。

民固特別注重商人，而農民之生計，亦兼顧及。鄭氏曰：「夫國之賦稅出於人民；民之供億出於土地。此古今不易之理，即聖人所謂有德此有人，有人此有土，有土此有財，有財此有用也。」(103)《易言》開始撰寫於同治年間，值兵燹之後，江南一帶，地多荒廢，而南方閩粵各省則有人滿之患，每歲出洋謀生之農民為數甚衆。鄭氏深知華南各省人口問題之嚴重，又鑒於江南農事恢復之緩慢，乃建議大規模招耕，由閩粵客民，或各省散勇任開墾之事。〈論開墾〉篇云：

> 今海內肅清，各處荒田，連阡累陌，草其宅之。其故非盡由於無資，實皆出於無人。蓋兵燹之餘，逃亡過半，若欲盡闢汙萊，復其舊規，惟有廣招客民，使之開荒耳。今閩廣等省或無曠土，尚有游民。無事可圖，既不憚傭工於海外；有田可墾，更無庸謀食於他鄉。與其聽往外洋，受人凌虐，何不查明荒地，嚴定章程，多招客民，使之開墾。又撤散之兵勇，或無家可歸，或不願回家者，往往聚黨橫行，為地方害。如能設法招撫，按名給地，仿古人寓兵於農之法，有事則徵調，無事則力耕，既可妥置無業之游民，又可約束逗留之散勇。正供之賦額，藉以取盈。上下之積儲，賴以饒裕。是一舉而數善備焉矣(104)。

除江南一帶外，鄭氏並注意及臺灣「地廣人稀，土盡膏腴」，認為在臺灣大規模招墾，可以

(103)《易言》，上卷，頁二〇下。
(104)《易言》，上卷，頁二〇下—二一。

解決內地若干省之人口問題：「謹查福建臺灣一府，孤懸海外，地廣人稀，土盡膏腴，敏於生物。除已經種植稅有常供之外，其附近內山左右各處無主荒地，可以開墾樹藝者，不下千數百頃有奇。倘能設局招耕，認眞辦理，則野無曠土，市無游民，實於國計民生，有裨不少。否則〔各省〕土田有限，生齒日繁，歲收尚且不敷，偏災何堪設想？」⑩⑤按同治年間，値兵灾之餘，官吏奏請辦理招耕者，屢見不鮮。然則何以其成效並不昭著？鄭氏認爲問題之癥結乃在於「各府州縣，更調頻仍」，匪特未能貫澈始終，且常兼顧未遑。此固制度上之弱點，必須亟圖補救者也：

邇來在京各官屢次奏請朝廷飭令各省大吏，轉督地方官開墾荒田，興脩水利，此誠今日民事之先務也。無如各府州縣，更調頻仍，實授不過三年，委署限以年半，席不暇暖。雖有一二留心民事者，亦且兼顧未遑。就令勇於吏治，毅然禀請招墾招耕，萬一部署未周，猝然陞調，後任或更張任意，壞事堪虞；而究之端自我開，不任受功，轉任受過。惟願身膺重寄者，心精力果，速定新章。庶國帑於以豐，民財亦於以阜矣。豈不懿歟⑩⑥？

（庚）論預防災荒

⑩⑤《易言》，上卷，頁二一。

⑩⑥《易言》，上卷，頁二一下—二二。

鄭氏〈論開墾〉篇似作於同治年間，所注意者爲各省農業人口多寡不均之現象，及江南及臺灣墾荒之需要。迨光緒三年—五年（一八七七—一八七九）間，北方各省大旱，而南方各省復多水患。鄭氏雖居上海，而閱悉各省災情之消息，迭親任籌賑工作[107]，對於中國農業問題與民生情狀，益加注意。〈論治旱〉篇云：「天災流行，何國蔑有，然事後而始圖補救，何如事前而預切綢繆？況事關國計民生，當軸者尤宜先務之急也。」[108]鄭氏所建議之方策主要仍屬技術性質，然彼固希望政府能採取主動，「廣爲勸諭」，而由農民自求各種設備之改進。

按中國過去之言經世者，對於所謂「備荒」之問題，素頗注意。惟限於傳統之技術知識，「備荒」雖包括各種水利計畫，而其著重點乃在於準備荒年時人民如何維持生活，而非如何避免旱潦。鄭氏受西洋技術之刺激，對於災荒之可能避免，信心較大，而同時亦更強調政府對於防備災荒之責任：「若不專心農政，設偏災偶至，何以禦之？」[109]

鄭氏建議之「開溝洫」政策，與傳統之農田水利政策相似。惟鄭氏認爲「各省大吏」應親自研究農人之需要，除開闢各地重要河渠外，並應督令農民，就所耕田地「疏通水道，深濬溝洫」。

[107] 按鄭氏當時曾積極參加上海一帶之募賑活動，撰有〈上海籌賑公所勸募河南山西義賑公啓〉（光緒四年二月）。蘇浙揚三處紳商籌賑，曾一度以鄭氏寓齋爲「滙總之地」。鄭氏並刊印勸捐之小册三種，題曰：《奇荒鐵淚圖》、《富貴源頭》及《成仙捷徑》。〈富貴源頭序〉云：「求福莫如積善，積善莫如救人，救人之切而要、廣而普者，莫如賑飢。」請閱《盛世危言後編》，卷一四，一，三下，及六下。

[108] 《易言》，上卷，頁二二。

[109] 同上。

鄭氏同時並主張模倣「泰西風車之法」，以吸水灌田：

雍正時，怡賢親王與衆大臣等，大開畿輔水田，漸欲推行於直隸與西北各省，惜功未竟耳。然畿輔水田至今民猶賴之，可見水利之興，無地不宜。若各省大吏能於有水之地，盡開水道，而於無水之田復講求溝洫遺法，令民於每年農隙之時，疏通水道，深濬溝洫，則大水可免淹没之虞，亢旱可無乾熯之患，其事甚易，其功甚多。此不待智者而後知之。

至如平曠之區，可倣泰西風車之法，以代人力之勞。遇旱則掘深井，以風力汲水灌溉田疇，遇潦則開水道，以風力戽水，導注江海。工程既省，晝夜弗輟，尚何偏災之足患乎[110]？

其次，鄭氏則建議勸諭農民講求儲積肥料，及改進施肥方法，使麥苗因養料充分而能較固茂，可以稍抗乾旱。鄭氏認爲日本之「水糞法」遠較中國傳統糞田法爲有效：

余聞之東瀛游客曰：東洋種麥獨有妙訣，其農人暇時均於村莊預備糞池，脩砌堅固，不使稍有滲漏。所有人畜糞溺一切垢穢之水，傾注其中，以備糞田之用。其田隴廣狹，皆同一式，開溝深約寸許。及期種麥，農夫播種已畢，將水糞運往田間，用長柄巨杓，挨

[110] 《易言》，上卷，頁二二下—二三。

次澆灌隴溝，俾得停蓄，潛滋土脈。此後天縱不雨，麥亦萌芽。迨麥苗出至二三寸高，如前澆灌一次，吐秀時復澆一次，結實時更澆一次，由是農乃登麥。東洋麥田所以無患天旱者，大率恃此……今西北各省，宜於種麥，無如屢逢亢旱，民無蓋藏，亟須思患預防，籌之於早。則水糞之法，非當採用者乎⑾？

鄭氏建議採取之農業技術，除深開溝洫，製用風車及多用肥料外，尚有種樹一策，認爲田旁種樹，可以保養水分，長潤土脈，遇旱時禾不至速槁：

西人謂成頃之田，四圍須多種樹。蓋樹之發榮，自下而上，其所以發榮者，資乎土脈，而土脈之所以能培養樹木者，以其有水氣耳。樹根入土，不啻用竹管插地上，施巧力，可使水由本達末，暗長潛滋。其地勢平衍，去水較遠之田，旣無時雨沾濡，復乏桔槔灌溉。惟有樹以吸水，則枝葉固茂，且陰森之氣，又浸淫而生。水自上而下歸於地中，土脈愈潤，上下呼吸，長養不窮，雖值旱乾，猶不至於速槁。倘忽然得雨，將前此未盡之水氣，合後來之雨澤，接續滋榮，尤為神速。若無樹之田，水口較遙，不能平地引入；卽時雨偶降，而水性就下，苗根入土不過數寸之多，水已入地尺餘，吸引無資，涸可立待。故古者井田之法，必於兩旁種桑，一以養春蠶，一以衛五穀也。乃後人習而不察，

⑾《易言》，上卷，頁二三——二四。

罔知種樹，徒事西疇，反不若西人之卽物以窮理矣。在上者果能廣為勸諭，令民於畎畝之旁，有樹者增益之，無樹者補種之。將雨澤雖或愆期，不可恃而仍若可恃耳⑫。

按鄭氏建議改進農業技術，消極之目的在於預防旱潦，而積極之目的則爲增加農產，以求國富民阜。上述〈論火車〉篇云：「中土沃壤倍於歐洲，祇爲山險路遙，轉運不便；而農民亦不知製器，因地之利以謀贏餘，僅樹藝五穀供日用所需而已。使載物之器良便，而運物之價又廉，一切種植，立可以此之有餘，濟彼之不足，而獲利恆得倍蓰。數年之後，民間蓄積自饒，當不僅如古人所云餘三餘一已也。」⑬是則鄭氏於接受新式技術之外，對於中國經濟發展及人民福利，實抱莫大之希望也。

（六）論採取西學與科舉改革

鄭氏十分重視人才培養的問題。按鄭氏論人才，首重「實學」，指出中國古代有經史致用的實學的傳統：「三代以來風俗敦龐，取士之途，鄉舉里選，惟重實學至行。寬其途以求士，故野無遺賢；嚴其制以用人，故朝無倖進。」⑭可惜的是科舉制度扼殺了很多有實學的賢才。〈論考

⑫《易言》，上卷，頁二四。
⑬《易言》，上卷，頁一五下—一六。
⑭《易言》，上卷，頁三九。

試〉篇云：

> 降而唐宋嚴於取而寬於用。始當考試，斤斤然拘於一格。至今因之，無論文武，總以科甲為重，謂之正途。否則胸藏韜略，學貫天人，皆目為異路。取士也隘，則豪傑每有沉淪。其用士也寬，則庸佞不無忝竊。故舉世奮志功名者，悉從事於此，老而不悔。竟有髫齡就學，皓首無成，尚何暇他顧哉[115]。

鄭氏認爲科舉之病在於培養一批「所習非所用之輩」：

> 中國之士專尚制藝。上以此求，下以此應，將一生有用之精神，盡銷磨於八股五言之中，舍是不遑涉獵。洎登第入官而後，上自國計民生，下至人情風俗，及兵、刑、錢、穀等事，非所素習；猝膺民社，措治無從，皆因仕、學兩歧，以致言行不逮也[116]。

科舉制雖有上述流弊，然鄭氏並不因此主張廢科舉。他自問自答：「然則文科可廢乎？曰非也。」鄭氏並不認爲詩賦毫無價值，但注重經史實學，建議考試應分四科，於詩賦之外，有「考證經史」、「策論時事」及「博詢時事」三科。〈論考試〉篇云：

> 千古綱常名教，經濟學問，皆從經史而出，悉由文義所生。惟須分列四科。拔優表薦：一曰考證經史以覘實學。二曰策論時事以觀卓識。三曰兼試詩賦以驗其才華。四曰博詢

---

[115] 《易言》，上卷，頁三九。

[116] 《易言》，上卷，頁三九—四〇。

政事以考其吏治。拔真材以資實用。不愈於空言無補之帖括乎[117]？

此外，鄭氏則更進一步，建議兼採西學。鄭氏見聞所及，知西學之「實事求是」：

聞西國設有數科，量材取士。雖王子國戚，欲當水師將帥者，無不兼習天輿、地球、格致、測量諸學；初編行伍，以資練習。文案則自理，槍砲則自燃，卽至賤至粗之事，皆不憚辛勤而畢試之。及功成名遂，致仕閒居，亦不廢立說著書，以期傳於當時，垂諸後世。至礦師、醫士，無不精於格物，通於化學。訟師亦須深明律例，考有文憑方准行世。無論何學，總期實事求是，坐而言者，可起而行焉[118]。

〈論考試〉篇之後，有〈附論洋學〉篇，提出科舉應兼採西學，不專重詩賦文字：

夫設科選士，本有定程。而濟世求才，難拘成例。是必推廣中西之學，宏開登進之途，使世人知所指歸，期於實用。而後習文者不專求諸詩賦文字，習武者不徒事於弓馬刀石也[119]。

鄭氏深信提倡西學是中國富強成敗的關鍵，力斥反對西學的言論：

今之學校書院專事舉業，而外邦之風俗政事一概不知，且深以西學為可鄙。欲求一洞識

---

[117]《易言》，上卷，頁四〇。
[118]《易言》，上卷，頁三九。
[119]《易言》，上卷，頁四二。

時事，兼習中西者，實難其人。況當今海禁大開，藩籬盡撤。歐洲各國無不肩摩轂擊，互市通商，各恃富強，相為要挾。更宜練兵脩政，選將籌邊，斷非醉草可以嚇蠻，圍棋自堪破敵時也[120]。

鄭氏醉心於西學，著《易言》時，對於西方教育制度，已有認識。〈論洋學〉篇附論西方學制如下：

按泰西各國，學校規制大略相同，而布國尤為明備。其學堂自鄉、而城、而郡、而都，各有層次。初學鄉塾，分設各處，由地方官捐建經理。國中男女無論貴賤，自七、八歲起皆須入學，至十五歲為小成。鄉學之費，每人限七日出一本納；城學之費，每月出一喜林。（原註：本納、喜林皆西國銀名。喜林約〔值〕中國銀一錢六、七分。）如或不敷，由地方官捐補。至大學院學業繁重，果能詣力克副而願學者，聽其肄業。院費每季不過出十五喜林。美〔英〕國人不論貧富皆入皇家書館讀書。其經費捐自房租，每百抽十兩。學以序分，不容躐等。女館則兼教組纂、女紅，設有專條，使之用心學習。塾中分十餘班，考其勤惰以為升降。其沉淪末班不能遷升首班者，不得出院學藝。鄉塾之上有郡學院，因材授學，專教格致、重學、史鑑、歷學、算法、他國語言文字及藝術所

[120] 《易言》，上卷，頁四一。

必用之書。再上有實學院。院有上、下，分十三班，考工計程以定進止。院中師長，上等者皆進士班考選者當之。上實學院院考得首班，入選大學院肄業；下院考得首班，入技藝等院。再進有仕學院，蓋欲其學優而仕也。此院大抵十八歲以上，方能就學。每考僅十餘人。若入選則賜文憑入大學院。次等入師道、格物、武學等院。大學院之掌院必名望出衆、才識兼優者，方膺此任。院中各種書籍、規儀、器物無一不備。一經學，二法學，三智學，四醫學。經學者係論其教中之事，故不復贅。法學者考論古今政事利弊異同，如何損益；又奉使外國如何修辭，或通商事宜，有關國例者，詳加討論，然後入衙門考取，聽候簡用。智學者格物兼性理、文字、言語諸事。醫學者分六課：首以格物統覈全身及內外諸部位；次論經絡表裏功用；次論病源、製配藥品；次論胎產、接生，必須考選⑿。

〈附論洋學〉中述及技藝院、船政院、武學院、通商學院之學制。鄭氏十分讚賞西方教育機關的多樣化及教育設備之普及於各階層：

更有農政院、丹青院、律樂院、師道院、宣道院、女學院、訓瞽院、訓聾瘖院、訓孤子院、養廢疾院、訓罪童院。餘有文會、夜學、印書會、新聞館。別有大書院九處，書籍

⑿《易言》，上卷，頁四二——四四。

甚富，盡人可以進觀，但不能携書出院。每歲發國帑經理；生徒入院肄業三、四年，聽其去留，歲出費銀十五磅。至管理各大學院，每省派有主院兩員，諸院悉隸文教部。使國中人民無一棄材，各有裨於公私，以廣其用，誠法度之至善者也⑫。

鄭氏建議在科舉制中添設西學一科，以激勵學習洋學之士：

> 鄙見宜仿司馬光十科之法，添設一科，頒行天下。省會除小學堂外，各設書院；敦請精通泰西之天球、地輿、格致、農政、船政、化學、理學、醫學及各國言語、政事、文字、律例者數人，或以出洋之官學生業已精通返國者，為之教習。所選學生自十餘歲至二十歲為限；須先通中西文字，就其性之所近，肄業四年，升至京都大書院，力學四、五年。如果期滿造詣有成，考取上等者卽獎以職銜，派赴總理衙門、海疆督撫，或船政製造等局當差，或充出使各國隨員，如舉博學鴻詞之例。凡入院諸生，每年納束脩百元。如書院膏火不敷，由該地方官籌款補足，以冀漸開風氣，實力研求。倘有別出新裁，造成一器於國計民生有益者，視其利之輕重，准其獨造數年，並給頂戴，以資鼓勵⑬。

---

⑫《易言》，上卷，頁四五。

⑬《易言》，上卷，頁四一——四二。

鄭氏推論興辦新學若成功，則中國不必如當時之以巨款派幼童出國留學。（按《易言》成書時容閎帶領之赴美學生，已受人批評，但似尚未撤回。）〈論考試〉篇云：

> 如此則聞風興起，人材衆多，又何須朝廷遴選幼童，肄業泰西，致糜巨款乎？夫幼童萬里從師，學業自卜其精進。惟少染外洋習氣，情性或因而變遷，亦似非養正之道也。誠能變通舊制，教育英才，為國家宣勞，為海疆保障，大用大效，小用小效。又豈特文章華國，咸誇鳳翽之才；武藝超羣，卽列鷹揚之選也哉[124]。

不派幼童去外國，則如何吸收西學？鄭氏主張廣譯西洋有用之書，在華多設書院教習，聘西人或中國出洋學生中之「首選」者任教。〈附論洋學〉云：

> 夫欲制勝於人者，必盡知其成法，而後能變通，變通而後能克敵。且彼萃數國之人材，窮百年之智力，擲億萬之貲財，而後得之，泐為成書，公諸人而不私諸己，廣其學而不秘其傳。今中國所設之同文院、廣方言館，已歷有年，而於格致諸學尚未深通。其所製造全仗西人指授，不過邯鄲學步而已。何能別出心裁，創一奇巧之兵船，造一新捷之火器哉？且又從不講求西國律例，凡交涉案件莫能辦理，如延西國訟師代我辨〔辯〕論，則又恐從中袒護，不能力斥其非。此數端皆中國所必需。尤當遏其漏卮，啓其秘鑰，將

[124]《易言》，上卷，頁四二。

西國有用之書，條分縷晳，譯出華文，頒行天下；各設書院，人人皆得而學之。其院師擇請西儒或出洋首選之官生，以充其任。以中國幅員之廣，人才之衆，竭其聰明智力，何難駕出西人之上哉？而奈之何甘於自域也[125]。

上文引鄭氏〈論考試〉篇云：「夫設科選士，本有定程，而濟世求才，難拘成例。是必推廣中西之學，宏開登進之途，使世人知所指歸，期於實用。」鄭氏《易言》雖未提議廢科舉，但欲經教授西學之書院改變科舉之內容，廣收人才，以求駕乎西人之上。

（七）論吏治與議政制度

鄭氏之自強思想，不但注重西學，提倡新式企業，而且正視與經濟及教育政策關係密切之官僚制度與政治問題。《易言》上卷〈論吏治〉篇云：「從來國運之盛衰，繫乎民心之離合；民心之離合，繫乎吏治之隆汚。知人則哲，古帝其難，矧其在良楛雜投之世乎？此吏治之不容不講也。」[126]官僚氣習之劣，以鄭氏之歷史知識言，似乎清代較前代尤不如：

我朝廷建官養士，優崇之典遠過前明，而抗節納忠者寂然罕覯。雖屬朝無弊政，國少諍臣，而居官之氣習風規瞠乎不逮。倘令每况愈下，相習成風，疆臣則賣缺擅權，守令則

[125]《易言》，上卷，頁四五—四六。
[126]《易言》，上卷，頁四六。

剝民奉上。或連得美缺，辭官擁負郭腴田；或逐隊軍營，奏凱起連雲甲第。始則患得患失，鑽營希簪紱之榮，繼則作福作威，掊克為子孫之計。取求在我，笑罵由人。深負國恩，尤速官謗。

官僚退休之後且常有把持鄉曲，侵鄰壤之田，奪商民之利者。蓋貪官而爲鄉宦，則必爲劣紳。不講道德者，寧聲名皆不顧耶？此等人能做官就做官：

及其退居林泉，武斷鄉里，恃勢侵鄰壤之田，壟斷奪商民之利。老而不悟，富且益貪。曾亦思爵秩頻膺，涓埃未報？旣竊高位，復擁厚資，何德以堪，返躬滋媿？而卒也悖入悖出，多藏厚亡；有時託覓非人，明虧暗折，否則亢宗無子，蕩產傾家。先人則一意貪殘，後嗣則百般揮霍；同歸於盡，理所宜然。究何如廉正居官，忠勤報國？樹風聲以資表率，毋玷官箴；積福德以遺子孫，長綿世澤。彝秉倫常之五，名超不朽之三；一德格天，千秋食報。其得失之相去不幾霄壤之懸殊耶[127]？

鄭氏《易言》對官員之才德、薪給及捐納、保舉等問題，皆有論列。對地方政府書吏衙役問題，亦注意及。鄭氏認爲爲求自強而變法，必須經由考試正途選拔吏胥，以改變書吏之素質。而欲求政治之革新，則應本中國上古遺風，採西洋議政制度，以保證變法之確切實行。鄭氏關於政

[127]《易言》，上卷，頁四九。

治及行政制度之思想，可分述如下：

（甲）論官員之才德

鄭氏之政治觀念仍本於中國傳統，認爲須有賢君勵精圖治，然後官僚氣習始能改正。〈論吏治〉篇云：

> 夫惟聖天子睿智聰明，勵精圖治，君心先正，臣節斯端；近君子而遠小人，先器識而後文藝。表循良之最，顧畏民嵒；規遠大之模，勗勷時事。一洗因循之習，廣開登進之門。將見吏治之隆不幾與唐虞媲烈哉[128]！

鄭氏一方面希望有賢君主政，另一方面則注重仕宦之個人修養。認爲官員不但應有行政能力，且應有操守之德：「夫達於權變，辦事勤敏者，謂之能吏；謹守繩尺、潔己奉公者，謂之廉吏。能者才也，廉者德也。」[129]

鄭氏心目中之廉吏必兼爲能吏，爲地方官者須能耿介自守，事事負責而恥於逢迎：

> 惟廉吏則一介猶嚴，四知自警，故其心平識遠，學粹品端。撫字維勤，催科不擾，虛心以聽訟，除暴以安良。懲胥役之苛民，杜家丁之怙勢；清保甲以稽匪類，釐積案以雪寃橫；歲偶逢荒，稟詳蠲賑。訓士則先敦孝弟，課農則兼勗桑麻；招游民以墾田荒，開溝

[128]《易言》，上卷，頁四九。

[129]《易言》，上卷，頁四六。

洫而收水利；興利除弊，崇儉黜華；不事虛名而專施實惠，訥於言語更恥於逢迎。縱有時一意孤行，或至取忤於上游，或以為不知世務，或以為不合時宜。爰列彈章，遂還初服。而有識者原心略迹，觀過知仁，以共白其無他，且深惜其去之速焉⑬⓪。

爲仕宦而服官於朝，有宰輔公卿之地位，則必須有大臣之氣節。明末正德、嘉靖以至萬曆等朝諸君子可爲典範：

且夫人臣之事君也，國爾忘家，公爾忘私。士大夫砥礪廉隅，崇尚氣節，有簠簋不飭者，則疾之如仇；有權貴是依者，則避之若浼。國有大事，輔臣必以去就爭之；國有權姦，臺臣悉以死生擊之；東漢以來，前明最盛。迨夫魏璫煽惡，氣燄薰天，而列疏糾彈，甘心竄殛，縱曰激於意氣，實皆本以忠誠。故自正、嘉以還，國事日壞，而危而不絕者尚百餘年，未始非士氣之激昂有以維持於萬一也⑬①。

鄭氏於重道德之外更求實效，論調與十九世紀初葉的經世思想頗相似。鄭氏注意到治河等牽涉到技術性問題的事務，尤須由有學識、有能力之官員爲之。〈論治河〉篇云：

治河之任殊不易膺。蓋河道有分合之處，有起伏之源，有宣洩之歸。倘兢兢然率由舊章，卽廉潔奉公，斷難奏效。其不肖者則循行故事，虛縻國帑，侵入官囊。故從前河工

⑬⓪《易言》，上卷，頁四七。

⑬①《易言》，上卷，頁四八。

各員視為美缺，則其尅減之多，苞苴之厚，不卜而知。竊謂治河之官，必須學有本原，才資幹濟者，方膺是選。倘其治有實効〔效〕，俾資熟手，勿遽更調，爵賞優加，庶幾底績可期，安瀾永慶矣。此得人之成效也[132]。

鄭氏論行政問題時，常提及胡林翼任湖北巡撫時的治績。〈論吏治〉篇云：

昔胡文忠撫鄂時，軍書旁午，辦理不遑，猶能汲引人材，時艱共濟。爰立寶善堂，舉凡候補人員、搢紳士子，悉萃其中。乃察其品行，考其學問，功歸實踐，習屏浮華；就其才之短長，試以事之繁簡。小善必賞，小惡必懲，事事認真，諄諄教誨，蓋不啻慈父之命子，嚴師之待弟也。卽或才疎性躁，氣質稍偏，及荷甄陶，胥遵矩矱。如果營私失職，立予革除，使之法亦銜恩，勞而無怨。故得人最盛，大難以夷。昔范文正公有言任人各以其才而百職脩者，胡文忠公有焉[133]。

〈論書吏〉篇述及胡林翼辦理釐金局，以官員代胥吏：「比來胡文忠公辦理鄂省軍務，所立釐局，悉屏書吏而任官員，寄以腹心，收爲指臂，用賴以足，兵賴以強。此足徵經濟之宏通，非拘淺者所能見及也。」[134]胡林翼不但「公爾忘私」，而且才德兼備。此類領袖人物實在不多。一

[132]《易言》，下卷，頁三五。
[133]《易言》，上卷，頁四六。
[134]《易言》，下卷，頁四二。

般官員中則「能吏多，而廉吏少，求其才德兼優者戛戛乎難之。」在兩者不可得兼時，鄭氏寧願棄才而就德：

誠以德勝於才，終不失為君子；才勝於德，或竟流為小人。此無他，心術固殊，學問亦異也。古之建德立功者，惟以智、仁、勇三者為用。此三者賦畀於天，若為人欲所蔽，利令智昏，則仁心漸亡，而勇氣亦挫矣[135]。

鄭氏認爲當時官員中有才的並不少，但是有才無德的官員對社會只有戕賊，遺害無窮：

若夫能而不廉，才足以濟奸，智足以文過。黨同伐異，罔上營私；加虛費於閭閻，削脂膏以遺權要；罰富家之金幣，假公用以潤私囊；寄書役以腹心，縱家丁為耳目。或錢糧業邀恩免，仍嚴徵比之條；或水旱方切，賑災巧作揑吞之計。損下媚上，倒行逆施。而百姓之困苦顛連，夫固匪伊朝夕矣[136]。

（乙）論廉俸與捐納

鄭氏注意到當時政府的薪給制度問題。〈論廉俸〉篇引《管子》「倉廩實而知禮節，衣食足而知榮辱」之語。進一步說：「蓋必安其心而無內顧之憂，然後致其身而爲國家之用。」[137]

---

[135] 《易言》，上卷，頁四七。
[136] 《易言》，上卷，頁四七。
[137] 《易言》，下卷，頁四〇。

鄭氏認爲吏治不振之部分原因爲俸祿不足。官場習氣不免崇尚奢華，服官者必入不敷出。清初曾有養廉等新制度：

> 我朝建官錫祿至優極渥，正俸之外加以恩俸，常編之外復給養廉。體卹臣工無微不至，亦期可以杜陋習，肅官箴。無如風俗旣尚奢華，供帳亦加煩費。京外各官所領廉俸已覺入不敷出，而又丁耗劃為軍餉，漕白絀於轉輸，扣俸折廉所得無幾。故上司不得不取供億於各屬，各屬不得不增陋規於胥役，胥役不得不吸脂膏於閭閻。況京官養廉，惟靠外官之餽送；武官養廉，惟靠兵糧之尅減；督、撫、司、道惟靠堂規節壽；府、廳、州、縣，惟靠平餘雜耗。其餘內外大小文武衙署，皆有陋規。鹽漕丁釐悉加公費，胥吏差役籌款承充。娼優屠博違禁者暗納私規，船舶客商稅釐外加征小費。此猶視為常事也，其尤甚者，侵吞則倉庫可竭，掊尅則富室可貧。賄賂公行，則是非倒置；苞苴競進，則舉措失宜。吞蝕錢糧，遑計三軍枵腹；浮冒賑款，不顧萬姓啼饑。上下相蒙，孳孳為利。探其原實由支用不給，極其弊遂致禍患頻仍。可知古昔盛時，重祿勸士，庶人在官者祿足代耕，誠不易之道也。夫士子半生辛苦始得一官，而使之事畜無資，終朝仰屋。賢者亦精銷氣沮，奮發難期；不肖者卽豪奪巧偷，朘削靡已。是豈初心所欲為哉？實出於不得已耳[138]！

138 《易言》，下卷，頁四〇—四一。

鄭氏於批評中國舊制度之外，盛讚泰西各國「官吏弁兵，厚予祿糈，俾敷支用」的定制。〈論廉俸〉篇中述及西洋習例：

其人役一切，除給發辛工之外，復有公費使得應酬。旣省供億之繁，並杜陋規之習。卽如巡捕為最下之役，每月工資亦給數十金，其餘概可想見。倘有違悞政事、背理取財者，則按律嚴懲，卽其人亦知為自取之尤，死而無怨。至所籌公費，總期經久而又防侵冒，則使之互相戒慎，糾察嚴稽。法甚善也⑬⑨。

鄭氏認爲中國應倣行「厚予祿糈」，同時加強法治的制度：

當自京外各官酌加廉俸始。所有文武廉俸，悉復舊額，再詳為分別明定章程，另給辦公之費，使無支絀之虞。嗣後再有罔上營私，則按法繩之。一切陋規，悉為裁撤。如有行之已久，一時礙難驟革者，全以充公。如此則民困舒而官方敘矣⑭⓪！

鄭氏認識到加強法治是糾察吏治的途徑，而吏治之隆汚往往由於官員官俸不足維持其生計所致。十九世紀七十年代末期政府財政本已支絀，若要增加官俸，首須面對入不敷出的問題。鄭氏說：「或疑國用未足，一旦驟增鉅款，費無所籌。不知廉俸裕則操守端，諸弊除則國帑足。荒田廣闢，則吉夢維魚；軍餉無徵，則太平有象。又何慮官謗之或速，經費之不敷哉！」⑭① 鄭氏注意

⑬⑨《易言》，下卷，頁四〇。
⑭⓪《易言》，下卷，頁四一。
⑭①《易言》，下卷，頁四二。

到當時賣官鬻爵的捐納制度，弊端最多。繼續開捐只會產生不良的惡性循環。〈論吏治〉篇云：「第自軍興以來，保舉雜進，捐例大開，流品紛淆，仕途壅塞。非夤緣請託便辟鑽謀者，得缺固難，派差不易；而樸直自珍之士，又不屑俯仰求人。縱有眞才，亦傷淪落矣。」[142]厚廉俸與廢捐納應同時做到，始能解吏治之積弊。

（丙）論書吏

書吏（胥吏）是中國地方政府的一個根本問題。鄭氏指出：

> 今日書吏之權，已屬積重難返。內自閣、部衙門，外而道、府、州、縣，皆有缺主，每缺或萬餘金，或數千金。營私賣缺，與本官無須見面，署中惟覓辦事者潛通聲氣，朋比為奸。或同一律也，有律中之例；同一例也，有例外之條。其中影射百端，瞬息千變。或猶是一事，有賄者可援從前邀准之明文，無財者卽查從前翻駁之成案。混淆黑白，顚倒是非，惟所欲為，莫之能制。卽使上官覺察，按法嚴懲，而祇能革署中辦事之奸胥，不能斥外間把持之缺主。防不勝防，辦不勝辦，皆由例太繁而法太密，故得逞其志而售其奸耳。矧官衙如傳舍，接任視事，多則四、五年，少則一、二年。其於律例不過淺嘗，何能深知底蘊？若書吏則世代相傳，專門學習，兵、農、刑、禮各有所司。官有陞

[142]《易言》，上卷，頁四六。

遷，吏無更換。況既授以事權，又復限以資格，雖有材藝，薦達無由。而月中工食紙筆之費，所得甚微，若潔己奉公，其將何以自給哉⑭③。

鄭氏了解到胥吏問題有其制度上的根源。胥吏本無俸給，社會地位又不高，殊難令其悉力奉公。「夫名心重於利者，每奉公而守法；利心重於名者，多舞弊而營私。署中書吏，求名不獲，惟利是圖，欲其公爾忘私，抑亦難矣。」⑭④鄭氏不但認爲地方官之素質應提高，而且主張改善書吏辛資與升遷機會，並建議培養律例人才，倡行律學，使官與吏皆習之。〈論書吏〉篇云：

> 今擬選用之中籌變通之法，請將律例專設一科，每年一考，士類亦得與試。其前列者又須察其品行，然後准充書吏，厚給辛資；人不在多，期於敷用。倘有顢頇不堪把持公事者，立予斥革，無或姑寬。若其辦事勤能，持躬廉謹，則於期滿之日，本官加結優保，准與正途並用。庶使咸知自愛，不敢舞文。然當此澄敘之初，須予以持循之準。所望當道奏請朝廷飭下軍樞部院，遴選明通律學之幹員，將《大清會典》、《大清律例》等書摘其要旨，別類分門；以律為綱，以例為目，纂勒成書，頒行天下。俾官吏共習，開卷了然，則事權不致下移，而吏治可望蒸蒸日上矣⑭⑤。

---

⑭③《易言》，下卷，頁四二—四三。

⑭④《易言》，下卷，頁四二。

⑭⑤《易言》，下卷，頁四三。

(丁)論議政制度：

鄭氏深信中國古代本有議政傳統：

竊考三代之制，列國如有政事則君卿大夫相議於殿廷，士民搢紳相議於學校。故孟子有左右諸大夫之言未可盡信，必察國人皆言，而後黜陟乃定。漢朝飭博士議覆，尚存遺意⑭⑥。

但三代遺制雖屬優良，而隨著皇權之膨脹，制度早已消失。〈論議政〉篇云：

後世不察，輒謂：天下有道，庶人不議。又懲於處士橫議，終罹清流之禍。故於政事之舉廢，法令之更張，惟在上之人權衡自秉，議畢卽行；雖紳耆或有嘉言，末由上達。且重內輕外，卽疆臣有所陳奏，仍飭下部議，況其下焉者乎？夫在上者旣以事權有屬，法令在所必行；在下者亦以勢位懸殊，情隱不能相告。於是利於上者，則不利於下矣；便於下者，則不便於上矣。情誼相隔，好惡各殊，又安能措置悉本大公，輿情咸歸允愜也哉⑭⑦？

鄭氏斷言中國失去的議政傳統可於西方民主政制中找到。「泰西開國至今，歷年未久，故其人情風俗，尚近敦龐，猶有上古氣象。」現今西方的法度，似頗與三代相符。〈論議政〉篇中

⑭⑥《易言》，上卷，頁三八。
⑭⑦《易言》，上卷，頁三八。

說，泰西列國，

其都城設有上下議政院。上院以國之宗室勛戚及各大員當之，以其近於君也。下院以紳耆士商，才優望重者充之，以其邇於民也。凡有國事，先令下院議定，詳達之上院。上院議定，奏聞國主。若兩院意議符合，則國主決其從違。倘彼此參差，則或令停止不議，或覆議而後定。故泰西政事舉國咸知，所以通上下之情，期措施之善也⒁⒧。

鄭氏冀望：「中國上效三代之遺風，下仿泰西之良法，體察民情，博採衆議。務使上下無扞格之虞，臣民泯異同之見，則長治久安之道，固有可豫期矣。」⒁⒨光緒初年言變法的中國知識分子，只有極少數的先覺者認識議政制度和吏治的關係。鄭氏在《易言》中所論的西方議政制度雖然並不很深入，而且仍重「國主」之權，不違忠君原則。但從變法思想發展的角度來看，鄭氏《易言》應佔重要地位。

(八)社會問題及風俗改革

《易言》三十六篇是光緒初年發表的維新著作中，討論社會問題方面最廣的作品。鄭氏是一

⒁⒧《易言》，上卷，頁三八。
⒁⒨《易言》，上卷，頁三九。

個買辦商人，在中西文化關係中有橋樑的作用[150]。他的思想比較開明，對一些傳統陋習，諸如纏足等極爲不滿，故大聲疾呼，欲除之而後快。但在討論若干社會問題時，鄭氏又十分重視改革措施是否可行，並希望藉政府及宗族力量推行移風易俗方案，戒除違反人道及奢侈的風氣。下面分別討論《易言》對社會問題的看法。

（甲）論鴉片

鴉片對十九世紀中國帶來巨大的禍害，至光緒初年仍難免挽救。鄭氏指出：「慨自鴉片流入中國，毒痛天下，迄今垂數十年。出口之銀難以會計，若非絲、茶兩種互相交易，不幾竭中國之財源耶！」[151]如何根絕此項毒物呢？

鄭氏面對現實，不諱言「鴉片之患，其來也以漸，其去亦當以漸。」他不主張嚴厲的禁煙政策，而贊成弛禁鴉片。他舉林則徐的經驗以爲其說佐證。〈論鴉片〉篇指出：「昔林文忠因禁鴉片以致遣戍。及再起用，不禁栽種罌粟，嘗言：既不能禁，不如任民自種，可塞漏卮。遠慮深謀，實非尋常所能企及。」[152]

鄭氏十分稱許林氏因時因勢而變的作風，認爲禁煙之事「時不可爲，勢猶可挽，則莫如弛種

---

[150] Yen-p'ing Hao, *The Comprador in Nineteenth Century China: Bridge Between East and West* (Harvard University Press, 1970).

[151] 《易言》，上卷，頁七—八。

[152] 《易言》，上卷，頁八。

鶯粟之禁」。鄭氏主張之弛禁鴉片乃以漸戒鴉片爲目的。〈論鴉片〉篇云：

今陝、甘、雲、貴、晉、蜀等省，及江南之滁州、浙之台州等處，皆種鶯粟，滋蔓已多。然核其所產之味淡於洋土，故吸之癮輕而病淺，戒之亦易。或曰：「人心多詐，久則必有以假亂真，攙和射利者。」余謂：世間各物惟慮不真，獨此物不妨其假。貨愈假則毒愈輕，不戒之戒，不禁之禁，日後將與水、旱煙同類視之矣⑬。

惟鄭氏同時主張重徵煙稅：

若洋土能仿外國之例，稅倍於價，而本土則照稅抽收，種鶯粟之田則照錢漕加倍徵納，使洋土價昂，本土價賤，人將多食本土，少購洋土，豈非與國有益，與民與利乎？或謂：「中國所收鴉片稅餉，西人已定有章程，存載約中，議增非易。」不知鴉片乃害人之物，中外共知。外國既不能絕其來源，卽加稅諒難力阻；況西例土產之貨出口無稅，抽亦無多，惟進口者必徵重稅，以冀土產暢銷。而煙、酒則必重榷其稅，蓋其意在於杜漸，非以削民。彼國旣可行之，中國胡獨不能哉⑭？

鄭氏雖不反對弛禁鴉片，同時則主張用政府法令與宗族力量來禁煙，他力主「立法不得不嚴，而用情不可不恕」，「因勢以利導，斯救弊而補偏」。他建議：

⑬《易言》，上卷，頁八。

⑭同上。

有心世道者，亟宜奏請朝廷限以日期，飭各省地方官先革煙館，免其傳染，再責成紳士族長實力勸諭，漸次嚴禁。如有過期尚吸者則貶為下人，科以重罪；筮仕者飛章參辦，讀書者絕望科甲，當兵者革退名糧，不列於衣裳，不齒於士類。如是將人皆畏法，戒食不遑。中國之財既不流於外洋，天下之民又各除其結習，則昇平之治不可拭目而俟之乎[155]。

(乙)論招工

鄭氏十分重視招工問題，早在一八七三年間刊刻的《救時揭要》中即痛言被「招」華工之苦，《救時揭要》有六篇有關華工的記述。《易言》追溯招工問題之起源：

> 頻年粵東澳門有拐誘華人販出外洋為人奴僕，名其館曰招工，覈其實為圖利。粵人稱之為買豬仔。夫曰「豬」則等人於畜類，「仔」者微賤之稱。豢其身而貨之，惟利是視，予取予攜。復聞豬仔一名載至西洋，稅銀一圓，澳門議事亭番官收費銀二圓。而又恐華官燭發其奸，於是上下賄蒙，詭計百出。且粵省拐黨先與洋人串通，散諸四方，投人所好，或炫以貲財，或誘以闖賭。一呑其餌，即入牢籠，遂被拘出外洋，不能自主。又或於濱海埔頭、通衢歧路，突出不意，指為負欠，牽扯落船。官既置若罔聞，紳亦不敢申

---

[155]《易言》，上卷，頁九。

訴。每年被拐，累萬盈千。其中途病亡及自尋短見者，不知凡幾。卽使抵埠，悉充極勞極苦之工。少惰則鞭撻立加，偶病亦告假不許。置諸死地，難望生還。或謂：「豬仔落船，皆經番官訊問。不願者立遣回籍，其飄然長往、絕無顧慮者，皆屬情甘，似非勢迫。」不知拐匪奸計百出，賄通上下。卽使番官審訊，悉屬拐黨替冒，並非本人一一過堂。釋遣回籍之文，適以欺世。心狠手辣，蹤秘術工⑯。

鄭氏爲中國官員與西方政府交涉華工問題找出理據。他知道英美等國有禁販奴的傳統。〈論招工〉篇云：

夫販人出洋，本干例禁，亦為西律所不容。昔年有販阿洲黑人為奴者，經英國上下議院集商禁止。出貲數千萬，悉贖之還，盡行遣釋。而嚴申禁約，弊絕風清，諸國無不稱頌其德政。美國南北之戰，其始以禁止販奴而起，後卒設法禁絕，一視同仁⑰。

由於西方有禁止販奴的傳統，鄭氏主張中國政府可憑外交與西方國家就販奴問題據理力爭。鄭氏建議：

我朝宜申明條約，遣一介往責西人曰：「販人出洋為奴，實干例禁，各國共知公法具在。查歷年運往外洋之人，皆我赤子，不少富家宦族，墨客寒儒。據生還之華傭述其苦

⑯《易言》，下卷，頁四三—四四。
⑰《易言》，下卷，頁四四—四五。

況，幾同地獄。然細覈所由，半皆受騙於匪人，非真立有合同甘心遠適。試為平心而論，易地以觀，倘以此待貴國之人，其果能樂受否乎？貴國嗣後當飭地方官留心查察，並禁船主不得私行運往。如敢故違，一經訪察或被告發，船卽充公，人卽定罪。勿謂言之不預也。」如此則理直氣壯，義正詞嚴。洋人雖崛強性成，勢必折服。否則是故違和約，顯悖公法；正可暴其罪狀，絕其往來，嚴立海禁，於澳門附近之處，設關稽查，不使一人一船得涉其地。卽各國怵於大義，亦且抒其公憤，相與深惡而痛絕之。西洋人自知為公論所不容，勢必曲從，永停販運⑱。

如何澈底解決華工被販之問題呢？鄭氏的答案是政府應行仁政及嚴法律。除了用外交方策與各國交涉之外，政府更應採取社會福利措施，減少無業游民之數目。「《書》曰：『民爲邦本，本固邦甯。』故先王行仁政以濟貧乏，嚴法令以禁游惰，所以保我黎民，不敢流離異域者，意良厚也。」鄭氏此處乃建議經由仁政、法令，以求華工問題之根本解決。

（丙）論虛費及論慈善事業

鄭氏力言：「夫國以民爲本，而民以食爲天。故饑困流離之衆，有時而起盜心，實由無術以謀生計，必不得已梃而走險耳。」⑲鄭氏十分反對「糜費萬金」的禳祈習俗，他希望這些糜費可

⑱《易言》，下卷，頁四五。
⑲《易言》，下卷，頁四九。

節省，用之於社會福利。據鄭氏的分析，中國社會習俗之虛費事項頗多。〈論虛費〉篇云：

且世之所為虛費者，尚不止奉神一節也。冠、昏、喪、祭，宜一循乎古禮，而勿徒慕乎浮華。至於喪事尤宜示之以正。孔子曰：「喪與其易也，甯戚。禮與其奢也，甯儉。」鼓樂喧闐於外，僧道趨走於前，此於哀戚之旨大相刺謬。往見富家大族，遇有喜慶之事，爭相誇耀，務極奢靡，以為不如是不足為門戶光。至有竭力貸貲以飾觀瞻而不惜者。凡此皆足以耗民之財，所謂不節之嗟者也[160]。

鄭氏希望地方官禁止奢華的禮俗，從獎懲兩方面來禁浪費。

為地方官者，宜示之以準則，限之以規條，戒之以紛華，導之以樸素。以貴賤為等差，以有無為節制。禁民間毋得妄費，一切胥歸之實濟；有不遵者懲之，有恪從者褒之。去漓歸醇，黜奢崇儉，移易之權，本操之自上耳。事類轉環，願有心人維持頹俗；言如振鐸，賴先覺者開導愚蒙。敢獻芻言，不辭檮昧[161]。

鄭氏知道「財源易竭，物力維艱，揮霍於樂歲，必至不足於凶年；消耗於妄費，必至有缺於正供。」[162]因此力主：「移此鉅資，廣行善舉；或開義塾，教育孤寒；或積義倉，備賑荒歉；或

[160]《易言》，下卷，頁三九。
[161]《易言》，下卷，頁四〇。
[162]《易言》，下卷，頁三九。

設醫局，以活貧病；或立善堂，以棲老弱；或收埋骸骨，澤被黃泉；或撫卹孤嫠，名完淸節。造無疆之德業，惜有用之錙銖，豈不善哉！」[163]

鄭氏在〈論棲流〉篇詳談他對福利事務的看法，並申論由官設局，辦理慈善事業是解決社會問題的良方：

> 惟仁者利濟為懷，痌瘝在抱，慮一夫之失所，思百族之咸安。無如生齒日繁，生機日蹙，或平民失業，或散勇逗留，或惡丐行凶，或流氓滋事。近雖設有養老院、育嬰堂等處，然皆限有定制，難以兼收。以致貧無所歸者，小則偷竊拐騙，大則結黨橫行，攫市上之金錢，刼途中之商旅。事雖凶暴，實迫饑寒。每因愍彼無知，輒至釀成大案。欲弭隱微之禍，須籌安置之方。曷若募集鉅資，庶可撫留若輩。每省設局，取名棲流，揀擧能員，派為總辦。多置田產，藉給饘粥之資；廣葺茅廬，俾免風霜之苦。容留無賴，拘束流民，教以耕耘，課之織造；各稱其力，俾習其工，則病有所養，貧有所資。懦良者固無庸乞食市廛，強暴者亦不致身罹法網。非徒革面，直欲洗心。至於馴良之輩，少壯之人，督令開墾荒田，給以耕資農器，自食其力，俾立室家，庶邊地不至荒蕪，而國家亦增賦稅。豈非一擧而備數善哉[164]。

[163]《易言》，下卷，頁三九。

[164]《易言》，下卷，頁四九—五〇。

（丁）論監獄改革

鄭氏十分重視改良監獄環境。在他筆下中國監獄是一個地獄：「土室高垣，暗無天日；赭衣黑索，慘受拘攣。禁卒則毒於虎狼，穢氣漸蒸爲癘疫。奄奄一息，困苦難堪。卽幸而有痊，瘐死者已不乏人矣。」⑯⑤鄭氏再三指出：

惟偶因一念之愆，一事之悮，未經審結，久被拘囚，昭雪無由，株連莫釋者，為足憫耳。夫天之生人，原期用世，一旦愆尤偶蹈，才藝胥捐。況處積穢之區，受潮濕之氣，有不因困而病，病而且死者乎！今夫國法固嚴，人命亦重。為上者果能平心聽訟，毋輕刑訊，毋任羈留，如隨園先生所云：「獄豈得情甯結早，判防多悮每刑輕。」斯真仁人之言，其利溥也。無如人心不古，法網難逃。一切押候幽囚，囹圄為滿。雖獄官日給錢米，獄卒不減分毫，而犯繫各囚，曾無一飽。且國家錢糧歲入，百款開銷，為若輩又復虛縻，似非節用之道。況小民則無知犯法，有司則循例鞫囚。或無意寃横，或有心羅織，厚集怨尤之氣，大干天地之和。竊以為此等犯人當開一線之恩，予以自新之路，善為處置，俾得自食其力，無促其生⑯⑥。

鄭氏深悚「高其垣墻，嚴其約束」的方法，主張仿照西法，實行監獄改革，尤注重教導犯人

⑯⑤《易言》，下卷，頁四七。

⑯⑥《易言》，下卷，頁四七—四八。

謀生之藝。鄭氏認為監獄之功能應有新的詮釋：從隔離罪犯的機構改變為善後輔導的機構。《易言》之論刑罰與監獄，在當時士大夫言論中殊罕見。〈論犯人〉篇云：

> 查泰西例，錄囚雖罰有輕重，律有寬嚴，而充工一端，實可補中國刑書之闕。蓋莠民犯法，半迫饑寒，被拘益窘。雖期滿釋放，仍復空空妙手，謀生無術，故態易萌。若不預為代籌，將畢生不克自振。故犯人凡已定軍、流、徒罪者，依律所限年分，充公作抵。如捆屨、織席等事，本所素習，則使之復理舊業。其頑蠢罪重者，則著其掃除垢穢，修砌道路。既用其力，酌給辛工，將來釋放之日，稍有微積，尚可營生。是既治以應得之罪，又予以遷善之資也。至於牢獄羈所，又須寬其房屋，鋪以地板，時常掃滌，不使潮穢，庶可免其染病，便其作工[167]。

(戊) 論其他社會問題

鄭氏似是同輩思想家中對社會問題最為關切者。《易言》三十六卷中有多篇討論社會迷信、醫德、纏足等問題。鄭氏認為迷信實是社會尚奢之根源。〈論虛費〉篇云：

> 竊謂：天道福善而禍淫，惟期積累；人世媚神而佞佛，專事禳祈。習俗相趨，牢不可破。其他外省未及深知，即如粵東每於七月中旬，廣設盂蘭勝會，託言目蓮救母，實則

[167]《易言》，下卷，頁四八。

> 釋氏愚人。舊例相沿，經壇禮懺，互賽新奇；燈綵輝煌，務侈華麗。男女嬉游，為聽笙歌徹夜；魚龍曼衍，爭看煙火凌霄。舉國若狂，遊人如織。偶疏巡邏，則祝融扇威；略失防閑，則宵小肆竊。流弊百出，糜費萬金，歲以為常，官不知禁[168]。

末句強調「官不知禁」，反映鄭氏主張用政府力量來禁止民間之迷信風尚。鄭氏主張由官設局，委總辦負責辦理社會福利等事，丙節已詳及。禁止迷信，似亦須由官倡導。

至於醫藥要需，鄭氏並無應悉歸官辦之說。鄭氏對於醫之爲業，極爲尊崇：「醫雖小道，擴其心可以濟世，精其業可以活人，甚不容輕視也。」但〈論醫道〉篇言及當時醫德日壞的情況：

> 自世風日下，牟利者多，或襍錄方書，妄稱師授；或粗通歌訣，輒詡家傳。藥未備於籠中，方遂亡於肘後。偶然奏效，便負神醫，逞其聰明，高其聲價。入門則先求掛號，出門則預付請封。輿金每計少爭多，跟役亦追隨討賞。偶逢大症，以為奇貨可居；先請他醫，輒謂前方悞服。貧富均苛謝步，親鄰亦較錙銖。行世半生，而受害者已不勝屈指矣[169]。

鄭氏隨即討論醫學之理及西醫之精良，進一步主張設立醫學院及改善醫務事業，則有由官倡導監督之必要。

---

[168]《易言》，下卷，頁三九。

[169]《易言》，下卷，頁四五—四六。

鄙見宜表奏朝廷，略仿《周禮》設立醫官之遺意，勅令各直省都會，殷戶集資合建醫院。考選名醫，充院中之師。所招學生，須由院中掌教，考其文理通順者，方准入院學習。不論貧富，俱當盡心傳授，專工其事，精益求精。俟學習三年考取上等者，稟請地方官給以文憑，准其行道。如有醫治奇症而見效者報明醫院，年終彙集刊刻成書，以啓後學[170]。

鄭氏十分注視纏足問題。鄭氏力斥「有忍心害理、裹女子之足以爲慈者」的積習，他痛心疾首地指出裹足之害：

> 夫父母皆愛惜其女子，獨於裹足一事，早則五歲，遲則六歲，莫不嚴詞厲色，大受折磨。以為移俏步，蹴香塵，他日作婦入門，乃為可貴。倘裙下蓮船盈尺，則戚里咸以為羞。此種澆風，城市倍深於鄉曲。以故世家巨室，爭相效尤；而農人之女，樵子之婦，轉無此病。古今來女子之所謂娉婷者，以其腰如約素，領如蝤蠐。可知燕瘦環肥，所以專寵六宮者，當更有勝人處，非欲其舉止失措、行動需人，而後謂之美也。倘蓮瓣不盈一握，榴裙纖露雙鉤，而顰效東施，醜同嫫母，又安見凌波微步使人之意也消耶[171]？……而裹足則殘其肢體，束其筋骸，傷賦質之全，失慈幼之道。致令夫憎其婦，姑嫌其媳，

[170]《易言》，下卷，頁四七。
[171]《易言》，下卷，頁五三—五四。

母答其女，嫂誚其姑。受侮旣多，輕生不少。且也，生子女則每形孱弱，操井臼〔臼〕則倍覺勤勞，難期作健之賢，徒屬誨淫之具。極其流弊，難罄形容⑰。

鄭氏引證「按五大部洲除中國外，裹足者絕無其人」。因此稱讚清朝「膺符受籙，誕告萬方：男令薙髮，女禁裹足。法美意良，共宜恪守」⑱。〈論裹足〉篇提出禁革裹足的具體方案：

茲當以十載為期，嚴行禁止。已裹者姑仍其舊，未裹者毋蹈其新。如有隱背科條，究其父母。凡纏足之女，雖篤生哲嗣，不得拜朝廷之誥命，受夫、子之榮封。嚴定章程，張示曉諭，革當時之陋習，復上古之醇風。將見綠窓嬌女，金屋佳人，不徒買六國之絲，平原爭繡，抑且祝萬年之祚，帝力相忘。未始非仁政之一端，芻言之一得也⑲。

綜上所述，鄭氏在討論社會問題及風俗改革時乃基於人道之關懷，痛詆時俗，在所不惜。他不特注意到鴉片、華工和監獄的問題，而且爲婦女及其他中國社會裏的不幸者請命。《易言》之社會思想在同光年間發表之著述中頗爲罕見。

三、結　語

⑰《易言》，下卷，頁五四。
⑱「今雖髮雖遵國制，而裹足莫挽頹風，薄俗相仍，迄今未改。」《易言》，下卷，頁五四。
⑲《易言》，下卷，頁五四—五五。

中國近代史學者，每僅根據日後出版的《盛世危言》來討論鄭觀應的思想。筆者則認爲欲了解鄭氏思想早年的形成和發展，《易言》三十六篇是有關鍵性的材料。

《救時揭要》（以下簡稱《揭要》）是鄭氏更早的著作，於一八六二年開始撰寫。積稿於一八七三年刊行[175]。《揭要》反映鄭氏最早期的思想，共二十四篇，大部分是「觸景傷時，略陳利弊」的隨感式短文。《揭要》所刊論說有數篇曾在《申報》發表，亦有載於丁韙良（W.H.P. Marfin）主編之《中西聞見錄》者[176]。《揭要》用不少篇幅討論同治和光緒初年之社會問題，諸如鴉片、庸醫、賣豬仔、溺女、迷信等風俗。書中雖附有另頁排印的〈論中國輪船進止大略〉[177]，但並未有系統地、全面地提出變法主張。《揭要》一書尚無討論有關於經濟、政治、外交、軍事等方面之改革思想。全書似以人道爲主要關懷，在討論救災卹貧時，常自因果報應立言，勸人行善。例如〈救濟速報〉篇中把近世大家族之發跡，歸之於「其先世積德累功所致」[178]。《揭要》自有其重要意義，但須至《易言》三十六篇，鄭氏早年之變法思想，始爲完備。

嗣後鄭氏復就《易言》三十六篇刪訂爲《易言》二十篇於一八八二年前後成書。二十篇本注

---

[175] 夏東元編，《鄭觀應集》（上），（上海：人民出版社，一九八二），頁一，〈編輯說明〉。

[176] 參看夏東元，《鄭觀應傳》（上海：華東師範大學出版社，一九八五），頁一六—二六。

[177] 《鄭觀應集》（上），頁五二—五六。參看王爾敏，〈鄭觀應之實業救國思想〉，《香港中文大學中國文化研究所學報》，卷一五（一九八四），頁三四—三五。

[178] 《鄭觀應集》（上），頁四三—四四。

重富強及新興企業，但刪掉三十六篇本原有的一些關於社會改革、移風易俗的言論，不如三十六篇本之主張多方面之政治、社會改革。諸如後來九十年代倡立不纏足會時所呼籲的裹足問題，《易言》三十六篇本中已見其先聲。

《易言》三十六篇不愧為鄭氏早年主張變法自強的力作，亦是光緒初年變法思想的重要文獻。與《揭要》比較，《易言》三十六篇更重視西學，藉以探求西方各國富強之源。書中並不斷引用西方制度之例證，可以表示當時少數上海商界知識分子對於西學的認識。

鄭氏早期變法思想應與先後並世之卓越知識分子，如馮桂芬、郭嵩燾、薛福成、王韜等比較。鄭觀應與郭嵩燾、王韜及薛福成等皆有思想上之交流(179)。此項思想史上之比較工作，尚待近代史學界同仁之努力。

《易言》三十六篇成書之時，書中的許多建議，在自強運動中，有一部分已見諸施行。本文

---

(179) 鄭觀應與王韜的思想交流，見《易言》三十六篇本，〈跋〉，頁一—五；又參看 Paul A. Cohen, *Between Tradition and Modernity: Wang T'ao and Reform in Late Ch'ing China*, (Harvard University Press, 1974)。鄭氏在光緒初年與郭嵩燾通信，見鄭觀應，《盛世危言後編》（臺北：大通書局重印），卷七，頁一〇—一一，〈上駐英公使郭筠仙侍郎書〉；《郭嵩燾日記》，第三及四卷（湖南人民出版社，一九八二，一九八三）記載郭氏曾接到鄭觀應的信，見《郭嵩燾日記》（四），頁五七，光緒六年五月二十五日。郭氏與鄭觀應的思想比較，參看黎志剛，〈郭嵩燾的經世思想〉，收入中央研究院近代史研究所編，《近世中國經世思想研討會論文集》（臺北，一九八四），頁五〇九—五三〇。鄭觀應在一八九二年編的《盛世危言》收有薛福成的文章多篇，例如，〈薛叔耘星使變法論〉，卷一，頁四〇—四三。

所述《易言》三十六篇本，關於外交、國防、經濟、教育等方面之建議，可與實際由奕訢、文祥等主持，由李鴻章、左宗棠等督撫推行的新政比較。吾人研究十九世紀中國歷史，不可僅憑九十年代的觀點，抹殺七十年代的思想與實際設施。此項思想與時代參較的工作，亦尚待同仁努力。鄭觀應爲商人而主張變法，提供晚清整個社會模斷面的描繪，使讀者如置身其境，能藉以體會到當時內政、外交種種的問題，殊屬難能可貴。

——原載《清華學報》新八卷第一、二期合刊（一九七〇年），頁三七三—四一六。第二部分第㈥節以後原缺，由黎志剛續完。

論企業

九、中英輪船航運競爭，一八七二—一八八五*

說者每以為中國近代史上之經濟發展屢受在華外商扼殺。外商企業在條約制度下享有特權，

* 本文原載考萬(C.D. Cowan)編，《中國與日本的經濟發展》(*Economic Development of China and Japan*)，英文原稿於一九六四年在倫敦出版(London: George Allen & Unwin Ltd.)。此次黎志剛先生自英文譯為中文時，曾參考李榮昌先生先有的譯文(見《中國近代經濟史研究資料》，上海社會科學院出版社，一九八四年，頁一六—四四)。譯稿略經改訂，增加一些新材料於註釋中。本文根據的資料包括李鴻章，《李文忠公全集》(以下簡稱《李集》)〔南京，一九〇五年版〕，《奏稿》及《朋僚函稿》，招商局商董之文稟、啓事，見中央研究院近代史研究所編，《海防檔》(臺北，一九五八年)；交通史編纂委員會編，《交通史航政編》(南京，一九三一年)；《國民政府清查整理招商局委員會報告書》(下册，一九三八年)；聶寶璋編，《中國近代航運史資料》，第一輯(上海人民出版社，一九八三年)。招商局早期歷史，兩個商人曾有著述，見徐潤，《徐愚齋自敍年譜》(食貨出版社重印，一九七七年)；鄭觀應的《易言》及《盛世危言》，參看夏東元編，《鄭觀應集》(上海人民出版社，一九八二年)，《盛世危言後編》(臺灣大通書局重印)。有關旗昌洋行的部分函件手稿可在哈佛大學的貝克(Baker)圖書館中找到。部分手稿為波士頓的福布士(Forbes)家族借看，此檔現藏麻省歷史學會圖書館。怡和洋行檔案藏於劍橋大學圖書館。與太古洋行有關的約翰・斯懷爾公司(John Swire and Sons, Limited)檔案現藏倫敦大學東方及非洲學院圖書館。本文統計圖表主要根據：①華海輪船公司常年報告及輪船招商局常年報告英譯本，刊於各年的《北華捷報》(*North-China Herald*)。②上海輪船公司的年報藏於哈佛大學的外德奈爾(Widener)圖書館。③輪船航運情報，見《北華捷報》各期的附錄。

其業務在中國沿海地區長期繁榮興旺①。中國通商口岸開放之後，外商帆船、輪船在中國領水內開展業務。一八九五年之後，外人更可在中國領土上設立各類工廠。由於外商企業享有各種有利條件，擁有巨資，並可獲得低息貸款，中國企業與其競爭時，確實難佔優勢。

但是上述論點忽視了一個重要史實：與外商企業競爭的中國企業，可以受政府的扶持。雖然清政府財源並不充裕，但經濟力量仍可與任何在華外商企業相較量。另一重要的問題是：中國商人是否沒有足夠的資金或不願投資於現代企業呢？

在《一八六二—一八七四年英美在華輪船航運競爭》②一書中，我曾敘述了中國輪船航運業的早期歷史。此書結論之一是：整個六十年代，手上握有巨資或可從其本國借得低息貸款的在華外商企業並不願意大量投資於中國水域內的航運業。而同時則有很多本地商人，包括依附於英商小洋行的洋人和中國買辦商人，卻對於航運業的投資很有興趣。六十年代上海最大的航運企業——旗昌輪船公司（卽上海輪船公司，The Shanghai Steam Navigation Company），是一家地方性的合股企業。雖然這家公司是由當時美國在華最大的商號——旗昌洋行所創辦、經營，但該

① 參閱汪敬虞，《十九世紀西方資本主義對中國的經濟侵略》（人民出版社，一九八三年）；德恩伯格（Robert F. Dernberger），〈在華外人與經濟發展〉（"The Role of the Foreigner in China's Economic Development, 1840-1949"）收入泊金斯（D. H. Perkins），《從歷史上看中國的現代經濟》（*China's Modern Economy in Historical Perspective*，史丹福大學出版社，一九七五年），頁二一—二三。

② 拙著，《一八六二—一八七四年英美在華輪船航運競爭》，（*Anglo-American Steamship Rivalry in China, 1862-1867*，哈佛大學出版社，一九六二年）。現有譯本：《英美航運勢力在華的競爭，一八六二—一八七五》（上海社會科學院出版社，一九八八）。

洋行股東自己僅認購不及全數三分之一的股份，其餘近一半股份由在滬的英國小洋行購存，而另一半則由中國買辦商人擁有③。

到七十年代初期，形勢確實起了變化。由於中國領水內輪船航運業務的利潤不斷增加，一兩家在其本國有廣泛基礎的英國大洋行也在這個行業中開始作更大量的投資。英國企業在這一領域中明顯地崛起。但與此同時，一家由中國政府與辦及扶持的企業成立了，創辦的主要目的是與中國水域內的外商企業競爭。

本文敍述的是一八七三年—一八八五年間中國和外國航運業的競爭。到了一八八五年，競爭的形勢基本上已確定了。在這篇短文內，我只能就有關的事實，勾勒出一個輪廓來。這種概述等於提出一些假設，對於進一步的研究是有必要的。

本文討論的輪船航運企業限於以上海爲中心的交通運輸業務。本文不論及以香港爲基地的航運企業，也不涉及那些將業務從香港沿中國海岸延伸到上海的遠洋公司。質言之，本文乃以通商口岸間的航運業務爲主要範圍，討論爲一般歷史學者所忽視的一些史實。

一、兩家英國公司和一家中國公司的創立

③ 同上，頁二九。

在討論以一八七三年爲開端的演變之前，必須先回顧六十年代末期的情況。當時中國水域的航運業仍以旗昌輪船公司爲巨擘。一八六九年這家美商企業的船隊已增加到十五艘船，而那時上海還沒有其他輪船公司在中國水域內擁有三艘以上的輪船作定期航行。旗昌企業輕易地控制了所經營的三條航線。從一八六七年春季開始，這家美國公司實際壟斷了長江航運業。惟一重要的對手是一家名爲公正輪船公司（The Union Steam Navigation Company）的本地小企業（由英商軋拉佛洋行 Glover & Company 經營），有兩艘輪船在長江上行駛，與旗昌訂有齊價合同，並答應不再增加船隻航行長江航線。旗昌輪船公司此外並壟斷由上海到寧波（上海以南約一百英里）的經常航運，同時亦控制了從上海到天津（上海以北約七百英里）的第三條航線。一八六八年，另一家名爲北清輪船公司（The North-China Steam Navigation Company）的本地小型合股公司（由一位日耳曼裔的英國人特勞特曼，J.F.H. Trautmann 經理），在這條航線上派了三艘輪船經常行駛。不久，資歷深厚的英商怡和洋行（Jardine, Matheson and Company）也參加了這條航線的業務，派兩艘輪船經常行駛。但是旗昌洋行在這條航線上有五艘輪船，它的實力足以左右這條航線上的運費高低。

旗昌輪船公司在這些航線上的優勢無可避免地要受到挑戰。自一八六七—一八七二年的六年間，該公司的資本有很大的增長，船隊從十二艘增加到十八艘（一萬三千二百五十三噸淨重）。

一八七二年帳面載明有股本二百二十五萬兩④，此外還有現金儲備一百萬兩（卽三十七萬二千英鎊）以上。但這家資本雄厚的美商公司顯然還不足以阻止新的企業進入這一領域。

一家在英國集股的企業對旗昌洋行的地位給予重大的打擊。這家企業就是太古輪船公司（又稱中國航業公司，The China Navigation Co., Ltd.），創辦資本三十六萬英鎊，由約翰・塞繆爾・斯懷爾（John Samuel Swire）於一八七二年春在倫敦籌集。該公司用這筆資金買下了從事長江航運業務的英商小企業公正輪船公司的二艘輪船和岸上的資產，此外還向格拉斯哥（Glasgow）的英格利斯（A. and J. Inglis）造船廠訂製三艘新船，按美國式樣修造⑤。上海方面，這些輪船由斯懷爾早在一八六七年就在那裏開設的代理商行太古洋行負責經營。太古洋行辦理在華輪船企業的計畫就是要打破旗昌洋行在長江享有的壟斷，而這個目的很快就實現了。一八七七年差不多一整年，這家美商公司和新設的英商企業在長江上進行了一場十分劇烈的跌價競爭。但旗昌很快就意識到停止傾軋才是明智之舉。套用當時在歐洲的一位旗昌洋行大股東的話：「……在斯懷爾的背後，有無窮盡英國人的自矜心和資本。」⑥一八七四年二月，斯懷爾訪問上海時，旗昌洋

④ 見一八七二年上海輪船公司董事會年報，轉引自拙著，一九六二年，頁一〇六。

⑤ 胡夏米（W.S. Lindsay），《商船史與古代商業》（*History of Merchant Shipping and Ancient Commerce* 倫敦，一八八三年），第四冊，頁四七〇—四七二。

⑥ F.B. Forbes to P.S. Forbes 一八七三年九月二十六日，《福布士書信手稿》（Frank Blackwell Forbes's Letter Books）.

行同意他的建議，兩家公司長江航運開始收益聯營。兩家公司每月編製一份輪船次數相等的船期表，平分收益，依據海關記錄的數據來稽核。旗昌洋行對仍能保持長江航線壟斷性的水腳感覺滿意，但從此便與這個英商企業平分在長江航線上的業務。

這家美商企業在長江上的地盤一部分讓給英國人時，在上海與天津間的船線上也遭遇著同樣的境況——一家擁有雄厚財力的英商新企業加入競爭。這是一八七三年一月一日由怡和洋行創辦的一家本地合股企業，名為華海輪船公司（The China Coast Steam Navigation Company），創辦時實收資本三十二萬五千海關兩。當時怡和股東對於是否就在華的船運業作大量投資，仍在猶豫之間。籌建華海輪船公司時，怡和洋行投入的資本為十九萬一千七百五十兩，其餘的創辦資本則由各口岸的中國買辦商人和英國小洋行認購⑦。到一八七二年十二月十二日，中國商人共認購股款五萬九千七百七十五兩，怡和洋行以外的外國商人認購的總額則為四萬六千四百七十五兩。儘管華海輪船公司的股份總額仍相當小，該公司卻能維持以一艘輪船在上海和福州之間，及五艘輪船在上海和天津之間的定期航行。一八七四年二月華海輪船公司也與旗昌公司訂立了「齊價合同」。

到一八七四年初，兩家新設的英商公司已在中國水域的船運業中站穩了腳。恰與此同時，一

⑦ F.B. Jnhnson to J. Whitall 一八七二年十二月十二日，《怡和洋行檔案》。

家中國輪船公司也已創建了。直隸總督李鴻章在一八七二年籌劃的這家中國航運企業，輪船招商局，在一八七三年春已有四艘輪船在上海和天津航線上航行，但要到兩位買辦商人（唐廷樞和徐潤）在那年夏天對局務進行改組之後，招商局才開始積極與外國企業展開競爭。

這家中國航運企業的建立無疑是中國近代經濟發展史的一件大事。這是同治朝官紳第一次採取行動，與在華的外商企業競爭。直隸總督李鴻章創招商局目的之一是爲漕糧——一種從長江流域各省定期運往北京的實物稅——提供可靠的海運運輸工具，以解決京師的糧食供應問題⑧。但同時李鴻章對於越來越多的華商僱用西人輪船運載中國通商口岸間的貨物，深爲不滿。他希望中國人能就攬載企業「分洋商之利」⑨。

李鴻章爲了興辦輪船航運計畫，在上海設立了一個「局」。該局爲一特設的官方機構，由李鴻章以北洋通商大臣的地位管轄，理論上也受南洋大臣的節制。但在李鴻章眼中，招商局是一個商人營利的企業，雖然由官總其大綱，但應由商包辦，卽所謂「官督商辦」⑩。一八七二年李鴻

⑧ 例如一八七二年十二月十一日（同治十一年十一月十一日）李鴻章致張樹聲函，有關輪船運漕事。見《李集・朋僚函稿》，卷一二，頁三〇—三一。

⑨ 《李集・奏稿》，卷一九，頁四八。

⑩ 官督商辦要旨之一為由商人承擔企業風險。商辦含有由商承辦意，故盈虧與政府無關。招商局最初的總辦朱其昂是一個官員。嗣後十二年由唐、徐等商人包辦，中法戰後始由傑出的官場人物盛宣懷接管。有關官督商辦制度的討論，參看王爾敏，〈官督商辦觀念之形成及其意義〉，《香港中文大學中國文化研究所學報》，第十三期（一九八二年）；呂實強，《中國早期的輪船經營》（臺北：中央研究院近代史研究所專刊，一九六六年）；汪熙，〈論晚清的官督商辦〉，《歷史學》，一九七九年，第一期，頁九五—一二四；費維凱（Albert Feuerwerker），《中國早期工業化：盛宣懷和官辦企業》（*China's Early Industrialization: Sheng Hsuan-huai and Mandarin Enterprise*，哈佛大學，一九五八年）。

章任命了候補知府朱其昂（一位具有僱用沙寧船運漕糧經驗的官員）爲輪船招商局的總辦⑪。李氏還爲該局撥借了一筆十三萬六千兩的直隸練餉局貸款⑫，但他希望在朱其昂領導之下會招得商人，由其「自立條議」，負責經營，向貸款的政府及進一步投資的商人負責。李氏創招商局時的一個原則是「盈虧全歸商認，與官無涉。」⑬

李鴻章終於找到了一位確能勝任經營航運企業的中國商人。他是唐廷樞（字景星），原任怡和洋行的上海總買辦。一八七三年六月，唐景星辭去怡和的買辦職務，擔任招商局的「商總」，負責籌集股本和主管航運業務。七月間李鴻章任命他爲招商局的總辦，負責領導該局⑭。朱其昂移交了所有船務管理方面的職權，但仍充會辦，協助經營漕運事務。九月，李鴻章又任命了兩位會辦。其一爲唐景星的朋友徐潤，作爲唐氏在上海的副手。其二是盛宣懷。盛氏本是李鴻章的幕僚，在上海、天津都可以協辦招商局與官府的關係。早在一八七三年春季，朱其昂就買下四艘輪船和一些岸上產業，主要是用借來的資金，包括直隸總督李鴻章所籌借的十三萬六千兩貸款。這些輪船都移交給唐景星。唐氏除了承受李鴻章所撥借的貸款外，還付給朱其昂五萬四千兩。唐景

⑪《交通史航政編》，第一册，頁一四〇。
⑫同上。
⑬《李集·奏稿》，卷二〇，頁三三。
⑭〈唐景星呈李鴻章稟稿〉，同治十二年六月（「招商局檔案」複印件），見《中國近代航運史資料》第二輯下，頁八五八—八五九；《交通史航政編》，第一册，頁一四二。

星於一八七三年七月至一八七四年八月間，很成功地籌集了四十七萬六千兩的股本⑮，其中二十四萬兩是徐潤認購的。徐氏本來是殷實的茶商，所認招商局的股票可能比唐景星還多⑯。就憑這些資本，招商局向英國訂購了兩艘新船，加上朱其昂的四艘，組成了一支擁有六艘輪船的船隊（四千零二十四噸淨重）。

在此要指出唐景星和他這些買辦朋友在一八六〇年代中期後就對航運投資發生了濃厚興趣⑰。六十年代中期，唐景星任怡和的買辦時，曾投資於可望獲厚利的舊式企業——上海的一家當舖和三家錢莊。但這些企業終於令人失望。一八六八年以後，唐景星將其部分資金轉移到上海地區洋行經營的航運業。他是兩家小規模的英商輪船公司（公正和北清）的股東，並被選爲這兩家公司的董事。唐景星在一八七一年—一八七二年間投資於怡和經營的一艘輪船。一八七三年他被選爲怡和新辦的輪船公司——華海輪船公司的三個董事之一。唐氏是一位能操流利英語、精明強幹的廣東人，他還具有一些關於航運業務的專業知識。

唐氏把他這種專長應用於中國政府主辦的企業。唐景星任命了一個美國人（後來又任命一個英國人）主管招商局的航海事務，並僱用外人爲船長和船上管機器的「大副」。但關於貨運業務

⑮ 同上。

⑯《徐愚齋自敘年譜》，頁三七。

⑰ 拙著，〈唐廷樞之買辦時代〉，《清華學報》，新二卷，第二期（一九六一年），頁一四三—一八三。本書第六章。

的管理，則信賴他的買辦朋友，特別是那些屬於廣肇公所的商人⑱。除了徐潤之外，與唐景星密切共事的另一位前買辦是劉紹宗，他曾是美商瓊記洋行（Augustine Heard and Company）的一位精力充沛的買辦，現在則掌管招商局漢口分局的業務。

二、招商局的擴展及其對外商企業的影響

兩家英商公司和一家中國企業的出現，大大改變了中國水域內航運業的形勢。一八七四年，旗昌共擁有十七艘輪船，太古有五艘，怡和六艘，招商局六艘。但旗昌公司的十七艘輪船是分佈在長江、上海至天津、上海至寧波三條航線上。在上海至寧波的航線上，這家美商公司還勉強保持壟斷，但在另外兩條航線上卻攬載不到半數的生意。

上面說過，在長江及上海至天津的航線上，旗昌輪船公司還可與英商對手達成提高運費的協議。但有了招商局的競爭時，高昂的運費就無法維持了。這家中國企業不但採取大幅度削減水腳的攬載策略，同時仍能擴展船隊。在中國水域的每一條航線上，這家中國企業對外資輪船公司都有威脅的作用。

⑱ 請閱《徐愚齋自敍年譜》，頁一六—一七；《盛世危言後編》，卷一四及一五。招商局早期商董多與廣肇公所有關係，例如唐景星、徐潤、葉廷眷、鄭觀應。

輪船招商局擴展的背景

輪船招商局雄心勃勃的計畫首應歸功於曾任買辦的商董。在剛開辦時，唐氏和他的商人朋友就想擴大經營的規模，至少開闢了四條航線。這種策略實際上受到某些股東的批評。他們認為招商局應集中經營上海和天津之間的航運，因為在這條航線上，可得到漕糧高價水腳的補貼，一年內至少有三個月可保證六艘輪船的貨額。但唐景星和徐潤卻不採取固步自封的策略，大膽實行擴大船隊的計畫。一八七四年七月至一八七六年六月之間的兩年中，輪船招商局除了接受三艘中國商人「委託管理」的輪船之外，還增購了八艘輪船。

唐景星和徐潤如何籌集資金去支付新購的輪船呢？首先要指出，一八七四年六月之後，過去曾任買辦的商董們吸引新股本的能力已減退了。在一八七六年六月以前的兩年中，新股的總額僅二十萬九千一百兩⑲。（本文所述招商局帳目日期，依原式用陰曆。）儘管一八七四年六月，招商局分發的官利僅百分之十，次年六月的官利和餘利共達百分之十五⑳。由於政府對漕糧運輸支付高昂的運費㉑，使招商局能在一八七四年七月至一八七六年六月的兩年內獲得盈利。但這些利

⑲ 依據招商局第三屆（一八七五年陰曆七月至一八七六年陰曆六月）的帳略，該年份股本有六十八萬五千一百兩，比第一屆的四十七萬六千兩增加二十萬九千一百兩。《申報》，一八七七年四月十八日。

⑳ 〈招商局第二屆（一八七四年陰曆七月—一八七五年陰曆六月）帳略〉，《申報》，一八七五年九月二日。

㉑ 政府給招商局運輸漕糧的運費比市價高一倍以上。見《中國近代航運史資料》，第一輯，頁九四七—九五〇。

潤在支付官利和餘利後，已耗竭殆盡，而兩年中提取的折舊基金只有五萬七千一百一十六兩。

招商局在一八七四年—一八七六年期間，能購買九艘輪船，實歸功於各商董在商界的名望和各方的關係。唐、徐二人預計購船的款項可從日後的水腳或政府的新貸款中支付，乃透過怡和洋行向英國訂購新船。但這兩筆財源後來都並不如意，他們只得向上海的錢莊借款。徐潤本是成功的茶商，與錢莊間有許多關係，他本人就與唐景星合夥開辦一家錢莊。徐潤曾自稱，他能「如取如攜」地替招商局向錢莊借款㉒。

雖然唐、徐二人能在上海得到錢莊貸款，但他們是盼望有政府的借款，以支付購造新船的費用。這是因爲錢莊貸款收取的利息一般較高，年息常超過百分之十五㉓，而按清政府的慣例，「發商生息」的年息只收百分之七至八㉔。根據直隸總督李鴻章的《朋僚函稿》，早在一八七四年他就試圖勸說他的同僚兩江總督向該局貸款㉕。一八七五年該局自江浙兩省所得借款共計二十一萬七千兩。一八七六年九月，李鴻章終於批准他轄下的直隸省機構再次放款給招商局，加上來

㉒《徐愚齋自敍年譜》，頁八八。

㉓《北華捷報》，一八七七年十一月一日，頁三九二。錢莊利息隨每日折息而浮動。根據招商局最初幾年的帳略，商局借錢莊及仁和水險等附屬公司的借款時，約付百分之十五的利息。

㉔有關清代發商生息的制度；請閱楊聯陞，《中國貨幣信用小史》(*Money and Credit in China: A Short History*，哈佛，一九五二年)，頁九九。

㉕《李集·朋僚函稿》，卷一四，頁一。

自山東省的一筆貸款，共四十五萬兩㉖。據唐景星指出，這四十五萬兩幫助該局渡過了因結欠錢莊約八十萬兩的債務而造成的難關，「歸還了錢莊的欠款，本局從先前的困境中解脫出來了」（轉譯自英文材料）㉗。

必須指出，這種集資方式造成許多令人失望的後果。倚賴錢莊貸款顯然是不經濟的，而向政府借款雖利息較低，卻產生一些不利於企業合理管理的後果。唐景星、徐潤發現，政府貸款增加，同時就難於拒絕政府官員在局裏安插私人的要求。在政府貸款的安排中，唐、徐常依賴朱其昂和盛宣懷的協助。因此這兩位官員勢必要求在局務上有更大的權力。

對英美各公司的影響

招商局這種依靠貸款來擴展船隊的策略無論在內部的效果如何，該局在與英、美商行競爭時則敢於大膽行事。一八七四—一八七六年的三年中，招商局確曾有力地與外商企業相抗衡，使這幾家英商、美商企業幾乎無利可圖。

上文說過，一八七四年二月，旗昌輪船公司就長江及上海至天津航線維持較高水腳之事，曾與太古、怡和達成協議。但是中國輪船出現之後，水腳又跌價。一八七四年三月招商局首先減低

㉖《北華捷報》，一八七七年四月二十一日，頁三八九；《中國近代航運史資料》，頁九一四—九一八。
㉗〈招商局第三屆帳略〉（英譯），《北華捷報》，一八七七年四月十二日，頁三七二。

長江航線的水脚，起初比英美各公司約低百分之三十㉘。到仲夏時，上海至漢口每噸貨物的水脚跌至二兩，低於旗昌和太古協議價錢的一半。同樣地，上海至天津航線的水脚也降低了㉙。一八七四年二月，唐景星接受了怡和洋行的建議，同意航線上的三大企業對商業貨運採取齊價政策。但是招商局常常擺脫協議，給予托運人以較大回佣㉚。同時，由於李鴻章的影響力，托局船轉運的茶葉商人，在把貨物運經直隸省時，還可免繳內地釐稅㉛。

由於在中國水域內輪船噸位的需求彈性相當低，因此各輪船公司的收益都是意想到的輕微。例如一八七四年上半年，太古輪船公司的利潤在扣除折舊項目以前僅得八千五百兩，以致「股東們愁容滿面。」一八七四年下半年因太古將其一艘輪船「忌連加號」(Glengyle) 從長江調往沿海口岸航行，才獲得較大收益。爲使股東滿意，太古輪船公司在一八七五年初宣佈當年紅利爲百分之五。但一八七五年斯懷爾不得不爲太古輪船公司以百分之五的年息從阿爾弗雷德 (Alfred) 和菲利普·霍爾特 (Philip Holt) 處籌得五萬七千英鎊的借款。太古洋行在華輪船業似乎仍不如人意。

即在這時刻，太古仍集中注視中國水域內一項具有潛力的需要，即從東北的口岸牛莊載運大

㉘《中國近代航運史資料》，頁一一六八—一一六九；《申報》，一八七七年四月十九日，頁二。
㉙《中國近代航運史資料》，頁一一六七—一一六八。
㉚同上，頁一一五四。
㉛同上，頁九五二。

豆至汕頭的巨大市場，回程時從汕頭裝運食糖至北方口岸。太古足智多謀、經營有方。一八七四年十一月斯懷爾在英國發現可廉價購入兩艘輪船「威廉・巴特斯號」(William Batters) 和「特麗薩・巴特斯號」(Teresa Batters)。該兩輪共計以三萬二千鎊購入，吃水淺、荷載大，十分適用於牛莊和汕頭間的貿易航行。雖然太古輪船公司無力作新的獨自投資，斯懷爾卻說服了格林諾克 (Greenock) 造船廠的約翰・司各特 (John Scott) 和巴特菲爾德 (R.S. Butterfield) 合夥組成一家新的「沿海船公司」(Coast Boat Ownery)，在斯懷爾的帳冊中另立專戶。這兩艘船改名爲「福州號」和「汕頭號」，在牛莊汕頭間的「承租生意」(意指輪船載貨量全部一次包租給中國商人)，經營十分順利。一八七五年下半年，這家「沿海船公司」決定進一步投資四萬鎊，再訂購兩艘輪船來擴展業務。有趣的是，一八七四年十一月招商局也從倫敦購進了一艘適宜於牛莊和汕頭之間航行的輪船「伊琳娜・巴特斯號」(Eleanor Batters)，是斯懷爾買的兩艘船的姐妹船。唐景星將它投入上海和汕頭的航線上行駛。他在考慮之下，當時並未決定在牛莊和汕頭航線上與英商公司展開競爭。

一八七七年以前，招商局也沒有在上海和福州間的營業中進行競爭。這條航線仍由怡和所控制。但招商局的崛起卻對華海輪船公司的上海至天津航線造成致命傷。從表一可看出一八七四年—一八七六年間華海輪船公司的經營還是有盈利的，但是華海輪船公司使股東失望的是盈利逐年下降。從表一最後一欄可見，一八七五年該公司僅能支付百分之五的紅利，一八七六年竟沒有

發股息。一八七六年該公司股票（面值爲一百兩）只值五十六兩。前景如此黯淡，因此怡和的合夥人認爲如果能說服招商局買下華海輪船公司的船隊，那就再好不過了。一八七六年十一月，這個設想確實曾呈到在倫敦的羅伯特·查丁爵士（Sir Robert Jardine），並得到他的同意。

表一　華海輪船公司（怡和洋行代理）盈利狀況（一八七四—一八七六）

年別	未扣除利息和折舊之前的純利（兩）	資本總額（兩）	利潤率（%）	股份紅利（%）
一八七四	八九、一八九	四五〇、五〇七	一九·七	一〇
一八七五	六六、〇九九	五二三、七六九	一二·六	五
一八七六	四八、二〇〇	五三八、四七六	八·九	〇

然而，當時還有一家公司更急於把船產賣給中國人，卽美商旗昌公司。旗昌的三條航路卽長江、上海至天津、上海至寧波的航線，都遇到招商局的跌價競爭。把表一和表二相比較可以看出這家美商公司的利潤率還不如華海輪船公司。至一八七三爲止的八年期間，股東每年都獲得百分之十二的紅利。但在一八七四年—一八七六年的三個年度股東只得到百分之七的紅利。與此同時，旗昌需要從儲備金中支付船隊的維修費用。一八七六年秋，該公司股票價值(面值一百兩)跌至七十兩。十五年前創辦旗昌輪船公司而當時居住在美國麻州的坎能亨（Edward Cunningham）

建議，設法將該公司轉賣給中國人。旗昌上海經理於一八七六年十二月經中人向招商局探詢。

表二　旗昌輪船公司利潤率（一八七四—一八七六）

年別	未扣除利息和折舊時的純利（兩）	資本總額（兩）	利潤率（%）	股份紅利（%）
一八七四	一八八、三七二	二、二五〇、〇〇〇	八・三	七
一八七五	一九六、〇〇〇	二、二五〇、〇〇〇	八・七	七
一八七六	一七八、〇〇〇	二、二五〇、〇〇〇	七・九	七

出乎旗昌洋行股東們意料之外，招商局方面立即表示興趣。這時唐景星正在福州辦事。徐潤決定與旗昌的經紀人談判，初步一致同意售價是二百二十二萬兩，其中二百萬兩是旗昌輪船公司船隊和各項資產的作價，二十二萬兩則是旗昌洋行在上海和其他三個口岸碼頭棧房等岸上資產值㉜。唐景星立即被召回，徐潤並徵求盛宣懷有關尋求政府貸款的意見㉝。

㉜《海防檔・甲購買船礮》㈢，頁九三九—九四七，〈南洋通商大臣沈葆楨函〉，光緒二年十二月初四日；《徐愚齋自敘年譜》，頁四七。旗昌岸上產業賣價二十萬兩，另有二萬兩佣金，據說為卜加士達（J.J. Bucheister）所得。他是一位會說中文的經紀，為招商局購買旗昌船產時之中人。

㉝《徐愚齋自敘年譜》，頁三七，八七；〈盛宣懷致徐潤〉，光緒三年，轉引自夏東元，《晚清洋務運動研究》（四川人民出版社，一九八五年）。

此時唐、徐和盛三人都齊集在南京，他們要求會見兩江總督沈葆楨。據《徐愚齋自敍年譜》所述，這一次成功是由於盛宣懷之能贏得總督幕僚的支持。盛氏在與沈督會面時，大顯辯才，指出兩江有一些「閒款」，結果沈葆楨同意由他的藩庫中貸款五十萬兩給招商局。沈氏還同意與直隸總督李鴻章會同奏請朝廷准浙江、江西和湖北三省合共貸款五十萬兩給招商局㉞。有了這些保證，唐景星於一八七七年一月與旗昌洋行正式簽署購買合同，並訂明在該年三月支付一百二十二萬兩後，即將船隊和碼頭棧房等資產全部移交。其餘一百萬兩在五年內按季分期付給旗昌洋行，未清付的價銀計息百分之八。

三、中英合作和英商企業的擴展

招商局買下了美商船隊，便一躍成爲這一領域內最主要的企業。表三乃根據《北華捷報》的材料，可知招商局在中國水域七條航線上使用了二十九艘船，甚至還把一艘輪船投入自華南口岸至新加坡的航線，搭載中國移民。特別在長江和上海至天津航線上，招商局的噸位遠超過了兩家

㉞ 《李集・朋僚函稿》，卷十六，頁三七，〈致唐景星徐雨之兩觀察〉，光緒二年十二月二十四日；卷一七，頁一三，〈復郭筠僊星使〉，光緒三年六月初一日。又《李集・譯署函稿》，卷七，頁二一—三〇，〈論維持招商局〉，光緒三年九月二十九日。

英商企業的總數。

表三　上海三大輪船公司使用輪船數目（一八七七）

航線 ＼ 輪船公司 ＼ 輪船數	太古輪船公司（太古）	華海輪船公司（怡和）	輪船招商局
長江	三	—	一〇
上海—天津（烟臺）	—	四	一一
上海—寧波	一	七	三
上海—福州	—	一	一
上海—香港（廣州）	—	—	一
汕頭—上海—牛莊	四	—	—
上海—汕頭（廈門）	—	—	二
上海—牛莊（烟臺）	—	—	一
廈門—廣州—新加坡	—	—	一

招商局當時能對英商企業施更大的壓力，並擊敗其抗爭嗎？這似乎很困難。當時這家中國企

業由於移借巨資購進旗昌船隊，正面臨日益加重的資金問題。招商局的商董要運用因船隊較大而具有的有利條件。爲了要提高水腳，乃與英商企業達成協議。

走向中英合作

招商局雖然成功地獲得了這家美商企業的船隊和產業，但同時則債務大增。到一八七七年夏天，招商局欠政府的官款高達一百九十餘萬兩，欠旗昌輪船公司的未付款項還有一百萬兩㉟。當時招商局必須籌款支付旗昌岸上產業的價款二十二萬兩。另於旗昌輪船公司每季的分期付款外，又須支付一八七七年仲夏到期的利息和官利。招商局因此不得不再向上海的華資錢莊借款。一八七七年六月的資產財債表記載：「私人墊款三十三萬五千七百七十六兩，結欠錢莊款項五十九萬三千四百四十八兩，結欠私人款項八萬七千八百八十四兩。」（轉譯自英文材料。）

也應注意，這時招商局還欠負仁和水險公司三十五萬兩的債務。這家保險公司是唐景星、徐潤及親友於一八七五年創辦的，專爲招商局輪船的貨運承保水險㊱。這家保險公司的全部資本似乎都存放於招商局，年息百分之十五㊲。

㉟《李集·譯署函稿》，卷七，頁二一—三〇，〈論維持招商局〉。
㊱《徐愚齋自敍年譜》，頁一八，一九，三七。
㊲《國民政府清查整理招商局委員會報告書》（下册），頁七。

一八七七年三月，唐景星與怡和洋行就上海至天津和上海至福州兩條航線（當時招商局將一艘輪船投入上海至福州的航線），訂立「齊價合同」，這表明招商局無意展開全面的減價競爭㊳。然而當時招商局在長江航線上已捲入與太古的激烈競賽。這是因爲兩家公司於編定長江船期表時，發生爭執。如果兩家航行的船隻數目相等，正如太古和旗昌的聯營協議所規定的原則，太古是願意與招商局就運費問題訂約的。唐景星也願意繼續實行聯營協議，但必須依據如下的條件，即招商局佔發船次數的三分之二，並且在聯營的收益中得到相應的份額。

此次削價競爭，兩家公司都蒙受巨大損失。削價也推廣到上海至寧波航線上，由於太古決定採取主動，在那裏進行競爭。與此同時，上海至漢口間的水腳跌至每噸一兩。一八七七年九月約翰·斯懷爾親自從倫敦來上海，尋求解決辦法。同年十月，唐景星向李鴻章請求進一步的援助，說明因英國利息低，太古可以長期減價抗衡。「彼自謂江船四號，海船四號，置本百餘萬，英國利息三四厘，年終只求四萬之利。」㊴

爲了確保招商局能繼續進行削價競爭，唐景星懇請李鴻章奏請朝廷准招商局延期償還官款。唐氏保證招商局於一八八〇年開始償還政府貸款的本金。

㊳《中國近代航運史資料》，頁一二〇七。
㊴《李集·譯署函稿》，卷七，頁二七，附〈招商局節略〉。

李鴻章出於對該局的一種責任感，迅速地採取行動來保證這一計畫的落實㊵。這使唐景星在一八七七年十二月底與斯懷爾的談判中態度較強硬。但唐氏仍須讓步，不再堅持三分之二的份數，而接受斯懷爾的建議，按五十五：四十五的比例來劃分㊶，招商局的航次較多，相應地在聯營收益中獲得較大的份額。長江航線上的運費提高到從上海至漢口間之水腳每噸五兩；漢口到上海則每噸四兩。

由於這種「合夥」協議比僅有「齊價合同」更合算，唐景星於一八七八年七月向怡和洋行表示，願與該公司達成同樣的協議。在上海和天津航線上，招商局以三艘輪船，怡和以二艘經常行駛，收益按比例分配；在上海和福州航線上，營業與收益皆兩方均分。通過這一系列協議，招商局和這兩家英商公司至少暫時在這兩條的航線上不再以跌價方式進行鬥爭。

兩家英商公司的擴展

兩家英商公司自一八七三年創辦以來，第一次分享到頗爲可觀的收入，便立刻開始擴充實力。

㊵《李集・奏稿》，卷三〇，頁二九—三二，〈整頓招商局事宜摺〉，光緒三年十一月二十五日；卷三六，頁三二—三四，〈商局官帑分年抵還摺〉，光緒六年三月二十七日；卷三六，頁三五—三六，〈覆陳招商局務片〉，光緒六年三月二十七日。

㊶《中國近代航運史資料》，頁一二〇九。

上文說過，一八七四年長江航線上的輪船勉強能應付開支時，斯懷爾決定另立沿海輪船公司，在牛莊至汕頭的航運中建立據地。到一八七九年，他們已有六艘輪船投入這一個航線，特別受到包船的中國商人歡迎。汕頭稅務司於一八八〇年一月的報告中有如下的記載：「汕頭和這些中國口岸〔卽牛莊和煙臺〕的貿易主要由太古洋行的輪船承運……它們正在逐步把帆船排擠出去，以非常低廉的價格載貨，並給予華商很大便利。華商正開始租用這些船隻，像帆船一樣全船租賃，往返貿易。」㊷斯懷爾確信此一航線生意極具潛力，計畫增置九艘新船。斯懷爾還有一個構想，卽擴大該公司在上海至天津之間的客運業務，甚至考慮到推廣華南各口岸到澳洲的業務。而牛莊和汕頭間的租船業務是鼓勵他擴展計畫的動力。

斯懷爾說服了司各特和巴特菲爾德（沿海船公司的合夥人）投資訂造四艘新船。同時太古輪船公司本身準備增加投資，而新的資金主要來自該公司在長江及上海至寧波航線上所得到的可觀收入。一八八〇年，太古輪船公司接管了「沿海船公司」的二艘輪船，行駛上海至天津航線。一八八一——一八八二年，太古輪船公司自己投資建造五艘新船，主要用於牛莊至汕頭間的航運業務。我們要注意太古擴展船隊實際上不需要另招資本。一八八三年三月，沿海船公司的合夥人決定與太古輪船公司合併時，太古的股本增至五十萬鎊，新發行的十四萬鎊股本其實卽是沿海船公

㊷ 中國海關，《各口海關貿易報告册》(Imperial Maritime Customs, *Reports on Trade at the Treaty Ports, 1879*, 上海，一八八〇年），頁二〇五。

司資產作價。爲新造的沿海輪船籌經費，該公司曾向阿爾弗雷德和菲利普・霍爾特借款一萬鎊，每年分兩次支付年息五厘。並以一八八五年底到期的債券作抵㊸。此外則該公司的擴展完全是以利潤再投資的方式來實現的。一八八三年它擁有五艘江輪和十五艘海輪，合共二十艘輪船（二萬二千一百五十一噸淨重）。

一八七七年之後，怡和航運公司的盈利也有明顯的增長。華海輪船公司一八七五年和一八七六年的利潤僅爲六萬六千零九十九兩和四萬八千二百兩，一八七七至一八八〇年四年間的利潤見下表：

表四　華海輪船公司盈利狀況（一八七七—一八八〇）

年別	未扣除利息和折舊時的純利（兩）	資本總額（兩）	利潤率（%）	股份紅利（%）
一八七七	一一六、一四九	五一一、四四五	二二・七	七
一八七八	一〇四、一七〇	五七〇、七〇二	一八・二	九
一八七九	九三、七二七	五〇四、九八四	一八・五	六
一八八〇	一三〇、六六八	五〇七、〇八六	二五・七	一一

㊸ 海德（F.E. Hyde），《藍烟囱：利物浦阿爾弗・霍爾特公司的歷史，一八六五—一九一四》（*Blue Funnel: A History of Alfred Holt and Company of Liverpool from 1865 to 1914*，利物浦，一九五七年），頁三四。

從上表可見，在這四年中，華海輪船公司付給股東的紅利總數相當於股本的百分之三十三。與此同時，該公司還能購進二艘新船，並累積了七萬八千九百三十二兩的儲備金。有了這些輝煌成就，怡和乃進行擴展航運業務的計畫。

怡和因長江航線運費高漲，有利可圖，於一八七九年決定加入競爭。怡和與上海英商祥生船廠（Boyd and Company）合營，計畫在長江航線上投入三艘小輪，這些小輪由祥生船廠承造，每艘造價爲五萬兩。一八七九年十月，第一艘輪船投入長江航線服務，一八八〇年四月第二艘輪船也開始行駛。怡和的帳册表明，直到一八八〇年底，這家揚子輪船公司（The Yangtze Steam Navigation Company）獲純利六萬八千一百四十九兩。同時，怡和爲上述成績所鼓舞，開始計劃在牛莊至汕頭航線上展開業務，與太古的輪船競爭。

怡和股東們期望在祥生建造的三艘輪船完工時，可從上海的華商處募集股份，承擔怡和本身一部分的投資。但在爲牛莊至汕頭間之航線籌建新船期間，該公司發現可自英國獲得資金。一八八〇年十二月，怡和在倫敦的股東說服了倫敦及格拉斯哥造船工程公司的麥克雷格（James McGregor），在爲牛莊至汕頭之航線建造三艘新船時，承擔較大份額的資本。其中第一艘船於一八八一年六月在該航線上行駛，聯同兩艘怡和租賃的輪船，與太古輪船展開激烈競爭。

值得注意的是，儘管怡和決定擴展中國水域的航運業務，不惜將企業資本多投入這一行業，而實際的投資仍極謹慎。怡和於這時覺察到在英國組織一家公司便可以使問題迎刃而解，可將怡

和經理下所有的輪船航運業務都合併到這個企業中。一八八一年冬季，怡和香港經理威廉·凱錫（William Keswick）在倫敦組織了一家印中航業公司（The Indo-China Steam Navigation Company, Limited）。該公司計畫的四十四萬九千八百鎊創辦資本中，二十一萬鎊在英國的認股者所投入，其中包括麥克雷格和另一位格拉斯哥商人托馬斯·里德(Thomas Reid)。大約有二十萬鎊爲香港和上海地區投資者所認購，其中怡和洋行自己只購入十萬鎊股份。新公司慷慨地以高價買下了原由華海輪船公司經營的五艘輪船和揚子輪船公司的三艘輪船。同時買進了新近由麥克雷格設計的三艘輪船，用以行駛於牛莊至汕頭之間。新公司又接收了怡和洋行在香港和加爾各答航線上行駛的二艘輪船。這樣，這家新公司就擁有十三艘輪船（一萬二千五百七十一噸淨重），航運範圍包括長江航線、中國沿海的三條航線及香港、加爾各答航線。

招商局的增強而滯緩

招商局與兩家英商企業一樣，在一八七七年以後的幾年中財政境況頗爲改善。但問題是：招商局能否充分發揮在貨運噸位和政府援助方面的優勢？

招商局的財政危機並未立刻平息。事實上，隨著船隊的擴展，企業內部行政弊端愈形明顯：有勢力的官員在企業裏安插了大批冗員㊹。在這種氣氛中，唐景星發現企業內部有一個貪污網，

㊹《海防檔·甲購買船礮》㈢，頁九七二—九七四，〈御史董儁翰奏輪船招商局關係緊要急須實力整頓摺〉，光緒三年九月十八日。

遍及分局局董、局員、外籍僱員和輪船買辦等㊺。在一八七八年—一八七九年的幾個月中，唐景星和徐潤發現，局裏的巨額收入不是沒有記入帳面上，就因為某種開支而很快地報銷殆盡，殊令人震驚。一八七七年七月初一日至一八七八年六月底招商局的帳略中反映它曾向旗昌洋行支付了二十六萬兩的到期債務，而此外帳略所載的盈利（未扣除利息和折舊）就只有四十一萬九千多兩了。（這一年招商局僅載運漕糧一項，進帳已達二十七萬二千兩以上。）極可能這四十一萬九千多兩的盈利也可能是竄改帳目而得來的。在招商局的資本帳目中，「雜項存款」一項竟增到一百四十七萬二千四百零三兩，而「仁和、寶興（Po Shin）保險公司」名下的存款，也增到四十一萬八千四百三十兩㊻。就在此時，一些中國官員，包括部分監察御史，上疏參劾招商局內部出現「營私肥橐」和「虧累日增」的弊端㊼。

在要求招商局增多盈利的強大壓力下，唐景星和徐潤於一八七九年初推行一項改革計畫，全面縮緊開支。每艘船的船長對本船的一切開支負責。諸如維修等重大項目的支出則由局裏主管航運的英國人包爾頓（C.J. Bolton）船長監督。各分局也建立了有關經費支出的「新章」。此後分局「辦公經費」以攬載水腳中預定的成數為限，出口水腳每兩抽四分，入口及轉口水腳每兩抽

㊺《中國近代航運史資料》，頁一〇三二—一〇七一。

㊻〈招商局第五屆帳略〉，《申報》，一八七八年十月三日，頁三—四。

㊼同註㊹；〈光緒六年十月二十六日國子監祭酒王先謙奏〉，《洋務運動》（世界書局版本），第六册，頁三七—四〇。

一分。各分局局董轄下的貨棧及產業每年交納一筆定額的棧租，等於實行承包制度㊽。這些改革似未能防堵企業內的所有漏洞和浪費。根據旗昌洋行一名股東的觀察，「他們〔招商局當局〕實行了許多節約措施，但伸手到錢袋要錢的人仍是太多了。」㊾儘管如此，招商局的營業開始有較多的盈利，如下表所示：

表五　招商局的盈利（一八七九—一八八三）

年別	未扣除利息和折舊時的盈利（兩）	支付給旗昌洋行的欠款（兩）	支付給政府的欠款（兩）
一八七八年七月—一八七九年六月	八六九、二一〇	二〇〇、〇〇〇	—
一八七九年七月—一八八〇年六月	六七三、一三八	二〇〇、〇〇〇	二五、〇〇〇
一八八〇年七月—一八八一年六月	七七七、五四七	六〇、〇〇〇	四八五、〇〇二
一八八一年七月—一八八二年六月	七三四、〇〇七	—	三〇〇、八九九
一八八二年七月—一八八三年六月	六二一、五〇〇	—	二五三、六七六

㊽ 嗣決定各分局經費祗照出口水腳收每百抽五，參閱《北華捷報》，一八七九年十月三日，頁三三一。

㊾ Frank Blackwell Forbes to William Howell Forbes，一八七九年七月八日，《福布士書信手稿》(F.B. Forbes Letter Books).

自表五可見招商局終能減少其債務，於一八八一年完全清償旗昌洋行的欠款。從那年起，運漕糧所得的全部水腳都用於償還政府的借款。到一八八三年六月，結欠政府的債款僅爲九十六萬四千二百九十一兩[50]。一八七八年七月至一八八二年六月的四年內，該局帳略裏且撥認相當數額的折舊基金——每年約四十萬兩[51]。

一八七七年以後的幾年內，招商局的船隊遭受了嚴重損失。一八七八年—一八八一年間，有四艘輪船失事，出售了一艘，拆棄了三艘（同一時期，華海輪船公司有三艘失事，太古有一艘失事）。但招商局的船隊在它有堅強根柢的航線上，仍能滿足基本貨運的需求。一八七八年—一八八一年間，招商局增購了二艘新船，一艘是江輪。另一艘是遠洋輪，起初計畫加入夏威夷和舊金山之間的航線，後來在一八八一年變換主意，改用於中國沿海航線上。從下表所列一八七八、一八八〇、一八八二年各年八月份自上海發船的次數，可看出招商局在長江及上海至天津、上海至寧波這兩條沿海航線上的航運業務，依然是很繁榮興旺的。

一八八一年—一八八二年間中英進一步的聯營談判顯示招商局仍保持優勢。這時怡和輪船已在長江上航行，太古的輪船已在上海至天津間航行，三家企業都認爲舊訂的聯營協議應普遍適用

---

[50] 〈招商局第十屆帳略〉，《申報》，一八八三年九年十五日，頁三—四。

[51] 見招商局各屆帳略，《申報》，一八七九年九月十八日；一八八〇年十月一日；一八八一年十月十三日；一八八三年九月十五日。

表六　一八七八、一八八〇、一八八二年八月份（招商局輪船自上海開船的次數）

航線次數＼年別	一八七八	一八八〇	一八八二
長江口岸	一四	一八	一〇
上海—天津（煙臺）	一五	一〇	一五
上海—牛莊（煙臺）	一	三	一
上海—寧波（溫州）	二七	一三	一八
上海—福州（溫州）	三	五	三
上海—汕頭（廈門）	三	一	一
上海—香港（廣州）	四	一〇	四

於三公司。招商局船隊仍龐大，且能掌握數額可觀的托運客戶，自仍應佔聯營水腳收益的較大份額。怡和的股東威廉・帕特森（William Patterson）在一八八二年十月的信裏說：「招商局現在開始認識到他們所佔有的優勢。」(52) 一八八三年一月最後簽署的協議中，唐景星的意見大佔上

(52) William Patterson to Francis Bulkeley Johnson，一八八二年十一月六日，《怡和洋行檔案》。

風。根據新訂的協議，長江聯營所得分配如下：招商局百分之四十二，太古百分之三十八，怡和百分之二十。上海至天津航線上，招商局百分之四十四（運漕收入不計），太古百分之二十八，怡和百分之二十八[53]。招商局在這新訂的聯營制度下，確有力擔負所佔份額的生意。帕特森在一八八二年十二月五日一封信中說：「我的看法是，他們〔招商局〕一定沒有問題會攬載到協議中相應的份額。事實上，招商局在長江航線上似乎急於超額完成其應有的生意，在上海至天津航線上無疑也是如此。若不如此，他們便會認爲他們在他們的支持者面前丟臉了。」[54]

爲加強在上海至天津和長江航線上的陣容，唐景星和徐潤於一八八一——一八八二年決定爲每條航線各增造一艘新船。他們同時也注視汕頭的生意，兩年內爲這條航線訂購了二艘吃水淺的輪船。由於怡和洋行仍經手招商局若干在外洋的訂購生意，因此怡和得悉二艘新造輪船的規格[55]。

> 招商局將擁有一艘由我國〔英國〕建造的鋼製雙螺旋槳輪船，用於華南航運，船長二百一十呎，船身寬三十五呎，高八呎。時速為十又四分之一海哩，在載重七百噸時吃水八呎六吋，……（一八八一年九月二十七日）
>
> 前曾寄上英格利斯公司（A. & J. Ingils）致格拉斯哥威爾公司（J. & J. Weir）有關招商局的一批函件的副本——船長二百五十呎，船身寬三十九呎，高二十八呎，載重

---

[53] 一八八二年十二月「輪船招商局、怡和洋行、太古洋行航行天津輪船齊價合同」第二條。

[54] Patterson to Johnson，一八八二年十二月五日，《怡和洋行檔案》。

[55] Patterson to Johnson，一八八一年九月二十七日；十月四日，《怡和洋行檔案》。

一千二百噸時吃水十四呎；九百噸時十三呎；七百噸時十二呎。時速為十三海哩。該輪理應減少六吋吃水量。但即使照原來式樣，該輪比造船廠其他的設計樣都要好。（一八八一年十月四日）

一八八二年春季，唐景星和徐潤再度計劃開闢一條自厦門、汕頭至新加坡、西貢的航線，運載中國移民，在回程時從越南運米。這表示他們仍是雄心勃勃，嚮往於擴展營業。為了這一計劃，他們又訂造兩艘鋼輪，船長二百八十呎，船身最寬度為三十九呎六吋，三層甲板，載重二千三百噸時吃水十六呎六吋，滿載時航速十一海哩，每艘價四萬四千英鎊[56]。他們還謀求擴大該局的岸上資產，在一八八〇年—一八八二年間共支出銀約二十萬兩在上海和其他口岸購置新產業。一八八二年耗資二十九萬兩，擴展並塡完上海沿江碼頭，建造較為寬敞的倉棧[57]。

當時招商局是怎樣為這些新設備、產業籌措款項呢？值得注意的是這時招商局已不能再得到政府的貸款，只能依靠新的股本或商人借款。自表七可見，該局在一八七九—一八八一年間，募集了新股約二十萬兩，大部份乃於商議增闢航線時，由夏威夷、舊金山及東南亞的華僑認購[58]。招商局還同時向兩家附屬企業——仁和及濟和，陸續增借巨款。仁和水險公司是唐景星、徐潤與

[56] Patterson to Johnson, 一九八二年四月十二日，《怡和洋行檔案》。

[57] 《徐愚齋自敍年譜》，頁八七。《交通史航政編》，第一冊，頁二四八。

[58] 《中國近代航運史資料》，頁九八二—九八八；《北華捷報》，一八八一年九月二十一日，頁三二一—三二二。

表七　輪船招商局股本與借款（一八七九—一八八三）

年別	股本（兩）	官款（兩）	仁和濟和存款（兩）	錢莊和私人借款（兩）
一八七九年六月	八〇〇、六〇〇	一、九二八、八六八	五八二、六三二	六二四、〇八七
一八八〇年六月	八三〇、三〇〇	一、九〇三、八六八	六一九、八四八	五三三、〇二八
一八八一年六月	一、〇〇〇、〇〇〇	一、五一八、八六六	一、〇〇一、六六二	—
一八八二年六月	一、〇〇〇、〇〇〇	一、二一七、九六七	二、三一九、五四五（兩欄合計）	

幾位朋友在一八七五年開設的；濟和水火險公司由這些股東於一八七八年創立。一八八〇年起，招商局每年只需償付借款本金百分之十給上述兩附屬公司。因此兩家保險公司的貸款等於招商局自己的股本，局方每年支付此項借款官利百分之十。

此時期招商局經營顯然頗爲成功。種種跡像表示唐景星、徐潤和他們的商人朋友都樂意增加他們對該局長期的投資。招商局在上海新建的碼頭和倉庫於一八八二年完工，甚受各方欽羨。這時有五艘新船從英國來華，還有兩艘預計於一八八三年底抵達。招商局擴大了航線的經營。上海至溫州（上海以南二百六十五英里）間開闢了一條新航線，上海至香港間的航線更正常化了。該局尤努力於牛莊至汕頭之間的航運生意。海關報告指出，一八八一年招商局的輪船進出汕頭四十

七次，一八八二年六十九次，一八八三年一百二十次。一八八二年招商局派船兩艘自廈門、汕頭行駛新加坡、西貢，這條航線的利潤使唐景星和徐潤大受鼓舞[59]。為了準備支付為新加坡和西貢貨運而訂造的兩艘新船，唐、徐決定將招商局的股本增至二百萬兩，股東每持有一舊股，都有權購買一新股。一百萬兩的新資本在一八八三年二月全部募足，這對該局的前境確實是一種吉兆[60]。

實際上，招商局此時正面臨困境，主要由於唐景星和徐潤個人理財的失敗，及在中南半島上中法兩國劍拔弩張的不幸形勢。一八八三年十一月徐潤終於破產，唐景星也損失慘重，他們幾乎把招商局拖至倒閉。

唐景星和徐潤的困境與他們過於伸張的私人投資有關。他們的投資項目一部分有利於生產，是建設性的，但也有一部分是投機性的。自一八七七年以來，唐景星對礦務的興趣似乎比航運業更大。該年他投資於直隸開平煤礦三十萬兩。這是一家成功的「官督商辦」企業，也是在李鴻章的支持下開辦的。開平煤礦一八八三年已上軌道，該年煤產量約七萬五千噸，生產力迅速增長[61]。

---

[59] 「關於南方輪船貿易，我可以提到到現在為止招商局對他們輪船的收入頗為滿意。有人告訴我最近一艘他們從廈門開出的輪船，往返一程，似即賺得一萬元之多。」Patterson to Johnson, 一八八二年十二月十六日，《怡和洋行檔案》。

[60] 〈招商局第十屆帳略〉，《申報》，一八八三年九月十五日，頁三。

[61] 卡爾遜（Ellsworth C. Carlson），《一八七七—一九一二年的開平煤礦》，(*The Kaiping Mines 1877-1912*，哈佛，一九五七年），頁一五一。

這時，唐景星和他的朋友們又另投資於三個礦場：熱河承平銀礦、熱河承德平泉銅礦、及安徽貴池煤礦。徐潤對唐景星興辦的新式企業，都給予支持。然而爲了他與徐在上海錢莊的合夥關係，唐也牽連在徐的一些投機活動裏。一八八三年，徐潤以購股的形式在中國近代企業中共投資一百二十七萬五千兩，其中包括招商局的四十八萬兩，濟和與仁和保險公司的十五萬兩，開平煤礦的十五萬兩，另有五家礦場共二十八萬兩，一家繅絲廠二萬五千兩，一家玻璃廠三萬兩，一家造紙廠二萬兩。徐潤又是上海八家當舖的合夥人，於此項企業共投資三十四萬八千餘兩。他對上海租界內的房地產有極大興趣，毫無猶豫地用借來的資本購買土地。一八八三年他在上海擁有地產共二千九百畝，另有建了房產的三百二十畝，共值二百二十三萬七千兩。但他卻欠了上海各錢莊共二百餘萬兩，部分以他的地產作保，部分以股票爲抵押[62]。

可以想像，唐景星和徐潤雖然對各種投資同時有興趣，但仍可能堅持擴展招商局的計畫。可憾的是除開平煤礦之外，其他新式採礦企業很快地都失敗了。早在一八八三年八月就有跡象顯示，唐景星和徐潤所欠錢莊款項，似難於立卽償還。八月一日怡和的上海經理威廉·帕特森向他的香港同事指出：

據我最近打聽到〔的消息〕，招商局正急需現款。他們欠錢莊一百七十五萬兩，除此以

---

[62] 《徐愚齋自敍年譜》，頁三四，八一—八二。於開平煤礦之外，徐潤並投資於下列五個礦務企業：安徽貴池煤及鐵礦十萬兩；熱河三山銀礦六萬兩；熱河平泉銅礦六萬兩；奉天金川煤礦五萬兩及湖北宜昌附近的鶴峰州銅礦一萬兩。

外，唐景星還透支了三十至四十萬兩。我相信他有開平股票三千股左右，用之為抵押，乃能自錢莊借得大筆貸款。六至八個月前，他在股票市場上大購股票，中國人馬上跟著買，結果股票堅硬而上漲。那天他〔他當時在英國訪問〕打電報購買股票，以穩定市價。有人代他以每股一百二十兩或較低的價錢購入五百股左右。但這次中國人沒有跟著買，他們最後就以一百一十五兩或更低的價錢大量拋售。他們〔指唐景星等〕還有一些浪費資財的企業。我可以有把握地說：現在他們一定要籌得相當數額的現款，方能維持他們與錢莊間的信用⑬。

一八八三年八月，招商局的困境顯然並不嚴重。但是三個月後，唐景星、徐潤和他們的許多朋友在上海的一場金融風暴中深受其害。這次風潮似爲傳聞法國將進攻上海而促成。在這次風潮中，許多商號停業，地產和股票的價值大跌。根據怡和檔案裏的證據，導致這場金融風潮的原因之一是滙豐銀行和其他英國洋行向香港和上海的錢莊索回爲數共達二百餘萬兩銀的貸款，使茶、絲貿易停滯不振。約翰遜(F.B. Johnson)從香港給他的上海同事的信中有如下的意見：「本地投機者在這裏地產業上的虧損，和你們那一帶開礦和其他計畫的虧損，緊接著又有索還這個數目〔二百餘萬貸款〕的事，這就足夠說明企業倒閉的原因了。」一八八三年十一月十九日，據說徐

⑬ Patterson to Johnson, 一八八三年八月一日，《怡和洋行檔案》。

潤「身懷重病，不可能東山再起」⑭。他要頂住壓力，償還二十二家錢莊的債務。爲償付共二百五十二萬二千兩的欠款，他被迫交出成本三百四十萬九千兩的產業，幾乎包括他全部不動產、當舖和大部分股票。他還「借用」招商局局款十六萬二千兩，償還他個人所欠的債務⑮。

唐景星除在礦業投資失敗外，還由於他合夥的兩家錢莊倒閉而蒙受慘重的損失，其中一家是他與徐潤合資的。招商局爲了償付錢莊的欠債，由唐景星之兄唐茂枝（一八八四年一月唐景星回國前，他一直任其弟的代理人）以碼頭產業作抵，向兩家英商洋行（天祥洋行 Adamson, Bell and Company 和怡和洋行）借款七十四萬三千兩⑯。與此同時，招商局的營業大爲不振，許多中國托運客戶，利用商局的困境，竟拒絕支付結欠的水腳。招商局的商董似乎對恢復「經營航運事業喪失了信心」⑰。

一八八三年秋季，招商局的兩艘新船「富順號」（一千五百零四噸淨重）和「廣利號」（一千五百零八噸淨重）抵滬。但原來計劃走新加坡和西貢的航線不得不放棄。其實一八八四年一月之後，招商局的幾艘輪船因懼遭法國海軍之刧持，都停泊在香港。一八八四年二月，牛莊至汕頭

---

⑭ Johnson to Patterson，一八八三年十月二十五日；Johnson to J.J. Keswick，一八八三年十一月十九日，《怡和洋行檔案》。

⑮ 《徐愚齋自敘年譜》，頁三四—三九。

⑯ 《交通史航政編》，第一冊，頁三〇三。

⑰ Patterson to Johnson，一八八四年一月二十三日，《怡和洋行檔案》。

間的貨運噸位需求再度上升，太古和怡和都全力以赴，爭取租船業務。怡和的合夥人從上海報告說：「招商局通知我們，他們沒有船可派往牛莊的航線！」⑱

一八八四年五月，在斯懷爾又一次來華訪問期間，三家企業的經理訂立了一項沿海航線的齊價協約，就牛莊至汕頭航線統一了運費，上海至香港及上海至廣州兩航線則依據各家的航運里程，按比例實行收益聯營。但當時招商局無法在這個協議下佔便宜⑲。一八八四年七月底，中法戰爭已成定局，直隸總督李鴻章派員接洽將招商局的全部船隊，假售於旗昌洋行，改懸美國旗。到了一年之後，於一八八五年八月，船隊纔歸還中國人控制。這時李鴻章決定不再支持唐景星和徐潤在招商局的職務，而將該局交由盛宣懷接管。盛宣懷儼然已是李鴻章在洋務企業方面最信任

⑱ Patterson to Johnson，一八八四年二月二十日，《怡和洋行檔案》。

⑲ 威廉・帕特森一八八四年五月二十三日和斯懷爾及唐景星商議之後，寫信給威廉・凱錫說：「由此可知各項事都會順利解決。三家公司聯營結果會在兩年之間，完全控制整個沿海貿易。」五月三十日威廉・凱錫的覆信說：「我因此希望截至目前為止實行得這麼好的協議會維持下去，因為我完全贊同你的說法，有了這個協議，到時候三公司將會佔有全部沿海航運貿易。」從凱錫信中可以看出，該年中國船隊轉交給旗昌洋行之後，至少在上海——香港——廣州航線已成立了聯營制度。「昨日〔招商局的〕富順輪自香港和廣州只運出很少的幾包貨，我懷疑全部水腳會超過一百元！當然對聯營來說招商局輪船的水腳過去相當時間以至現在至少在上海和香港之間是一個負擔而沒有好處，沒有利益。我認為你和司各特（太古上海經理 J.H. Scott）應堅決反對招商局輪船各處行駛，都算是〔聯營〕里程。」沿海聯營之水腳至該年尚未照議定辦法分給。一八八六年二月J・J・凱錫給貝爾・歐文（Bell Irving）信中指出：「太古的奧伯特（Aubert）和蘭格（Lang）向我暗示：他們認為現有的沿海協議只是一種齊價協議而已，因為在彼此同意之下，從來還沒有依照『聯營辦法』分配收入，而由各公司各留下自己的水腳。」Patterson to W. Keswick，一八八四年五月二十三日；"Keswick to Patterson"，一八八四年五月三十日；八月十二日；J.J. Keswick to J. Bell Irving，一八八六年二月一日，《怡和洋行檔案》。

的幕僚了。

四、結　語

輪船招商局這十二年創建的歷史在瀕於覆沒的情況下結束了。但若再往前看，到一八八五年以後，我們會發現招商局日後的經營，就如兩家英商企業一樣，都是建築在於前十二年成就的基礎上。一八八五年盛宣懷就任輪船招商局督辦，「用人理財，悉聽調度」[70]。在盛宣懷督辦下招商局的體制仍是「官督商辦」，換言之，仍在政府控制下維持股份企業型態。盛宣懷從不視其本人爲商人，但這並不阻止他購入大量招商局的股票。一八八三—一八八四年金融風潮中，招商局股票跌至每股三十四兩。盛氏似適在此時成爲該局最大的股東。有幾位原來的股東仍持有該局股票，包括幾位留在局中任職的幹員。

盛宣懷以精明聞名[71]。在當時時會之下，他是不可缺的重要人物。但招商局在他主管期間，很少有擴展的計劃。招商局因與兩家英商輪船企業訂有聯營合同，仍能自長江和天津航線的營業中獲得巨利，該項合同於一八八六年五月和一八九三年三月曾兩度重訂。此後十年，招商局逐年

[70]《交通史航政編》，第一册，頁一五六。

[71] 參閱《李集・朋僚函稿》，卷十六，頁一，〈復盛杏蓀觀察〉，光緒二年正月初九日。

公佈的航運收益總額，與一八八五年前達到的數額比較，相差只在百分之十六之內⑫。招商局船隊的規模停滯不前，而與其競爭的英商船隊卻迅速增長。一八九四年招商局的輪船總數只有二十六艘（二萬三千二百八十四噸淨重），此時太古輪船公司的船隊已增加到二十九艘（三萬四千五百四十三噸淨重），而印中航業公司船隊也增至二十二艘（二萬三千九百五十三噸淨重）。

一八八五年後招商局停滯不前的原因，必須在盛宣懷主管期間的材料裏尋找⑬。但從本文所敍述的事實看來，在唐景星和徐潤主管的最後兩、三年內，招商局已把一部分地盤無可奈何地讓給英商洋行。自招商局早期的官商關係歸納出一些結論是有必要的。

本文指出招商局在資本方面並不弱於英商企業。太古有時確能從英國獲得低息貸款，一八七五年以年息百分之五的債券抵押借到五萬七千英鎊，一八八三年又以同樣的利率借到一萬鎊。但與招商局總額二百萬兩（約合七十四萬七千英鎊）的政府貸款多年不需要付息的情況相比，太古

⑫ 招商局的相對優勢之不能維持可從一八九三年的聯營協議反映出來。兩間英商企業分享到的分數上升了。一八八三年的協議中怡和佔到的比例是：「長江百分之二十，上海——天津航線百分之二十八。一八九一至九二年新訂協約。該公司要求在長江航線上的分數提高至百分之二十五，上海——天津航線提高到百分之三十一。在一八八三年太古的分數是長江航線百分之三十八及上海——天津航線百分之二十八。在一八九二年太古則要求在上海——天津航線佔百分之十三點三。」J. MacGregor to E. Cousins，一八九〇年七月十四；Herbert Smith to To Kidson，一八九一年十二月十八日，《怡和洋行檔案》。

⑬ 參閱費維凱（Albert Feuerwerker），《中國早期工業化：盛宣懷和官辦企業》，第四章；拙著，〈十九世紀中國的航運企業〉(Steamship Enterprise in Nineteenth-Century China)，《亞洲學報》（一九五九年），頁四三五—四五六。

借到的貸款則似乎是大巫見小巫了。其次，中國商人不願投資於現代企業的說法，也是沒有根據的。十九世紀通商口岸的中國商人就有許多在洋行輪船業裏投資。到了七十年代末，唐景星和徐潤曾投資於各種現代企業，包括航運業及有關的企業，諸如保險、托運、碼頭、煤炭供應等。因有聯營協議，主要航線上水腳提高了。從各方面看來，航運業投資仍是有利可圖的。事實上，一八八一—一八八二年之間，唐景星和徐潤依然訂購新船，並將招商局的股本增至二百萬兩。

從表面看來，一八八三—一八八四年中法之間的緊張局面阻礙了招商局可觀的發展潛力。但是招商局在八十年代中期以後之所以停滯不前，可溯源於其他更深的內在因素。一八八三年的金融風潮之前，招商局的某些缺點早已存在。

顯然，招商局在一八七四—一八七七年期間引人注目的擴展，首先是由於政府的扶持和貸款。但政府援助和貸款也有消極影響，促使招商局不可能成爲健全的實業機構而大事發展。例如，江蘇省的官吏辦理漕運並經手一部分政府對招商局的貸款，對該局內部的人事安排就有重大影響[74]。儘管唐景星曾努力實行「新章」，他仍無法減低企業內還是很高的人事費。招商局雖曾具備一些優越條件，擁有一支龐大船隊，因而可決定運費，但是出現於帳略的盈利總是很少的。政府扶持的有利因素也就發揮不到其應有的作用。

---

[74] 參閱《李集·朋僚函稿》，卷一七，頁二七，〈復沈幼丹制軍〉，光緒三年十月初一日。

但是一八八三年的危機還暴露了招商局另一個根本的缺陷。招商局的繁榮和發展建基在一批開明的並對航運、採礦等現代企業深有了解的商人的財源上。只要這批商人經營得手，招商局是能發展的。一旦他們個人財產覆沒，他們爲招商局制訂的擴展計畫也隨之而逝。

輪船招商局雖然一度享有各種優勢，但卻成爲清代官僚氣習的犧牲品。因有唐、徐兩位創辦人敢作敢爲之氣質而建立的事業，難於繼續。不難預見，英商企業將利用其日漸擴展的優勢，謀求在中國水域輪船航運業務上的更大收益。

——本文原題 "British-Chinese Steamship Rivalry in China, 1873-85," 收於 C.D. Cowan, *The Economic Development of China and Japan* (London: George Allen & Unwin Ltd., 1964), pp. 49-78. 譯文原載中央研究院近代史研究所編，《清季自強運動研討會論文集》（臺北，一九八八年），頁一一三七—一一六二。

附錄：輪船招商局船隊表（一八七三—一八八四）

本表輪船噸位一律爲淨噸

	新添		減損
一八七三	伊敦	五〇七	
	永清	六六一	
	福星	五三二	
	利運	七三四	
一八七四	永寧	三二四	
	洞庭	三一五	
	和衆	八四九	
	富有	九二〇	
一八七五	利航	一三一	
	漢陽	四〇四	福星（失事）
	大有	四一九	
	（一八八〇改名興盛）		

日新　七五四
厚生　七九五
保大　八七〇
豐順　八六三

一八七六
漢廣　八三八　伊敦（拆毀）
江寬　一、〇三〇

一八七七
（購自旗昌洋行）
江滙　一、一七二
江表　八七九
江天　一、〇七九
江靖　一、〇八四
江源　七六八
鎮西　五六一
鎮東　七二四
海琛　七六三
海晏　七一〇
懷遠　一、一一五

	海珊	五七四	
	海定	六四九	
	江長	八〇六	
	美利	一八一	
	江通	三三九	
	江孚	八五七	
一八七八	江平	三九二	厚生（失事）
			江長（同上）
			江源（拆毀）
			江滙（同上）
一八八〇	美富	七九三	鎮西（出售）
一八八一			和衆（失事）
			漢廣（同上）
			利航（拆毀）
一八八二	致遠	一、一七七	江靖（同上）
	普濟	六三一	海珊（同上）
	拱北	六九二	洞庭（同上）

	圖南	九四二	
	江裕	二、二七〇	
一八八三	富順	一、五〇四	美利（失事）
	廣利	一、五〇八	興盛（同上）
			懷遠（同上）
一八八四	船隊總數：二十六艘（二二、四六九淨噸）		

註：本表所列輪船淨重噸位，曾經研究十九世紀中國江海輪船的技術專家 E.K. Haviland 先生訂正，謹此誌謝。

十、一八八三年上海金融風潮

十九世紀八十年代上海商業、金融界有一次嚴重的風潮，造成一般企業的恐慌。一八八三年年初，上海南北市有錢莊七十八家，到了年終只剩下十家。「上海百貨無不跌價三五成，統市存銀照常不過十分一二。」這一年年底，著名的企業家徐潤、胡光墉相繼破產，鄭觀應和唐廷樞受巨大損失；來歷不詳的巨家「劉雲記、金蘊青皆相繼壞事，其餘商號店舖，接踵傾倒，不知凡幾，誠屬非常之禍」①。這一次經濟打擊不僅是上海商業史上的大事，也是晚清新興企業史上的大事。影響所及，不但削弱可能與洋商競爭的華商資力，而且使新倡的「官督商辦」制度改變形

① 徐潤，《徐愚齋自敍年譜》（一九二七年。臺北：食貨出版社重印，一九七七年）頁三二，八二。

態，使企業精神較高、技術知識較多的商人對政府倡辦的企業失去信心，而官督商辦也就成爲官僚化的制度。自近代史來說，一八八三年上海經濟危機的原因與後果是極重要的問題。

這一年的金融風潮，全漢昇教授曾注意到，並曾以徐潤的個人投資爲中心，撰文論述這一年的經濟恐慌，強調中法戰爭和華北連年災荒的影響②。全先生指出的兩個因素是極重要的。但是根據全先生著此文時還沒有出現的史料，這一年的上海金融風潮的原因很複雜，除上述兩個因素外，還有其他史實必須考慮到。本文撰寫的目的，不僅在於提供資料，更注意這一年風潮所顯示的晚清商業和金融業本身的弱點，以及這些弱點對晚清自強運動不利之處。這一年的經濟危機確曾予新興企業嚴重的打擊。但是晚清官督商辦企業整個說來沒有成功，當然還有根本的社會結構和政治上的原因，並不是這一年的上海金融風潮能夠完全解釋的。

一、一八八三年金融風潮的背景

上海金融業的不穩定至遲在七十年代初期就已經顯著。一八七一年起就常有嚴重的銀根緊張現象，迫使錢莊倒閉。一八七三年有五、六十家錢莊（約爲全數之半）于冬間倒歇。一八七八年

② 全漢昇，〈從徐潤的房產經營看光緒九年的經濟恐慌〉，收入《中國經濟史論叢》（香港新亞研究所，一九七二年），第二冊，頁七七七—七九四。

底，錢莊「爲破壞所累」的有二、三十家。一八七九年中也有類似的恐慌。但是一八八三年的風潮較七十年代尤爲嚴重。這一年上海七十八家錢莊到年底竟倒閉了六十八家。南、北市行號被累停業者有三、四百家，波及許多其他通商口岸如鎭江、漢口、寧波的金融市場③，對本文所注重的新興企業，在資本和制度兩方面，影響也都極深巨。

一八八三年的上海金融危機，年初就已經有徵象。一月十二日（本文除另說明外，概用西曆），金嘉記源號絲棧因虧折款項五十六萬兩，突然倒閉，錢莊被累的有四十家之多。各莊要收回放款，但是舊曆年關迫近，銀根大緊，「各業因周轉不靈而倒閉者，亦相繼而起。」到了二月初，倒閉的商號二十餘家，包括絲茶棧、什貨行、糖行、沙船號、洋布號、鐵號、棉花行等。二月十二日，過了春節，錢業開市時，南市錢莊只剩下二十三家，較去年少一半；北市剩下三十五家，較去年少三分之一④。但是一直到九月底，南北市總共還有錢莊五十八家。十月上旬又有新的恐慌，錢莊、商號接著紛紛倒閉。一八八三年終，南北市錢莊一共只剩下十家，一向靠錢莊周轉的商業，陷於停滯狀態。

分析這一年金融危機的背景，必須從中國對外關係說起。到了十九世紀七、八十年代，中國

③ 汪敬虞，〈十九世紀外國在華銀行勢力的擴張及其對中國通商口岸金融市場的控制〉，《歷史研究》，一九六三年第五期，頁七〇—七四。

④ 《上海錢莊史料》（上海人民出版社，一九六〇年），頁四五。

沿海及長江一帶的經濟已成爲世界市場不可分割的一部分。國際貿易的入超或出超，對上海等埠的金融，有密切的關係。根據海關數字，一八七二至一八七六年間雖然有出超，但是一八七七年以後便長期入超，使上海這個貿易集散地的銀根趨於緊張。海關數字如下⑤：

年度	淨進口	出口	入超
一八七七	七三、二三四	六七、四四五	五、七八九
一八七八	七〇、八〇四	六七、一七二	三、六三二
一八七九	八二、二二七	七二、二八一	九、九四六
一八八〇	七九、二九三	七七、八八四	一、四一〇
一八八一	九一、九一一	七一、四五三	二〇、四五八
一八八二	七七、七一五	六七、三三七	一〇、三七八
一八八三	七三、五六八	七〇、一九八	三、三七〇
一八八四	七二、七六一	六七、一四八	五、六一三

單位：海關兩；千兩

⑤ 蕭亮林（Hsiao Liang-lin），《中國國際貿易統計手冊》（*China's Foreign Trade Statistics, 1864-1949*，哈佛大學，一九七四年），頁二二。

一八八一、一八八二兩年入超數額特別高，可能使一八八三年上海銀根更緊。而入超的原因，與世界銀價下跌有關。海關兩與英鎊的兌換率，一八七七年是六先令整，但是一八七九—八四年之間，就徘徊在五先令七便士與五先令九便士之間，這對華商是不利的⑥。一八八三年的危機與世界經濟循環似無大關係。十九世紀下半期，以倫敦爲中心的世界經濟於一八七三年和一八九〇年兩度大蕭條，中國沿海及長江的商業都受到影響。一八七三年的恐慌十年後可能還有餘波，但是一八八二—八三年間的歐美經濟卻是大體穩定的。

一八七六年開始的華北大饑荒使山西、陝西、河南、安徽等省份的購買力減低，影響到舶來品和許多國產品的銷路。《申報》回溯一八八三年上海市面不振的原由，曾說：「自光緒丙子〔一八七六年〕以來，七、八年間空氣大壞，絲茶兩項之外，他業均平常，無甚出色，……因是市面蕭索，大非同治間〔一八六二—七四年〕可比。」⑦這一年中法衝突已在越南開始，對商人投資商品貿易的計劃，據許多人的觀察，是有影響的⑧。六月底，雲南、廣西軍隊進入越南，使戰事有擴大的可能。但是據我所看到的《申報》和《北華捷報》，一八八三年上海似乎還沒有法艦襲

⑥ 同上，頁一〇九。

⑦《申報》，一八八三年十月二十四日，〈整頓錢業說〉。

⑧ 例如《北華捷報》(*North-China Herald*)，一八八三年十一月十四日社論分析貿易清淡之原由：「諸如水災、壞收成、行政不良及法國捲入戰爭漩渦，這都使華商生意癱瘓。」英國駐各埠領事，也有人認爲「怕中法戰爭爆發」是貿易不振的原因之一。見下文註㊱，(51)。

滬的謠言。徐潤晚年自訂年譜，把癸未（一八八三年）和甲申（一八八四年）弄混了。《字林滬報》在甲申年，即一八八四八月說：「中法之事至今春而亟，至三月間愈急，警報轟傳，人心搖動。」⑨到八月間法艦炮擊基隆之後，才有徐潤所說的「人心鼎沸，紛紛遷避」的事⑩。專就一八八三年秋冬之間的金融風潮來說，中法越南衝突是一個非常重要的助因，但還不能說是主因。

我們探求一八八三年上海金融風潮的主因，不能不論到當時華商商業和金融機構本身的弱點。上海開埠四十年後，華商商業還是倚賴一些底本不厚的錢莊放款周轉，這是中國近代史極重要的事實。據目前所知，八十年代初期極少數自己掌握有龐大錢莊資本的商人如胡光墉外，一般商人購售洋貨和採辦絲茶等國產品，多倚賴規模較大的所謂「滙劃錢莊」借給款項⑪。一八八三年一月，絲商金嘉記源號倒閉時，連累的錢莊四十家，就是一個例證。當時這些錢莊向欠他們款的行號追還欠款，見諸記載的二十餘家行號大多經營國產生意。我們知道上海錢莊很多是商人合伙創辦的，也有人原來專營錢莊，後來又兼營貿易。那麼，錢莊資本和一般華商資本究竟有什麼不同？錢莊的龐大的資本是從那裏來的呢？

上海錢莊中歷史較久的，如寧波幫的方家、李家，鴉片戰爭前就已經營錢業。但是他們的資

⑨《字林滬報》，一八八四年八月十一日，〈論滬上市面〉。轉引自《上海錢莊》，頁五二。
⑩《北華捷報》，一八八四年八月二十九日。
⑪《申報》，一八八四年一月二十三日，〈綜論滬市情形〉。

本似乎很少超過二萬兩⑫。後來發展的滙劃錢莊底本最大的也不過五萬兩左右，但是「所放之帳輒盈數十萬⑬」。他們營業資本的來源一大部分來自各戶存款，包括上海附近地區及商埠商號的存款。但是自六十年代起，上海錢莊所以能有大量資金，同洋行（包括外商銀行）和山西票號都有關係。中國商人向洋行買貨，交現銀不方便，大多利用錢莊所發的「莊票」，由洋行買辦於莊票到期時向錢莊兌現。錢莊從中當然可以得到一些利潤。錢莊不但有買辦化的趨勢，自六十年代初期起，上海較大的錢莊還得到與清政府官吏關係密切的山西票號給予大量借款。山西票號營業很穩愼，只要錢莊殷富，山西票號就願無定期予以借款，專門名詞叫做「長期」，但隨時可索還。據《申報》編輯的追憶：「昔年票號皆薈萃蘇垣，分號於滬者只有數家，資本無此時之巨，專以滙兌爲交易而不放長期。軍興〔太平天國戰爭〕以來，藏富於官。票號結交官場，是以存資日富。迨東南底定〔一八六四年左右〕，上海商埠日盛，票號聚集於斯者二十四家，其放銀於錢莊，多至二、三百萬。」⑭這二、三百萬兩當然是中國人的資本。但是山西票號此時營業缺乏進取精神，也很少有和外國競爭的意向，對於生產發展，似少直接貢獻。

自六十年代開始，上海錢莊又有一個資本來源，就是洋行（包括外商銀行）對錢莊的短期貸

---

⑫《上海錢莊史料》，頁七三〇—七三六。
⑬同註⑪。
⑭《申報》，一八八四年一月十二日，〈答暨陽居士採訪滬市公司情形書〉。

款，專門名詞叫做「拆放」（Chop loan）。這種貸款以錢莊的莊票爲抵押，「二日一轉，利息比市場掛牌略小，買辦及錢莊都在差額中博取一些利潤。外商銀行需要時卽通知收回。」⑮錢莊有了票號的長期貸款，再加上洋行、銀行的拆放以資周轉，就可以做很大的放款生意，「招攬往來戶頭百十，所放之帳輒盈數十萬」，以取「拆息」之利⑯。《申報》、《字林滬報》論當時情形：「錢莊之本，如滬市滙劃字號之多，無過五萬，少則二萬餘。」⑰而「票號長期多至二、三百萬，銀行〔洋行銀行〕拆票之歲在外者數百萬」，這使六十年代以降很多人資本不大，也都設立錢莊。「自有長期、拆票，不必巨本，皆可開莊。」⑱然而上海金融業的危機已暗伏了。

⑮《上海錢莊史料》，頁三八。

⑯《申報》，一八八四年一月二十三日，〈綜論滬市情形〉。錢莊放款所取「拆息」，視銀根鬆緊，高下無定，惟一八八三年大致在年息一、二分之間，也可能更高。《申報》該年十一月七日〈論錢業敗壞之由〉說：「假如現本二萬金，……而常年放出之拆息，通扯每月二十萬，極輕一分，年終可得二萬四千金，豈非一年而利倍原本乎？」《申報》同年十二月六日〈論滬市衰象〉說：「假如有人存銀於莊，月僅息銀五、六厘，該莊出借於人，月必拆息一、二分不等。」山西票號所放「長期」貸款之利率尚待考。洋行銀行「拆放」，二日一轉，利率視供需情形調整。一八六九年怡和洋行踵滙豐銀行初創「拆放」時之規制，日息依年利拆息，可低至十二%，亦可高至十五%，視每次轉動時之情形而定。參閱郝延平（Yen-p'ing Hao），《十九世紀中國買辦》（*The Comprador in Nineteenth Century China*，哈佛大學，一九七〇年），頁八六。

⑰《申報》，一八八四年一月二十三日，〈綜論滬市情形〉。

⑱同上。

因爲有這一種得來容易的信用貸款，錢莊放款取利的機會增多。而錢莊本來就有官、商等存戶，存款都要按期付息。「店中之款既起息以予人，不得不放出以牟拆息，而緩急之間，又有外國銀行、西幫票號以爲之援。」⑲因此錢莊對放款之是否有可靠抵押品，也放寬標準，爭取借戶。《字林滬報》說：「自長期、拆票行，而錢莊恃之爲不竭之源，執事之人不復顧資本厚薄，不復考用戶盈虛，挜銀與人，惟恐人之不欲，甚至講酒食征逐以兜往來者。故資本不過數萬金之莊，而放帳竟多至數百萬。當各項貿易盛時，錢莊固獲厚利，及其市運式微，凡並無眞本之行號，一遭折閣，倒閉紛紛，錢莊受累不淺。往時票號不收，銀行常放，挹此注兹，未見底裏。一旦票號留銀不放，銀行拆票不通，處處受擠，則爲人倒者亦轉而倒人矣。」⑳

二、金融危機的導火線——礦局股票

上面所說的上海錢莊外強中乾的情形，可以說是一八八三年金融風潮的根本原因。但是我們探討風潮的近因，則不能不指出，這一年秋季錢莊紛紛倒閉和晚清工商業本身的弱點也有關係。

⑲ 同註⑰。

⑳ 《字林滬報》，一八八四年二月九日，〈論錢市之衰〉，轉引自《上海錢莊史料》，頁五一—五二。

這是因爲當時已創辦或正在籌辦中的各省採礦企業，仿照官督商辦的輪船招商局、開平礦務局、上海機器織布局的辦法，在上海招股。辦理礦局的人因爲內地利率高昂，而熱心新式企業願意投資的人又不多，以爲如果能夠在華商財富集中之地的上海招到股銀，許多問題都可以解決。一八八二年李鴻章創辦、由商人唐廷樞主持的開平礦務局已經出煤，在上海招足股份一百萬兩。各省新辦礦業因有北洋大臣或南洋大臣的奏准，又有許多道臺、知府等官員來滬設局，聯絡商人，一時許多煤、鐵或其他金屬礦，至少有十四、五家在上海賣股票，有些賣得很多。然而各省新礦局的弱點終於暴露，成爲一八八三年秋天上海金融危機的導火線。

上海商人購買新創礦局的股票，就中國經濟發展而言，本來是極可喜的現象。一八八二年八月《申報》說：「現在上海股份風氣大開，每一新公司起，千百人爭購之，以得股爲幸。」次年一月《字林滬報》說：「自春徂冬，凡開礦公司如長樂、鶴峰、池州、金州、荊門、承德、徐州等處，一經禀准招商集股，無不爭先恐後，數十萬巨款，一旦可齊。」㉑一八八二年有許多洋務企業的股票，在上海市價都很高。玆轉錄原載一八八二年九月二十七日《滬報》的數字爲例㉒：

㉑《申報》，一八八二年八月十二日；《字林滬報》，一八八三年一月二十二日，轉引自張國輝，《洋務運動與中國近代企業》（北京：中國社會科學出版社，一九七九年），頁三〇〇—三〇一。

㉒同上，附表。

股票名稱	票面額（兩）	一八八二、九、二六上海市價（兩）
輪船招商局	一〇〇	二五三
上海機器織布局	一〇〇（先收五〇）	一一〇
開平礦務局	一〇〇	二一六・五
湖北長樂銅礦	一〇〇	一六八
熱河平泉銅礦	一〇五	二五六
湖北鶴峰銅礦	一〇〇	一五五

這些股票一八八三年初在上海價格還高，但是有些已開始漲落不定。到了八月，市價一般都下跌了。開平礦務局一八八三年出煤更多，獲利更厚，該年五月股票每股出價二百一十兩以上，還很難買到㉓。但是到了八月就只能賣一百二十兩。八月初怡和洋行上海經理在一封信裏說：「我相信他〔唐廷樞〕有開平股票三千股，抵押在錢莊裏來借巨款。六個月到八個月前他在市場上買〔開平〕股票，中國人馬上跟著他買，結果一時市價堅硬而高昂。前幾天他從英國打電報

㉓《北華捷報》，一八八三年五月十八日。

來，要買〔開平〕股票來穩定市場。有人替他每股一百二十兩購進五百股左右。但是中國人不但不跟著買，而且最後願意以一百一十五兩或更低的價格隨意出讓。」㉔這一年八月至十月間，開平和輪船招商局的股票價格都漲落無常，而其他華商企業股票，尤其是礦局股票，則大爲跌價。到了十月間，開平每股只值七十兩，招商局每股只值九十兩，而許多礦局的股票則「簡直一文不值了」㉕。股票的漲落一部分是因爲上海商人以股票爲投機工具，同時也因爲這些新辦的礦局缺點很多，免不了被人看穿。

上海商人一向有買空賣空的氣習，過去常常利用銀兩和銀元兌換率的差別，和這兩種貨幣存借利息的差別，一買一賣，做所謂「吊盤空盤」的生意。有些大錢莊的「經伙」（就是莊主僱用的經理）大規模囤積銀兩或洋元，以左右市價；又有「掮客」逐日打聽漲落情形，兜收兜賣。關於銀兩和洋元的投機活動，江蘇巡撫、上海道等官吏都曾下令嚴禁㉖。但是近年新辦的礦務企業，曾經「稟請奉批開局」。很多人只知道「中堂〔李鴻章等有內閣大學士頭銜的總督〕之准之也，而又知總辦之爲某觀察〔道臺〕、某太守〔知府〕也，以爲其事之可信矣」㉗。過了一年半

㉔《怡和洋行檔案》，W. Patterson 致 F.B. Johnson 函，一八八三年八月一日，轉引自拙著，〈中英輪船航業競爭，一八七三—九五年〉，收入柯嵩（C. D. Cowan）編，《中國與日本的經濟發展》（*The Economic Development of China and Japan*，倫敦：George Allen & Unwin Ltd., 一九六四年），頁七二。本書，頁五五九—五六〇。

㉕《北華捷報》，一八八三年十月二十四日。

㉖《上海錢莊史料》，頁三九—四四。

㉗《申報》，一八八三年十一月五日，〈股禁問答〉。

載，商人雖然不知道各省礦局到底有沒有技術、管理、運輸等問題，但是有時他們聽說某礦局開工不久，「資本不敷，即須續招，因而疑爲事無成效，紛紛謠諑，而股份遽爾跌價。」㉘據《申報》編輯的觀察，各礦局派到上海招股的人，「公正誠實者居其半；而志不在礦，借端招搖者亦雜出其間。」㉙這就是說，礦局派到上海的人和上海本地的一些商人和錢莊伙友兩方面都有時欺騙買股票的人。但買股票的人是不能老受騙的。買了壞股票的人起初還捨不得賣，但「久之而如本以售亦無人問矣」㉚。疑心一普遍，股票就慘跌了。

股票慘跌所以導致錢莊倒閉，部分原因是一八八二年年初以來，各莊在放款上彼此競爭，接受了許多新辦礦局的股票，以代替通常需要的抵押財產。十月上旬，北市兩家大錢莊，純泰和泰來，突然倒閉。《字林滬報》的記者向知道內幕的人詢問，發現這些錢莊倒閉的主要原因是收存了太多已不値錢的股票。放出的帳收不回來，而存戶來提大宗款項時，錢莊便無法應付。「若謂專因被欠虧空，則〔欠戶〕倒帳者雖有，並無如此之多。且近年拆息不可謂輕，……苟被倒無多，亦尚可以抵補，安在專爲吃倒帳而虧折哉？蓋嘗訪諸闤闠中人究其所以然之故，莫不曰爲去

㉘《申報》，一八八三年十月二十一日，〈中國股份亟宜整頓說〉。

㉙同註㉗。

㉚《字林滬報》，一八八三年十一月一日，〈論市面之敗宜官爲維持〉，轉引自《上海錢莊史料》，頁五一c

歲以來各項股票不定而受虧者也。」㉛十月下旬又有錢莊倒閉。據《字林滬報》的繼續調查，商號倒帳越來越多，常常是因爲商號的職員用向錢莊借得的款來投機。「今所收股銀，大抵皆錢莊滙劃之銀」。到了股票價值慘跌時，「一旦債主催逼，無地容身；爲伙者虧空店本，爲東者累及他人。倒閉紛紛，逋逃累累，而市面不可問矣。」㉜

在這種情形下，作爲錢莊債主的山西票號和洋行、銀行當然很快就採取行動。洋商決定立卽停止拆放。山西票號至遲於十月二十日限各莊於陰曆九月底（西曆十月底）前淸還所謂長期借款。《申報》十月二十四日說：「近聞晉幫票號已以本月（陰曆九月）爲限，將放出市面之銀百數十萬，一齊收回，閉不再放。」㉝《字林滬報》十一月一日說：「因是九月底期，銀號、錢莊一律催收，急如星火，以致滬上商局大震，凡往來莊款者皆岌岌可危；雖有物可抵，有本可償，而提現不能。錢莊之逼，一如倒帳。」㉞十月二十九日，怡和洋行香港經理就當時華商貿易幾乎停頓的現象，寫信給怡和上海經理說：「中國人說，怕和法國打仗，使目前貿易停滯，但是依我

㉛《字林滬報》，一八八三年十月十八日，〈論市面倒帳之多〉，轉引自《上海錢莊史料》，頁五〇。怡和洋行上海經理於純泰、泰來倒閉後在一封信裏說：「中國錢莊有幾家倒閉了，將來還會有繼而倒閉者。這多半是因為以中國公司的股票投機所致。開平股票前此賣到二百六十兩，現在開價七十兩還沒有人買。招商局股票本來市價極高，現在則開價九十兩隨便出讓。」《怡和檔案》，W. Patterson 致 E.B. Johnson 函，一八八三年十月二十九日。

㉜《字林滬報》，一八八三年十一月一日，〈論市面之敗宜官為維持〉，轉引自《上海錢莊史料》，頁五〇—五一。

㉝《申報》，一八八三年十月二十四日，〈整頓錢業說〉。

㉞同註㉜。

的意見，最主要的原因是全部外國資本退出香港和上海的中國錢莊。近年外國資本借放錢莊的總數，平均隨時都有二百萬兩。中國商人在這裏〔香港〕投機地產，在你那裏〔上海〕投機礦務企業失敗之後，接著這一批外國資本撤出，這就足夠解釋生意的一蹶不振了。」㉟

三、華商損失與新興企業

外國銀行和山西票號同時撤出借給上海錢莊的巨款，使中國商人和錢莊蒙受了極大的損失。但是，這一行動是否和中法在越南作戰有關？一八八三年十二月底鎮江英國領事在他的商務報告裏說：「因爲一般人相信戰事就要來臨，殷富的山西票號把銀兩自上海錢莊撤出。」㊱這位領事也許說得太簡單。《申報》一八八三年十二月六日說：「山西票號全賴放債。一錢莊初開，苟其東聲名素著，家資殷實，則票號僉緣放銀，並有大宗之外，更作小宗。其大宗之利稍輕，小宗則必略重。……而一至偶有支絀，則彼必並大小宗立索以去。又有官宦存銀累十百千萬，存入莊內；該莊有此存項，則又輾轉放出，以覓餘利。設或莊中稍有拮据，即各存項一時並提，莊上應接

㉟《怡和檔案》，F.B. Johnson 致 W.Patterson 函，一八八三年十月二十九日。

㊱斯丹利（C. John Stanley），《胡光墉與晚清財政》（*Late Ch'ing Finance: Hu Kuang-yung as an Innovator*，哈佛大學，一九六一年），頁七六，轉引《英國國會文件》。

不暇，未有不爲逼倒者。」㊲這一段話表示山西票號隨時注意各莊支絀的情形，準備索還借款。而票號與官有勾結，我們可以懸測票號因有官之存款，可借官勢逼還款項。據同日《申報》：「去年金嘉記閙因某官提去存項二十餘萬，以至不能支持。今年泰來莊亦以票號立索存欠，以致倒閉。」㊳中法在越南的戰事可能擴大，使這一年放款給錢莊的債主存有戒心。一八八四年一月《申報》編輯的文章說：「今年〔指一八八三年〕法越構衅，久而不定；存資於人者深恐擾及商埠，皆思捆載而歸，市面爲之一緊。山西票號留銀不放，市面爲之更緊。泰西銀行復不通借拆票，市面遂一朝決裂。」㊴這一段話雖然沒有指明山西票號限期於陰曆九月底收回所有放款和中法戰事有直接關係，但卻道出當時「存資於人者」在險惡的國際環境中的一般心理。這樣說來，中法在越南的戰事確爲一八八三年上海金融危機的一個重要的助因。

就各省礦局到上海賣股票的事來說，有些礦局在技術管理等問題還未能掌握之前，便到上海來招股，自然有他們的苦衷。他們也許沒有想到股票賣出之後，會因爲礦務進展緩慢而貶值，如《申報》所說的「礦中寂無消息，與辦無期，有股者疑慮百端，爭相貶價，忽而大跌」等事㊵。

㊲《申報》，一八八三年十二月六日，〈論滬市衰象〉。
㊳同上。
㊴《申報》，一八八四年一月十二日，〈答暨陽居士採訪滬市公司情形書〉。
㊵《申報》，一八八三年十一月五日，〈股票問答〉。

也許他們不知道上海市場有投機的氣習，而「空盤之外，頓有股票買賣之事，其弊適均」——股票竟成爲投機的工具㊶。上海北市仁元錢莊的莊主經元善一八八〇年曾參加上海機器織布局招股的事，一八八二年又投資於中國電報局，爲該局上海總辦。一八八〇年經元善、鄭觀應等商人主張織布局招股要公開登報，使企業詳情讓購股者知道。織布局招股很快很多，使經元善有中國「商務聯羣機緘，已將萌芽勃發」的印象。但是後來有些礦局招股，並沒有將眞正情況公開，他認爲有「魚目混珠」的遺憾：「事事登報懸爲成例，則癸未、甲申〔一八八三—一八八四〕年間各項公司招股，何致魚目混珠？是閉塞中國商務孔竅，實種毒於此。」㊷

一八八三年上海股票和錢莊的風潮使各省熱心辦礦的人灰心，到八十年代末尚未恢復。熟悉礦務的李金鏞一八八七年說：「就上海一隅而論，設公司者數十家，鮮克有終，而礦尤甚。承辦者往往傾家蕩產，猶有餘累。〔公司〕二字久爲人所厭聞。」㊸鄭觀應在《盛世危言》裏追憶：「中國自礦股虧敗以來，上海傾倒銀號多家，喪資百萬，至今視爲厲階。蓋中國公司集股時官則代爲招徠，股散時官置之不理。」㊹清政府沒有徹底支持，使此後官督商辦企業更難招股了。

㊶《申報》，一八八三年十一月七日，〈論錢業敗壞之由〉。
㊷經元善，《居易初集》（澳門，一九〇一年），卷二，頁三八。
㊸李金鏞稟文轉引自孫毓棠編，《中國近代工業史資料》，第一輯（北京：科學出版社，一九五七年），上册，頁七一九。
㊹鄭觀應，《盛世危言增訂新編》（一九〇〇年版）（下），卷四，頁二五。

這一年的經濟恐慌，不但使此後籌創新企業較前困難，而且使一些已經或可能投資於新式企業的中國商人大受損失；同時影響到少數已經相當成功，或成功可能性極大的新興企業，使官督商辦制度改變性質。

當時資力雄厚的商人兼金融家胡光墉就有一點接受新式工商業的傾向。胡氏和左宗棠及其他官吏，關係很深，本來是利用官僚的關係而致富的。六十年代初，左宗棠打太平天國的時候，他爲左辦糧。後來左在西北作戰，收復新疆，胡駐在上海，爲後路糧臺，替左收解各省協款，舉借大批洋債，購買軍火，並訂購甘肅織呢廠的機器，從中賺了許多佣金。他後來雖然回到杭州居住，但在上海、寧波、溫州、福州、廈門、漢口、北京開設錢莊，收達官貴人和商號存款，一時信用極好。他又在各商埠設海關銀號，收存洋人稅務司課定的貨稅，再由清政府向這些銀號調取㊺。同時他又經營絲業。因爲過去絲價大多由洋商決定，他於一八八一年下決心大量囤積生絲，迫其漲價，使洋人不得不以高價收購。可惜的是他沒有外國商情的可靠消息。一八八二年九月上等絲每包（bale）在倫敦僅售十六先令三便士，但上海絲價因胡的操縱，折合英鎊竟高達十七先令四便士㊻。一八八三年五月，胡囤有生絲一萬五千包。鑒於這一年浙江氣候不好，蠶桑且有蟲害，

㊺ 斯丹利，前引書，頁三四—三五，轉引《英國國會文件》。
㊻ 同上，頁七三—七八，轉引《英國國會文件》。

估計春夏之間生絲供應量比去年少。胡繼續訂購生絲，出售不肯讓價。不料這一年意大利絲產豐收（與傳說不合），可暫供歐洲的需要，上海的洋商消息靈通，不肯抬價買絲。十月上海金融風潮發生以後，胡才開始考慮忍痛將絲賣給洋商，到十一月底大量出售，據說一共賣了二萬包㊼。胡獨囤大量生絲，加上浙江生絲歉收，由此造成絲業同行的損失，這也是這一年上海經濟不景氣的重要原因之一。到了一八八四年，絲價更低，又是洋商勝利。一八八三年—八四年的中國商業危機，可自六、七年來絲、茶出口數量和價值的海關數字裏看出㊽：

㊼ 同上，頁七四—七八。另據怡和檔案，該洋行一八八三年四月、八月兩度與胡光墉接洽購絲，似皆未成交。其他上海絲商至八月、九月也都不肯讓價，「自信心甚強，因為本季絲收極歉。」十月九日（金融風潮開始後），胡與怡和議定合伙（joint account）輸出「七里」上等第四號絲二千包，每包胡取價三百八十兩（怡和交胡全部賣價之半，將來利潤平分）。此僅為存絲之一小部分，且多舊絲。十月底，上海絲價仍在三百八十五兩以上，胡在其錢莊業務尚能維持之情形下，仍不肯讓絲價。十一月中旬胡欠滙豐銀行十萬兩，又再向滙豐借十萬兩，寧可借債，不肯讓價售絲。（新借之十萬兩，由滙豐交怡和出面借給，因怡和除胡交滙豐一八七八年「西征借款」之公債券外，有與胡合伙輸出之絲為抵押。年利一分。滙豐得八厘，怡和二厘。）但十一月二十九日，即上海阜康雪記倒閉前二日，胡不得已將所囤上等生絲全部售予天祥洋行，賣價每包讓至三百七十二點五兩。據怡和經理十一月三十日信，胡光墉大量售絲後，上海絲商存絲僅餘二千五百包，開價仍每包三百八十兩。怡和經理認為「有些中國〔商〕人的經濟困難會迫他們賣出，以得現款。」《怡和檔案》，W. Patterson 致 F.B. Johnson 函，一八八三年四月十一日；J.J. Keswick致F.B. Johnson函，同年八月三十一日；十月十日，三十一日；十一月十六日，十九日，二十一日，三十日；(E. Cameron 致 J.J. Keswick 函，十一月二十一日（兩封）。

㊽ 蕭亮林，前引書，頁一一七。

年度	茶出口		生絲出口	
	擔（千擔）	海關兩（千兩）	擔（千擔）	海關兩（千兩）
一八七七	一、九一〇	三三、三三二	七〇	一八、一三四
一八七八	一、八九九	三二、〇一三	八一	二〇、三七六
一八七九	一、九八七	三三、二七二	九八	二三、八七二
一八八〇	二、〇九七	三五、七二八	一〇六	二四、一七六
一八八一	二、一三七	三二、八九〇	九八	二三、〇一七
一八八二	二、〇一七	三一、三三三	九七	一八、八九九
一八八三	一、九八七	三二、一七四	九六	一九、二五八
一八八四	二、〇一六	二九、〇五五	一〇五	一八、三〇六

胡光墉的損失不限於絲業。一八八三年秋季，上海金融風潮益趨嚴重。在胡的錢莊裏存款的官、紳、商號都來取款；他的海關銀號應交清政府的款項，各海關道也都來催取，使胡的錢莊無法應付。十二月一日他在上海開的阜康雪記大錢莊倒閉，各地的胡氏錢莊和海關銀號繼之。胡一

八八五年年末逝世時，還欠清政府銀六萬兩[49]。胡積聚大量資金，據說有一千萬兩以上，也就沒有投資於近代化的生產了。胡光墉在同洋商作絲業抬價競爭時，曾對新式企業表示過興趣。一八八二年初期胡曾向當時任兩江總督的左宗棠上稟，表示願意獨資承修長江電報線[50]。（有人說他已經在上海、杭州之間自修一條電報線，供他自己營商之用，確否待考[51]。）由於此時他正全神貫注於囤絲賣絲，蘇、浙、閩、粵電報線和長江電報線從一八八三年起就由盛宣懷主持的中國電報局陸續修建了。

胡光墉向左宗棠上稟的時候，是否具有決心從絲業、錢業轉入新式企業的道路，我們無法確知。但當時已有些投身西式企業而且辦得很有成績的華商，因為個人資本在這一年的損失，而失去他們的主要地位，確是重要的事實。官督商辦企業中創辦最早、規模最大的輪船招商局當時由唐廷樞、徐潤主持，鄭觀應任幫辦。一八八三年金融危機中，徐潤因過去貪購地產，欠二十二家

[49] 阜康雪記倒閉日期見《申報》，一八八三年十二月三日。《北華捷報》於二日得此消息，見該報，同年十二月五日。據怡和洋行檔案，阜康雪記倒閉時，胡本人在寧波處理該處各項業務，據說正籌還所欠「鄉村」絲行帳款之一部份。胡在上海能操英語之職員李珊（Leesan 音譯）對怡和經理說，胡和這些債權人代表商談，「頗有進展……他如果能和他們說通一時，則自當舖等企業的收支可使他在某種限度內恢復在外界的地位。」《怡和檔案》，J.J. Keswick 致 F.B. Johnson 函，一八八三年十二月七日。胡逝世日期暫據《北華捷報》，一八八六年一月十三日。

[50] 《盛宣懷檔案》，〈謝家福致經元善函〉，光緒八年，轉引自夏東元，《鄭觀應傳》（上海：華東師範大學，一九八一年），頁五〇。

[51] 《胡光墉與晚清財政》，頁七五，轉引鎮江英國領事報告。

錢莊共一百餘萬兩，而他投資的中國股票十五種（成本一百二十餘萬）又價值大跌。再加上與人合辦錢莊欠存戶的款，十一月中旬只得將全部產業交給債權人的代表處置。徐本人等於破產[52]。鄭觀應、唐廷樞也都有嚴重的損失。招商局渡過中法戰爭的危機之後，就由官場地位重要的盛宣懷出任「督辦」。一八八三年鄭觀應辦上海機器織布局，用中國棉花紡紗、織布的技術問題已經初步解決，特別「改造」的機器陸續運到。布廠就要建造，紗廠也在籌辦中，但因爲鄭個人資本的損失，整個企業停頓[53]。這些事實在洋務企業史上極爲重要。因爲承辦的商人，如唐、徐、鄭等和盛宣懷等官僚，經濟基礎不同，經營政策亦不同。唐、徐、鄭與洋商競爭的積極性較高。一八八五年左右，洋務企業大多自「商承」的包辦形態改爲官僚直接管理的「督辦」形態，使某些企業走上官僚化的道路。這些問題相當複雜，詳細的探討要從一八八三—八四年商人的損失講到中國社會結構和官督商辦企業的整個政治環境，需要另文討論。

專就本文已討論到的事實來講，我想我們可以先得到一個結論，就是因爲清政府財政支絀，在當時險惡的國際環境中，縱使在財富集中之地的上海，原有的金融機構殊不足作爲新式企業的

[52] 徐潤欠款及投資股票詳細數字見《徐愚齋自敍年譜》（下），頁三五，八二。產業交債權人大約日期據《北華捷報》，一八八三年十一月二十一日。另據怡和洋行上海經理十一月十四日信，有利銀行買辦及天祥洋行買辦皆於作信前數日內欠人債務，無法清償，「主要因爲地產和股票的投機」。同月二十二日怡和上海經理的信中纔說到徐潤破產。《怡和檔案》（J.J. Keswick 致 F.B. Johnson 函，一八八三年十一月十四日，二十二日。

[53] 鄭觀應籌建紗廠事，見《申報》，一八八四年一月十二日，〈答暨陽居士採訪滬市公司情形書〉。

靠山——這也就是說，官督商辦企業要依靠基礎不穩的商業資本爲後盾，是很困難的。依照本文提出的材料，我想也許有兩個問題值得進一步研究。其一是山西票號的資力和官、商勾結的行爲。山西票號一八八三年在上海有二十四家，這些票號的資本大到什麼程度？爲什麼不走上新式企業的道路呢[54]？其二是上海等埠商人投機的氣習。自十九世紀六十年代起，上海商人購辦棉花、絲、茶，常常從錢莊或洋行借得巨款；賣價高則得暴利，賣價低則虧折或破產。商人藉銀兩和銀元的價值差別作「空盤」投機，也常常傾家蕩產而終。這種商業行爲可以說是當時在洋商供給低息資本而輸出品價格又受世界市場支配下的畸形現象。但是熟悉當時商人情況的鄭觀應曾慨嘆中國商人「愚者多而智者寡，虛者多而實者寡，分者多而合者寡，……貪小利者多而顧全大局者寡」[55]。是不是中國商人傳統本來就有缺陷，使新式企業難於發達？中國商人傳統如果有缺點，我們又怎樣自社會、文化背景在解釋這些缺點？本文對一八八三年上海金融危機的背景，就所見到不完全的材料作粗淺的分析，希望各方面的專家、學者多指教。

——英文短稿原載中央研究院經濟研究所編《中國近代經濟史會議》（臺北，一九七七年），頁五四三—五五三。中文本初刊於《復旦學報》一九八三年第三期，頁九四—一〇二。修訂本載《國史釋論：陶希聖先生九秩榮慶祝壽論文集》（臺北，一九八七年），上冊，頁三〇一—三一二。

---

[54] 一八八三年上海領事報告認爲山西票號資本極雄厚。一八八三年前的十年間，洋商滙款至漢口買茶葉等貨，多通過上海錢莊，託票號滙兌。但一八八三年金融風潮起後，票號一時不再接受此項業務。參看《北華捷報》，一八八四年四月九日及十一月十二日〈社論〉。

[55] 《盛世危言增訂新編》（下），卷五，頁一一。

代跋：商人與經世

中國傳統的經世一詞，雖然一般人有用之爲「做官」解，但主要的意義，卻在做事，做利國利民的事。晚清的「經世之學」主要著重富強實政，縱是涉及功利，也要盡力做好。魏源（一七九四—一八五七）所謂「有不王道之富強，無不富強之王道」，就是說不談王道，也許可以做到富強；但是如果沒有做到富強，王道也就無法實現。人民的經濟生活和國家的實力畢竟是最重要的。魏源批評一部分儒家的思想：「後儒特因孟子義利王伯（霸）之辨，遂以兵、食歸之五伯，諱而不言，曾亦思足民治賦皆聖門之事，農桑樹畜卽孟子之言乎？」①

① 拙著，〈魏源之哲學與經世思想〉，中央研究院近代史研究所《近世中國經世思想研討會論文集》（臺北，一九八四），頁三七三。本書第一章，頁四八—四九。

講富強就要講實效。經學家「實事求是」的大原則要應用到經濟生活與政事上來。從這種講王道又講實效的觀點說來，變法維新便有其必要了。魏源認爲變法必須愼重。「君子不輕爲變法之議，而惟去法外之弊。」但是歷史上的進步要看如何使制度更趨於「便民」？魏氏說：「天下事人情所不便者變可復，人情所羣便者，變則不可復。」變法需要「因勢」而進行——地勢、事勢、時勢都是變法的先決條件。但自總的趨勢看來，「天下無數百年不敝之法，無窮極不變之法，無不除弊而能興利之法。」②

這種思想對晚淸的變法自強運動是有助的。自強運動要成功必須相當幅度的變法，這在十九世紀六十年代已經有人看出③。但是經世的傳統只容許在朝廷威權之下，因時因勢變法。在慈禧太后壓制恭親王、文祥，後來更重用醇親王的時代，自強運動只能在窄隘的局限內進行，這在當時是無可奈何的事。我們只要看同治朝和光緒朝（一直到義和團運動時期）京官的守舊言論，便可認識自強運動創立了許多新興企業，並不是容易的事。官督商辦企業雖然大體上說沒有太成功，但是官督商辦企業到底是引進了新的技術而且給一些商人以經營大規模企業的機會。一八八四年以前的輪船招商局和一八九二年以前的開平煤礦都是成功的例證。可惜的是當時的政治情勢和經濟環境不容許商人長久控制規模較大的新式企業④。

② 本書第一章，頁三四—三五，六五—六七。
③ 拙著，〈變法的挫折——同治六年同文館爭議〉，《蔣慰堂先生九秩榮慶論文集》，（臺北，一九八七）。本書第七章。
④ 拙著，〈從輪船招商局早期歷史看官督商辦的兩個形態〉（待刊稿）。

十九世紀七十年代的官督商辦制度，本來是採取「商承」的形態，由商人負責經營。輪船招商局由唐廷樞、徐潤承辦的時候，李鴻章說該局是由「官總其大綱，察其利病」而同時則聽「該商董等自立條議，悅服衆商。」招商局雖然由政府給予低息借款，但股本乃商人所有，「盈虧全歸商認，與官無涉」。實際上，自一八七三年起至一八八三年上海金融風潮爆發時爲止，招商局乃由商經營。唐廷樞、徐潤的總辦、會辦名目雖然乃由李鴻章札委，但是他們是商人，也憑商人的地位處理局務。到了一八八三年年底，唐、徐自己有經濟困難，無法再辦局務，李鴻章纔另想辦法。一八八五年，中法戰後，由盛宣懷以「督辦」的名義接辦，招商局才成爲一個官辦的股份公司，實際上也更衙門化。我們要注意一八八三年以後，唐廷樞仍以商人的地位，爲開平煤礦的總辦。開平煤礦辦得非常成功；一八八六年起，天津已無須洋煤進口，全國洋煤進口亦大量減少。不幸的是一八九二年唐氏逝世後，李鴻章因慈禧的壓力，准原爲醇親王隨員的張翼接辦，張翼也就掛起開平督辦的頭銜了。

晚淸官督商辦企業興起，商人在籌措股本、開創經營方式等方面，貢獻甚大。但是自歷史的角度，我們應注意商人對變法自強的經世思想，甚至對變法運動的推展都有貢獻。本文只是簡要地說明鄭觀應和經元善兩人的經歷和重要性。關於鄭觀應近年已有重要的研究和文獻出版，但鄭氏思想與當時其他重要變法論著，尙須比較硏究。經元善的事跡，一般很少注意到，本文一倂介紹。

一、鄭觀應

鄭觀應（一八四二—一九二二）本名官應，字正翔，號陶齋，別號杞憂生、待鶴山人。他是廣東香山縣雍栢鄉人。他的父親雖科場失意而「藏書頗富，手自校讐」，設帳課徒爲生。觀應自幼讀書，曾參加過考試。「年十七，小試不售，即奉嚴命赴滬習賈，從家叔秀山學英語。」⑤鄭秀山（廷江）是上海英商新德洋行的買辦。一八五九年，觀應復經親友介紹，任職於英商寶順洋行，從事絲樓及攬載等工作。一八六八年寶順停業後，他曾一度爲鹽商，任揚州寶記鹽務總理。一八六八年太古洋行創辦輪船公司，次年二月間鄭觀應與太古簽訂合同爲該公司「總理兼管帳房、棧房事」，相當於總買辦的地位。買辦是爲洋行服務的。但鄭觀應和唐廷樞、徐潤等買辦一樣，於洋行職務之外，同時經營獨立企業，與洋行攬載業務相輔爲用。與鄭觀應有關的商號有長江各口的太古昌、太古輝攬載行，天津源泰攬載行，在營口、牛莊、汕頭等處代客辦貨的北永泰號等。此外鄭氏並經營川、漢、滬榮泰昌雜貨號和恒吉錢莊。自鄭氏多方面的營業看來，他雖然是

⑤ 拙著，〈鄭觀應《易言》——光緒初年之變法思想〉，《清華學報》，新八卷，第一、二期合刊（一九七〇年），頁三七三—三七四。本書第八章。本文關於鄭觀應事蹟除另註外，皆據該章裏的討論及夏東元，《鄭觀應傳》（上海：華東師範大學出版社，一九八一年。）

一個買辦，實有獨立之地位，似應稱爲買辦商人。

鄭氏爲買辦而兼爲獨立商人，但同時又是一個知識分子。他不但喜讀書和筆墨，而且留心世務，「觸景傷時，略陳利弊」，筆之於書。一八七三年刊印的《救時揭要》，乃鄭氏自同治初年以後所撰二十幾篇短文的結集，余治（蓮村）所作序文稱之爲切中時弊的「經世大文」⑥。《救時揭要》所論到的問題包括洋人販華工爲奴、鴉片煙、窩匪、水災、溺女、乞丐、庸醫誤人、梨園陋俗等。鄭氏雖曾上過傅蘭雅的英文課，與基督教有一些接觸，但是他服膺中國三教治心的道理，並相信行善事能積陰功。他討論各種社會問題，乃出於爲善的立場。《救時揭要》序裏說：

> 僕家貧服賈，負米娛親。普濟雖有懷，恨乏點金之術；顯揚仍未遂，徒深投筆之心。惟是庭訓夙承，不敢自棄；性耽鉛槧，大意粗知。於是不揣固陋，聊效芹曝。研性理則輯道言精義，論感應則集志果諸書⑦；竊冀廣推，妄災梨棗；又復觸景傷時，略陳利弊，隨所見聞，頻登《申報》，更伸鄙臆，撰成是編。

鄭氏印《救時揭要》時，年紀纔三十歲左右。他對於道教善書的興趣，終生不泯。但是據他自稱，他於一八七〇—一八七一年間開始撰寫有關中國變法自強的論說，屬意於有關富強的政事。一八七五年他已有《易言》一書的稿本，數年內改定後，於一八八〇年刻印成書。《易言》也討

⑥《救時揭要》見夏東元編，《鄭觀應集》上册（上海人民出版社，一九八二年），頁三—五七。

⑦鄭氏於一八七〇年輯《陶齋志果》之稿，刊印則較晚；另輯《富貴源頭》（一八七八年）。見《鄭觀應傳》，頁一六。

論到招工、醫道、犯人、棲留等社會問題，但全書的中心思想卻轉移到中國如何發憤圖強與外人爭勝——也就是變法自強的問題。《易言》論考試，不滿於時文八股之弊，論政治則深惜當時「政事之舉廢，法令之更張，惟在上之人權衡自秉，議畢卽行。雖紳者或有嘉言，末由上達」⑧。《易言‧論議政》篇說泰西議院制度可與中國遠古三代制度媲美，但中國如何實行議院之制，則未詳論。經濟生活方面中國需要取法於西方科技，但同時則需由商人來辦大規模企業⑨。《易言‧論船政》篇注意到當時福州船廠經費短絀，清廷有停造輪船之議。鄭氏認爲最好的辦法是由商人集資，參與船廠之經營，以謀所造輪船質量之改進：

> 蓋洋廠機器日新，價廉功倍，以故羣商照價，趨赴外洋。往往有華商集資附入西洋公司股分，不願居華商之名者。一則因華商創始不得其人，官亦不為提倡；再則歸官創辦，不能昭大信而服商人；贏則借事勒捐，虧則多生枝節。誠能袪其畏官之隱衷，予以謀生之大道，准由公正精明之商總精擇洋匠，開設船廠，實力監工。彼將視為身心性命之圖，製造必精，程功必速，成本必廉，虛費必省。官局、商局並行不悖，將見源源租造，迭出不窮⑩。

---

⑧《鄭觀應集》，頁一〇三；本書第八章，頁五〇五。

⑨此點《救時揭要》刊印時添入之〈論中國輪船進止大略〉已論及之。《鄭觀應集》，頁五二—五六。

⑩同上，頁九二；本書頁四七九。

鄭觀應印《易言》時，年不及四十歲，仍任太古洋行買辦。那時他已受李鴻章與盛宣懷的重視，被邀參與一些官督商辦企業的業務。鄭於一八七七—一八七九年間參加華北災荒募款賑濟的活動。當時李鴻章計畫在上海辦機器織布局，和進口的棉布競爭。一八七八年候補道彭汝琮借鄭觀應之名攬辦，李委鄭襄辦其事。過了一年，因彭辦理不善，鄭「遇事進言，概置不省」，乃辭職。到了一八八〇年，編修戴恒、道員龔壽圖等接辦織布局，鄭觀應被委爲會辦，不久委爲「商總辦」（龔壽圖爲「官總辦」）。到了一八八一年，當時受李鴻章信賴尚不深的盛宣懷憑著丹麥商大北公司的技術，辦從天津到上海的電報線，薦鄭觀應在上海負責。鄭觀應致鄭藻如（天津海關道）和盛宣懷等的信裏說：「竊思電報利國利民，爲當今急務。自顧菲材，旣承不棄，何敢自外裁成？」⑪他接受了上海電報局之職後仍兼太古買辦。但是次年（一八八二年春）他應他的姻親、世交唐廷樞、徐潤的邀約，又接受李鴻章的札委，爲輪船招商局幫辦。輪船招商局與太古同做攬載生意，有利益衝突，鄭決定辭去太古之職。除繼續經營他個人的商號之外，他便爲官督商辦企業服務了⑫。

鄭氏參加官督商辦企業的工作，並沒有取得長期領導的地位。他一八八二年入輪船招商局

⑪ 鄭觀應，《盛世危言後編》（一九二一年，臺北大通影印），卷一二，頁一。

⑫ 同年電報改歸商辦，集股歸還官款十萬兩，另有未還之官本十萬兩，「永遠存局不更歸還」。鄭氏曾批評盛宣懷所擬之章程：「中國尚無商律，亦無憲法，專制之下，各股東無如之何。……蓋官督商辦之局，不占公家便宜，祇求其保護，尚為地方官勒索；若太佔便宜，更為公家他日藉口。李傅相不能永在北洋，又不能保後任如李傅相能識大體，藉此興商。……以上所論各節及『官督商辦，是商受其利，官操其權』等語，似皆有流弊。」《盛世危言後編》，卷一二，頁四。

時，推經元善爲上海電報局總辦。鄭對招商局的主要貢獻是和太古、怡和續訂「齊價合同」及建議應如何增加輪船攬載及如何減除棧房、碼頭，及船上客位帳目之弊端。一八八二年之後一年多，鄭氏大部分時間用於上海機器織布局的籌備工作，負責招集資本、技術設計、雇聘洋員、購地建廠等事。織布局到了一八八三年，已招股本四十萬兩以上，實收三十餘萬兩。鄭氏透過駐美公使容閎請到一個比較高明的技師，發現上海一帶的棉花「質粗紗短」，普通外國機器要先改造才能合用⑬。這一年秋天開始訓練工人，購地、建廠，但是嚴重的上海金融風潮發生了。織布局已收的股本除付機器等項成本二十九萬之外，其餘十四萬三千餘兩多由股東，包括鄭觀應本人在內，以股票存局，押借現款另用。上海金融風潮期中，各項股票大跌，織布局無法收回借出的款，建廠的事只好停頓。（織局當年的情形，應由有仕宦背景的股東同負責任，參閱下文引經元善自述。）一八八四年三月鄭氏應彭玉麟之邀，赴廣東任軍需委員之職，嗣因中法戰爭擴大，被派到西貢、暹羅等地刺探軍情，八月回粵續差。次年年初鄭奉有接濟臺灣軍需之命，但經香港時，爲太古洋行控告而被拘留。緣鄭氏脫離太古時曾與人合保其繼任買辦楊桂軒；茲則因楊氏虧空，鄭須負聯帶責任。此項擔保及上海織布局鄭氏本人的虧欠，渠玆皆承擔了結，傾家以赴⑭。一八八五至一八九二年之間，鄭氏頗爲潦倒，隱居於靠近其故鄉之澳門。一八八五年盛宣懷爲輪船

⑬《盛世危言後編》，卷七，頁一三—一四。

⑭同上，頁一四；夏東元《鄭觀應傳》引盛宣懷檔案資料頗詳。

招商局督辦，至一八九二年始邀鄭回局，爲駐總局之「幫辦」。鄭氏乃繼續爲官督商辦企業服務。

鄭氏在澳門隱居的六、七年卻是他經世著作有大成的時期。《盛世危言》乃以《易言》爲底本，擴大重寫。一八八〇年刊印的《易言》上、下兩卷，計文三十六篇，附錄兩篇。《盛世危言》一八九四年初刊五卷，正文五十七篇，加附錄、後記三十篇，內容較《易言》深入而豐富；憂患意識及如何實現富強之主張，亦更堅定。五卷本自序說：

> 應〔鄭氏自稱〕雖不敏，幼獵書史，長業貿遷。憤彼族之要求，惜中朝之失策。於是學西文，涉重洋，日與彼都人士交接，察其習尚，訪其政教，考其風俗利病、得失盛衰之由。乃知其治亂之源，富強之本，不盡在船堅礮利，而在議院上下同心，教養得法，興學校、廣書院、重技藝、別考課，使人盡其才。講農學，利水道，化瘠土為良田，使地盡其利。造鐵路，設電線，薄稅斂，保商務，使物暢其流⑮。

《盛世危言》與《易言》不同之處甚多，篇幅增廣甚大。最顯明的是增加了關於「商戰」的理論及提出政治改革的要求。鄭氏認爲在當時列國競爭的局面下，兵力的重要，固不待言。但是商戰較兵戰尤重要，「習兵戰不如習商戰」。商戰的要點不僅在經商而已，而尤在於工業製造，能減低成本，在價格上與外國貨品競爭。五卷本的〈商戰〉篇說：

⑮ 《鄭觀應集》，頁二三三—二三四。所謂「涉重洋」似指一八八四年游東南亞。

故兵之併吞禍人易覺，商之掊克敝國無形。我之商務一日不興，則彼之貪謀亦一日不輟，縱令猛將如雲，舟師林立，而彼族談笑而來，鼓舞而去，稱心饜欲，孰得而誰何之哉？吾故得以一言斷之曰：習兵戰不如習商戰……夫所謂〔通商之〕通者，往來之謂也。若止有來而無往，則彼通而我塞矣。商者交易之謂也。若既出贏而入絀，則彼受商益而我受商損矣。知其通塞損益，而後商戰可操勝算也。獨是商務之盛衰不但關物產之多寡，尤必視工藝之巧拙。有工以翼商，則拙者可巧，粗者可精。借楚材以為晉用，去所惡而投其所好，則可以彼國物產仍漁彼利。若有商無工，縱令地不愛寶，十八省物產日豐，徒棄己利而資彼用而已⑯。

這裏說「有商無工」在國際貿易上必定要吃虧，是一針見血之論。《盛世危言》同時並論政治制度改革之必要，較《易言》尤具體。五卷本說當時的「巧宦」，陽避處分而陰濟奸貪，「上朘國計，下剝民生。但能博上憲歡心，得同官之要譽，則天變不足畏，人言不足恤，君恩不足念，民怨不足憂。」⑰若要基本改革，則必須通上下之情、設日報、廣學校，兼採西洋政、法之學。而政治革新之關鍵則在於立議院，使君權可由自下而上的意見予以限制。五卷本〈論議院〉篇首稱中國欲在國際上改變觀瞻，享受「公法」中應有之地位，必須先立公議之制——所謂「欲

⑯ 同上，頁五八六，五八八。
⑰ 同上，頁三五二—三五三。

借公法以維大局，必先設議院以固民心」。若無議院則必難於「聯絡衆情，如身使臂，如臂使指，合四萬萬之衆如一人」⑱。此中關鍵在於自下而上之選舉制：

> 或曰：「漢之議郎，唐宋以來之臺諫御史，非卽今日西國之議員乎？」不知爵祿錫諸君上，則不能不顧私恩；品第出於高門，則不能悉通民隱。……何若議院官紳均匀，普遍選舉自民間，則草茅之疾苦周知，彼此之偏私悉泯；其情通而不郁，其意公而無私，諸利皆興而諸弊皆去乎⑲？

《盛世危言》五卷本完成後由江蘇藩司升任安徽巡撫鄧華熙改繕奏呈光緒帝。鄭觀應自己出資印了五百部，很快地被人索光。當時爲翰林院編修的蔡元培稱讚《盛世危言》「以西制爲質，而集古籍及近世利病發揮之。時之言變法者，條目略具矣」⑳。中日戰爭期中，鄭觀應又增補《盛世危言》，出版《盛世危言增訂新編》十四卷，計正文一百零四篇，附錄、後記一百十三篇。後來庚子年（一九〇〇）鄭氏再加重訂，纂爲八卷，計二百餘篇。《盛世危言》自一八九四年起坊間仿印之本甚多，上海、南京各圖書館現存之不同版本，庚子年版之前的就有十八種之多㉑。光緒初年以後，籌議變法維新之書籍漸多出現。除廣學會等西人主撰之書不計外，玆將戊戌

---

⑱ 同上，頁三一一，三一三。
⑲ 同上，頁三一四。
⑳ 轉引自《鄭觀應傳》，頁六八。
㉑ 同上，頁二六五—二六九。

變法以前各家籌議變法之單行本書籍列表如下，以供參考。

初次出版年份	著者	書名
一八八〇	鄭觀應	《易言》
一八八三	王韜	《弢園文錄外編》
一八八四	馮桂芬	《校邠廬抗議》（全書初刊）
一八八五	薛福成	《籌洋芻議》
一八八七	何啓、胡禮垣	《新政眞詮》
一八九三	陳虬	《治平通議》
一八九四	鄭觀應	《盛世危言》（五卷版）
一八九五	鄭觀應	《盛世危言》（十四卷版）
一八九五	何啓、胡禮垣	《新政論議》
一八九六	馬建忠	《適可齋記言、記行》
一八九七	湯震	《危言》
一八九七	陳熾	《庸書》
一八九八	何啓、胡禮垣	《新政始基》
一八九八	邵作舟	《邵氏危言》

二、經元善

鄭觀應爲商人而著書立說，倡言變法，這在當時商人中少見，在整個中國歷史上，亦似不多覯。與鄭觀應同時在上海的廣東商人徐潤日後曾有自訂年譜的出版，但書中除了個人營業成敗事蹟外，很少有議論，最多只是稱讚上海開埠通商後經濟力量之宏偉而已㉒。但在上海原營錢業的浙江商人經元善卻留下一些具有理想的文稟、函稿、公啓等，本文一併論及㉓。

經元善（一八四〇左右—一九〇三）字蓮珊或蓮山，號小蓮池山人，浙江上虞人。其父經緯（芳州）在上海營仁元錢莊，雖「白手起家」而一度積財至四五十萬兩，而後漸衰㉔。元善年十七時承父命學賈，三十一歲（約在一八七〇年）接辦錢莊。他從未參加考試，但儒、道等書甚爲熟悉，自稱三十歲前能背誦《大學》經注，「故終身立志行事，願學聖賢，不敢背儒門宗旨」㉕。經氏與鄭觀應相似，相信佛、道善書禍福相倚，行善有報等說，但自稱「壯歲以還，稍知自勵，

㉒ 徐潤，《徐愚齋自敍年譜》（一九二七年。臺北：食貨影印，一九七七）。
㉓ 經元善，《居易初集》，二卷（澳門，一九〇一）。
㉔ 同上，卷二，頁九。
㉕ 同上，卷二，頁七，一〇。

喜閱先哲格言，尤信鄉先賢陽明之學，益奮勉求自立」㉖。

經氏雖未參加考試，對於仕宦之地位則頗嚮往。據其自稱，同治初年他曾一度欲自軍功得官職，但其父不許：

府公大怒曰：「汝等處尚未可稱良民，豈出卽可為良吏耶？凡我子孫，除正途出身受職外，以捷徑倖得功名者，卽為不孝，戒之戒之。」㉗

後來浙江名宦段光清、蔣益澧因元善父曾任海塘要工，要保元善爲官。他雖因遺訓而不敢受，後來卻自稱：「身居闤闠之中，每見仕宦烜赫，未嘗不艷之。」㉘

經氏一生的大轉折在於光緒三年（一八七七）之後三四年間爲華北大饑荒募賑的事。元善父子在上海原有捐助及董理善堂之事，但參加大規模之賑濟則自元善始。據其自記：

光緒三四年間，豫、晉大祲。時元善在滬仁元莊，丁丑（一八七七）年冬與友人李玉書見日報刊登豫災，赤地千里人相食，不覺相對悽然，謂李曰：君如肯任勞往賑，當奮勉勷助㉙。

後來由仁元錢莊諸友集一千兩，又由經氏同鄉募款，共約萬兩。這時上海、蘇州等地的募賑運動

㉖ 同上，〈自序〉。
㉗ 同上，卷二，頁九。
㉘ 同上。
㉙ 同上，卷二，頁四五。〈自序〉，頁一。

已經展開，商人鄭觀應等推經氏爲主持人，「義無可辭，卽在仁元莊帶辦」。後來兼辦河南、陝西賑務，「總司後路」，一八七八年四月間經氏感到任務繁重：

> 因思賑務貴心精力果，方能誠開金石。喻義喻利，二者不可兼得，毅然將先業仁和莊收歇，專設公所一志籌賑。其時風氣初開，當道目為越分，而忌阻者亦頗不乏。惟有動心忍性而已。滬之有協賑公所，自此始也㉚。

該年經氏主持之公所又辦直隸、山西協賑，至冬季急賑畢，公所共集捐銀二十八萬餘。經氏雖尙自慰，但也知道卽由公所派人(包括他兩個弟弟)到各省解款，各地放賑之實際效力，仍難如理想。他自己後來繼續辦賑，於一八八〇年親往直隸災區一次，「灼知查戶之難。蓋勸捐收解，盡我苦口涓滴歸公，可告不愧屋漏矣。若放賑，驟蒞生地，急遽編查，欲愜心貴當，豈易言哉！」㉛

經氏於辦賑同人中，與鄭觀應、謝家福等訂交。一八八〇年上海機器織布局招商時，官紳主持人戴恒、龔壽圖本屬意於鄭觀應爲經理人。惟鄭當時仍任洋行買辦，推薦經氏「駐局專辦」，仍由鄭「總其大綱」。那一年集股頗爲順利，紳與商皆認購，經氏「親友之附股者，已有六七萬金，頗有近悅遠來氣象。」據經氏說：

> 此事上峰〔指李鴻章〕屬望在收回通國利權，當開門見山，宜使商富堅信。卽以籌賑平

㉚ 同上，卷二，頁四五—四六。

㉛ 同上，卷一，頁五—一〇；卷二，頁四七。

> 實宗旨變而通之，凡所招股本戶名銀數及收款存放何莊，每月清單布告大衆……是年九、十月間曾登《申報》兩期。詎戴、龔見之不悅，謂我等認股未來，被經先佔面子。且此係商務非辦賑，收款何必登報㉜？

戴恒是鎭江在籍京官，具有翰林院編修的資格。龔壽圖的哥哥是曾任海關道嗣爲按察使的龔易圖。經元善和他們「道不同不相爲謀，終難水乳。辛巳（一八八一年）春返里（上虞），至滬後藉此退舍」㉝。到了次年，鄭觀應脫離太古買辦職，除了幫辦輪船招商局事務之外，想要辦好織布局，與經元善、謝家福等同心，「重訂合同，載明一切，用人措施，全權歸鄭」。但是不幸的是這一個商辦計畫，並未實現，據說是戴恒上書李鴻章，力薦龔壽圖爲「官總」（官總辦），而鄭觀應則僅爲「商總」（商總辦）。自經元善看來，鄭觀應辦織布局之未即成功，主要是因爲「龔於是予智自雄，而鄭頗多爲難之處。」後來金融危機到臨，鄭到廣東去（見上文），經元善爲織布局辦善後，又爲龔壽圖「懷恨砌控」。其實一八八三年織布局所招股本將及五十萬兩，已超過原定之額，「商務聯羣機緘，已將萌芽勃發。」經元善後來說：如果當初「得行余之入手起點，事事登報懸爲成例，則癸未、甲申年間（一八八三—一八八四年間）各項公司招股，何致魚目混珠？是避塞中國商務孔竅，實種毒於此，眞可爲太息者耳」㉞。

㉜ 同上，卷二，頁三六。
㉝ 同上，卷二，頁三七。
㉞ 同上，卷二，頁三七—三八。

經氏有了這一次經驗，益深信由官倡辦之新式企業必須由商辦理，才有希望。他一八八〇年在直隸時已見過李鴻章，後來又拜謁幾次。一八八五年經氏在天津，向李解釋上海機器織布局一八八三年底之有困難，主要是因爲鄭觀應辦事受戴恒、龔壽圖的掣肘。而其「禍源」在於戴恒「單銜禀准」，薦龔爲「官總辦」。李鴻章當時回答道：「戴恒是個翰林，你如何同他計較？」㉟經元善聽了頗「深訝之」，他對李鴻章不滿這時候已開始了。

自一八八二年起，經元善的主要職務是上海電報局的總辦。電報也是李鴻章所創，是盛宣懷第一次辦得成功的新式企業，主要靠淮軍的經費和丹麥大北公司的技術合作。在上海的事盛本來要鄭觀應承辦。一八八二年電報局「改歸商辦」時，經氏認股一萬兩，爲滬局總辦，負責運料、運線、訓練電報生、收發電報等事㊱。盛宣懷的地位是電報局的督辦，但與戴恒比較，盛則較能與商人共事。據經追憶，盛「當時聲望未隆，且譽者半而毀者亦半」，李鴻章對盛也未完全信任。盛一時推重經，而經亦「因知己之感，曲爲周旋」。一八八三年前後，經對盛私人買賣股票、鹽票的事，有所助力㊲。接著盛代理津海關道，眞除東海關道、津海關道，聲勢顯赫。盛而且極爲精明，督辦輪、電兩局，人事及財務細節都要管到。到了甲午戰爭中國敗北，李鴻章事業

㉟ 同上，卷二，頁三八；參看頁三九—四〇。
㊱ 同上，卷二，頁三〇—三一。嗣後股本改以銀元爲單位，經氏「一往無前」入股共二萬六千元。
㊲ 同上，卷二，頁三二。

的弱點大露，經對李和盛也更失望了。

甲午戰爭中國敗潰，予經氏以極大之刺激。甲午秋冬之間，日軍過鴨綠江，旅順失守，天津戒嚴。十一月經氏草擬〈募義餉、義兵公啓〉，欲倣前此募賑辦法，聯絡紳商，興師勤王：

若不通力合作，供謀濟師，上何以抒九重宵旰之憂，下何以伸薄海忠義之氣？……又況四徼強鄰，共耽虎視。一國得志，羣起效尤。若不急圖挽救，竊恐五千年文物之邦，淪為異俗；二十三省衣冠之族，胥變胡風；非特小民之生機將絕，而孔孟之道統驟衰。興言及此，能不寒心㊳？

經氏所擬之公啓建議南方各省設局募捐，倣曾國藩組織湘軍之例，於山東及蘇北各募兵二萬，並求朝廷許「各局紳董參議和戰大局」㊴。經氏這一次建議，友人中有認爲「竟似明末氣象」，不易成功而且會有後患，其議遂寢。後來鄭觀應說經氏此議「默寓加重民權之意」，但不切實際，「無甚出色」㊵。

經氏未能興師勤王，但對於中國貧弱之原由，卻深體會。經氏初參加織布局及電報局時，本有意聯絡各錢莊、票號創立華資銀行㊶。但一八八三年金融風潮發生後，他雖未破產，而他自己

㊳ 同上，卷一，頁四九—五〇。
㊴ 同上，卷二，頁五〇—五三。
㊵ 同上，卷一，頁五四—五五。
㊶ 同上，卷二，頁三九。

已無足爲號召之財力，也只能爲官督商辦企業服務了。官督商辦的新式企業本來多是招商承辦，但到了中法戰爭以後，盛宣懷督辦輪電等局，以官凌商，所謂商辦也就頗似官辦了。經元善深知當時所謂官督商辦的弊病，商要負一部分責任。例如商人入股稍多，依慣例可在公司裏安插私人，以代表其利益：「凡各公司章程入股之較鉅者許薦司事，隱若監軍。」這對於管理的正常化當然有礙。但更嚴重的問題是官員在官督商辦企業裏的勢力。有勢力又有財力的人不專精於業務，卻要控制業務，這就難希望企業能有健全的發展了：

官督商辦，官真能保商誠善。無如今之官督實侵佔商業而為官辦。吳門某君〔謝家福〕曾譏之曰：「挾官以凌商，挾商以朦官。」真情如此……

這裏的大問題是政治束縛經濟。官督商辦企業有政府貸款等的好處，商人要靠官的扶持來贏利，但是企業所得利潤主要還是到官手上：

創興大公司，皆以乞靈宦成大富貴之人，若可依為長城者。不知做官發財，非其能洞明商務也。季氏能富於周公，不過罔利、聚斂，積累功深耳。今再出其故智，俾得有資而放利，是特為長袖善舞者，繼長增高㊷！

經氏這裏所說的話，是根據他在織布局、電報局裏的經驗。所謂「乞靈宦成大富貴之人」，

㊷ 同上，卷二，頁四〇。

主要指商人之倚賴盛宣懷。《居易初集》關於盛宣懷有極不客氣的批評，說盛不但有官的地位，而且官氣濃，同時又要管企業的細節，爲企業籌計還是忘不了自己的私利：

盛公官氣太濃，卽是商情之障。又務博不專，躬蹈廣種薄收之弊。官督商辦實係兩事，不辭勞瘁，隻手支持。用人喜阿諛唯諾，奚能專精壹志？只有將就局面，亦情勢使然。……且默察盛之公私先後主義，亦未能衆皆醉而我獨醒。此天下人皆知之，實非忮求之苛論㊸。

經氏爲第二代之商人，其實是一個知識分子。他服務於官督商辦企業的經驗使他認爲商務中也有公、私之辨。官而爲商，更難奉公忘私。經氏屢言中國官紳雖崇孔孟，實則「楊氏爲我之學偏勝」。反觀西洋人在華所辦的企業，則確能「聯同業合羣」，有先公後私的表現㊹。經氏說他自辦電報後「始與各國紳商接跡」：

默察外人商務扼要，雖近壟斷而實重「信」字。且聯同業合羣，並非各顧其私。先人後己，先公後私，至於人之至，公之至，而已與私卽在其中㊺。

㊸ 同上，卷二，頁六〇。

㊹ 經氏庚子年寫的〈挽救本原迂言〉裏說：「吾觀西國政教之源，深合吾古昔管子、墨子、商君三家學派。惟其仁心、仁術過之；又能躬行實踐，精益求精，已能盛行歐洲——而況於行聖人之道者哉！今中國孔孟之教，名存實亡。楊氏爲我之學，積重難返。正如病入膏肓，奄奄一息，欲與神完氣足者角功爭勝，可謂不度德、不量力矣，盍亦思自反乎？」同上，卷二，頁四三—四四。

㊺ 同上，卷二，頁五九—六〇。

自經氏看來，中國商務發展的問題，因爲有了官權這一個糾繞，也就成爲道義的問題了。經氏後來回溯一八八三年以後的中國企業發展：「欲開利源，扼要首在立民信義，非沾沾焉專圖一家一人之私利……〔輪船招商局等企業主持人〕病在深中爲我二字之毒。若朝廷設立商部，仍循此軌轍爲宗旨，再過花甲一周，依然是貧弱中國！」㊻自經氏看來，商務發展不但牽涉制度的問題，而且牽涉道德的問題了。

甲午（一八九四）年末，經氏已讀到康有爲的《長興學記》和《新學僞經考》。乙未（一八九五）年康有爲來上海辦強學會分會。當時署兩江總督的張之洞囑經氏協助，經氏乃爲強學會籌款。（經氏五年前曾應張之洞之邀到武昌討論湖北織布廠的問題。）不久御史楊崇伊參劾強學會「營私結黨」，奉旨嚴禁。經氏於丙申（一八九六）年正月致書康氏，表示不再參與強學會，希望汪康年與鄭觀應等多負責任。經氏批評康修養不足而好揚名，使「清濁兩途」皆不滿意㊼。但是經氏本人仍趨向於維新，認爲康梁變法，目的在於「保種強國」，應當贊揚。康、梁變法之方案，如廢八股、立議院，可視爲醫學上之急劑或外科手術，以中國當時之情形言，亦確有需要。經氏於戊戌五月致書盛宣懷爲康辯護：

康之學術雖不近程朱一派，而近似姚江頓法。國初陸清獻公，奏對聖祖垂詢王學，有其

㊻ 同上，卷二，頁四二。
㊼ 同上，卷一，頁六二；卷二，頁四。

人則是，其學則非之語。（原註：現在日本極重王學，比文成如孔孟。）今我華舉世滔滔，皆守楊氏秘鑰，目康之好事，爲放誕怪異宜也。但此君存心救世，現在朝野之病，如內蘊熱毒，痰迷心竅，非有大承氣湯一服，斷不足以去邪而還涼。天如不亡中國，此人必不能遏阻㊽。

經氏作此函，正是光緒帝下詔旨，發動維新時。經氏對光緒帝之主持變法，至爲感奮。但又覺得「維新氣勢太驟，雖未悉都門措施機宜，而在外談新學者不免才高意廣，不求平實，殊抱杞人之憂」㊾。經氏深知康、梁欲救中國，無可厚非，惟自他看來，中國社會有基本的道德問題與教育問題，須自提倡女學與母教入手，方能解救。

經氏注意到女學問題，似在康、梁之先。經氏曾在癸未、甲午（一八九三—一八九四）年間，在上海辦經正書院，「中西並課，定章修膳較豐，殷阜者方能從學。一二載後細察情形，富厚家郎，習染更甚。反覆推求所以，實因斷乳以後至勝衣就傅前，溺愛放縱已慣。此由失母教，未端蒙養耳。」㊿經氏聽說：

㊽ 王爾敏、陳善偉主編，《近代名人手札真蹟：盛宣懷珍藏書牘初編》，（香港中文大學出版社，一九八七），頁四六九—四七三。按此信末有「五月之望」之日期，內容言及盛宣懷「仍以女學為不急之務」，似乃一八九七年終以後之語，故繫於一八九八年五月；參閱下文註(52)。

㊾ 《居易初集》，卷二，頁六四。

㊿ 同上，卷二，頁三〇。

泰西教育一門，派作百分，母教得七十分，友教得二十分，師教僅得十分。可見孩提之童，一段誘掖工夫，全賴母教之先入為主。但欲得母教，不能不先講母學……故夫有淑女而後有賢母，有賢母而後有賢子。揆諸歷史，昭昭不爽。即如英女主與吾華太后同秉國鈞，而強弱顯判，豈不以是哉？假令中國女學大興，宮中妃嬪、公卿命婦皆為匡時之彥，何至內外間隔，致吾君一人焦勞於上哉？關係如此鄭重，豈非今日成就人才以圖自強之導源乎51？

經氏於丁酉（一八九七）年十月，在梁啓超的協助下，創辦女公學於上海。盛宣懷本答應支持，盛家的命婦及其他在滬官員的夫人答應捐款。但不久有京官議論其事，盛及其戚屬因而怯步不前，龔壽圖、鄭觀應等也不願捐款了。據經追憶：「詎料一聞朝士不以爲然，市中有虎，即仰承意旨噤若寒蟬，避如碩鼠。」上海租界女公學總塾，公議停止。但經氏等「另稟南洋大臣（劉坤一）留城內分塾，以存碩果」。到了庚子年分塾仍勉強維持。女教習蔣畹香等三人，繼續上課52。

經氏於戊戌年七月在上海募修陳忠愍公祠，並創立一個會，叫做「經正集」，定期集會。陳忠愍公（化成）是鴉片戰爭時爲保衞上海而捐軀的一個提督。次年（一八四一）上海城內即爲之立祠，祠久不修，已將朽廢。經氏借公祠背後的時化堂設女學分塾。一八九八年夏季，康、梁在

---

51 同上，卷二，頁三〇，三一。

52 同上，卷二，頁三三—三五，六三—六四。

北京奉光緒帝變法，經氏倡修陳公祠，目的在於表彰忠節而同時則提醒喜愛「新學」的人必須不悖儒宗㉝。經氏在公啓裏說：

> 倣效西法，智乃日開，利祿之途愈廣，不患無講習之人。若夫利害不顧，生死不渝，基之夙夜而無慚，質之鬼神而可信者，蓋渺不可睹矣。本根不固，雖新學日興，吾恐終無以振吾國而反重貽世道之憂焉。

從這篇公啓看來，經氏修建忠烈之祠，雖屬愛國行爲而文化觀念頗爲守舊。但我們要注意經氏曾力排衆議，於陳公祠後之時化堂設女學分塾㉞。戊戌年十二月經氏爲其故鄉餘姚、上虞設一個勸善看報會，同時提倡看善書（包括《聖諭廣訓》、《太上寶筏》、《陰騭文說證》等）及看日報。所擬章程裏說：

> 今者強鄰環偪，海宇震驚，棟折榱崩，將遭覆壓。若猶封其耳目，局其步趨，自安固陋，雖欲保田園、長子孫，恐不可得矣㉟。

勸善看報會捐款派寄各項善書及《萬國公報》、《農學報》、《東亞時報》各十二分，《新

㉝ 同上，卷二，頁一三—一五。陳公祠可以視為注重舊道德的一個集會，定期共聚於祠，同進午餐或茶點。集會之名為經正，主旨在於「法可變，經不可變。不變者經之謂也……名為經正，庶幾扶聖教而正人心。忠孝節廉，可以弗泯乎？」同上，卷二，頁一六。

㉞ 經氏於陳公祠背後的時化堂借設女塾，有借忠烈祠保護女塾之意。經氏之友陽湖程詒謂「請撥租界淫祠為女塾，蘇葺陳忠愍公祠，可謂用心良苦」。似即指保護女學而言。同上，頁二〇。

㉟ 同上，卷二，頁二四。

聞報》六十份，《中外日報》一百二十份，在餘姚、上虞城、電報局、善堂、公所、學校存放，任人輪流取閱⑯。

經氏於戊戌年前後受時局震撼甚深。己亥（一八九九）年末，朝廷帝后之爭似加劇。慈禧欲廢光緒帝，詔立端王之子溥儁爲大阿哥，即所謂建儲詔（十二月二十四日，即一九〇〇年，一月二十四日）。經元善收到電文，大爲震驚。據他次年追憶：

> 去臘二十五日下午，接立儲電詔後，頓覺風雲慘淡。又聞西人得信，有元旦改元「保慶」之說，中外人心惶然。來局問訊者戶限爲穿。僕見情事已亟，宗社可危……夜半先電北京某大臣，請其聯合朝士立諍，次晨復云：大廈將傾，非竹頭木屑所能支。夫大臣不言，則小臣言之。況僕仰邀十一次傳旨嘉奬，受恩深厚，奚忍默置？適寓滬維新志士開名單亦來發電，不期而合，併作一氣。倉猝急遽，不遑瞻顧⑰。

經氏所擬電文中求總理衙門轉奏，請「聖上力疾臨御，勿存退位之思，上以慰太后之憂勤，下以弭中外之反側，宗社幸甚，天下幸甚。」電文由經氏領銜，紳民一千二百三十一人聯署⑱。（聯署人中有蔡元培、章炳麟、唐才常等。）慈禧太后看到代奏的呈文後，大爲震怒，諭旨指經

---

⑯ 同上，卷二，頁二四—二五。

⑰ 同上，卷二，頁五三。

⑱ 同上，卷一，頁一。郭廷以，《近代中國史綱》（香港文中大學出版社，一九七九），頁三二五。

元善爲叛逆。經氏嗣走避澳門。《居易初集》二卷乃在澳門編纂。

綜觀經元善之事蹟與思想，他雖然出身於錢莊，以商之地位參加官督商辦之電報局任經理之職務，但其胸懷所寄，宗旨所在，則爲當時中國圖存之問題、民生之疾苦、社會與政治之良窳。經氏痛斥官、紳、商等之楊朱爲我主義，力倡商之聯羣而成公德，官之除去己私，「以良知爲體用」⑲。經氏之《居易初集》二卷於辛酉（一九〇一）年刊印，傳播不廣，其影響力與鄭觀應《盛世危言》不可同日而語⑳。惟經氏所述從事新式企業之經驗，甚爲動人，而經氏之經世思想有獨到處，殊值得進一步研究，本文僅介紹其大概而已。

——原載《近代中國史研究通訊》，第六期（一九八八年九月），頁一二三—一三七。

⑲ 同上，卷二，頁四四。

⑳ 最近刊行之《經元善集》（武漢：華中師範大學出版社，一九八八）內有《居易初集》一九〇二年在上海再版時增補之材料（包括蔡元培等之序文），附刊一些經元善來往信件，皆有研究價值。